사회보장론 ^{4판}

원리와 실제

이준영
김제선
박양숙
오지선
공 저

SOCIAL
SECURITY

학지사

4판 머리말

　사회보장론 3판이 출간된 지 벌써 5년이 지났다. 그동안 사회경제적 환경도 많이 변화하였고 그에 따른 사회보장 제도들의 변화도 적지 않았다. 기존의 내용으로는 이러한 변화를 설명하기 어려운 부분이 많아져서 3판의 내용을 수정해야 할 상황이 되었다. 좀 늦은 감이 없지는 않지만 지금이라도 새로운 변화를 반영하여 개정된 사회보장론 4판을 출간하게 되어 저자들은 다행스럽게 생각한다.

　개정판에서는 인구사회학적 데이터와 주요 사회보장제도의 변경된 내용을 반영하였다. 특히, 국민기초생활보장제도의 개선, 한국형 실업부조제도 도입 그리고 4차 산업혁명 도래 및 기본소득 논의 등과 관련된 내용을 추가하였다.

　이러한 작업들은 3판의 공동저자인 안양시 자원봉사센터의 박양숙 소장과 백석예술대학교의 김제선 교수가 함께하였으며, 서울시립대학교 사회과학연구소의 오지선 박사가 새롭게 공동저자로 합류하여 집필하였다. 그리고 서울시립 용산노인복지관 조혜진 관장은 편집과 교정을 맡아서 수고하였다. 이들의 수고 덕분에 4판이 지금이라도 출간될 수 있었기에 감사하는 마음이다.

　이러한 노력에도 불구하고 개정판의 내용에 하자가 있다면 그것은 전적으로 저자들의 역량의 한계로 인한 것으로 생각하며, 향후 보완 및 개선을 위한 독자들의 의견을 언제든지 환영한다.

　또한 출간을 위해 여러 가지로 지원해 주신 학지사의 김진환 사장님을 비롯한 관계자 여러분께도 감사를 드린다. 특히 개정판이 출간되기까지 전 과정에서 저자들과 함께 수고를 아끼지 않은 유은정 선생님께 깊이 감사를 표한다.

2021. 8.
대표저자 이준영

1판 머리말

사회보장은 사회복지라는 개념을 행위적 관점에서 파악한 것이다. 자신의 욕구를 스스로 충족할 수 없는 사람들을 도와주기 위한 개입이 사회보장인데, 이러한 의미에서 사회보장은 사회복지정책과 유사한 개념이 된다. 그렇다면 "사회복지정책이라는 용어가 있음에도 사회보장이라는 용어가 흔히 사용되는 이유는 무엇인가?"라는 문제가 제기된다.

사회보장이라는 용어의 기원은 미국의 「사회보장법」에서 출발하였지만, 이에 비해 사회복지정책이라는 개념은 그 뚜렷한 기원을 말하기 어렵다. 다만, 사회복지 발달 과정의 어느 한 시점에서 탄생되었을 것이라고 짐작할 수 있을 뿐이다.

사회복지정책은 사회복지를 필요로 하는 각 계층과 그들의 욕구를 중심으로 구성되는 것에 비해, 사회보장은 인간이 삶의 과정에서 겪게 되는 여러 사회적 위험(social risks)과 그에 대한 대책, 즉 제도들을 중심으로 구성된다.

이 책은 여러 사회적 위험에 대응하기 위해 개별 사회보장제도들이 각각 어떤 원리를 채택하였는지 그리고 실제로 그것이 어떻게 적용되고 있는지를 위주로 설명해 보려고 시도하였다. 그러나 그러한 의도가 만족할 만한 결과에 도달하지는 못한 것 같아 향후 좀 더 많은 학습과 노력을 통해 보완되어야 할 것이라고 생각한다.

이미 여러 선배와 동료에 의해 훌륭한 사회보장론 교재들이 출판되어 널리 사용되고 있다. 이러한 상황에서 저자가 같은 제목으로 또 한 권의 책을 내기로 결심을 하기까지는 여러 차례의 망설임이 있었다. 저자는 10여 년 이상 서울시립대학교에서 사회보장론 강의를 해 왔다. 그동안 강의를 위해 준비한 것들과 강의를 한 후 저자가 나름대로 정리한 내용이 상당한 분량에 이르러 이를 체계적으로 정리하여 보관할 필요가 있었다. 또한 저자의 강의가 기존의 교재들과는 약간 다르게 구성되어 있어 수강하는 학생들의 편의를 위해서도 별도의 교재가 필요한 상황이 되었다.

이 책은 한편으로 교재로서 사용되는 것을 의식하기도 하였지만, 다른 한편으로는 저자가 그동안 강의와 연구를 통해 이해하고 생각한 내용들을 정리하려고 시도한 결과물이기도 하다. 그래서 부제를 '원리와 실제'라고 붙여 보았다. 따라서 기존의 사회보장론 교재에서 다루어지지 않은 내용이나 학계에서 일반적으로 인정되는 내용들과 차이가 나는 부분들이 포함되어 있을 수 있다. 만약 이 책의 내용 중에서 기존의 교재나 일반적으로 인정되는 내용과 차이가 나는 부분이 있다면 이는 저자의 이해와 학습이 부족한 소치이니 너그러이 이해해 주기 바란다.

이 책이 만들어지기까지 그동안 저자의 강의를 수강한 서울시립대학교, 이화여자대학교 그리고 서울여자대학교 등의 여러 학생이 자료 수집과 교정 등에 참여하였다. 수년간에 걸친 이들의 노력이 없었다면 이 책은 출간되기 어려웠을 것이다. 그럼에도 이 책에서 발견되는 내용의 오류나 형식적인 문제점은 최종 집필을 맡은 저자의 몫이다. 여러 선배, 동료 그리고 후학의 가르침과 조언이 있기를 바란다.

그리고 이 책의 최종 출간을 위해 집필 및 교정 과정에 참여한 서울시립대학교 대학원의 선화숙, 윤일순, 김제선, 오지선, 이주원, 이선영, 송민희, 김지혜, 정아름 그리고 다른 원생들을 독려하고 출판사와의 업무 협조 등을 책임감 있게 맡아 준 안양시노인복지센터 박양숙 관장에게 감사드린다. 또한 이 책의 출판을 흔쾌히 맡아 주신 학지사 김진환 사장님 그리고 편집과 교정을 위해 수고해 주신 학지사 직원들에게도 감사드린다.

2008월
저자

차례

4판 머리말 _ 3

1판 머리말 _ 5

제1장 사회보장의 정의와 범위 • 17

제1절 사회보장의 정의 _ 19
1. 용어의 유래 _ 19
2. 사회복지와 사회보장 _ 20
3. 사회적 위험과 사회보장 _ 21
4. 사회보장의 유사 개념 _ 24
5. 사회보장의 주요 관심사 _ 28

제2절 사회보장의 범위 _ 32
1. 사회보장의 범위에 관한 논란 _ 32
2. 사회보장의 영역 _ 33

제3절 사회보장의 구성요소 _ 41
1. 사회보험의 개념 _ 41
2. 공공부조의 개념 _ 42
3. 사회서비스의 개념 _ 42

제2장 사회보장의 원리와 원칙 • 45

제1절 사회보험의 원리와 원칙 _ 48

　　1. 사회보험의 원리 _ 49

　　2. 사회보험의 원칙 _ 52

　　3. 사회보험과 민간보험의 차이 _ 57

제2절 공공부조의 원리와 원칙 _ 60

　　1. 공공부조의 원리 _ 60

　　2. 공공부조의 원칙 _ 61

제3절 사회서비스의 원리와 원칙 _ 64

　　1. 사회서비스의 원리 _ 64

　　2. 사회서비스의 원칙 _ 65

제4절 기타 사회보장의 원칙 _ 68

　　1. 「베버리지 보고서」의 원칙 _ 68

　　2. 국제노동기구의 사회보장 원칙 _ 69

　　3. 한국의 사회보장 원칙 _ 69

제3장 사회보장제도의 기원과 발전 • 73

제1절 사회보장제도의 기원 _ 75

　　1. 공공부조의 기원 _ 76

　　2. 사회서비스의 기원 _ 84

　　3. 사회보험의 태동 _ 88

제2절 사회보장의 발전 _ 94

　　1. 미국 「사회보장법」 제정 _ 94

　　2. 「베버리지 보고서」 _ 97

　　3. 한국의 사회보장 역사 _ 99

제4장 공공부조 • 103

제1절 사회적 위험으로서의 빈곤 _ 105
1. 빈곤에 대한 논의의 필요성 _ 105
2. 빈곤의 개념 _ 106

제2절 공공부조제도의 개요와 특성 _ 111
1. 공공부조제도의 개요 _ 111
2. 공공부조제도의 특성 _ 114

제3절 외국의 공공부조제도 _ 120
1. 미국의 공공부조제도 _ 120
2. 영국의 공공부조제도 _ 121

제4절 우리나라 공공부조제도의 발전과 주요 내용 _ 123
1. 국민기초생활보장제도의 도입 및 개정 _ 123
2. 기초생활수급자의 선정 _ 132
3. 국민기초생활보장의 급여 결정 및 급여 종류 _ 135

제5장 사회서비스 • 143

제1절 사회서비스의 개요 _ 145
1. 사회서비스의 개념 및 확산 배경 _ 145
2. 한국의 사회서비스 _ 150

제2절 사회서비스의 특징과 유형 구분 _ 153
1. 사회서비스의 특징 _ 153
2. 사회서비스의 유형 _ 155

제3절 사회복지서비스 _ 160

1. 사회복지서비스의 개요 및 원리 _ 161
2. 사회복지서비스의 분류 _ 163
3. 사회복지서비스의 특징 _ 165
4. 사회사업 및 사회복지사업과의 관계 _ 167

제4절 사회복지서비스의 주요 쟁점 _ 169

1. 보편주의와 선별주의 _ 169
2. 현금급여와 현물급여 _ 172
3. 공공과 민간의 역할 분담 _ 176
4. 중앙과 지방 간의 역할 분담 _ 178

제6장 연금보험 • 183

제1절 공적연금보험제도의 개요 _ 185

1. 사회적 위험으로서 노후소득상실 _ 185
2. 노후소득상실에 대비하는 다층보장체계 및 유형 _ 186
3. 공적연금보험제도의 특징 _ 189

제2절 국민연금 적용대상자 및 관리운영조직 _ 192

1. 국민연금제도 적용대상 _ 193
2. 관리운영조직 _ 193

제3절 연금 급여체계 _ 194

1. 급여의 종류 _ 194
2. 기초연금 _ 197
3. 급여수준과 소득대체율 _ 198
4. 급여액 산출방법 _ 200

제4절 재정운용방식 _ 202

1. 연금보험료 _ 202

2. 재정운용방식의 구분 _ 203

3. 확정급여와 확정기여 _ 204

4. 적립방식과 부과방식 _ 205

제5절 현행 공적연금보험제도의 쟁점 _ 209

1. 국민연금보험 재정의 위기 _ 209

2. 공적연금제도의 개혁 시도 _ 212

3. 연금보험재정의 안정을 위한 개혁과 통합 논의 _ 214

제7장 의료보험 • 219

제1절 사회적 위험으로서의 질병 _ 221

1. 질병과 의료 _ 221

2. 의료의 보장 _ 223

3. 의료보험을 통한 소득의 보장 _ 228

제2절 의료보험의 적용대상 _ 229

1. 선별적 적용 _ 229

2. 보편적 적용 _ 229

제3절 의료보험의 급여 _ 230

1. 법정급여, 비급여 및 임의급여 _ 230

2. 현물급여와 현금급여 _ 233

제4절 전달체계 _ 234

1. 보험가입자 관리운영체계 _ 234

2. 의료공급자 관리체계 및 진료비 지불방식 _ 235

제5절 의료보험의 재정 _ 239
1. 보험료 _ 240
2. 국고보조 _ 241
3. 담배부담금 _ 242
4. 본인부담금 _ 243

제6절 우리나라 건강보험의 쟁점 _ 245
1. 건강보험 통합 및 보험료 부과체계 _ 245
2. 진료비 상승 억제 대책 _ 248
3. 보장성 강화 _ 252

제8장 산업재해보상보험 • 259

제1절 산업재해보상보험의 개요 _ 261
1. 사회적 위험으로서 산업재해의 특성 _ 261
2. 산업재해보상제도의 발달과정 _ 263

제2절 산업재해보상보험의 특수성 _ 270
1. 사용자의 위험분산 _ 270
2. 가입자와 수급(권)자의 분리 _ 271
3. 민간보험적 특성 _ 271

제3절 우리나라 산업재해보상보험제도의 발전과 현황 _ 272
1. 산업재해보상보험제도의 발전 _ 272
2. 산업재해보상보험의 적용범위 _ 276
3. 산업재해보상보험의 보험료 _ 278
4. 산업재해보상보험의 급여 _ 279

제4절 산업재해보상보험 민영화의 쟁점 _ 283

    1. 효율성 제고와 산재인정의 엄격화 _ 284

    2. 경쟁의 이점과 역선택의 문제 _ 284

    3. 관리운영비 절감과 홍보비 증가 _ 285

    4. 서비스의 질 제고와 예방기능의 약화 _ 285

    5. 재활기능의 약화 _ 286

제5절 산업재해보상보험제도의 개선 과제 _ 286

제9장 고용보험 • 289

제1절 사회적 위험으로서의 실업 _ 291

    1. 실업의 개념 _ 291

    2. 실업의 원인과 유형 _ 293

    3. 적극적 노동시장정책의 필요성 _ 295

제2절 고용보험의 발전과정 _ 296

    1. 직능공제조합 _ 296

    2. 실업기금 _ 297

    3. 사회보험으로서의 실업보험 _ 297

    4. 실업보험 도입 지연의 이유 _ 298

    5. 고용보험으로의 전환 _ 299

제3절 고용보험의 의의 _ 300

    1. 사회안전망 _ 300

    2. 노동력의 효과적 배분 및 투입 _ 301

    3. 경기조절기능 _ 301

제4절 고용보험제도의 내용 _ 302

1. 고용보험의 가입 및 적용 대상 _ 302

2. 고용보험의 급여 _ 302

3. 고용보험의 재정 _ 306

4. 고용보험 관리체계 _ 307

제5절 우리나라 고용보험의 한계와 쟁점 _ 308

1. 고용보험의 한계 _ 308

2. 실업부조제도의 부재와 국민기초생활보장제도의 탄생 _ 309

3. 한국형 실업부조(국민취업지원제도) 도입 _ 310

제10장 장기요양보험 • 313

제1절 인구고령화와 장기요양 _ 315

제2절 장기요양보험제도의 개요 _ 317

1. 사회적 위험으로서 노인장기요양 _ 317

2. 각국의 장기요양보호제도 _ 319

제3절 우리나라의 노인장기요양보험제도 _ 326

1. 노인장기요양보험제도의 개요 _ 326

2. 노인장기요양보험제도의 내용 _ 328

3. 노인장기요양보험제도의 의의 및 과제 _ 333

제11장　사회보장과 경제 · 339

제1절　사회복지문제와 경제문제 _ 341
　　1. 사회복지문제 _ 341
　　2. 경제문제 _ 342

제2절　사회보장과 자원배분 _ 344
　　1. 노동공급에 미치는 영향 _ 344
　　2. 저축에 미치는 영향 _ 345
　　3. 기업투자에 미치는 영향 _ 346

제3절　사회보장과 경제의 성장 및 안정 _ 348
　　1. 경제성장과 사회보장 _ 348
　　2. 경제의 안정과 사회보장 _ 350

제4절　사회보장과 소득재분배 _ 353
　　1. 소득재분배의 필요성 _ 353
　　2. 소득재분배의 유형 _ 354
　　3. 소득재분배와 위험분산 _ 356

제12장　사회보장과 사회 · 359

제1절　인구구조와 사회보장 _ 361
　　1. 인구변화에 따른 사회보장의 필요성 _ 361
　　2. 사회보장에 따른 인구구조의 변화 _ 366

제2절　가족구조와 사회보장 _ 369

제3절 사회보장이 사회구조에 미치는 효과 _ 370

　　1. 불평등의 완화 _ 370

　　2. 사회통합 _ 370

　　3. 사회통제 _ 372

제13장 사회보장의 동향과 과제 • 377

제1절 사회보장의 환경변화와 과제 _ 379

　　1. 4차 산업혁명과 일자리 _ 380

　　2. 새로운 노동방식과 사회보험 _ 380

　　3. 저출산과 인구 감소 _ 381

　　4. 외국인 노동자와 다문화가정 _ 382

제2절 사회보장제도의 쟁점 및 개혁 _ 382

　　1. 공공부조의 주요 쟁점 및 개혁 _ 382

　　2. 사회서비스의 주요 쟁점 및 개혁 _ 383

　　3. 사회보험의 주요 쟁점 및 개혁 _ 385

찾아보기 / 393

제1장

사회보장의 정의와 범위

사회보장의 개념에 관해서는 다양한 견해가 존재한다. 오늘날 대다수의 국가에서 사회보장 프로그램을 제도화하고 있으나 정의, 범위, 제도의 형태는 국가마다 다르다. 따라서 사회보장의 개념이 국가별로 어떻게 다른지, 사회보장의 범위는 어디까지인지 등을 파악하는 것은 사회보장을 이해하는 데에 중요하다.

제1장
사회보장의 정의와 범위

💠 제1절 사회보장의 정의

"일반적으로 친숙한 '사회복지'라는 용어가 사용되고 있음에도 불구하고, '사회보장'이란 용어가 왜 새롭게 등장하여 사용되고 있으며, 그들 사이에는 어떠한 관계가 있는가?"라는 의문을 제기할 수 있다. 여기서는 '사회보장'이란 용어의 유래와 내용을 먼저 살펴봄으로써 이러한 의문점을 풀어 보고자 한다.

1. 용어의 유래

사회보장이란 용어는 전 세계적으로 널리 사용되고 있지만 그 개념은 통일되어 있지 않고 다양하며, 더욱이 자본주의의 발전과 함께 다양하게 변화되어 왔다.

'사회보장(social security)'의 어원을 살펴보면 '사회적 불안을 제거한다'는 것으로 이해할 수 있다. 'security'라는 개념은 라틴어에서 유래하였는데, 영어의 without에 해당하는 'se'와 care(근심, 걱정)를 의미하는 'cura'가 합쳐져서 만들어진 단어다.[1] 그러므로 사회보장의 개념에서는 근심이나 걱정을 없앤다는 의미가 핵심적인 내용이다.

사회보장의 영어식 표현인 'social security'라는 용어는 엡스타인(Epstein, A.)이 친구인 프랭클(Frankel, E.)에게서 아이디어를 얻어 설립한 미국노인보장협회 (AAOAS: American Association for Old Age Security)의 명칭을 사회보장협회(AASS: American Association for Social Security)로 바꾼 것에서 유래하였다.[2] 이것이 사회보장이라는 용어가 공식적으로 사용된 최초의 사례다.

그 후 미국의 루즈벨트(Roosevelt, F.) 대통령이 뉴딜(New Deal)정책을 의회에서 설명하면서 사회보장이란 용어를 사용하였고, 1935년에 「사회보장법(Social Security Act)」(1935)이 제정됨으로써 널리 알려지는 계기가 되었다.[3]

그리고 1938년 뉴질랜드에서는 「사회보장법」 제정으로 사회보장이라는 용어가 더욱 확산되는 계기가 되었다. 또한 영국에서는 베버리지(Beveridge, W.)가 1942년 제출한 「사회보험과 관련 서비스(Social Insurance and Allied Services)」라는 왕립위원회의 보고서에서 사용하고, 프랑스에서는 1962년 라로크 계획(Laroque plan)에서 사용하였다. 또한 ILO에서 「사회보장에의 길(Approaches to Social Security)」(1942) 그리고 「사회보장최저기준에 관한 조약」(1952) 등을 발표함으로써 사회보장이라는 용어가 일반화되는 계기가 되었다.[4]

2. 사회복지와 사회보장

사회복지와 사회보장은 사회구성원에 관한 생활안정의 문제 또는 복지의 문제

---

1 山田雄三(1977). 『保障政策論』. 東京大出版. 신수식(1989). 『사회보장론』. 박영사, p. 3에서 재인용.
2 Social Security Bulletin (1992). "Origin of the Term 'Social Security'". *Social Security Bulletin*, vol. 55 issue 1, pp. 63-64.
3 Social Security Bulletin (1992). Ibid.
4 김동희(1980). 『프랑스의 사회보장제도』. 서울대학교 출판부, pp. 28-29.

를 개인적 방법이 아닌 사회적 · 연대적 노력에 기초하여 해결하려 한다는 점에서 같다. 그렇다면 '사회복지와 사회보장 개념의 차이점은 무엇인가? 어느 것이 더 상위 개념인가?'에 대한 검토가 필요하다.

사회복지와 사회보장의 관계를 설명하기 전에 사회복지의 정의를 살펴보자. 사회복지의 정의는 학자나 연구자마다 다양하다.

바커(Barker, R. L.)는 미국사회사업가협회(NASW: National Association of Social Worker)의 지원 아래 1991년 출판된 『사회사업 사전(The Social Work Dictionary)』에서 'social welfare'를 "첫째, 사회유지에 기본이 되는 사회, 경제, 교육, 건강의 욕구를 충족해 주는 프로그램, 급여 그리고 서비스에 관한 국가체계의 하나이며, 둘째, 공동체 또는 사회의 집합적 안녕의 상태다"라고 정의하였다.[5] 이 정의에 따르면, 사회복지를 두 가지 관점에서 파악할 수 있게 된다. 하나는 욕구를 충족해 주는 개입행위이고, 다른 하나는 불안이 없는 안녕의 상태다.

사회보장은 바커가 제시한 사회복지의 첫 번째 관점과 같은 의미인 행위적 측면(개입행위)의 개념으로 파악할 수 있다. 개인이 자신이 가진 자원과 능력으로 욕구를 충족하지 못할 경우에 사회문제가 발생되며, 이때 충족되지 못한 욕구와 문제를 제3자의 개입을 통해 해결하고 지원하는 것이 사회복지의 행위적 관점 또는 사회보장이라 할 수 있다.

3. 사회적 위험과 사회보장

'사회보장'이라는 용어는 보장(security)이라는 개념 앞에 '사회적(social)'이라는 의미로 꾸며지고 있다. 여기서 '사회적'이라는 말은 근심의 원인이나 그에 대한 대응방식과 관련된다. 즉, 근심이나 걱정의 원인이 사회적 요인에 기인한다는 의미다. 따라서 그러한 사회적 근심거리에 대하여 개인적으로 대응하기보다는 사회

---

5 김상균 외(2005). 『사회복지개론』. 나남출판, p. 67.

적·공동체적으로 대응한다는 의미도 있다.

어원상으로 볼 때 'security'는 'care', 근심을 없앤다는 의미로 이해할 수 있다. 인간이 살아가면서 겪게 되는 다양한 위험 때문에 자신의 욕구를 충족하지 못하는 경우를 사회적 위험이라 하는데, 이것이 사회문제를 발생시키는 주요 요인이 된다. 사회보장은 그러한 근심을 없앤다는 의미로 이해할 수 있다.

'social security'라는 용어가 주는 어감이 국가마다 크게 다르고, 상호 의사소통에 혼란이 오는 경우가 많아 그 개념을 여러 가지로 정의하고 있으나, 크게 다음과 같은 세 가지의 개념을 내포하는 것으로 볼 수 있다. 첫 번째는 보호(protection, care) 라는 개념이다. 사회보장은 사회적 위험에 대한 최후의 보루로서의 사회장치(last resorts)를 의미하며, 사회적 위험에 대한 다층적 장치를 마련하고 있다. 두 번째는 권리(rights)적 개념이다. 사회보장은 인간존엄성과 인간다운 생활에 대한 욕구의 측면에서 모든 국민은 평등한 권리를 가지고 있고 그것을 보장하는 것이 현대 국가의 기본 의무라는 것을 말한다. 이에 따라 「헌법」에서 사회보장을 국가의 책무로, 국민의 기본권으로 규정하고 있다. 세 번째는 지원(assistance)의 개념이다. 앞에서 말한 바커는 사회복지의 행위적 측면(개입행위)을 "개인이 자신이 가진 자원과 능력으로 욕구를 충족하지 못할 경우에 사회문제가 발생하게 되는데, 이때 제3자의 개입을 통해 이를 해결하도록 지원하는 것이다"라고 제시한다. 이 책에서는 사회보장을 세 번째의 지원관점, 즉 사회복지의 개입행위로서 이해한다.

베버리지는 나태(idleness), 무지(ignorance), 결핍(want), 불결(squalor) 그리고 질병(disease)을 5대 사회악(five giants)이라고 하였고, 이것들을 대표적인 사회적 위험으로 규정하였다. 그리고 이러한 5대 사회악을 제거하기 위해 사회보장이 필요하다고 하였다.

국제노동기구(ILO: International Labor Organization)에서는 1952년 아홉 가지 사회적 위험으로 의료, 질병, 실업, 노령, 산업재해, 자녀양육, 직업능력상실, 임신과 출산, 부양자(가장)의 사망을 제시하였다.[6] 즉, 소득의 감소 혹은 상실을 가져오는 위

---

6 ILO (1952). 「The ILO Social Security (minimum standards) Convention, 1952(No. 102)」. www.ilo.org

험을 사회적 위험으로 규정하고, 사회보장제도를 통해 이러한 사회적 위험들로부터 사회구성원을 보호해야 한다고 하였다.

한편, 마이어(Myers, R. J.)는 급여의 제공기간에 따라 사회적 위험을 세 가지 유형으로 구분하고 있다(〈표 1-1〉 참조).[7] 주목할 만한 것은 이러한 사회적 위험 간에 일종의 순위나 인과관계가 존재할 수 있다는 점이다. 예를 들면, 노령화로 신체적 부자유, 즉 장애나 질병이 발생할 수 있고, 그로 인해 실직되어 결과적으로 빈곤에 빠질 수 있다. 또한 인간의 생애주기에 따라 발생할 가능성이 큰 사회적 위험과 개인의 상황에 따라 발생할 가능성이 큰 사회적 위험이 있을 수 있다. 그러므로 어떤 사회적 위험에 더 역점을 두고 개입할지 등을 고려하는 것은 의미 있는 일이다.

표 1-1 마이어의 사회적 위험에 대한 구분

구분	사회적 위험	비고
장기	① 노령 ② 부양의무자의 사망 ③ 장애 ④ 가족수당	
단기	⑤ 실업 ⑥ 질병(수당) ⑦ 의료 ⑧ 출산	
혼합	⑨ 산업재해	단기: 질병 장기: 장애

임신 · 출산 · 양육, 노령 그리고 부양의무자의 사망 등은 인간의 생애주기(life cycle)에 따라 발생하며 예측가능한 사회적 위험이다. 그에 비해 실업, 빈곤, 산업재해, 직업능력상실 등은 우발적인 성격이 강하고 발생 확률도 개인적으로 차이가 나는 사회적 위험이다.

사회적 위험의 전파 과정과 사회복지적 개입유형의 관계를 [그림 1-1]과 같이 도식화할 수 있다.

---

7 Myers, R. J. (1993). *Social Security*. Philadelphia: University of Pennsylvania Press, pp. 6-7.

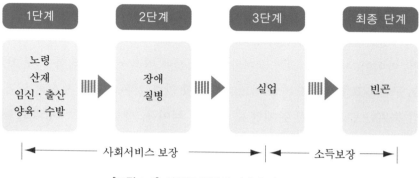

[그림 1-1] 사회적 위험의 전파와 개입유형

종합해 보면, 사회보장이란 사회복지적 욕구를 발생시키는 특정 위험에 대해 가장 합리적인 원리를 적용하여 효과적으로 대비할 수 있는 제도를 중심으로 개입하는 것을 의미한다. 파슨스(Pasons, T.)는 제도를 안정적이고 지속적인 상호작용의 방식으로 보았다.

4. 사회보장의 유사 개념

사회보장이라는 용어와 유사한 개념으로 사회복지, 사회복지정책, 사회정책 그리고 사회안전망 등이 있다. 사회복지에 관해서는 앞에서 이미 설명하였으므로 여기에서는 사회복지정책, 사회정책 그리고 사회안전망에 대해서만 생각해 보기로 한다.

1) 사회복지정책과 사회보장

사회복지정책(social welfare policy)과 사회보장(social security)은 스스로 욕구를 충족하지 못하는 사람들을 위해 제3자가 개입한다는 점에서는 같다. 그런데 '사회복지정책'이라는 용어가 이미 존재함에도 불구하고 그와 별도로 '사회보장'이라는 용어가 1935년 이후 지속적으로 사용되고 있는 이유는 무엇일까?

사회복지정책이 개별적인 대상을 중심으로 다양한 욕구 충족과 관련된 의사결정과정의 관점에서 사회복지적 개입을 파악하려고 하는 접근방식이라면, 사회보장은 개별적 대상에 초점을 맞추기보다는 다양한 사회적 위험에 대응하기 위해 유형화된 사회복지제도들의 관점에서 사회복지적 개입을 파악하려는 접근방식이라고 볼 수 있다.

관심의 초점으로 구분하자면, 결국 사회복지정책은 대상과 욕구에 주로 관심을 갖고, 사회보장은 사회적 위험과 제도를 중점적으로 다룬다고 할 수 있다.

2) 사회복지정책과 사회정책

사회복지정책은 개별 대상을 중심으로 욕구 충족을 위한 개입에 초점을 맞추지만, 사회정책(social policy)은 좀 더 넓은 의미로 파악할 수 있다. 유럽 국가들에서는 사회정책이 더 일반적으로 쓰이고 있으며, 사회정책은 일부 국가 정책(예: 국방정책)을 제외한 거의 모든 정책을 포함한다.[8] 따라서 사회복지정책은 물론이고 그 외에 특히 일자리 창출을 위한 기업 및 경제 정책, 교육정책, 환경정책, 주택정책 그리고 조세정책 등 불특정 다수를 위한 간접적이고 포괄적인 개입도 포함한다.

표 1-2 사회보장과 사회복지정책

제도 \ 정책		사회복지정책			
사회보장	사회보험	노인복지 정책	장애인복지 정책	여성복지 정책	아동복지 정책
	공공부조				
	사회서비스				

다시 말하면, 사회복지정책은 빈곤한 사람을 직접적으로 지원하는 것뿐만 아니라

---

8 김태성(2003). 『사회복지정책입문』. 청목출판사, p. 14.

다양한 위험에 처한 대상자들에게 생계를 보장하거나 노동시장에 참여할 수 있도록 지원할 수는 있지만, 실제적으로 그들이 취업을 할 수 있도록 도움을 주는 데는 한계가 있다. 고용은 일하고자 하는 사람의 능력이나 의지가 충분하다고 해도 일자리가 충분히 존재하지 않으면 불가능하기 때문이다. 일자리를 공급하는 주체가 기업들이므로 결국 기업 활동이 활성화되어 좀 더 많은 일자리가 창출되도록 지원하는 것이 필요하다. 이와 같은 관점에서 일반적으로 기업정책이나 조세정책 등의 개입은 사회복지정책으로 이해되지 않지만, 사회정책의 범주에는 포함될 수 있다.

빈곤에 빠지지 않도록 자립에 필요한 교육의 기회를 균등하게 제공하거나 질병의 치료뿐만 아니라 건강에 해로운 환경을 개선하는 것 등이 사회정책에서 더 역점을 두고 시도하는 것들이다. 결국 사회복지정책과 사회정책의 구분은 접근방식과 포함되는 대책들의 범위를 중심으로 이루어질 수 있다. 특히 독일의 경우는 사회정책(sozialpolitik)을 매우 광범위하고 간접적인 개입으로 이해하고, 더 나아가 사회 전반의 의사결정과 관련된 질서를 규제하는 질서정책(ordnungspolitik)과 같은 의미로도 사용한다.

3) 사회보장과 사회안전망

우리나라에서 사회안전망(social safety nets)은 1997년 외환위기로 국제통화기금(IMF)의 관리체제 이후에 나타난 용어로, 그동안의 '사회보장'이나 '사회복지'를 대신하여 주로 사용되고 있다. 사회안전망은 광의로는 질병, 노령, 실업, 산업재해, 빈곤 등 사회적 위험으로부터 국민을 보호하기 위한 제도적 장치를 말한다.

국제통화기금(IMF)이나 세계은행(World Bank)과 관련된 신자유주의 경제학자들은 기존의 사회보장이란 용어보다는 사회안전망이란 용어를 선호하는 경향이 있다. 이들은 사회안전망을 구조조정을 위한 경제개혁조치가 사회적 취약계층에 미치는 역효과를 최소화하기 위한 조치—주로 단기 사회복지정책—로 정의하고 있다.[9]

---

9 원석조(2002). 『사회보장론』. 양서원, p. 25.

　사회안전망은 흔히 사회보장제도와 동일한 의미로 잘못 이해되어 사용되고 있다. 사회안전망의 개념은 과거 1990년대 초 동구권의 공산국가들이 붕괴되고 자본주의 체제로 전환하는 과정에서, 당시에 발생한 대규모 실업과 빈곤 등의 사회문제를 해결하기 위해 IMF 등의 국제기구가 제안한 일시적이고 단기적인 사회복지적 조치들을 의미하는 용어에서 유래하였다. 그 후 우리나라에서도 1997년 IMF의 구제금융에 대한 조건으로 경제적 구조조정과 사회안전망 확충을 요청받게 되면서 이 개념이 알려졌다. 그런데 이와 같이 임시적이고 잔여적인 성격의 사회안전망이라는 용어가 제도적이고 안정적인 사회보장이라는 용어와 혼용되는 이유는 무엇인가? 이는 오늘날 세계화와 신자유주의 물결 속에서 경제의 구조조정과 노동시장의 유연화가 일상적인 것이 되어 그에 대한 대응책으로 사회안전망이 상시적 · 지속적으로 필요해졌기 때문일 것이다.

　한편, 2012년 개정된 「사회보장기본법」에서는 사회보장과 별도로 '평생사회안전망'이란 용어를 도입하였다. '평생사회안전망'은 "생애주기에 따른 기본욕구와 특수한 사회적 위험에 따른 특수욕구를 동시에 고려하여 소득 · 서비스를 보장하는 맞춤형 사회보장제도"라고 정의되고 있다(제3조 제5호). 하지만 법에서는 '평생사회안전망'이 사회보장제도에 포함되는지에 대해서 일관된 입장을 보이지 않고 있다. 제3조 제1호에서는 '사회보장'에 사회보험, 공공부조, 사회서비스만을 포함시켰으나, 같은 조문의 제5호에서는 평생사회안전망이 '맞춤형 사회보장제도'라고 명시되어 있다.

　사회보장, 사회복지정책, 사회정책 그리고 사회안전망과 같은 개념 간의 관계를 요약하면 [그림 1-2]와 같이 정리할 수 있다.

사회정책				

사회복지(개입)				

제도＼대상	사회복지정책				사회안전망	기타 개입
사회보장	사회보험	노인복지정책	장애인복지정책	여성복지정책	아동복지정책	공공근로 / 기업정책
	공공부조					한시생활보호 / 조세정책
	사회서비스					긴급지원 / 교육정책
						희망근로 / 주택정책
						청년인턴 / 환경정책

[그림 1-2] 사회보장과 유사 개념

※기타 관련 제도에는 수당(아동수당, 가족수당), 원호(보훈), 재해구호 등이 포함될 수 있음.

5. 사회보장의 주요 관심사

사회보장을 좀 더 구체적이고 체계적으로 이해하기 위해서는 다음 세 가지 문제에 대한 논의가 필요하다.

- 첫째, 사회복지적 개입의 필요성은 무엇인가?
- 둘째, 개입해야 하는 제3자는 누구인가?
- 셋째, 어떠한 방법으로 개입해야 하는가?

1) 개입의 필요성

우선, 왜 어떤 사람이 욕구를 충족하지 못할 때 제3자가 개입해야 하는가의 문제다. 이는 사회보장의 필요성이나 목적과 관련된다고 할 수 있다. 이러한 사회복지적 개입의 동기를 설명하는 이론으로 양심이론(온정주의), 사회통제이론(음모이론) 등을 들 수 있으나[10] 이러한 설명들은 상당히 규범적인 관점에 치우쳐 있다. 사회복지 대상자와 그렇지 않은 사람의 구분이 영속적인 것 같은 입장을 취하는데 이러한 접근방식은 매우 정태적이라 할 수 있다.

이 이론들과는 달리, 기능적 관점에서 보면 인간의 생애주기를 중심으로 설명할 수 있다. 사람은 살아가는 동안에 여러 가지 사회적 위험을 겪고, 생애주기에 따라 위험도가 높아지기도 하고 낮아지기도 한다는 점에 주목하여야 한다. 이는 어느 누구라도 상황에 따라서 다른 사람의 도움이 필요한 위험에 처할 수 있다는 것을 의미하며, 사회보장은 이와 같은 사회적 위험에 처한 사람들(person at risk)을 위해 필요한 것이다.

사회보장은 각 시점에서 높은 위험과 낮은 위험이 서로 분산되도록 하여 안정을 유지시키는 데 목적이 있다. 즉, 사회보장은 소득재분배라는 핵심적 수단을 통해 생애주기별로 다른 단계에 있는 사람들의 사회적 위험을 분산시켜 주는 위험분산의 공동체를 유지하도록 하는 것이다. 그 원리가 바로 사회적 연대성(social solidarity)의 원리다.

따라서 이러한 관점에서 보면, 사회적 연대는 박애주의나 음모론적 관점과 상관없이 사회복지적 개입이 사회의 상호부조적 기능에서 필요하다는 설명을 가능하게 한다. 길버트와 스펙트(Gilbert, N. & Specht, J.)는 사회의 기능을 다섯 가지로 구분하였는데, 그중 사회복지라는 제도는 상호부조기능을 수행하는 것으로 보았다.[11]

---

10 김상균 외(2005). 『사회복지개론』. 나남출판, p. 124.
11 길버트와 스펙트는 ① 생산·소비·분배, ② 사회화, ③ 사회통제, ④ 사회통합, ⑤ 상호부조의 다섯 가지 기능을 사회가 수행해야 할 주요 기능으로 보았다[김상균 외(2005). 상게서, p. 60].

2) 개입의 주체

　두 번째는 '개입을 해야 할 제3자는 누구인가?'에 관한 것인데, 여기서는 사회복지 발전에 관한 이른바 동심원 모형을 생각할 수 있다.[12] 한 개인이 스스로 욕구를 충족할 수 없는 상황(사회적 위험)에 빠지면 일차적으로 가장 가까운 가족이 개입을 하고, 그것이 불가능한 경우에는 친지나 이웃이 도와주게 된다. 친지(이웃)가 도와줄 수 없는 경우에는 민간차원에서 지역사회나 종교단체 등이 자발적이고 비공식적인 개입을 한다. 그러나 이들이 동원할 수 있는 자원은 상대적으로 제한되어 있으므로 사회문제가 대규모로 광범위하게 발생하는 경우 한계에 도달한다. 그럴 경우 대규모의 집단적인 지원체계나 조직이 필요해지고, 결국 국가가 세금이라는 강제적 수단을 통해 재원을 동원하여 공식적으로 개입하게 된다.

　한편, 일부 저개발국가처럼 국가가 충분한 개입 능력을 갖추지 못한 경우에는 국

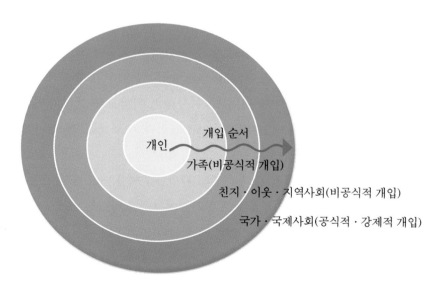

[그림 1-3] 사회적 원조의 동심원 모형(A Concentric Model of Social Help)

---

12 김태성, 성경륭(1996). 『복지국가론』. 나남출판, p. 66.

제연합아동기금(UNICEF)이나 세계보건기구(WHO), 국제식량기구(FAO) 등의 국제기구가 개입하기도 한다. 국가 개입 이전이 비공식적·자발적 개입이라면 국가 개입 이후는 공식적·강제적 개입이라고 할 수 있다. 여기서 쟁점이 될 수 있는 것은 사회보장의 개념을 정의할 때 과연 어디까지를 개입해야 하는 제3자로 볼 것인가 하는 점이다.

사회적인 대응과 관련하여 흥미로운 사실은 역사적으로 사회문제에 대응하는 집단의 범위가 점차 확대되어 왔다는 점이다. 그렇다면 왜 대응해야 하는 집단의 범위가 확대되어 왔는가? 그것은 사회가 더욱 다양화·복잡화될수록 소규모의 집단들이 사회문제를 해결할 수 있는 가능성이 제약되거나 좀 더 큰 규모의 집단이 개입하는 것이 경험적으로 유리하다고 믿었기 때문이다.

암과 같이 위험의 발생 확률은 낮지만 피해가 큰 사회적 위험에 대해 개인적 차원에서 대비하는 것은 그 위험의 발생 확률과 관련된 불확실성 때문에 한계가 있다. 이때 일정 규모의 집단을 형성하면 대수의 법칙(the law of large number)에 따라 그 발생 확률의 파악이 가능해지고 불확실성이 제거될 수 있다. 따라서 개인적으로는 불확실한 위험도 집단에서는 확률에 기초하여 효과적으로 대응할 수 있다.

개입의 주체와 관련된 논의에서 중요한 관심사는 사회보장을 국가만이 하는 것으로 볼 것인지 또는 민간부문에서 이루어지는 것도 포함할 것인지에 관한 것이다. 일반적으로 사회보장은 국가에 의한 '소득보장'으로 이해되고 있는데, 그 이유는 용어의 탄생 유래와 관련되었다고 볼 수 있다. '사회보장'이란 용어가 1935년 미국의 「사회보장법」에서 공식적으로 사용되었고, 이 법의 주요 내용에 국가에 의한 소득보장이 있기 때문이다.

3) 개입의 범위와 방법

마지막으로 '어떻게 개입할 것인가'에 관한 것이며, 이는 구체적으로 사회보장의 범위와 개입을 위한 다양한 방법과 관련되는 문제들이다. 첫째는 범위에 관한 것으로, 금전적 지원을 통한 소득보장으로만 볼 것인가 또는 비금전적 사회서비스도 포함할 것인가에 관한 논의다. 둘째는 개입방법에 관한 것으로, 위험분산의 원리를 적용한 사회보험, 부조의 원리를 적용한 공공부조, 원조의 원리를 적용하는 사회서비스 등의 방법이 있다.

💑 제2절 사회보장의 범위

1. 사회보장의 범위에 관한 논란

'사회보장'이란 용어는 다양한 의미로 사용되고 있는데, 광의와 협의로 나누어 설명할 수 있다. 광의와 협의의 사회보장을 구분하는 기준은 일반적으로 사회복지적 개입의 범위와 관련된다. 즉, 소득의 상실이나 감소를 보전하는 것만을 사회보장으로 볼 것인가, 또는 소득보장을 목적으로 하지 않는 비금전적인 지원도 사회보장의 범위에 포함할 것인가의 문제다.

한편, 사회보장을 사회복지적 개입이라고 보는 관점을 좀 더 넓게 이해한다면, 개입의 주체는 국가에 한정되지 않고 국가 이전의 단계에 있는 자발적이고 비공식적인 부문의 여러 주체, 즉 가족, 이웃, 지역사회 등이 있음을 간과할 수 없다. 그리고 이들의 개입활동을 사회보장의 범주에 포함할 것인가에 관한 문제도 제기된다. 만약 이들의 활동을 포함한다면 사회보장의 개념은 매우 넓은 의미로 이해할 수 있다.

사회보장제도는 그 나라의 독자적인 경제적 · 사회적 조건을 바탕으로 성립 · 발달하고 있어 무엇이 사회보장의 범위에 포함되는가는 국가 간에 상당한 차이가 있다.

2. 사회보장의 영역

1) 협의의 사회보장

처음으로 사회보장이라는 용어를 공식적으로 사용한 미국과 그것을 받아들인 영국에서는 사회보장을 국가에 의한 소득보장제도라는 좁은 의미로 파악하였다.

(1) 미국

미국에서 사회보장이란 개념은 엡스타인으로부터 유래하였고, 그 후 루즈벨트 대통령이 「사회보장법」(1935)에서 그 용어를 사용하였다. 특히, 번스(Burns, E.)는 "사회보장이란 제1차적으로 소득보장계획에 관련된 것이다. 즉, 국민의 일부 또는 전부에 대해 일정의 최저소득을 보장하는 것을 목표로 하는 공적 시스템이다. 다시 제1차적으로 강조해야 할 것은 그것이 최저한도의 보장을 현금지급방법으로 달성하고자 하는 제 계획이라는 점이다"[13]라고 하며 사회보장을 최저한의 소득을 현금지급으로 달성하려는 계획으로 이해하였다.

미국은 1935년 「사회보장법」의 제정으로 세계에서 제일 먼저 '사회보장'이란 용어를 사용하였지만, 사회보장제도나 전반적인 사회복지제도의 발전은 유럽의 국가들에 비해 늦은 편이며, 사회복지를 위한 정부지출도 유럽의 국가들보다 낮았다.

(2) 영국

베버리지[14]는 자신의 보고서 「사회보험과 관련 서비스」(1942)에서 사회보장을 소득보장이라는 관점에서 "실업·질병 혹은 부상으로 수입이 중단된 경우에 대처하고, 노령에 따른 퇴직이나 본인 이외의 자의 사망에 따른 부양의 상실에 대비하며,

---

13 Burns, E. M. (1956). *Social Security and Public Policy*. New York: McGraw-Hill.
14 베버리지는 전후 영국 사회보장체계 확립에 지대한 영향을 미친 인물로서 그의 이름이 붙은 보고서는 영국뿐만 아니라 유럽의 복지국가와 신생국들의 사회보장제도에 큰 영향을 미쳤다[나병균(2005). 「사회보장론」. 나눔의 집].

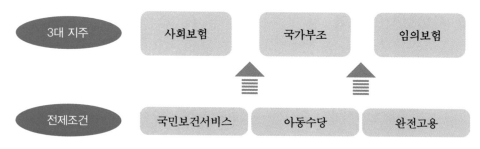

[그림 1-4] 베버리지의 사회보장 계획

출생·사망·혼인 등과 관련된 특별한 지출을 감당하기 위한 소득보장을 의미한다"라고 파악하였다. 따라서 사회보장은 사회보험을 중심으로 하되 국민부조로 이를 보완하여 형성되는 제도라고 하였다. 이는 사회보장제도의 본질을 소득보장제도로 파악한 것이다.

그는 사회보장의 범위에 관하여 기본적 필요에 대한 사회보험, 특별한 조치로서의 국가부조, 기본적 필요 이상을 위한 임의보험을 사회보장의 3대 지주라고 보았다. 이것을 위한 전제조건으로 완전고용, 아동수당 그리고 국민보건서비스(NHS)를 제시하였다.

오늘날 영국에서 사회보장은 사회보장제도를 책임지고 있는 사회보장부(department of social security)에서 제공하는 사회복지프로그램으로, 국민보험, 가족수당, 산업재해보험, 보충급여, 전쟁연금 및 세대소득보충 등을 포함하는 포괄적인 범위로 구성되어 있다.

2) 광의의 사회보장

사회보장을 넓은 의미로 파악하여 사회복지적 개입으로 이해하려 한다면, 소득보장으로만 이해하는 것은 지나치게 제한적으로 해석하는 것이다. 사회보장을 넓은 의미로 파악하려면 소득보장제도 외에도 의료보장 및 기타 사회복지적 개입을 포함해야 한다.

(1) 프랑스

오늘날 프랑스 사회보장제도의 기본법이라 할 수 있는 법률(ordonnane, 1945. 10. 4.)은 제1조에서 프랑스에 사회보장제도를 설치한다고 규정하면서 "노동자 및 그 가족에 취득(수입)능력을 감소 또는 상실시킬 수 있는 모든 위험에 대하여 보호하고 또한 출산 및 가족부담을 보상함을 그 목적으로 한다"라고 하고, 동 법률 제3조에서는 이러한 사회보장제도의 "새로운 수혜자에의 확대 및 기존 법령에 규정되어 있지 아니한 위험에의 적용 확대"를 규정하고 있다.[15]

프랑스의 사회보장제도는 19세기 후반 산업재해에 관한 입법 및 20세기 초반의 몇몇 법률에서 더 찾아볼 수 있다. 또한 특정 부문 노동자에 대한 고유한 제도로 오늘날 특별제도로 호칭되는 것이 일정 시기에 형성됨으로써 시작되었으며, 유럽연합국가 가운데 포괄적이고 복잡한 것으로 인식되고 있다.

1945년 사회보장정책의 중심 인물이며, 당시 프랑스의 노동성 총무장관인 라로크(Lanoque, P.)[16]는 사회보장을 취업의 보장, 소득의 보장 및 노동능력의 보장 등으로 파악하였다. 그는 "사회보장은 근로대중에 대한 생활수단의 영속성의 보장이며, 적어도 모든 경우에서 적당한 최저생활의 보장이다. 사회보장이란 국민적인 연대책임하에 전체 사회의 모든 구성원에 대한 보장을 말한다"라고 매우 포괄적인 의미로 사회보장을 정의하였다.

(2) 국제노동기구의 사회보장

국제노동기구(ILO)는 「사회보장에의 길」(1942)이라는 보고서에서 "사회보장이란 사회가 그 구성원이 부딪히는 여러 가지 위험에 대하여 적당한 기관을 통하여 부여하는 보장이다. 복지국가의 정책은 사회보장에 영향을 미치는 것이지만 여기서는 질병의 예방 또는 치료가 불가능하여 일할 수 없는 경우에 대한 부조 및 유상노동

---

15 김동희(1980). 전게서, pp. 28-29.
16 피에르 라로크는 프랑스의 사회보장제도 성립에 결정적인 역할을 한 인물로서, 그의 사회보장 개념은 베버리지의 개념 정의와의 공통점을 내포하고 있다[나병균(2005). 전게서].

등의 사회보장서비스로 본다"라고 정의하였다.[17]

사회보장은 사회구성원이 직면하는 소득의 상실이나 질병과 같은 일정한 위험에 대하여 사회가 적절한 조직을 통하여 부여하는 보장으로서, 사회부조와 사회보험을 중심으로 구성되며, 이들을 통합함으로써 실현된다고 보았다. 또한 국제노동기구(ILO)는 1952년에 제정한 「사회보장의 최저기준에 관한 조약(Convention Concerning Minimum Standards of Social Security)」을 통해 9개 분야에 걸친 사회보장제도를 권고하였다. 9개 분야는 의료(medical care), 질병급여(sickness benefit), 실업급여(unemployment benefit), 노령급여(old-age benefit), 업무재해급여(employment benefit), 가족급여(family benefit), 출산급여(maternity protection benefit), 폐질급여(invalidity benefit), 유족급여(survivor benefit)다.

『사회보장안내(Introduction to Social Security)』(1989)에서의 정의를 보면, "사회보장이란 질병, 분만, 산업재해, 실업, 고령, 폐질(장애), 사망 등에 따른 소득의 중단 또는 감소가 미치는 경제적ㆍ사회적 불안에 공적 대책을 통해 대처하기 위해서 사회가 그 구성원에게 제공하는 보호(protection)를 의미한다"라고 되어 있다.[18]

(3) 일본

광의의 개념으로 사회보장을 정의하고 있는 일본은 「사회보장에 관한 권고」(1950)에서 "사회보장은 질병, 부상, 분만, 사망, 노령, 실업, 기타 곤궁의 원인에 대하여 보험의 방법 또는 직접 공적 부담으로서 경제보장의 길을 강구하고, 생활이 곤궁한 자에 대하여 국가부조를 통해서 최저생활을 보장함으로써 공중위생 및 사회복지를 향상시키며, 모든 국민이 문화적 사회구성원으로서 가치 있는 생활을 영위할 수 있게 하는 제도다"라고 정의하고 있다.

협의의 개념으로서 사회보장이란 '공공부조, 사회복지, 사회보험, 공중위생 및

---

17 ILO (1942). *Approaches to Social Security: An International Survey*. Geneva: ILO Studies and Reports Series, No. 18-19.

18 모지환 외(2005). 『사회보장론』. 학지사, p. 17.

의료 등을 포함하지만, 넓은 의미로는 좁은 의미의 사회보장에 은급, 전쟁희생자 원호 그리고 주택대책 및 고용대책을 비롯한 관련 제도'가 포함된다고 보았다.

그리고 1967년의 「사회보장제도 총합조정에 관한 권고」에서는 사회보장을 빈곤계층 대책으로서 저소득층을 위한 공공부조, 사회서비스 그리고 일반 국민을 위한 사회보험과 모든 계층을 포함하는 공중위생 및 의료 등의 제도로 구성하였다. 현재 일본의 사회보장은 사회보험, 아동수당, 공공부조, 사회복지(서비스), 공중위생 및 의료, 환경정책, 은급 및 전쟁희생자 원호 등으로 구성되어 있다.

마츠타카(末高信)는 "사회보장이란 사회정책의 한 부문으로서 국민의 생존권을 확인함으로써 그 생활을 보장하기 위한 국가 정책이다"라고 하여, 정책적 입장에서 사회보장을 정의하고 있다.[19]

또한 일본 『사회복지사전』에서의 사회보장은 "국민이 그 생활을 영위해 나가는 과정에서 발생하는 소득의 중단이나 영구적 상실에 대해 최저생활의 보장을 전제로 하는 소득보장을 위해 국가가 행하는 종합적·체계적 시책과 제도"로 나타나 있다.[20]

지금까지의 논의를 종합해 보면, 사회보장의 어원은 각종 사회적 위험에 대한 사회복지적 대책을 의미하지만, 실제로는 국가를 통한 소득보장이라는 제한적 개념 정의가 통용되고 있다. 이는 미국에서 사회보장이란 개념이 최초로 도입될 당시 국가를 통한 소득보장에의 개입이 광범위하게 나타났던 시대적 배경에 기인한다. 그러나 시간이 흐름에 따라 점차 국가 및 민간들에 의한 비금전적 대책들도 포함하는 개념으로 발전해 왔다.

3) 한국에서 사회보장의 범위

우리나라에서는 대체로 미국이나 유럽 등에서 실시되고 있는 제도들을 총괄하

---

19 모지환 외(2005). 전게서, p. 407.
20 김경우(2005). 『사회보장론』. 대왕사, p. 27.

여 정의하고 있다는 인상을 준다.

「헌법」제34조에서는 "① 모든 국민은 인간다운 생활을 할 권리를 가진다" "② 국가는 사회보장·사회복지의 증진에 노력할 의무를 진다"라고 하였는데, 이는 우리나라에서 아직도 통념상 사회보장과 사회복지를 다르게 보고 있다는 것을 보여 준다. 「헌법」에서는 '사회보장'을 소득보장으로 이해하고, '사회복지'는 소득보장이 아닌 비금전적 사회서비스로 이해하고 있는 듯하다.

「사회보장에 관한 법률」(1963) 제2조에서는 "사회보험에 의한 제 급여와 무상으로 행하는 공공부조"라고 사회보장을 정의하여 좀 더 넓은 의미로 파악하는 듯하였으나, 여전히 사회보장을 소득보장으로 이해하였다. 이 법은 1995년 「사회보장기본법」이라는 새로운 법의 제정으로 폐지되었다.

「사회보장기본법」(1995) 제3조에서는 사회보장을 "질병, 장애, 노령, 실업, 사망 등의 사회적 위험으로부터 모든 국민을 보호하고 빈곤을 해소하며 국민생활의 질을 향상하기 위하여 제공되는 사회보험, 공공부조, 사회복지서비스 및 관련 복지제도를 말한다"라고 정의하여 비금전적 사회복지서비스까지 포함하는 개념의 확대가 이루어졌다.

2012년 1월 26일 법의 전면개정으로 사회보장에 관한 정의 및 범주 등도 제3조 제1호에서 "출산, 양육, 실업, 노령, 장애, 질병, 빈곤 및 사망 등의 사회적 위험으로부터 모든 국민을 보호하고 국민 삶의 질을 향상시키는 데 필요한 소득·서비스를 보장하는 사회보험, 공공부조, 사회서비스를 말한다"라고 개정되었다. 그리고 개정 전의 사회복지서비스와 관련 복지제도가 '사회서비스'로 변경되었고, 특히 '평생사회안전망'[21]이라는 개념과 제도가 새로 추가되었다. 한편, 평생사회안전망은 개정된 법 제1호에서는 제도로서 언급되지 않았으나 제5호에서 제도라고 규정하는

---

21 이 용어는 실생활에서 사용되고는 있으나, 그 개념에 대해서는 아직 학술적으로 합의된 정의가 없다. 이러한 상황은 이미 사회복지 및 사회보장 등과 관련된 기존의 법률에서도 흔히 벌어지고 있는데, 용어의 선택이 이론적이고 체계적인 검토에 기초하기보다는 정치적인 산물에 의해 결정되기 때문이다. 따라서 이 개념에 대한 충분한 학술적 논의 등은 이번 3판에서는 다루지 않고 향후 과제로 남기려고 한다.

불일치가 있다. 법률의 전면개정에 따른 사회보장 정의 등의 변경 사항을 정리하면
〈표 1-3〉과 같다.

표 1-3   2012년 「사회보장기본법」 전면개정에 따른 사회보장 등의 정의 변경

개정 전 「사회보장기본법」 [법률 제9932호, 2010. 1. 18., 타법 개정]	개정 후 「사회보장기본법」 [법률 제11238호, 2012. 1. 26., 전부 개정]
사회보장 질병, 장애, 노령, 실업, 사망 등의 사회적 위험으로부터 모든 국민을 보호하고 빈곤을 해소하며 국민 생활의 질을 향상하기 위하여 제공되는 사회보험, 공공부조, 사회복지서비스 및 관련 복지제도(제3조 제1호)	**사회보장** **출산, 양육**, 실업, 노령, 장애, 질병, **빈곤** 및 사망 등의 사회적 위험으로부터 모든 국민을 보호하고 국민 삶의 질을 향상시키는 데 필요한 **소득 · 서비스**를 보장하는 사회보험, 공공부조, **사회서비스**(제3조 제1호)
사회보험 국민에게 발생하는 사회적 위험을 보험의 방식으로 대처함으로써 국민의 건강과 소득을 보장하는 제도(제3조 제2호)	**사회보험** 국민에게 발생하는 사회적 위험을 보험의 방식으로 대처함으로써 국민의 건강과 소득을 보장하는 제도(제3조 제2호)
공공부조(公共扶助) 국가와 지방자치단체의 책임하에 생활 유지 능력이 없거나 생활이 어려운 국민의 최저생활을 보장하고 자립을 지원하는 제도(제3조 제3호)	**공공부조(公共扶助)** 국가와 지방자치단체의 책임하에 생활 유지 능력이 없거나 생활이 어려운 국민의 최저생활을 보장하고 자립을 지원하는 제도(제3조 제4호)
사회복지서비스 국가 · 지방자치단체 및 민간부문의 도움이 필요한 모든 국민에게 상담, 재활, 직업의 소개 및 지도, 사회복지시설의 이용 등을 제공하여 정상적인 사회생활이 가능하도록 지원하는 제도(제3조 제4호)	**사회서비스** 국가 · 지방자치단체 및 민간부문의 도움이 필요한 모든 국민에게 복지, **보건의료, 교육, 고용, 주거, 문화, 환경** 등의 분야에서 인간다운 생활을 보장하고 상담, 재활, 돌봄, 정보의 제공, 관련 시설의 이용, 역량개발, 사회참여 지원 등을 통하여 국민의 삶의 질이 향상되도록 지원하는 제도(제3조 제4호)
관련 복지제도 보건, 주거, 교육, 고용 등의 분야에서 인간다운 생활이 보장될 수 있도록 지원하는 각종 복지제도(제3조 제5호)	
	평생사회안전망 생애주기에 걸쳐 보편적으로 충족되어야 하는 기본욕구와 특정한 사회위험에 의하여 발생하는 특수욕구를 동시에 고려하여 소득 · 서비스를 보장하는 맞춤형 사회보장제도(제3조 제5호)

결국, 「사회보장기본법」에서는 사회보장을 광의의 개념으로 적용하고 있어 협의의 개념으로 파악하고 있는 「헌법」과는 차이를 보인다.

공공부조에는 국민기초생활보장, 의료급여 등이 포함된다. 사회보험에는 국민연금(특수직역연금 포함), 의료보험, 고용보험, 산재보험, 노인장기요양보험 등이 있다. 사회서비스는 국가, 지방자치단체 그리고 민간이 주체가 되어 제공하는 각종 비금전적 원조를 말한다. 노인복지서비스, 장애인복지서비스, 아동복지서비스 등이 여기에 속한다.

「사회보장기본법」에서는 사회보장의 범주에 사회보험 및 공공부조를 통한 소득보장뿐만 아니라 비금전적 지원을 내용으로 하는 사회서비스도 포함하여 일반적인 구분에서 볼 때 넓은 의미로 사회보장을 파악하고 있다. 특히 사회서비스에서는 국가나 지방자치단체뿐만 아니라 민간도 주체로 언급하고 있어 사회보장의 개념을 매우 넓게 파악하고 있음을 알 수 있다. 이것은 일반적으로 사회보장이 국가를 통해서만 이루어진다고 보는 견해와는 상당한 차이가 있으며, 실제 현실에 비추어 볼 때 매우 적절한 것으로 볼 수 있다.

사회보장의 개념에 대한 이상의 논의를 종합해 보면, 구체적으로 사회보장이란 사회적 위험에 대해 국가 또는 민간이 사회보험, 공공부조, 사회서비스 등을 통해 보장하는 것이라고 정의할 수 있다. 사회보장의 주체와 범위에 관하여 정리하면 〈표 1-4〉에서와 같이 구분할 수 있다.

표 1-4 사회보장의 주체와 범위

범위＼주체	국가(공식, 강제적)	민간(비공식, 자발적)
소득보장(금전)	공공부조, 사회보험	자선, 기부
비소득보장(서비스)	사회서비스(social service)	사회사업(social work)

🔖 제3절 사회보장의 구성요소

사회보장과 관련한 사회보험, 사회복지, 공공부조, 사회사업, 사회서비스, 사회안전망 등의 용어는 유사하면서도 사용되는 분야나 국가에 따라 다양하게 사용되고 있다. 이러한 용어의 의미를 이해하고 비교하는 것도 중요하다.

1. 사회보험의 개념

사회보험(social insurance)이란 사회보장 구성체계의 하나로서 보험기술을 이용하여 사회정책을 실현하려는 제도라고 할 수 있다.[22] 국민의 생활상에 발생할 수 있는 질병, 노령, 실업, 사망과 신체상의 장애 등이 활동능력을 상실케 하거나 소득의 중단이나 감소를 가져올 때 보험방식으로 생활상의 위험에 대비하여 보장하는 제도다. 즉, 사회적 위험에 대해 보험방식으로 대비하도록 하여 건강과 소득을 보장하고 국민 삶의 질을 보장하려는 사회보장제도의 하나다.

사회보험에서 다루는 보험사고인 업무상의 재해, 질병, 출산, 폐질(장애), 사망, 유족, 노령 및 실업 등은 몇 가지 부문으로 나뉘어 사회보험의 형태를 갖춘다. 업무상의 재해는 산업재해보상보험, 질병과 부상은 건강보험 또는 질병보험, 사망·노령은 연금보험, 마지막으로 실업에 대해서는 고용보험제도로서 국민의 건강과 소득을 보장한다. 이를 4대 사회보험이라 한다.

그리고 이미 여러 선진국가에서 노화에 따른 간병 및 수발의 필요성이라는 사회적 위험에 대비하기 위해 장기요양(long-term care)보험을 도입했고, 우리나라에서도 다섯 번째 사회보험으로 2008년 7월부터 이 제도를 시행하고 있다.

---

22 전재일 외(2003). 『사회복지개론』. 형설출판사, p. 83.

2. 공공부조의 개념

공공부조(public assistance, government assistance)란 자선과 같은 사적부조(private assistance, voluntary assistance)에 대응하는 용어로, 국가나 지방자치단체의 이전지출금(transfer expenditure)으로 운용되며 사회보험과 더불어 사회보장의 중심을 이루고 있다.

사회보장의 의미와 내용 및 범위가 국가에 따라 다르듯이, 공공부조 또한 국민부조 혹은 무갹출급부(영국), 공공부조(미국) 그리고 사회부조(독일, 프랑스) 등 다양한 용어로 표현되고 있다.

공공부조는 사회보험에서 취급할 수 없는 극빈자나 단기 유고자의 최저생활을 보장하는 제도다. 어느 국가에서나 빈곤자가 존재하므로 이들의 최저생활보장을 위한 공공부조는 존립해야 하며, 사회보험과 상호보완적인 연계가 되어야 한다.

우리나라에서는 「사회보장기본법」 제3조 제3호에서 "공공부조라 함은 국가 및 지방자치단체의 책임하에 생활 유지 능력이 없거나 생활이 어려운 국민의 최저생활을 보장하고 자립을 지원하는 제도를 의미한다"라고 정의하고 있다.

공공부조의 국가 책임이라는 인식은 자본주의 사회의 모순에서 오는 구조적 산물인 빈곤이 발생되었다는 역사적 인과관계의 인정에서 출발하였다. 따라서 경제적 보호가 필요한 사람들에게 일정한 법령에 따라 공적 비용으로 최저한의 사회보장을 해 주는 것을 일컫는다. 이처럼 공공부조는 빈곤층의 생활보호기능에서 그 의의를 찾을 수 있으며, 생활보호를 위한 최저한의 생활수준 보장원칙으로 국가최저(national minimum)원칙 또는 사회최저(social minimum)원칙이라고 한다.

3. 사회서비스의 개념

사회서비스는 휴먼서비스(human service), 대인사회서비스(personal social service) 또는 공공사회서비스(public social service)와 유사한 개념으로 사회보험, 공공부조

등과 더불어 사회보장제도의 중심을 이루고 있다.

사회서비스는 생활상의 장애로 인해 다른 사람의 도움을 필요로 하는 사람들에게 전문적인 지식과 방법을 활용하여 비금전적 개입을 통해 이들의 제반문제를 해결함으로써 인간다운 삶을 보장하고 삶의 질을 향상하는 데 목적이 있다. 사회서비스의 이용자는 노인, 장애인, 여성 그리고 아동 등 누구든 될 수 있다.

우리나라의 「사회보장기본법」 제3조 제4호에서는 "사회서비스라 함은 국가·지방자치단체 및 민간부문의 도움이 필요한 모든 국민에게 복지, 보건의료, 교육, 고용, 주거, 문화, 환경 등의 분야에서 인간다운 생활을 보장하고 상담, 재활, 돌봄, 정보의 제공, 관련 시설의 이용, 역량개발, 사회참여 지원 등을 통하여 국민의 삶의 질이 향상되도록 지원하는 제도"라고 정의하고 있다. 따라서 사회서비스는 사회보험과 공공부조와 더불어 상호 유기적인 관계 속에서 종합적인 서비스체계를 확립해 나가야 한다.

⭐ 생각상자

- 특수직역연금을 사회보험으로 보는 데 어떠한 문제가 있는가?
- 사회적 안전망과 사회보장을 동일한 것으로 볼 수 있는가?
- 사회서비스를 예방적 성격으로 볼 것인가 혹은 사후적 개입으로 볼 것인가?
- 사회서비스가 어떻게 사회적 위험과 관련지어(risk related) 정의될 수 있는가?

참고문헌

고수현(2004). "한국사회복지정책의 변화과정: 사회보장제도를 중심으로". 한국사회복지정책학회 정기학술대회, pp. 69-86.

김경우(2005). 『사회보장론』. 대왕사.

김동희(1980). 『프랑스의 사회보장제도』. 서울대학교출판부.

김상균, 최일섭, 최성재, 조흥식, 김혜란(2005). 『사회복지개론』. 나남출판.

김태성(2003). 『사회복지정책입문』. 청목출판사.

김태성, 성경륭(1996). 『복지국가론』. 나남출판.

나병균(2005). 『사회보장론』. 나눔의 집.

모지환, 박상하, 안진, 엄기욱, 오근식, 이용교, 이형하, 장현, 조원탁(2005). 『사회보장론』. 학지사.

신섭중 외(2001). 『세계의 사회보장』. 유풍출판사.

신수식(1989). 『사회보장론』. 박영사.

안홍순(2006). "사회적 위험과 사회복지정책의 영역-한국". 『사회보장제도 변화의 점검 및 개혁방안』. 한국사회복지정책학회 정기학술대회, pp. 113-141.

원석조(2002). 『사회보장론』. 양서원.

전재일 외(2003). 『사회복지개론』. 형설출판사.

최병호(2003). "사회보장제도의 연계 및 조정방안". 한국사회보장학회 춘계학술대회, pp. 7-26.

山田雄三(1977). 『保障政策論』. 東京大出版.

Burns, E. M. (1956). *Social Security and Public Policy*. New York: McGraw-Hill.

ILO (1942). *Approaches to Social Security: An International Survey*. Geneva: ILO Studies and Reports Series, No. 18-19.

ILO (1952). The ILO Social Security (minimum standards) Convention, 1952(No. 102). www.ilo.org

Myers, R. J. (1993). *Social Security*. Philadelphia: University of Pennsylvania Press, pp. 6-7.

Social Security Bulletin (1992). "Origin of the Term 'Social Security'". *Social Security Bulletin*, vol. 55 issue 1, pp. 63-64.

제2장

사회보장의 원리와 원칙

　　사회보장제도를 보다 잘 이해하기 위해서는 근본이 되는 원리와 제도가 추구해야 할 목표나 가치, 즉 원칙을 함께 이해하는 것이 중요하다. 왜 원리가 중요한가? 제도란 문제 해결을 위해 적용된 방식으로서 국가에 의해 공식적으로 인정되고 채택된 것으로, 각 해결방식은 특정 원리에 기초하여 만들어진 것이기 때문이다. 이 장에서는 사회보장제도를 구성하는 사회보험, 공공부조, 사회서비스에서 적용되는 원리와 원칙의 차이를 비교하여 이해하는 것이 목적이다. 특히 사회보험의 원리인 보험의 원리와 공공부조의 원리인 부조의 원리의 주요 특징을 살펴보면서 민간보험과 사회보험의 차이에 대해 설명하고, 사회서비스의 원리인 원조의 원리 등에 대하여 살펴본다.

제2장

사회보장의 원리와 원칙

우리의 일상생활에서는 '원리'와 '원칙'을 특별히 구분하지 않거나 동일한 의미로 사용하고 있어 이 두 개념 간에 차이가 없다고 생각할 수도 있다. 그리고 기존의 사회보장 관련 문헌들에서도 사회보장의 원리와 사회보장의 원칙을 구분하지 않고, 심지어 같은 의미로 사용하고 있다. 그러나 여기서는 사회보장과 관련하여 이 두 개념을 설명의 편의상 구분하여 사용하고자 한다.

사전적으로 원리는 '사물의 근본이 되는 이치'로, 원칙은 '어떤 행동이나 이론 따위에서 일관되게 지켜야 하는 기본적인 규칙이나 법칙'[1]으로 각각 정의되고 있다. 그러므로 이 두 개념의 의미는 명확히 구분하여 설명할 필요가 있다.

원리는 인간의 기대나 희망과는 관계없이 사물이 자체적으로 작동하는 이치를 의미하기 때문에 기계적이고 실증적인 접근에 적합하지만,[2] 인간의 기대와는 상관

---

1 국립국어원(1999). 『표준국어대사전』. 국립국어원. 이를 the fundamental truth와 a general rule로 구분할 수도 있다.

2 루만(Luhmann, 1971)은 스스로 원리에 의해 작동되는 시스템의 원리(autopoisis)와 시스템이 작동하도록 힘을 가하는 주체(demiurg)를 구분하였다(Luhmann, N. (1971). "Sinn als Grundbegriff der Soziologie".

없이 작동하기 때문에 경우에 따라서는 전혀 바람직스럽지 않은 결과를 초래할 가능성도 있다. 예를 들어, 특정 원리에 기초하여 만들어진 어떤 사회보장제도가 원리에 따라 맹목적으로 작동하면 그 때문에 취약계층이 더 불이익을 받는 역기능이 발생할 수 있고, 또한 그 제도를 자신에게만 가장 이득이 되는 방식으로 오·남용하려는 도덕적 해이(moral hazard)가 나타날 수 있다. 그 결과, 충분한 보장을 할 수 없는 사각지대(blind spot)가 만들어지거나 제도가 본래 의도하지 않은 비효율이 나타날 수도 있다.

따라서 그 제도가 추구해야 할 특정한 목표나 가치를 실현하기 위해서는 반드시 지켜져야 할 규칙이 원칙으로 제시되어야 한다. 사회보장제도에서 원칙은 그 제도로 발생되는 역기능이나 도덕적 해이의 방지를 위해 필요한 것이다.

> 물이 낙하하는 원리를 적용하여 수력 발전을 위해 댐을 만들어 물을 가두어 놓게 되면 상류는 침수의 위험이 있고 하류에는 농업용수 부족 등의 역기능이 발생할 수 있다. 이를 방지하기 위해 정기적으로 수문을 개방하여 방류하는 원칙을 정할 수 있다.

💠 제1절 사회보험의 원리와 원칙

사회보험이란 개념에서 '사회'는 사회보험의 원칙을 규정하는 것이고, '보험'은 사회보험이라는 제도의 원리를 나타낸다.

in Luhmann, Niklas & Jürgen Habermas: *Theorie der Gesellschaft oder Sozialtechnologie. Was leistet die Systemforschung?*. Frankfurt am Main, Suhrkamp.

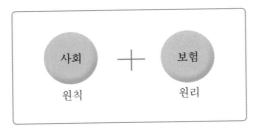

[그림 2-1] 사회보험의 개념과 원리 및 원칙

1. 사회보험의 원리

우리나라의 「사회보장기본법」에서는 '사회보험'을 "국민에게 발생하는 사회적 위험을 보험방식으로 대처함으로써 국민의 건강과 소득을 보장하는 제도"(제3조 제2호)로 정의하고 있다. 이 정의처럼 사회보험은 사회적 위험에 대하여 보험의 원리에 기초하여 보장한다. 보험은 위험분산의 원리와 수지상응의 원리가 핵심이다.

1) 위험분산의 원리

보험을 통한 위험분산(pooling of risks)의 원리는 집단적 대응을 통하여 불확실성을 제거하는 방식으로, 각 개인이 기대치만큼 보험료를 부담하면 사회적 위험에 직면하였을 경우 언제든지 보장을 받을 수 있도록 하는 것이다.

물론 개인적인 차원에서 미래에 발생할 위험을 대비하기 위해 저축을 하는 방법도 있을 수 있다. 그러나 저축은 미래에 발생할 위험의 크기와 시점을 미리 알지 못하여 큰 규모의 위험에 효과적·효율적으로 대비할 수 없다는 문제가 발생할 수 있다. 또한 효과적 대응을 위해서는 각 개인이 미래에 발생할 수 있는 최악의 경우 및 최대의 비용을 대비하여 예상되는 소요비용의 100%를 항상 유지하여야 하며, 결국 미래에 발생할 수 있는 사회적 위험에 대한 책임과 해결을 본인 스스로 해야만 한다.

그러나 이것은 매우 비합리적인 방법이기 때문에 실제로 이렇게 하는 사람은 많지 않다. 만약 예상한 위험이 평생 한 번도 발생하지 않거나 아주 사소한 위험만 발생한다면 많은 자금을 유지하는 것은 매우 비효율적이다. 위험 발생을 대비해 언제든지 인출 가능한 상태로 평생 유지해야 한다면 유지하는 저축금액에 대한 이자는 장기적으로 다른 투자에 비해 매우 낮기 때문이다.

이와는 다른 예로서 복권의 경우를 들 수 있다. 복권을 사는 각 개인은 매번 복권을 살 때 복권 한 장에 대한 가격만 지불하지만, 당첨이 되는 경우 상당히 많은 액수의 당첨금을 타게 된다. 복권에 당첨된 사람들은 복권 당첨금 전액을 지불하지는 않았지만 다른 사람들이 복권을 구입하면서 지불한 많은 액수의 복권 수입액을 당첨금으로 받게 되는 것이다. 이것을 보험의 경우에 대입하여 생각하면, 보험은 어떤 위험에 대비하여 위험으로 인해 발생할 수 있는 비용의 전부를 항상 저축하여 유지하는 것이 아니라 복권을 사는 정도의 비용만을 지불하면 된다. 결국, 복권이 당첨되는 경우와 비용이 많이 드는 위험 발생 시에 보험금을 타게 되는 것은 불확실한 상황이 발생할 것을 대비하여 비용의 일부를 여러 사람이 분담하여 준비한다는 점에서 유사하다고 볼 수 있다.

이와 같이 개인에게 발생하는 위험이 불확실한 경우라도 대수의 법칙(the law of large numbers)[3]에 따라 집단에 발생할 위험을 예측할 수 있다는 것이 수학적 법칙으로 알려져 있다. 따라서 사람들은 질병이라는 위험에 대해 의료보험과 같은 위험에 대한 집단적 대처 방법을 통해 불확실성을 감소시키고 개인이 처한 위험을 분산시킬 수 있다.[4]

당첨금을 기대하고 복권을 사는 것과 같이 위험에 대비하는 방식이 보험방식이라고 할 수 있다. 실제로 위험에 대비하기 위해 지불하여야 하는 비용(복권 값)은

---

3 예를 들어, 주사위를 한 번만 던질 때는 숫자 5가 나올지 안 나올지 알 수 없지만 여러 번 반복해서 던지면 여섯 번 중 한 번은 5가 나온다는 것을 알 수 있다. 또한 어느 한 사람이 특정 질병에 걸릴지를 알 수는 없기 때문에 개개인의 입장에서 대비하는 것이 용이하지 않으나 경험적으로 인구 1만 명 또는 10만 명 등 집단으로 보면 확률적으로 몇 명이 발생하는지에 대한 통계치가 알려진다.

4 이두호, 차흥봉, 엄영진, 배상수, 오근식(1992). 『국민의료보장론』. 나남출판, p. 171.

얼마일까? 복권의 경우 모든 당첨금을 합하여 전체 복권 수로 나누면 한 개의 복권으로 기대할 수 있는 수익금, 즉 기대치를 얻는다. 원칙적으로 이 액수만 부담하면 모든 당첨자에게 당첨금을 줄 수 있다. 보험으로 말하자면 이 기대치가 보험료[5]이고 당첨금이 보험금이다. 이 경우 모든 개인이 자신의 사고 보장에 필요한 전액을 보유하고 있는 것에 비해 경제적으로 훨씬 이익이 되고, 이러한 이익을 합하면 사회 전체의 이익이 된다. 현실에서는 복권 값이나 보험료가 관리운영자의 이윤을 반영하고 있어 원칙적인 기대치보다는 더 높다.

어떤 사람에게 암이 발생할 경우 1억 원의 치료비가 필요하다고 가정할 때,
- 개인저축: 여러 사람이 개별적으로 1억원씩 대비(총액이 필요)
- 보험: 두 사람 이상이 공동으로 대비(기대치만 필요)
  - 참여하는 사람의 수가 많을수록 총액과 기대치의 차액이 점차 증가

위험에 대비하는 방식으로 크게 보험방식과 저축방식을 생각할 수 있다. 저축방식이 개인적 차원에서 위험을 시간적(inter-temporal)으로 분산하는 것이라면, 보험방식은 공동체 차원에서 세대 간(inter-generation) 위험을 분산하는 것이다.

저축은 위험의 크기나 발생시점을 미리 예상할 수 있을 때 유용하지만, 보험은 개개인의 위험의 크기나 발생시점을 미리 정확하게 알 수 없는 경우에도 대수의 법칙을 이용하여 집단 내 발생 확률과 개연성에 근거해 기대치를 준비하는 방법으로 대비하는 방식이다.

---

5 보험료와 유사한 개념으로 보험료(premium), 기여금(contribution), 갹출료 등이 있다. 특히, 보험의 재정 운용방식이 적립방식일 때는 보험료의 개념이 적합하고, 부과방식일 때는 기여금이나 갹출료가 적합하다고 할 수 있다.

2) 수지상응의 원리

보험은 위험 발생에 대비하여 일정한 비용을 기여한 사람만이 위험에 처할 때 사전에 부담한 만큼에 비례하여 혜택을 받게 하는 방식이다. 이것을 '보험수리적 형평성(actuarial fairness)'이라고 하며, 보험자의 입장에서 볼 때 수입과 지출이 서로 균형을 이룬다는 의미이고, 가입자의 입장에서는 보험에 지불한 비용과 혜택을 받는 금액이 서로 비례한다는 의미로도 이해할 수 있다. 이는 복권 당첨금을 많이 받으려 한다면 더 많은 복권을 구매하여야 하는 원리와 같다.

이와 유사하게 보험방식에서 보험료는 위험의 크기에 따라 변화하는데, 이것이 보험의 기본원리로서 수지상응(equivalent principle)의 원리 또는 수지균형의 원리라고 한다. 이것은 민간보험의 핵심적 원리이며 개인적 형평성(equity)의 원칙과도 부합하는 것으로 보인다.

2. 사회보험의 원칙

사회보험은 위험분산의 원리와 수지상응의 원리에 따라 적용되는 보험이라는 관점에서는 민간보험과 차이가 없다. 그러나 사회보험에서는 민간보험과는 다른 원칙이 적용된다. 소득재분배의 원칙, 사회적 연대의 원칙, 강제가입의 원칙이 그것이다.

1) 소득재분배의 원칙

앞에서 살펴본 것과 같이 보험에서는 원리상 수지상응(균형)의 원리가 작동하기 때문에 위험의 크기가 크면 보험료를 더 많이 부담해야 한다. 만약 이 원리가 그대로 현실에서도 적용된다면, 노약자, 장애인 그리고 아동이 많은 가족은 더 많은 보험료를 부담해야 한다. 예를 들어, 노약자, 장애인 그리고 아동이 많은 가족이 어떠한 사회적 위험에 부딪혀 일시적 또는 장기적으로 충분한 소득을 벌 수 없는 경우가 생긴다면 이들 가족은 미래의 발생 가능한 위험에 대비할 수 없는 일종의 사각지대의 문제가 발생한다.

사회보험에서 '사회(social)'라는 의미는 일반 보험에서 나타날 수 있는 이러한 문제를 해결하려는 의지를 반영한다고 볼 수 있다. 사회보험에서는 보험방식으로 작동하는 수지상응(균형)의 원리에 대한 부분적인 제어가 필요하다.

사회보험에서는 보험료의 크기를 위험에 따라 조정하는 것이 아니라 각자의 능력, 즉 소득수준에 따라 차이를 둔다. 이것이 바로 능력에 따른 부담의 원칙으로서 사회보험의 가장 중요한 특징이다.

고소득자가 저소득자보다 더 많은 보험료를 부담하도록 하는 보험료 부담방식을 통해 소득의 재분배가 이루어지는데, 이것이 이른바 소득재분배의 원칙이다. 어느 한 시점에서 볼 때는 소득이 많은 사람으로부터 소득이 적은 사람으로의 수직적 재분배가 이루어진다.

2) 사회적 연대의 원칙

마르세와 파울스(Maarse, H. & Paulus, A.)[6]에 따르면, 사회보험 분야에서 사회적 연대는 개인 간 또는 집단 간 공동의 위험을 공유하고 고난의 시기나 질병에 걸렸을 때 사회구성원 간에 서로 돕자는 사회적 합의가 바탕이 된다고 한다.[7] 이러한 사회적 연대는 집합성과 소득재분배의 개념을 내포하고 있으며, 사회적 위험 관련 연대(risk solidarity), 소득 관련 연대(income solidarity) 그리고 범위 관련 연대(scope solidarity)라는 세 가지 차원으로 구분할 수 있다.

---

6 Maarse, H., & Paulus, A. (2003). "Has Solidarity Survived? A Comparative Analysis of the Effect of Social Health Insurance Reform in Four European Countries". *Journal of Healt Politics, Policy and Law*, vol. 28 issue, 4, pp. 585–614.

7 임문혁(2007). "독일의 의료보험 개혁이 사회적 연대감에 미치는 영향". 『보건복지포럼』 통권 제123호 2007년 1월). 한국보건사회연구원, p. 36.

첫째, 사회적 위험 관련 연대는 사회적 위험이 낮은 건강한 사람이 사회적 위험이 높은 건강하지 못한 사람에게 소득을 이전해 주는 개념이다. 사회적 위험 관련 연대감이 높은 공적 의료보험제도에서 의료보험 가입자는 건강 상태에 관계없이 의료보험 급여를 받기가 용이하다. 이는 민간보험에서 건강수준에 따라 보험료 수준이 달라지는 제도와 대비되는 요소다.

둘째, 소득 관련 연대는 보험료 부과에서 지불능력에 따라 보험료를 부과함을 의미한다. 이는 소득이 높은 구성원이 소득이 낮은 구성원을 지원하는 제도의 기본원칙이다. 따라서 사회적 연대가 기본원칙인 공적의료보험은 건강 상태와 무관하게 소득수준에 따라 보험료를 지불하고 임상적 요구가 발생할 경우 지불능력에 관계없이 보건의료 급여를 받을 수 있어 건강권이 보장되고 형평성이 강조되는 제도로 볼 수 있다.

셋째, 범위 관련 연대는 가입자가 받을 수 있는 혜택(entitlement)의 범위와 가입할 수 있는 회원자격(membership)의 범위에 관련된 것이다. 의료보험의 경우는 보험료 부담 측면뿐만 아니라 급여 측면에서도 재분배 효과가 발생한다. 예를 들어, 건강한 사람은 건강하지 못한 사람보다 의료서비스가 덜 필요하므로, 의료보험의 혜택을 적게 받는 건강한 사람의 남는 의료비용을 건강하지 못한 사람이 더 많은 의료서비스 혜택을 받도록 할애하는 것이다.

물론 이러한 방식은 어느 한 시점에서 보면 소득의 재분배로서 그 시점에서 고소득자나 건강한 사람들의 입장에서는 공평하지 못하다는 불만이 생길 수도 있다. 하지만 인간의 생애주기(life cycle)를 살펴보면 인간은 태어나고 성장하며 노화하는 단계를 겪는다([그림 2-2] 참조).

따라서 소득이 많고 건강할 때는 다른 사람을 부양하고, 노년기의 소득이 적은 단계에는 다른 사람의 부양을 받게 된다. 생애주기의 관점에서 보면 누구든 언젠가는 위험에 처할 가능성이 있으며 그때는 또 다른 누군가의 보조를 받게 되는 것이다. 특히, 이것을 세대 간에서 명확하게 확인할 수 있다([그림 2-3] 참조). A시점에서는 할아버지(1세대)가 아버지(2세대)를 양육하고 C시점에서 D시점까지는 아버지(2세대)가 자신의 아들인 손자(3세대)를 양육하며, 다시 B시점에서 C시점까지

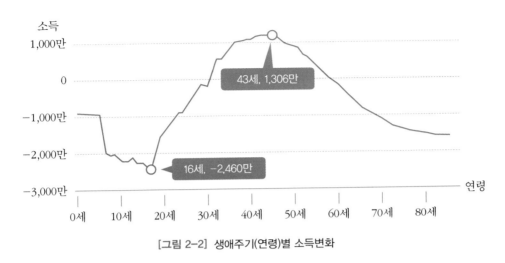

[그림 2-2] 생애주기(연령)별 소득변화

출처: 통계청(2015).『소비소득통계』.

는 아버지(2세대)가 할아버지(1세대)를 부양하고 D시점에서 E시점까지는 손자(3세대)가 아버지(2세대)를 부양한다. 이를 통하여 각 시점에서 소득재분배가 이루어지며 시간의 흐름에 따라 재분배의 부담자와 수혜자의 역할이 바뀌는데 이것을 이른바 '세대 간 계약'이라고 한다. 이는 뒤르켐(Dürkheim, E.)의 유기적 연대로 이해할 수도 있으며, 위험분산의 공동체를 매우 넓은 범위로 확장하면 국가로까지 확장될 수 있다.

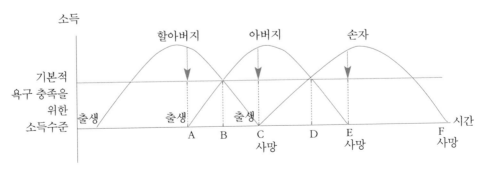

[그림 2-3] 생애주기에 따른 위험분산의 원리

이처럼 소득재분배라는 기제를 통하여 가족, 국가 등 공동체의 위험을 분산시킨다. 그런데 만약 과거에 혜택을 받은 구성원이 공동체에서 **빠져나가면** 공동체적 위험분산의 기능은 작동하지 못하게 될 것이다. 그러므로 위험분산의 공동체가 지속적으로 유지되도록 구성원 모두가 노력해야 한다는 것이 이른바 사회적 연대(social solidarity)의 원칙이다. 결국, 사회적 연대의 원칙은 각 시점에서 이루어지는 소득재분배에 의해 지켜질 수 있다.

위험분산을 위한 사회보장의 기금은 공정하고 안정적인 관리가 중요하므로 국가가 주체가 되어 운영해야 하며, 결과적으로 어떤 사람의 문제가 그 사람 개인만의 문제가 아니라 그 원인과 대응에 사회적 책임이 있음을 인정할 수 있다.

3) 강제가입의 원칙

보험관리자는 질병 등과 같은 가입자의 사회적 위험에 대한 정확한 정보가 없는 경우 손해를 보지 않기 위해서 가능한 한 높은 보험료를 부과한다. 이 경우 보험 가입 여부를 임의로 선택할 수 있도록 하면 위험이 높은 사람은 많은 보험료를 부담하고서라도 그대로 머물러 있으려고 할 것이고, 별로 위험이 높지 않은 사람은 그렇게 많은 보험료를 부담할 필요가 없다고 생각하여 보험에서 탈퇴할 것이다. 결국, 위험이 높은 사람들만 보험에 남게 되고, 그 결과 보험지출이 보험수입을 감당할 수 없는 상황이 되어 보험료를 더 많이 부담해야 하거나 보험이 파산하게 될 것이다. 이러한 현상을 '역선택(adverse selection)'이라고 한다.

보험에서는 보험료를 많이 부담하지만 혜택은 적게 받는 이른바 좋은 위험(good risk)과 보험료를 부담하는 것보다 혜택을 더 많이 받는 나쁜 위험(bad risk)이 상쇄됨으로써 위험분산이 이루어진다. 이와 달리 역선택은 나쁜 위험들만 모이게 되어 위험분산이 이루어지지 않는 경우다.[8] 따라서 역선택이 나타나지 않도록 강제가입

---

8 Schmid, G. (2015). "Sharing Risks of Labour Market Transition: Towards a System of Employment Insurance". *British Journal of Industrial Relations*, vol. 53 issue, 1, pp. 70–93.

의 원칙을 적용할 수 있다.

사회보험에서 원리와 원칙의 관계를 도식화하면 [그림 2-4]와 같다.

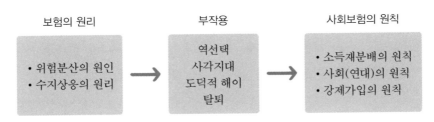

[그림 2-4] 사회보험의 원리와 원칙의 관계

3. 사회보험과 민간보험의 차이

보험의 형태를 취하고 있는 사회보험과 민간보험(사보험)은 국민연금에 대응하는 개인연금과 생명보험, 공적의료보험에 대응하는 실손보험과 암보험, 또한 산재보험에 대응하는 자동차 책임보험과 상해 · 손해 · 화재 보험 등의 민간보험(사보험)으로 각각의 영역에 같이 존재하고 있다(고용보험에 대해서도 민간의 실업보험이 있을 수 있지만 현실적으로는 거의 없다).

그렇다면 이러한 사회보험과 민간보험은 어떠한 유사점과 차이점이 있는가? 먼저, 사회보험과 민간보험은 위험이전과 한정적 위험을 대비하기 위한 광범위한 합동자산에 근거하는 점, 급여의 적정성과 계산에 대해 정확한 수학적 계산을 요구하는 점, 나타난 필요에 근거하지 않는 예정된 급여를 제공하는 점 등에서 유사성이 있다.[9]

이러한 유사성에도 불구하고 사회보험은 '사회'라는 원칙을 지키기 위해 주체, 관리체계, 재원조달 그리고 급여 등에서 민간보험과 다르게 운영되고 있으며, 다음

---

9 이달휴(2000). "사회보험의 원리". 『복지행정론집』 제10권. 한국복지행정학회, p. 285.

과 같은 측면에서 분명한 차이점을 설명할 수 있다.

1) 보험의 목표

사회보험이 소득의 재분배를 통한 사회적 위험분산을 목표로 한다면, 민간보험은 수지상응의 원리를 이용하여 기업의 이익을 늘리는 것을 목표로 한다.

2) 관리체계

관리책임 주체를 중심으로 보면 사회보험은 국가가 관리운영의 책임을 지고 특수법인을 통해 운영하며, 민간보험은 기업이 직접 운영한다. 가입의사라는 점에서 보면 민간보험은 각자가 원하는 보험을 선택하여 가입하거나 전혀 가입하지 않아도 된다. 이와 반대로, 사회보험은 가입이 강제되기 때문에 보험료를 납부할 의무가 있다.

기여는 보험료 납부를 의미하는데, 민간보험의 경우 자신이 나중에 받으려고 하는 급여의 수준 또는 각자가 가지고 있는 위험의 크기에 따라 달라진다. 즉, 엄격한 수지상응의 원리가 적용된다고 할 수 있다. 한편, 사회보험에서는 사회적 연대를 통한 위험분산을 목적으로 하기 때문에, 받게 될 혜택과 상관없이 각자의 소득수준에 따라 보험료 부담액이 달라진다. 이에 따라 소득재분배 효과가 발생하게 된다.

3) 급여체계

급여란 보험에 기여금을 납부한 가입자가 위험에 처하게 되었을 때 보험으로부터 받는 혜택을 의미한다. 급여의 성격에서도 사회보험과 민간보험은 차이가 있다. 사회보험에서 가입자는 법적 권리로서 당연히 급여를 받을 자격이 발생하고, 보험료의 납부의무는 별도의 조치를 통하여 이행하도록 해야 한다.

민간보험의 경우는 보험료를 납부하지 않으면 급여의 권리가 발생하지 않으며 급여의 크기는 보험료를 납부한 것에 따라 달라질 수 있다. 또한 사회보험의 급여는 (공)법에 따른 권리적 성격을 갖고, 민간보험의 급여는 보험료 납부를 전제로 하므로 계약적 성격이 강하다고 할 수 있다. 따라서 민간보험의 급여와 관련된 다툼은 「민법」의 규칙에 따라 해결된다.

급여의 형태를 살펴보면, 민간보험은 일반적으로 현금급여만을 제공하는 데 비해, 사회보험은 현금급여와 현물급여를 병행한다. 특히, 사회보험인 건강보험에서는 완치가 될 때까지 진료받을 수 있는 급여를 제공하는 데 비하여, 민간보험인 암보험이나 생명보험에서는 가입자가 암이 발생한 경우에 미리 정한 액수의 보험금을 지급하거나 가입자 자신이 진료비를 부담하고 민간보험이 그 비용을 상환(reimbursement)하는 방식이다. 이러한 현금급여방식의 의료보험에서는 가입자가 상환받은 돈으로 충분한 진료를 받을 수 있는지에 대해 관심을 두지 않는다.

급여의 범위와 관련하여 살펴보면, 사회보험은 주로 국민의 최저생활을 유지하는 데 필요한 기초적 보장을 위한 급여를 중심으로, 민간보험은 추가적으로 필요한 부가급여를 중심으로 구성하고 있다.

4) 보험료 부과 및 재정운용방식

사회보험에서 보험료는 소득에 따라 결정되지만 민간보험에서의 보험료는 위험에 따라 결정된다. 재정운용방식에서도 사회보험과 민간보험은 차이를 보이는데, 사회보험은 주로 부과방식(pay as you go system)을 적용하고 민간보험에서는 주로 적립방식(capitalization system, fund system)을 적용한다. 부과방식은 갹출료방식이라고도 하며 우리나라의 계나 품앗이와 같이 집단적 위험분산을 위해 그때그때 필요한 비용만을 모아서 모두 지출하는 경우를 말하고, 적립방식은 기여금을 차곡차곡 모아 두었다가 위험이 발생하면 모인 기금의 일부 또는 모두를 급여로 지급하는 경우를 말한다(부과방식과 적립방식은 나중에 제6장 연금보험에서 좀 더 상세히 설명하기로 한다).

여기서 보험방식을 재정운용방식에 따라 또다시 사회보험의 방식과 민간보험의

표 2-1 위험에 대한 대응방식

대응방식	사회보험	민간보험	개인저축
소득재분배 효과	시간적, 수평적, 수직적, 세대 간	시간적	시간적
재정운용방식	부과방식	적립방식	적립방식
준비금	비용의 기대치		최대비율

방식으로 구분할 수 있다. 소득재분배 효과가 나타나기 위해서는 보험의 재정운용 방식이 부과방식에 따른 단기급여, 즉 사회보험의 재정운용방식을 취하는 것이 바람직하며, 이는 사회적 연대(social solidarity)를 강화하는 데 기여하게 된다.

제2절 공공부조의 원리와 원칙

공공부조제도는 사회보장제도의 하나다. 우리나라의 「사회보장기본법」에서도 '공공부조'를 "국가 및 지방자치단체의 책임하에 생활 유지 능력이 없거나 생활이 어려운 국민의 최저생활을 보장하고 자립을 지원하는 제도"(제3조 제3호)로 정의하고 있다.

1. 공공부조의 원리

공공부조는 부조의 원리에 기초한다. 부조의 원리는 아무런 대가 없이 다른 사람을 돕기 위해 금품을 제공하는 것이다. 부조는 가족, 친지, 이웃 및 지역사회로부터의 사적 부조가 먼저 나타났다. 공공부조는 국가가 조세를 재원으로 하여 빈곤층에 대하여 아무런 반대급부 없이 최저생활을 보호하고 의료혜택 등을 무료로 제공하는 것을 의미한다. 사회보험의 혜택은 과거에 기여한 것에 기초하지만 공공부조의 경우 과거에 납부하거나 기여한 것과 상관없이 혜택을 받는다는 점에서 다르다.

모든 국민이 세금을 내기 때문에 전혀 반대급부가 없다고 할 수는 없지만, 세금의 납부 여부는 공공부조의 수혜의 전제조건이 되지 않는다. 물론 공공부조의 수급자가 되기 위해서는 자산조사를 받아야 하고, 경우에 따라서는 자활프로그램에 참여해야 하는 의무가 부과되기도 한다.

2. 공공부조의 원칙

1) 보충성의 원칙

부조의 원리에 따라 저소득층의 경우 국가의 부조를 받더라도 아무런 대가를 지불하지 않는데, 이 점 때문에 문제가 발생할 수 있다. 고소득자가 국가의 보조를 받기 위해 스스로 소득을 얻으려는 활동을 포기하는 경우는 많지 않을 것이다. 그러나 공공부조 대상자 선정의 기준이 되는 최저생계비 정도를 버는 사람들은 힘들게 고생해서 벌어도 국가가 보조해 주는 수준 이상의 소득을 얻지 못할 경우 소득활동을 포기할 가능성이 있다. 이와 같은 상황이 발생하면 공공부조의 수급권자들은 근로를 포기하고 스스로 빈곤을 초래하여 국가의 보조에 의존하는 실업의 덫(unemployment trap), 빈곤의 덫(poverty trap) 그리고 의존성의 덫(dependency trap)이라는 일련의 함정에 빠지게 된다.[10]

따라서 부조의 원리에서 나타날 수 있는 도덕적 해이를 방지하기 위해 제재를 가할 필요가 있다. 아무런 대가 없이 지원하는 국가의 부조는, 우선 자신의 노력을 포함하여 가능한 다른 모든 수단을 최대한으로 활용한 후에 비로소 실시되어야 한다는 이른바 보충성의 원칙을 따라야 한다. 또는 국가의 보조는 다른 모든 수단을 통해 얻을 수 있는 것들을 제외한 나머지만을 보충적으로 해 주어야 한다는 규모의 관점에서 이해할 수도 있다.

---

10 이인재, 유진석, 권문일, 김진구(2010). 『사회보장론』. 나남출판.

보충성(subsidiary)의 원칙은 국가의 개입이 보충적인 수준에 제한되어야 한다는 의미다. 국가가 개입하기 전에 각자가 자신의 생계를 유지하기 위한 최선의 노력을 기울여야 하며 그 외에도 가족 등 다른 사람의 지원을 받을 수 있는 경우 그 가능성을 최대로 활용하여야 한다는 것이다. 그리하여 국가가 제공하는 최저생활의 보호는 빈곤계층이 의지하게 될 사회보장의 마지막 단계(last resorts)로서 보충적으로만 기능해야 한다는 의미가 된다.

이 보충성의 원칙을 실행하기 위한 세 가지의 세부원칙이 있다.

첫째, 자력 우선의 원칙이다. 모든 사람은 공공부조를 받기 전에 먼저 자신의 힘으로 생계를 마련하기 위해 최선의 노력을 다해야 한다. 예를 들어, 자신의 재산이 있으면 처분하여 생계를 위한 소득을 만들어야 한다는 것이다.

둘째, 친족 부양의 원칙이다. 스스로 생계를 꾸려 나갈 능력이 없는 사람의 경우는 가장 가까이 있는 가족이 그 사람을 부양해야 한다는 의미다. 이러한 원칙에 따라 우리나라에서도 국민기초생활수급자로 선정되기 전에 그 사람을 부양할 의무가 있는 친족의 부양능력을 조사하여 결정하도록 하고 있다.[11]

셋째, 타법 우선의 원칙이다. 국가의 부조를 받기 전에 다른 법률이나 제도를 통해 생계를 지원받을 가능성이 있는지를 확인하여야 한다는 원칙이다. 다른 가능성은 상속, 민법상의 채권, 상조회, 공제조합 및 사회보험의 급여 등을 의미한다.

2) 사회적 연대의 원칙

공공부조에서도 사회적 연대의 원칙이 발견된다. 예를 들어, 어떤 사람이 가난해진 것에 대해서 그 사회에도 일정 부분 책임이 있다는 점이 인정되는 것이라고 할 수 있다. 사회가 빈곤계층을 방치하면 빈곤계층은 스스로 빈곤을 헤쳐 나올 수 없다. 따라서 사회는 빈곤계층의 자활이 가능하도록 사회적 보호와 지원을 해야 한다.

---

11 그러나 이 친족부양의 원칙에 대한 실효성 등에 많은 의문이 제기되고 있어 이 원칙을 폐기해야 하는가에 관련하여 논란이 있다.

3) 자산조사의 원칙

보충성의 원칙에 대한 보조적 원칙으로서 자산조사(means test) 또는 욕구조사(needs test)의 원칙이 있다. 공공부조는 빈곤한 사람이 과연 도움을 받을 필요가 있는지에 대한 것과 아울러 자산(asset)의 유무에 대하여서도 정확한 조사가 이루어져야 한다는 것을 의미한다.

가계의 자산은 소득 축적, 자본 이득 또는 유산 등을 통해 창출되며, 창출된 자산은 자산소득의 발생 또는 자산가격의 상승으로 가계의 자산규모를 스스로 배가시키는 특징을 가지고 있다. 또한 자산은 소비, 주거, 은퇴 시기 결정 등 가계가 안정적인 경제생활을 영위하는 데 중요한 요소지만 모든 가계가 공평하게 갖고 있지 않으며, 불공평이 심화될 때 사회불안의 원인이 될 수 있다.

이러한 측면에서 이 원칙은 공공부조의 대상자로 선정하기 전에 실제 조사를 통해 보충성의 원칙에 부합하는지를 확인하는 공공부조의 실행을 위한 것이다. 자력을 우선적으로 활용했는지, 부양할 친족이 있는지 그리고 다른 법률에 따른 부양 가능성이 있는지 등에 관하여 조사가 이루어진다.

4) 열등처우의 원칙

열등처우(less eligibility)의 원칙은 1830년대에 자유주의자 채드윅(Chadwick, E.)이 주창하였고, 1834년 「빈민법」 개정의 기본원칙이 되었다. 이것은 빈곤층에 대한 국가의 보조가 일반 근로자들이 스스로 노동을 통해 벌어들이는 최저임금소득보다 많지 않아야 한다는 원칙이다. 일반 노동자의 노동의욕을 저해하지 않으려는 취지로, 빈곤계층이 국가의 지원에만 의존하지 않고 스스로 노동을 통하여 국가의 지원보다 높은 소득을 얻도록 유인을 제공하기 위한 것이라고 할 수 있다. 만약 국가의 보조가 더 많아지면 자신의 노동으로 돈을 벌기보다는 국가의 보조에 의존하는 도덕적 해이에 빠질 가능성이 있기 때문이다.

🙌 제3절 사회서비스의 원리와 원칙

우리나라의 「사회보장기본법」 제3조 제4호에서는 "사회서비스라 함은 국가·지방자치단체 및 민간부문의 도움이 필요한 모든 국민에게 복지, 보건의료, 교육, 고용, 주거, 문화, 환경 등의 분야에서 인간다운 생활을 보장하고 상담, 재활, 돌봄, 정보의 제공, 관련 시설의 이용, 역량개발, 사회참여 지원 등을 통하여 국민의 삶의 질이 향상되도록 지원하는 제도"라고 정의하고 있다.

1. 사회서비스의 원리

사회서비스는 원조(Auspices)의 원리에 기초하고 있다.[12] 원조의 원리는 문제를 가진 사람이 스스로 해결할 수 있도록(self-reliance) 돕는다는 원리다. 즉, 생활상의 장애를 제거하기 위해 주로 치료, 상담, 생활지도 등의 비금전적인 전문 서비스를 제공하여 문제를 가진 사람들이 자신의 힘으로 살아갈 수 있도록 정상적인 사회생활능력을 향상시킨다는 원리다. 달리 말하자면, 욕구를 충족할 수 있는 수단을 그냥 제공하기보다는 그것을 획득할 수 없는 원인을 발견하고 그 원인을 제거함으로써 필요로 하는 자원을 스스로의 힘으로 획득하는 능력을 회복할 수 있도록 개별적·구체적으로 도와주는 방식을 의미한다.

예를 들어, 가난하다고 돈을 직접 주기보다는 질병이나 장애 등 빈곤의 원인을 제거하거나 직업훈련 등을 통해 자립할 수 있도록 지원하는 것 등이다. 또한 부모가 아동돌봄 때문에 경제활동에 지장을 받지 않도록 보육서비스를 제공하는 것도 그렇다. 그러한 의미에서 사회서비스는 하나의 사회적 위험이 또 다른 사회적 위험

---

12 원조의 영어식 표현으로 Auspices를 생각할 수 있는데 그 의미는 kindly patronage and guidance로서 지지·후원 그리고 인도 및 유도 등이다.

으로 확산되거나 악화되는 것을 막아 주는 효과가 있다고 볼 수 있다.

2. 사회서비스의 원칙

1) 책임성의 원칙

사회서비스는 사회복지를 필요로 하는 사람, 즉 클라이언트의 비물질적 욕구 충족을 위해 개입하는 것이다. 하지만 실질적으로 사회서비스가 개입되는 과정에서 개별적인 클라이언트에게 구체적으로 어떠한 생활상의 장애가 있는지, 어떤 방식으로 개입해야 하는지 그리고 개입의 효과는 얼마나 있는지에 대한 판단이 용이하지 않다. 인간의 욕구(needs)는 다양하고 매우 주관적이어서 객관적으로 측정하기 어렵기 때문이다. 따라서 사회서비스에서는 개입의 방법이나 성과를 획일화하기 어려워 전문가의 재량에 위임하게 된다.[13]

그런데 개입과정에서 재량권이 전문가적 편견이나 운영상의 편의를 위해 시설 혹은 전문가 중심으로 운영되어 실제로 클라이언트의 인권을 침해하거나 그들의 처지를 무시하는 상황이 발생할 수도 있다. 따라서 그와 같은 전문가주의(professionalism)에 의한 도덕적 해이를 방지하기 위한 규제가 필요한데 그것이 바로 책임성(accountability)의 원칙이다. 책임성이란 클라이언트의 욕구나 법령 등의 규정, 상급기관의 명령 및 지시 그리고 지역사회의 기대 등에 민감하고 적극적으로 반응하라는 의미다.

---

13 이준영(2010). "사회복지 전달체계 평가기준의 체계화 가능성". 『사회과학연구』 제26집 제1호. 경성대학교 사회과학연구소, pp. 228-229.

2) 책임성의 세부 원칙

책임성을 좀 더 구체적으로 평가하기 위한 기준으로 효과성(effectiveness)과 효율성(efficiency)의 원칙이 있는데,[14] 일반적으로 효과성은 목적달성 정도를, 효율성은 비용 대비 산출의 크기를 의미한다. 이는 다시 〈표 2-2〉와 같은 구체적인 세부 기준에 따라 평가된다.

효과성은 의도된 목적을 어느 정도 달성했는지를 판단하는 것으로 사회복지적 개입을 통해 클라이언트의 변화를 얼마나 초래하였는가로 확인된다. 사회복지에

표 2-2 책임성의 세부 원칙

세부 원칙		내용
효과성	서비스 원칙	적절성	클라이언트마다 욕구의 종류와 양이 다르기 때문에 필요로 하는 서비스가 충분히 제공되도록 서비스의 질과 양을 유지할 수 있어야 하는 것
		포괄성	여러 욕구에 부응하기 위해 서비스가 다양하게 제공될 수 있어야 하는 것
		평등성	성별, 연령, 지역, 종교, 지위 및 소득 등에 따라 클라이언트가 차별을 받아서는 안 된다는 것
		지속성	연속성이라고도 하며, 다양한 욕구를 가진 클라이언트에게 순차적으로 필요로 하는 욕구가 중단되지 않고 충족되도록 하는 것
	전달체계 원칙	전문성	클라이언트의 개별적이고 구체적인 욕구를 식별하고 개입방법을 선택하고 개입결과를 측정하기 위해서 전문적인 자격을 가진 사회복지사의 권위를 인정하여 자율결정권을 부여하고 그 결과에 대하여 스스로 책임질 수 있도록 전제되는 것
		통합성	다양한 서비스와 관련된 지휘 명령체계의 통일성을 추구하거나 관련자 및 기관 간 조정 및 연계를 추구하여야 하는 것
		접근성	클라이언트가 서비스를 받는 데 심리적·재정적·시간적·공간적·절차적·기술적 접근제약(정보부족) 등으로 서비스의 평등성이 저해되지 않아야 하는 것
효율성	동일한 효과라면 적은 비용이 소요되는 방법을 택할 것		

서 클라이언트의 변화는 욕구의 충족을 통해 클라이언트의 생활수준과 만족을 높이는 것이다. 효과적인 개입이 이루어지기 위해서는 서비스 제공 측면에서 전제되어야 할 세부 기준이 있는데, 적절성, 포괄성, 평등성, 지속성 등이 포함된다.

책임성의 또 다른 판단 기준인 효율성은 자원의 제약을 고려하여 최소의 비용으로 가장 많은 서비스를 제공하는 것이다. 효율성은 모든 인간의 활동에서 고려되어야 할 기준이라고 할 수 있는데, 제한된 자원으로 좀 더 많은 클라이언트의 욕구를 충족해 주기 위해서 동일한 서비스라면 되도록 적은 비용이 드는 방법을 선택하거나 같은 비용이라면 더 많은 클라이언트에게 서비스를 제공하는 것을 의미한다. 여기서 주의해야 할 것은 효율성 그 자체가 가장 중요한 목표가 되어서는 안 된다는 점이다.

이상과 같이 사회보장을 구성하고 있는 사회보험, 공공부조 그리고 사회서비스는 각각의 원리와 원칙을 바탕으로 사회적 위험에 처한 클라이언트나 사회구성원을 지원하거나 보호하기 위한 다양한 정책과 서비스를 제공한다.

종합적으로 이 장에서 논의된 사회보장의 원리와 원칙을 제도별로 정리하면 〈표 2-3〉과 같다.

표 2-3 사회보장의 원리와 원칙

구분	원리	부작용/역기능	원칙
사회보험	위험분산 수지상응	역선택 취약계층 사각지대	소득재분배 사회적 연대 강제가입
공공부조	부조	도덕적 해이 의존성	보충성 사회적 연대 자산조사 열등처우
사회서비스	원조	재량권의 남용 행정 편의주의	책임성 ┌효과성 └효율성

💀 제4절 기타 사회보장의 원칙

1. 「베버리지 보고서」의 원칙

「베버리지 보고서」(1942)에서는 사회보험을 사회보장의 주요 방식으로 보았다. 효과적인 운영을 위해 생존수준의 정액급여, 정액기여, 행정책임의 단일화, 급여의 적절성, 포괄성, 대상 분류와 같은 여섯 가지의 기본원칙이 제시되었다.[15]

표 2-4 사회보장의 원리와 원칙

원칙	특징
생존수준의 정액급여 (flat rate of subsistence benefit)	단절된 소득의 정도와 상관없이 정액으로 지급
정액기여 (flat rate of contribution)	보험가입자는 재산이나 소득수준에 상관없이 정액으로 기여금을 납입
행정책임의 단일화 (unification of administration responsibility)	모든 기여금은 단일 사회보험기금(social insurance fund)에 적립하여 지급
급여의 적절성 (adequacy of benefit)	모든 상황의 생존에 필요한 최소한의 소득을 제공하며, 다른 재원 없이도 그 자체로서 충분하도록 지급
포괄성 (comprehensiveness)	사회보험은 모든 사람과 욕구를 포괄
대상 분류 (classification)	사회보험은 동일하고 포괄적이되 다양한 욕구나 상황, 삶의 방식이 고려되어야 함. 분류된 대상은 경제적 혹은 사회적 의미의 계층이 아님

---

15 지은정(2006). "베버리지 보고서의 사회보장원칙과 가정에 대한 비판의 타당성 검토". 『한국사회복지학』 제58권 제1호, p. 178.

2. 국제노동기구의 사회보장 원칙

국제노동기구(ILO)는 사회보장의 기본원칙에 관하여 소득보장에 관한 권고, 의료보장에 관한 권고가 포함된 「필라델피아선언(Declaration of Philadelphia)」(1944) 및 「사회보장의 최저기준에 관한 조약(The ILO Social Security (Minimum Standards) Convention, 1952(No. 102)」(1952)에서 다음과 같이 제시하였다.[16]

첫째, 보편적인 피보험자 범위, 둘째, 포괄적 보험사고(위험) 보장, 셋째, 급여수준의 소득비례, 균등급여, 가족부양수준(수급자의 자산에 의하여 결정), 넷째, 비용부담의 공평성, 다섯째, 관리·운영의 통합이다.

3. 한국의 사회보장 원칙

「사회보장기본법」 제25조에서는 우리나라 사회보장제도의 운영을 위해 보편성, 형평성, 민주성, 연계성, 전문성의 원칙을 명시하고 있다.

첫째, 국가 및 지방자치단체는 사회보장제도를 운영할 때 이를 필요로 하는 모든 국민에게 적용해야 한다. 둘째, 국가 및 지방자치단체는 사회보장제도의 급여수준 및 비용부담 등에서 형평성을 유지하여야 한다. 셋째, 국가 및 지방자치단체는 사회보장제도의 정책결정 및 시행과정에 공익의 대표자 및 이해관계인 등을 참여시켜 민주성을 확보해야 한다. 마지막으로, 국가 및 지방자치단체는 사회보장제도를 운영함에 있어 국민의 다양한 복지욕구를 효율적으로 충족하기 위하여 연계성·전문성을 높여야 한다. 그리고 사회보험은 국가가, 공공부조와 사회서비스는 지방자치단체가 책임지는 것을 원칙으로 한다.

---

16 ILO 홈페이지(www.ilo.org).

★ 생각상자

- 사회복지에서 결과주의(final principle)와 원인주의(causal principle)의 의미는 무엇인가?
- 사회보장제도에서 나타날 수 있는 도덕적 해이의 유형에는 어떤 것이 있는가?
- 보상의 원리에 기초한 보훈제도는 사회보장제도로 볼 수 없는가?
- 수당제도는 사회보장제도가 아닌가?

참고문헌

국립국어원(1999). 『표준국어대사전』. 국립국어원.

김종성(2005). 『한국보훈정책론』. 일진사.

김철수(1998). "서구 사회보험의 형성요인에 관한 연구 1871-1935". 『한국사회정책』 제5집 제1호, pp. 283-312.

김태성, 성경륭(1996). 『복지국가론』. 나남출판.

이달휴(2000). "사회보험의 원리". 『복지행정론집』 제10권. 한국복지행정학회.

이두호, 차흥봉, 엄영진, 배상수, 오근식(1992). 『국민의료보장론』. 나남출판.

이인재, 유진석, 권문일, 김진구(2010). 『사회보장론』. 나남출판.

이준영(2010). "사회복지 전달체계 평가기준의 체계화 가능성". 『사회과학연구』 제26집 제1호. 경성대학교 사회과학연구소, pp. 219-240.

임문혁(2007). "독일의 의료보험 개혁이 사회적 연대감에 미치는 영향". 『보건복지포럼』 통권 제123호(2007년 1월). 한국보건사회연구원, pp. 28-41.

지은정(2006). "베버리지 보고서의 사회보장원칙과 가정에 대한 비판의 타당성 검토". 『한국사회복지학』 제58권 제1호, pp. 175-208.

통계청(2005). 『가계자산 조사방법 연구』. 통계청.

통계청(2015). 『소비소득통계』.

Luhmann, N. (1971). "Sinn als Grundbegriff der Soziologie". in Luhmann, Niklas & Jürgen Habermas: *Theorie der Gesellschaft oder Sozialtechnologie. Was leistet die Systemforschung?.* Frankfurt am Main, Suhrkamp.

Maarse, H., & Paulus, A. (2003). "Has Solidarity Survived? A Comparative Analysis of the Effect of Social Health Insurance Reform in Four European Countries." *Journal of Health Politics, Policy and Law,* vol. 28 issue, 4, pp. 585–614.

Schmid, G. (2015). "Sharing Risks of Labour Market Transition: Towards a System of Employment Insurance". *British Journal of Industrial Relations,* vol. 53 issue, 1, pp. 70–93.

Shionya, Y. (1988). "Social Security and Moral Principles". *Review of Population and Social Policy,* No. 7, pp. 1–14.

ILO 홈페이지 www.ilo.org

제3장

사회보장제도의 기원과 발전

공공부조의 기원은 영국 「빈민법(Poor Law)」의 제정 및 개정 과정에서 찾는 것이 일반적이다. 사회서비스의 기원은 자선조직협회(Charity Organization Society) 및 인보관운동(Settlement Movement)에서부터 찾을 수 있다. 사회보험은 독일의 비스마르크가 최초로 도입하였으며, 그 후 영국에서는 국민보험이 실시되었다. 공식적이고 포괄적인 사회보장은 미국의 루즈벨트 대통령이 주도한 이른바 뉴딜정책의 일환으로 등장하게 되었다.

제**3**장

사회보장제도의 기원과 발전

제1절 사회보장제도의 기원

일반적으로 사회보장의 역사를 이야기할 때 주로 사회보험의 역사를 다루는데, 이는 사회보장을 소득보장으로만 이해하려는 경향이 강하기 때문이다. 여기서는 사회보장의 범위를 좀 더 확장하여 사회보험의 기원뿐만 아니라 공공부조와 사회서비스의 기원을 살펴보고, 그 발전과정에 대하여 검토한다. 사회보장의 역사를 각 제도의 기원을 중심으로 살펴보는 것은 그 제도들이 형성될 당시의 시대적 상황과 그 제도들이 의도한 목적을 파악하기 위해서다. 특히, 각 제도별로 민간에서 통용되던 원리들이 어떤 시대적 상황에서 국가에 의해 채택되어 제도화되었는지를 이해할 필요가 있다. 이것은 오늘날 각 사회보장제도의 운영과 개선에 관해서 논의할 때 중요하게 고려될 수 있다.

1. 공공부조의 기원

공공부조는 국가가 빈민에 대하여 최저한의 생활을 보장하는 제도이므로 전쟁, 흉작, 질병 그리고 산업화로 대량의 빈곤이 발생하여 국가의 지속적이고 제도적인 개입이 불가피해진 상황에서 나타났다. 즉, 공공부조는 십자군전쟁(1095~1291)으로 절대왕정국가의 출현과 동시에 중세까지 유지되어 온 장원, 길드, 수도원 등의 전통적 부양체계가 붕괴함으로써 대량의 빈곤층이 나타나 구조화되기 시작한 시점에서 도입되었다. 그 후에는 자본주의의 발전과 맥락을 같이한다고 할 수 있다. 여기서는 민간 영역의 사적 부조가 어떻게 국가에 의해 공적 부조로 채택되었는지 그 시대적 배경을 살펴보려 한다.

1) 빈민제도의 등장 배경

영국의 절대왕정국가는 사회보장제도 탄생의 원인을 제공함과 동시에 대책을 마련하는 이율배반적인 역할을 했다고 볼 수 있다. 절대왕정국가는 중세의 봉건체제를 해체하면서 발전하였기 때문에 전통적 부양체계[1]를 파괴하여 대량의 빈민과 유랑민을 양산하였다. 또한 빈민과 유랑민 때문에 국가의 질서가 흔들리는 것을 막기 위해 사회보장의 이전 단계라 할 수 있는 빈민정책을 수립하였다.

11세기 초 중세의 질서가 안정기에 접어들면서부터 12세기에 빈민제도가 시작되기 전까지 구빈활동은 주로 기독교의 시혜적인 자선행위를 중심으로 이루어졌다. 교회는 수확의 10분의 1을 징수하고, 그중 3분의 1을 빈민구제에 사용하였다. 그러나 십자군전쟁 이후 진행된 종교개혁으로 왕권이 강화되면서 교회의 재산은 몰수되었고, 수도원들은 해체되었다. 또한 11세기 이후 상업활동의 자유를 보장하기 위

---

1 전통적 부양체계에는 영주들이 농노들에게 경작시킨 장원, 수공업자들이 만든 상호부조조직인 길드 그리고 걸인들에게 자선을 베푼 수도원 등이 있다.

해 종교적 길드도 해체되면서 자선조직을 통한 구빈활동의 시대도 막을 내렸다.[2]

자선조직을 통한 구빈활동이 사라짐과 동시에 다양한 사회적 격변이 일어나면서 수많은 유랑민이 발생하였고, 봉건사회의 뿌리도 흔들리기 시작했다. 14세기 중엽, 전 유럽을 휩쓴 흑사병(the Black Death)은 인구를 급격히 감소시켰다. 1348~1349년에 발생한 흑사병으로 유럽 전 인구의 30~45%가 사망한 것이다. 그 결과, 농촌에서는 노동력이 부족해졌고, 이는 경작지를 목유지로 전환하는 제1차 엔클로저 운동(Enclosure Movement)을 야기하였다. 또한 곧이어 나타난 신대륙에서의 양모에 대한 수요 급증은 수많은 농노를 유랑민으로 내모는 계기로 작용하였다.

15세기부터 19세기 초까지 토지를 근대적 대규모 농업용지로 전환한 제2차 엔클로저 운동 역시 영국에 대규모 유랑민을 발생시켰다. 공동경작권이 존재하던 토지를 경계표식으로 구분하여 공동경작권을 해체하고 영주의 사유지임을 명시한 엔클로저 운동에 따라 농민들은 더 이상 경작지를 빌릴 수 없어 생계수단을 잃어버렸다. 농지의 축소는 식량 생산량을 감소시켜 곡물 가격을 상승시키는 작용을 하여 생활상의 곤란을 야기하는 등 여러 가지 예상치 못한 결과를 초래하였다.[3] 또한 백년전쟁(1337~1453)을 필두로 한 프랑스와의 계속된 전쟁이 끝난 후 군대의 해산은 실업병사를 양산하였으며, 이에 따라 부랑인이 된 군인들이 생겨났는데, 이들은 대부분 도시빈민이 되었다.[4] 이렇듯 종교개혁과 흑사병, 제1·2차 엔클로저 운동, 장미전쟁(1455~1485) 등의 지속적인 사회적 격변들은 수많은 유랑민을 발생시켜 봉건사회의 붕괴와 전통적 부양체계의 해체를 재촉하였다. 이는 국가의 개입을 통한 새로운 제도의 도입을 불가피하게 만들었으며, 이에 따라 빈민제도가 등장하게 되었다. 즉, 민간에서의 사적 부조가 한계에 달하면 국가에 의한 부조가 불가피해졌다. 이때 영국에서 시작된 빈민제도는 그 도입 배경과 운영방식 면에서 오늘날의 공공부조와는 상당한 차이가 있지만, 오늘날의 공공부조제도의 원시적 모습이라고 할 수

---

2 이계탁(1997). 『복지행정학 강의』. 나남출판, p. 60.
3 박광준(2002). 『사회복지의 사상과 역사: 마녀재판에서 복지국가의 선택까지』. 양서원, p. 88.
4 이인재 외(2010). 『사회보장론』. 나남출판, pp. 57-58.

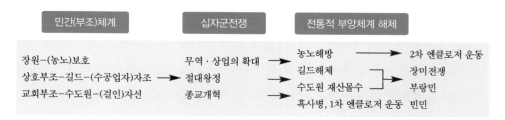

[그림 3-1] 「빈민법」 제정 직전의 사회구조적 대변혁과정

있으며, 현대의 공공부조와 같은 사회보장제도의 출현에 교량적 역할을 한 것으로 볼 수 있다.

2) 「빈민법」[5] 제정과 억압적 제도의 확립

전통적 부양체계의 붕괴 이후, 기독교적 구빈 원리에 기초하여 빈민원과 구빈제도가 나타나기 시작했다. 구빈활동은 노동능력자와 노동무능력자를 구분하여 대우하였는데, 노동능력이 있는 사람은 강제노동을 통해 그리고 노동능력이 없는 사람은 빈민원에 수용하여 구제하였다. 또한 당시는 빈민이 자유롭게 돌아다니는 것을 방지하는 데 우선적 목표를 두었기 때문에 「노동자 칙령(The Ordinance of Labourers)」 (1349)의 자선금지조항, 「케임브리지법(Statute of Cambridge)」(1388)의 방랑금지조항과 아울러 빈민이 수용시설에서 탈출하다 잡히면 도망자라는 F자 표시를 하는 「걸인처벌법(Vagabonds Act)」(1530)을 제정하여 빈민의 억압에 더 치중하였다.[6] 오늘날 사회적 요보호자에 대한 낙인(stigma)이 여기서부터 유래하였다고 볼 수 있다.

따라서 당시의 구빈활동은 인도적 구제보다는 사회통제적 기능이 더 강조되었다고 할 수 있다. 당시 노동능력이 있는 빈민에 대하여 노동을 강제한 방식은 오늘날의 공공부조에서도 그대로 따르고 있다고 볼 수 있으며, 특히 노동연계복지(workfare)에서 이와 같은 전통을 엿볼 수 있다.

---

5 「구빈법」이라고도 하지만 구제의 의도보다는 통제의 의미가 더 강하였다고 보고 「빈민법」이라고 하였다.
6 박광준(2002). 전게서, pp. 67-68.

1572년부터 1601년 사이 빈민제도의 원리가 이른바 「엘리자베스 빈민법(The Act for the Relief of the Poor)」(1601)으로 정비되었다. 이 법의 목적은 사회적 불안을 예방하기 위한 최소한의 빈곤구제였으며, 국가가 최초로 빈민의 문제에 개입하여 정부차원에서 빈곤을 해결하려고 시도하였다는 점에서 사회정책적 의미가 있다. 이 법에서는 빈민을 노동능력 유무에 따라 구분하여 대우하였는데, 12~60세까지의 노동능력자에게는 전 교구에 걸쳐 농업노동의무를 부과하였고, 노동무능력자는 구빈원에 수용하여 보호하였다. 그리고 빈민아동에 대해서는 7년간 도제수업을 받도록 하였다.

또한 구빈행정을 정비하였다. 구빈행정의 재원은 지방주의 원칙을 적용하여 지방세로 마련하도록 하였으며,[7] 민생위원회를 통하여 자선금을 강제로 징수하였다. 이전까지는 추밀원(privy council), 치안판사(justice of the peace) 그리고 빈민감독관(overseer of the poor) 등의 역할이 혼돈되었으나, 이 법에서는 교구를 말단 행정단위로 삼아 각 지방의 치안판사들이 교구민 중 선발된 2~4명의 빈민감독관에게 구빈행정의 책임을 맡기도록 하였다. 빈민감독관은 구빈행정의 집행뿐 아니라 적절한 시기에 교구민에게 구빈세를 부과할 수 있는 권한을 부여받았다.[8] 또한 가족책임을 우선 원칙으로 삼았기 때문에 보호할 가족이 있을 경우 구제의 대상에서 제외하였다.[9]

「엘리자베스 빈민법」은 단순히 빈민을 억압하고 구속하던 과거에 비해 빈민의 구제라는 관점이 추가되었다는 점에서 진일보한 법이라고 할 수 있으나, 빈민에 대한 구제를 빙자한 억압은 여전하였다고 볼 수 있다.[10] 이른바 3원(3 House)을 통하여 노동능력이 있는 빈민은 노역원(workhouse)으로 보냈고, 노동능력이 없는 빈

7 이것은 미국에서 클린턴 정부 당시 공공부조인 AFDC를 TANF로 전환하면서 공공부조의 수급을 최대 5년으로 제한하고 그 이후의 지원에 대해서 지방정부가 부담하도록 한 이른바 '신연방주의'와 같은 맥락으로 이해할 수 있다.
8 이인재 외(2010). 전게서, p. 60.
9 감정기, 최원규, 진재문(2002). 『사회복지의 역사』. 나남출판, p. 132.
10 림링거 가스통, V. 한국사회복지연구회 역(1997). 『사회복지의 사상과 역사』. 한울아카데미, p. 38.

민은 빈민원(poorhouse)에 가두었으며, 노동을 거부하고 구걸하는 빈민은 교정원 (corrections house)으로 보내 빈민을 구속하였다.

또한 1688년 명예혁명(Glorious Revolution)부터 산업혁명의 초기인 1770년까지는 빈민들의 자유로운 이주를 제한하기 위해 「거주지제한법(정주법, The Laws of Settlement)」과 「부랑자 단속법」을 제정하였다. 「거주지제한법」(1662)은 빈민구제의 책임을 지고 있는 지방정부가 다른 지방에서 이주해 온 사람이 구제를 받게 되는 경우 본래의 거주지로 되돌아가도록 규정하였다.[11] 이로써 당시의 「빈민법」이 유랑빈민을 통제하기 위해 시설(수용)보호의 원칙을 고수하였음을 알 수 있다. 그리하여 이 당시의 「빈민법」에서 시설(수용)보호의 원칙이 확고히 자리 잡게 되었다.

이처럼 빈민에 대한 구제보다 부랑인의 통제를 목적으로 비인도적 구빈제도에 대해 Webb 부부는 '억압을 통한 구제'라고 특징지었다(Webb, 1927: 396).

3) 빈민에 대한 인도주의적 처우의 시도

18세기 후반은 공공부조 발전에 매우 중요한 단계로서 그동안 억압에 치우친 공공부조제도에 사회복지적 관점이 도입된 조치들이 나타나기 시작하였다.[12] 그 대표적인 예로는 「길버트법(Gilbert Act)」(1782)과 스핀햄랜드제도(Spinhamland System, 1795)가 있다. 과거에는 산업혁명에 의해 발생한 대규모 빈민을 노역원에 수용하기 위해 그들을 분류하여 노동능력자는 노역원에 수용하고 고용을 보장하였고, 노동무능력자는 빈민원에 수용하여 생활을 보장하였다.

「길버트법」(1782)은 기존의 원내구제(indoor relief)가 빈민의 자유를 심하게 제약하고 시설 내의 처우가 너무 열악하였기 때문에 일부 노동력이 있는 사람들에

---

11 당시 빈민은 자신의 본래 교구보다 재정적으로 풍족한 교구로의 이동을 꾀하였다. 치안판사들은 이러한 빈민이 자신의 교구에 부담이 될 가능성이 있다고 판단되면 40일 이내에 본래 교구로 돌려보낼 수 있는 권한을 가지고 있었다. 하지만 18세기 빈민의 농촌에서 도시로의 이동을 막지 못하였다(Mckay, S. F., Rowlingson, K., & Mckay, S.(1999). *Social Security in Britain*. NY: St. Martin's Press, p. 45.).

12 림링거 가스통, V. 한국사회복지연구회 역(1997). 전게서, p. 45.

대해서 원외구제(outdoor relief)를 허용한 것이다.[13] 이것은 오늘날의 탈시설화(deinstitutionalization)나 지역사회복지(community care)와 같은 관점으로 이해할 수 있다. 이 법은 빈민에 대한 인도적인 관심의 증가를 의미하기도 하지만, 산업혁명의 진전과 자본주의 발전에 필요한 노동력의 자유로운 이동을 가능하도록 하는 데 그 의도가 있었다고 볼 수 있다.

이 시기의 또 다른 중요한 제도인 스핀햄랜드제도는 근로자의 가족 수, 물가수준을 고려하여 일정 수준 이하의 임금을 받는 근로자에게 보조금을 지급하도록 하였다.[14] 이것은 당시 주로 농업에 의존하던 영국 남부의 스핀햄랜드 지역에서 농업 노동자가 도시지역으로 이주하는 것을 방지하고 봉건적 체제를 유지하려는 시도였다고 할 수 있다. 이 제도는 노동자의 최저소득을 조세로 보장하려고 했던 의도와는 달리, 결과적으로 노동자의 근로의욕을 낮추고 지주·영세자의 영농 부담을 증가시켜 산업자본가라는 제3의 수혜자를 양산하였다.[15] 사실상 이 제도는 임금보조제도로, 자유주의자들에 의해 시장경제를 왜곡시킨다고 비판을 받았고, 「신빈민법」 제정의 배경이 되기도 하였다. 그러나 사회복지적 관점에서 볼 때 스핀햄랜드제도는 근로자의 최저생계비를 국가가 보장하도록 제도화하였다는 점에서 중요한 의미를 갖는다.

스핀햄랜드제도는 일종의 생활임금이라고 할 수 있는데, 생활임금이란 물가와 노동자 및 부양가족의 최저생계비를 고려하여 시간당 임금을 최저임금보다 일정 부분 높여 주는 제도다. 1992년 미국의 볼티모어주에서 실시되었으며 우리나라의 몇몇 지방자치에서도 실시하고 있다(서울시, 안양시, 부천시 등).

---

13 박광준(2002). 전게서, pp. 107-108.
14 원석조(2001). 『사회복지 역사의 이해』. 양서원, pp. 29-30.
15 림링거 가스통 V. 한국사회복지연구회 역(1997). 전게서, p. 60.

4) 「빈민법」의 개정과 억압으로의 복귀

영국 사회에서 본격적인 구빈법제로 등장한 「엘리자베스 빈민법」은 중세적·봉건적 성격을 띠고 있었기 때문에 산업혁명 이후 성립된 자본주의체제의 진행과정에서 스스로 많은 모순점을 노출할 수밖에 없었다.[16] 18세기 말에 이르러 산업화와 정치적 민주화, 자본주의의 전개와 더불어 사회 전체에 자연스럽게 자유주의적인 분위기가 고조되었다. 자유주의의 기본원칙은 자유로운 사유재산의 권리추구와 그에 따르는 개인적 책임을 중시하는 것이었으므로, 이 시대에 빈민에 대해 팽배했던 사회적 인식은 빈곤이 빈민 자신의 나태함이나 허약함 또는 성격적 결함 등에서 초래된다고 보는 것이었다.

이러한 사회 분위기에 맞물려 산업화과정에서 빈민을 위한 구호비용이 급격히 증가하자, 지금까지 사회적으로 빈민문제를 풀어 나가려고 노력하던 정부의 시각이 다시금 개인적 책임으로 그 중심이 옮겨지게 되었다. 급격한 인구증가와 계속된 흉작으로 빈곤문제는 더욱 심각한 사회문제로 대두하였다. 또한 이러한 사회 변화와 더불어 빈민구제는 개인들의 자립정신을 해치며 노동의 동기부여를 약화시키고 나아가 사회에 악이 된다고 생각하는 사람들이 많아져서 조금씩 확대되어 가던 「길버트법」과 스핀햄랜드제도의 빈민정책은 다시금 후퇴하였다.[17] 빈민구제에 반대한 맬서스(Malthus, T.)는 자신의 저서인 『인구론(An Essay on the Principle of Population)』(1798)에서 「빈민법」이 인구의 무제한적 증가를 초래하여 노동력의 과잉공급, 임금하락의 결과를 가져올 것이라고 비판하며 조세부담자인 지주의 입장을 옹호하였다.[18] 채드윅(Chadwick, E., 1800~1980)은 임금보조가 빈민과 일반 근로자의 노동의욕에 나쁜 영향을 주기 때문에 빈민에 대한 국가의 지원이 노동자의 최저임금보다 많아서는 안 된다는 이른바 '열등처우의 원칙(Principles of less

---

16 김동국(1997). "영국 빈민법사를 통해 본 복지국가 성립의 내부적 조건". 『사회복지연구』 제22권 제30호. 부산대학교, p. 19.
17 김영화(1995). "사회정책의 역사적 발전과정에 과정에 관한 일 고찰". 『사회과학』 제7호, p. 212.
18 림링거 가스통 V. 한국사회복지연구회 역(1997). 전게서, p. 63.

eligibility)'을 주창하였다.

이렇듯 1830년대의 자유주의자들은 조세로 충당되는 임금보조제가 수혜자인 산업자본가와 피해자인 지주 사이에 갈등을 초래한다고 지적하는 등「빈민법」을 비롯한 기존 구빈체제의 다양한 문제점을 지적하며, 기존「빈민법」의 개정을 요구하였다.

그리하여「신빈민법(The Poor Law Amendment Act)」(1834)이 제정되었고, 그 결과 빈민에 대한 처우는 상당히 위축될 수밖에 없었다.「신빈민법」은 전국적 균일처우의 원칙(Principle of national uniformity), 열등처우의 원칙(Principle of less eligibility) 그리고 작업장 수용의 원칙(Principle of workhouse system)의 3대 원칙으로 구성되었으며, 도시와 농촌으로 이원화되어 있던 구빈행정은 중앙으로 일원화되어 중앙구빈행정국과 연합교구제 등의 기구가 설치 · 운영되었다.[19]

「신빈민법」의 3대 원칙 중 먼저 전국적 균일처우의 원칙은 지역에 상관없이 모든 빈민을 단일한 기준에 따라 구제하여야 한다는 것을 의미하는데, 이는 스핀햄랜드제도와 같은 지역별 차이를 극복하고 빈민행정의 통일성을 확보하기 위한 것이었다. 둘째, 열등처우의 원칙은 빈곤이란 개인의 도덕적 타락에 기인한다는 전제하에서 출발하였다. 이러한 도덕론적 가치관 위에, '식객은 주인보다 형편이 좋지 않아야 한다'는 열등처우의 원칙이 빈민들의 도덕적 · 경제적 실패에 대한 일종의 벌칙(penalty)으로 적용되었던 것이다.[20] 즉, 빈민에 대한 생활보조가 최저임금을 넘지 못하도록 하여 노동의욕을 저해하지 않도록 해야 한다는 것이다. 이것은 스핀햄랜드제도의 임금보조에 반대되는 원칙이다. 마지막으로, 작업장 수용의 원칙은 빈민구제는 예외 없이 억압적인 시설보호의 형태로 이루어져야 한다는 것으로,「길버트법」에 의해 시도되었던 원외구제를 금지하였다.[21] 이와 관련하여 작업장 조사(work test)의 원칙이 있었는데, 이는 빈민이 구제를 신청하면 자동적으로 작업장에

---

19 박광준(2002). 전게서, p. 137.
20 김동국(1997). 전게서, p. 14.
21 박광준(2002). 상게서, p. 137.

서 노동이 가능한지를 조사해서 작업장에 수용해야 한다는 것으로, 오늘날 자산조
사의 효시라고 볼 수 있다.

「신빈민법」에 대해서는 약자의 생존권을 확보한 법이라는 긍정적 견해도 있고,
낙인과 같이 질서유지를 위한 억압적 제도를 통하여 절대왕정을 유지하기 위한 후
진적 법령이라는 견해도 있다.[22] 또한 당시 자본주의가 필요로 하는 노동력을 충분
히 동원하기 위해 만들어져 자본주의를 촉진한 법이라는 회의적인 견해 등 다양한
평가가 이루어지고 있다. 「신빈민법」 실행의 결과, 국가의 부조는 매우 제한적으
로 제공되었으며, 빈민들의 생활은 과거의 열악하고 억압적인 상황으로 복귀하였
다.[23] 특히, 임금이 낮아져서 기존의 노동시간으로는 최저생계비를 충족할 만큼 소
득을 얻지 못해 가장은 물론 주부나 아동까지도 노동을 해야만 하는 열악한 상황이
심화하였다. 그리고 이와 같은 노동공급의 증가는 다시 임금의 하락을 초래하는 악
순환이 계속되었다. 그후 1948년 「국민부조법」의 제정으로 현대적 의미의 공공부
조로 발전하였다.

2. 사회서비스의 기원

1) 배경

사회서비스가 대두한 시대적 배경은 억압적이고 열악한 구빈행정에서 찾아볼
수 있다. 당시의 구빈행정은 빈곤의 해결에 실질적인 도움이 되지 못한다는 비난
을 받았으며, 이러한 상황에서 자유주의적이고 인도주의적인 민간운동과 진보적
인 사회개혁운동 등이 등장하면서 구빈제도의 한계를 극복할 수 있는 새로운 개입
방법을 모색하기 시작하였다.[24]

---

22 신수식(1989). 『사회보장론』. 박영사, pp. 42-43.
23 박광준(2002). 전게서, pp. 141-146.

[그림 3-2] 사회보장의 후퇴

이것은 복지국가의 일반적인 전개과정과는 다른 흥미로운 사례가 되었다. 전통적으로 민간의 자발적인 복지가 한계에 이르면 국가가 공적인 개입을 하는 것이 일반적이었으나, 이 시대에는 국가의 복지가 후퇴하자 민간의 자발적인 복지가 다시 불가피하게 확대되는 상황이 발생하였다.

2) 개별사회사업의 태동

자본주의의 발전과 함께 빈곤도 증가한다는 궁핍화의 법칙이 점차 인식되기 시작함과 동시에 노동자계급이 성장하고 투쟁도 강화되면서, 1870년경 자선조직들이 생겨나며 초기 사회사업이 태동하였다. 자선조직들은 빈민가를 방문하여 자선활동을 하는 우애방문(friendly visiting)이라는 방법을 주로 활용하였다. 이후 1869년 옥타비아 힐(Octavia Hill)과 헬렌 보스앙케(Helen Bosanquet) 등이 자선조직협회(COS: Charity Organization Society)를 창설하였으며, 무질서하던 민간자선사업단체의 활동을 조직화하고 지역의 사정에 따라 단체 간 긴밀한 연락조직으로 상호협력에 기초한 자선사업을 실시하였다. 자선조직협회(COS)는 자선 혜택의 중복과 누락을 방지하여 낭비 없는 합리적인 구제활동을 하려고 하였으며, 우애방문을 통하여 대상자와의 인격접촉을 시도하면서 개인에게 자기빈곤에 대한 책임의식을 고취시키고

24 McKay, S. F., Rowlingson, K., & Mckay, S. (1999). op. cit, p. 48.

자조정신을 강조하였다.

그러나 자선조직협회(COS)는 개인주의적 입장을 고수하는 자본가들이 결성한 단체로, 빈민의 입장이 아닌 자본가의 이익을 옹호하는 사업을 실시하여 빈곤의 사회적 책임을 간과하였다. 따라서 사회구조적인 문제를 극복하려는 시도나 예방책을 중시하지 않았다는 점에서 문제가 있으나,[25] 이러한 시도는 근대사회복지방법인 개별사회사업(case work)으로 발전하였다는 점에서 의미가 있다. 즉, 리치먼드(Richmond, M.)는 자선조직협회에서의 경험을 기초로 『사회진단(Social Diagnosis)』(1917)이라는 책으로 사회사업의 이론을 정리하였다.

3) 지역사회조직 및 집단사회사업방법의 태동

1870년부터 1880년대까지 영국의 독점권은 독일, 프랑스 등에 밀려 약화되었으며 이에 영국은 경제적 불황을 겪게 되었다. 영국은 사회문제가 격심해짐에 따라 빈곤의 원인을 개인의 결함에서 찾는 자유주의적 개입방식에서 벗어나 사회적 결함을 제거하기 위한 노력을 하였다. 이러한 진보적인 사상가들을 중심으로 사회주의적 배경 속에서 인보관운동(Settlement Movement)이 대두되었다. 인보관운동은 빈곤, 실업 등 사회문제의 심각성을 인식한 지식인들이 빈민가에 거주하면서 그들과 교류하고 열악한 지역환경을 개선하려는 시도에서 출발하였다.[26]

부스(Booth, C.)와 라운트리(Rowntree, S.) 등은 빈민의 생활실태에 대한 광범위한 사회조사를 실시하고 페이비언협회(Fabian Society, 1883)를 창립하였다. 또한 기독교 사회주의자 에드워드 데니슨(Denison, E.)이 런던에 토인비 홀(Toynbee Hall, 1884)을 설립하였고, 바넷(Barnett, C. S. A.)은 이를 발전시켰다. 그들은 빈민의 교육과 문화적 발전, 지역주민과 세틀러(Settler)의 정보교환을 통한 사회개량 모색 그리고 사회문제와 사회개량에 대한 여론 환기에 중점을 두었다. 그러한 인보관운동

---

25 림링거 가스통, V. 한국사회복지연구회 역(1997). 전게서, p. 87.
26 이계탁(1997). 전게서, pp. 66-69.

은 근대적 의미의 사회사업의 기초가 되었으며, 대학확장운동과 슬럼개량운동 등으로 발전하였다. 이후 1880년경 인보관운동은 지역사회조직화운동(community organization)으로 발전하였다.

또한 인보관운동은 미국으로 전달되어 지역사회의 조사와 개선을 위해 지역 내 단체를 조직화하는 방향으로도 발전하였다. 1889년 미국에서는 제인 애덤스(Adams, J.)와 앨렌 게이츠 스타(Star, E. G.)가 시카고에 헐하우스(Hull House)를 설립하여 클럽활동을 전개하였다. 이 활동은 집단사회사업(group work)의 초기 형태라고 할 수 있는 소집단의 교류 및 체험을 중시하며 주민의 자각을 높이고 연대의식을 고양하기 위한 학습과 레크리에이션을 내용으로 한다.

4) 사회복지서비스로의 전환 및 공식적 채택

빈민들이 자신의 문제를 스스로 해결할 수 있도록 돕는다는 원조의 원리에 기초한 민간의 개별사회사업, 집단사회사업, 지역사회조직화사업 등 이러한 전문사회사업방법들이 이후 국가개입으로 제도화되어 대상자의 인구학적 특성이나 서비스가 제공되는 공간적 환경 또는 문제별 사회복지서비스(social welfare service)로 발전하게 되었다고 볼 수 있다.

특히, 영국에서 1905년 해밀턴(Hamilton, L. G.)을 중심으로 구성된 왕립빈민법위원회(The Royal Commission on the Poor Laws and Relief of Distress, 1905~1909)가 4년 동안의 조사활동과 두 가지의 상반된 실제적 사례를 통해 「빈민법」의 실태 및 개선방안에 대한 보고서를 작성하는 과정에서 사회서비스에 대한 공식적인 언급이 나타났다.[27] 다수파보고서(Majority report)는 「빈민법」이라는 용어 대신 '공공부조(public assistance)'라는 용어를 제안하였고, 공공부조위원회가 사회적 서비스기관들을 관리하도록 하였다. 또한 자선조직과 사회사업들을 효과적으로 이용할 수 있도록 구상하였다. 자선조직들은 자선조직협회의 자유주의적 가치관으로 무장되어

---

27 이인재 외(2010). 전게서, p. 77.

진정으로 원조가 필요한 빈곤한 자들을 선별해 내는 장치로 기능하였다.[28]

파생적 사회문제에 대한 대응 서비스는 영국, 미국, 일본과 같은 복지선진국에서도 1970년에 공공부문에서 제도화되기 전까지는 상당 부분 민간에 의존하였다. 그러나 국가가 국민의 복지권에 보편적으로 대응하기 위해서는 국민의 변화된 복지욕구에 반응하지 않을 수 없게 되었다.

그리하여 영국에서는 제2차 세계대전 후 1968년 「시봄위원회보고서(Seebohm Committee's Report)」의 제안에 따라 1970년 「지방정부 사회서비스법(Local Authority Social Service Act)」이 제정됨으로써 제도로서 정착되었다. 또 미국에서는 1974년 「사회보장법(Social Security Act)」이 개정되어 연방정부의 대폭적인 지원으로 각 주정부가 행하는 사회복지서비스의 포괄적인 틀이 구성되면서 제도적인 체계 속에 편입되기 시작하였다. 일본에서는 1970년대 중반에 복지개혁론이 대두하면서 사회복지서비스를 선별적 서비스에서 보편적 서비스로 확대·개편하였다.[29]

3. 사회보험의 태동

19세기 중반에서 20세기 초반에 산업화의 진척에 따라 자본의 독점화가 진행되는 가운데 자본주의의 구조적 특성에서 비롯되는 문제들이 사회문제로 부각되었다. 노령, 질병, 재해, 실업 등과 같은 임금 생활자의 최저생활을 위협하는 각종 사회적 위험(social risk)이 대두하였으며, 이에 대해 국가의 개입이 본격화된 첫 출발점이 바로 강제적 사회보험제도의 도입이었다.[30]

사회보험은 산업혁명 이후 등장한 공제조합을 기초로 만들어졌다. 공제조합은

---

28 Fraser, D. (1984). *The Evolution of the British Welfare State: A History of Social Policy since The Industrial Revolution* (2nd ed.). NY: Macmillan Publishers.

29 김융일(1996). "지방화시대 사회서비스 전달체계". 『지방자치와 사회복지』. 한국사회복지협의회, pp. 286-287.

30 감정기, 최원규, 진재문(2002). 전게서, pp. 155-156.

중세 길드로부터 발전하였는데, 조합원 상호 간에 위험분산을 목적으로 일정한 기여금을 납입하면 고령, 실업, 산재, 질병, 사망 등의 사회적 위험이 발생할 경우 급여를 보장하였다(보험미래포럼, 2010).[31]

사회보험제도는 산업화를 통해 자본주의가 발전하는 과정에서 배제된 각종 사회문제에 대한 대응의 하나로서 등장하였다. 하지만 산업화가 본격화된 시기의 나라 간 차이가 사회보험제도 등장 시기의 차이와 반드시 부합하지는 않았다. 정치적 상황 등 산업화 이외의 요인이 어떻게 작용하였느냐에 따라 일종의 정치적 선택인 사회보험제도 도입의 시기와 형태가 다르게 나타났기 때문이다.[32]

1) 혼란기 독일의 사회적 상황

세계 최초의 사회보험은 독일제국의 제상이었던 비스마르크(Bismark, Otto von)가 도입하였다. 이는 영국에서 산업자본가와 왕권이 결탁하여 중세의 분권적 질서를 붕괴시키고 절대왕정을 강화하는 과정에서 파생된 빈민문제를 공공부조의 성격을 띤 「빈민법」을 통해 해결하고자 했던 것과는 달랐다. 독일의 통일은 19세기 후반에 이르러서야 달성되었기 때문에 산업화도 이 시기부터 시작되었다. 진행속도가 빠르게 일어났으며, 또한 빈곤한 노동자도 단시간에 대량으로 발생하였다.[33]

강력한 가부장적 군주국가를 꿈꾸던 비스마르크는 독일보다 앞서 산업화가 진행된 영국에서 일어난 혁명들이 자유주의적 유산계급(부르주아지)에 의해 주도되었다는 사실에 경각심을 갖게 되었다. 또한 자유주의로 무장한 자본가와 마찬가지로 사회주의 성격을 띤 노동자 역시 그에게는 달갑지 않은 세력이었다. 그는 다수의 노동자가 자본가의 통제하에 들어가는 것도, 노동자들의 세력이 정치적 영향력을 가지게 되는 것도 황제의 권위를 위협하는 것으로 인식하였다.

---

31 보험미래포럼(2010). 『건강보험의 진화와 미래』. e-book.

32 감정기, 최원규, 진재문(2002). 전게서, p. 157.

33 림링거 가스통, V. 한국사회복지연구회 역(1997). 전게서, p. 124.

한편, 영국이 수백 년 앞서 시행한 자유주의적 「빈민법」이 빈민문제 해결에 효과적이지 못하였다는 것을 간접 경험한 독일은 집합주의적 해결책에 눈을 돌렸다. 당시 산업중심지에는 노동자들 사이에 공제조합이 존재하고 있었으며, 노동자들은 이 공제조합의 상호부조제도를 통해 위험에 대비하고자 하였다. 공제조합의 문제는 가입대상이 제한되고, 임의가입원칙으로 가입률이 낮았으며, 낮은 기여수준, 적은 기금으로 급여도 불충분하고 관리체계가 미흡하였다. 이러한 공제조합을 국가가 통제하고자 했던 것이 독일 사회보험의 출발이었다.

그 당시의 사회적 배경을 살펴보면, 독일은 여러 개의 봉건국가로 분립되어 집중화된 국가권력이 부재하였으며, 산업혁명에서도 뒤처졌다.[34] 영국에서는 이미 1760년대에 산업혁명이 시작되었고, 독일에서는 뒤처진 진행속도를 만회하기 위한 압축적인 산업화 전략으로 산업화가 빠르게 진행되었지만, 이에 따르는 문제점도 짧은 시간에 집중적으로 나타났다. 또한 1871년에 이르러 프로이센을 중심으로 통일국가가 출현하였는데, 그 당시 토지 귀족(junker)이었던 비스마르크가 프로이센의 수상이 되면서 강력한 권한을 행사하였다. 그는 보수적 관료로서 가부장적 시책을 선호하였으며, 농노해방(1807)이나 길드해체(1810) 등과 같은 자유주의적 움직임과 산업화에 대하여 부정적 입장을 취하였다.[35] 특히 농노와 노동자들이 전통적인 사회체제에서 벗어나 공장 노동자가 되어 자유주의적인 자본가의 통제하에 들어가게 되는 것을 염려하여 전통적 사회체제를 유지하려는 시도를 하였다.[36]

비스마르크의 시도는 3단계에 걸쳐 이루어졌다. 첫 번째 시도는 보수·반동적 조치로서 해체된 강제적 길드를 부활시키려고 한 것이었다. 그러나 이 시도는 자유주의자들의 반발과 산업혁명을 통한 독일의 근대화에 역행하는 것이라는 주장 때문에 실현되지 못했다. 두 번째 시도는 복지군주제(welfare monarchy)로, 노동자의 단결권과 집단행동권을 보장하여 노동자의 조직화를 지원하고 그들과 연대하여

34 림링거 가스통, V. 한국사회복지연구회 역(1997). 상게서, p. 124.
35 감정기, 최원규, 진재문(2002). 전게서, p. 158.
36 림링거 가스통, V. 한국사회복지연구회 역(1997). 전게서, p. 137.

자유주의적 자본가들에 대항하려는 전략이었다. 그러나 사회주의자들이 의회에서 20%에 달하는 의석을 차지하고 정치적 세력을 형성하여 사회주의운동이 격렬해지자 황제에 대한 또 다른 저항세력이 형성되지 않을까 하는 불안감을 갖게 되었다. 그래서 마지막으로,「사회주의자탄압법(Sozialistengesetz)」(1878)의 제정을 통하여 사회주의자들을 통제하였으며, 다른 한편으로는 국가가 사회주의운동에 가담하지 않는 노동자의 부양을 책임진다는 취지로 사회보험제도를 도입하였다. 이것이 이른바 '당근과 채찍' 정책이었다.

비스마르크는 새로운 관리조직이나 국가의 재정적 부담을 늘려 사회보험에 대한 국가의 통제력을 강화하려 하였다. 그러나 실제로는 자유주의적 기업가들의 반대와 노동자들의 저항으로 실현되지 못하였고 단지 기존의 공제조합을 활용하되 강제가입의 의무를 보편적으로 시행하는 수준에 머무를 수밖에 없었다.

2) 사회보험의 도입과정

사회보험의 이데올로기적 기반은 분배의 정의 실현, 노동자 계급의 생활의 질 향상을 위한 사회입법이 도입되어야 한다고 주장한 강단사회주의자(Kathedersozialist)[37]들이 제공하였다. 슈몰러(Schmoller, G.), 바그너(Wagner, A.) 그리고 세플레(Schaeffle, A.) 등으로 대표되는 강단사회주의자들은 가부장적 군주제라는 비스마르크의 정치적 이념과 맥을 같이한 프러시아의 가부장적 사회보호 전통을 강조하였다.[38] 하지만 이러한 사회보험의 출발은 사회적 빈곤의 개념을 제도화한 것이라

---

[37] 강단사회주의(Kathedersozialistmus)는 1860년대부터 1890년대에 걸쳐 독일 경제학의 주류를 이룬 신역사학파의 경제학자들이 주장한 사회정책이론이다. 고전경제학파의 자유방임론에 반대하고, 국가가 개입하는 사회개량을 통해 사회문제를 해결하려는 시도였다. 이것이 사회주의의 성장을 가로막는 방법이라 본 것이다. 슈몰러를 중심으로 사회정책학회를 설립하여 비스마르크에게 정책의 윤리적 기초를 제공하였다. 강단사회주의라는 이름은 교단을 통해 사회개량운동을 벌인 이들을 빗대어 자유주의자들이 붙인 것이다. 슈몰러 외에 바그너와 브렌타노(Brentano, L. J.) 등이 참여하였다(감정기, 최원규, 진재문(2002). 전게서).

[38] 림링거 가스통, V. 한국사회복지연구회 역(1997). 전게서, p. 157.

기보다는 노동자를 정부에 예속시키고자 하는 정치적 의도가 앞섰다.

「사회주의자 탄압법」이 실효를 거두지 못하자 비스마르크는 노동자를 국가의 보호하에 두고 충성심을 고취하기 위하여 황제칙령(Kaiserliche Botschaft, 1881)을 통해 사회보험의 필요성을 언급하였다. 이는 민간보험을 배제하고 강제보험원칙을 적용하였는데 자유주의자들의 권한을 제한하면서 행정적 통일을 기하기 위함이었다. 또한 국가의 기여금을 강조한 것은 노동자와 국가의 연대성을 높이고자 함이었으며, 행정 통제를 위해서 제국보험공단의 설립을 시도하였다. 그러나 자유주의자와 사회주의자 사이의 이해관계 대립으로 사회보험의 시행은 상당히 지연되었으며, 그 타협과정에서 기존의 제도를 상당 부분 인정·흡수하였다.

산재보험을 위해 「노동자 재해보험법안」이 1881년에 제정되었는데, 이 법안에서는 업무상 재해에 대하여 기업주의 책임을 보험으로 인수하려고 하였다. 그러나 근로자의 부담을 이유로 든 사회민주당과 자신들의 영역을 침범한다고 주장하는 보험회사들의 반대로 실패하였다. 1882년에도 재해보험에 대한 자본가들의 반대로 지연되었으나, 비스마르크의 설득 및 노력으로 1884년 통과되었고, 1885년에 실시되었다.

1882년 제출, 1883년 공포를 거쳐 1884년에 실시된 「의료보험법」은 모든 근로자가 강제가입을 해야 하는 것은 아니었으며, 연차적으로 강제가입 대상자를 확대하였다.

비스마르크는 오늘날의 연금보험에 해당하는 「노령과 폐질보험법」에 가장 큰 관심을 보였는데, 이는 장기급여로 노동자를 국가에 구속시키는 데 가장 적절한 수단이라고 생각했기 때문이었다. 실제로 이 보험법은 여러 이익집단의 저항으로 가장 늦은 1889년에 제정되었다.

3) 사회보험 도입의 의의

국가 기여금제와 제국보험공단 설립의 실패, 지방분권적 조직, 노사의 자주적인 운영 등이 인정됨으로써 조직이나 운영에 국가의 개입 여지가 매우 제한적이었다는 점에서 비스마르크의 본래의 정치적 목표는 실패하였다고 볼 수 있다. 하지만 이 당시 「사회보험법」의 도입은 노동자나 사용자에 대한 통제가 가능하였다는 점에서 세력 간의 타협과 절충의 산물이라고 할 수 있다.[39]

비스마르크가 의도한 사회보험의 도입에 대하여 여러 집단의 반대가 있었는데, 자유주의자들은 재정부담 확대, 가족유대 약화, 저축의욕 저해 등을 근거로 반대하였으며, 초기 노동자들은 사회보험이 빈곤문제를 제도적으로 완화할 것이라는 불신과 노동에 대한 노동자들의 통제능력 약화에 대한 두려움으로 반대하였다. 그러나 이후 자신들에게 불리한 것만은 아니라는 인식이 확산되자 점차 찬성하는 입장으로 돌아섰고, 그 결과 노동자 조직의 온건화가 진행되었다. 결과적으로 사회보험에서 조합주의(corporatism)[40]를 통한 노동통제 시도가 나타나는 배경이 된 것이다. 그리하여 비스마르크가 의도한 가부장적(paternalistic) 복지국가모형은 가장 조합주의적인 사회보장제도로 변질되었다. 산재보험과 의료보험의 관리운영은 기존 조직을 활용하였고, 폐질 및 노령보험은 그 관리기관이 새롭게 조직되어, 통일되지 않은 다양한 보험 관리운영 체계가 나타나게 되었다. 결국, 질병의 위험을 전국민이 분산하는 국가보험적 형태가 아니라 조합 단위로 제한된 전통적 위험분산의 방식을 고수하게 되었다.

이렇듯 기존의 사회정치 질서 속에서 산업화의 부산물로 생겨나는 사회문제를 해결하고 다른 한편으로 노동자들을 통합하려는 의도로 마련된 비스마르크의 사회정책은 사회개혁을 위한 제도로서는 한계가 있다. 하지만 기존 공제조합의 소득

---

39 림링거 가스통, V. 한국사회복지연구회 역(1997). 전게서, p. 126.
40 조합주의는 일반적으로 국가와 이익집단의 전국단위 대표체가 이해관계의 조정을 통하여 국가의 주요 정책을 결정하고 시행하는 제도적 장치라고 볼 수 있다. 이익집단의 참여가 큰 비중을 차지한다는 점에서 엘리트주의와 다르며, 소수의 중앙집권화된 리더십을 가진 대표자들이 이해관계를 조정한다는 점에서 다원주의와도 구분된다. 조합주의는 슈미터(Schmitter, P. C.)의 분류방식에 따라 통상적으로 국가(state)조합주의와 사회(societal)조합주의로 구분한다. 전자는 국가의 권위에 따라 위로부터 조직화가 이루어진 경우이며, 주로 제3세계에서 발견되는 유형이다. 반면, 후자는 이익집단의 성장에 따라 아래로부터 조직이 이루어지는 것으로서, 스웨덴의 노·사·정 협약이 그 전형에 속한다[감정기, 최원규, 진재문(2002). 전게서].

재분배 및 사회적 연대 그리고 위험분산의 원리를 채택하였고 강제가입원칙을 도입함으로써 보편적 적용이 가능하게 하였다. 현재까지 독일 사회보험제도의 골격을 형성하고 있으며, 다른 나라의 사회보험제도의 기초를 제공하였다는 점에서 중요한 사회정책적 의의가 있다.

영국에서는 사회보험의 자조적 원리가 빅토리아 시대의 자본주의 사상에 부합하였기 때문에 격화되는 사회주의에 대처할 수 있는 수단으로서 채택되었다. 그 후 처칠(Churchill, W.)과 조지(George, L.)가 이끄는 보수당 개혁을 통해 「국민보험법(National Insurance Act)」(1911)이 제정됨으로써 현대 복지국가의 기원을 이루게 되었다.

표 3-1 주요국의 사회보험 도입 시기

구분	독일	영국	스웨덴	프랑스	이탈리아	미국	한국
산재보험	1884	1897	1901	1898	1898	1930	1964
노령연금	1889	1908	1913	1895	1898	1935	1988
실업보험	1927	1911	1934	1905	1919	1935	1995
가족수당	1954	1945	1947	1932	1937	–	–
의료보험	1883	1911	1891	1898	1886	–	1977

※미국은 2009년에 오바마 대통령이 공적 의료보험을 도입함.
자료: 모지환 외(2003); 양정하 외(2008); 이인재 외(2010); Heidenheimer, F. (1981).

제2절 사회보장의 발전

1. 미국 「사회보장법」 제정

미국에서는 자유주의 또는 청교도 정신과 사회적 진화론에 기초한 자기책임 존중의 정신 때문에 국가의 강제와 개입에 대한 인식이 회의적이었고, 지방분권주의적 전통에 따라 중앙(연방정부)의 관리를 반대하느라 사회보험의 도입이 늦어졌다. 1910년부터 의료 및 산재 등에 대한 다양한 민간보험이 존재하였으며, 1911년 민주당의 윌슨(Wilson, T.) 대통령이 「노동자 재해보상법(Worker's compensation law)」을 제정하려는 시도를 시작으로 여러 차례 시도를 했음에도 임의보험 형태로만 유지되었다.[41]

그 후 산업화나 도시화의 문제를 방임할 수 없음을 인식하면서, 미국에서도 진보주의적인 시도가 부분적으로 나타났다. 그러나 제1차 세계대전, 러시아혁명, 1920년대 경제적 번영으로 자유방임주의가 재등장하였고, 빈곤문제의 해결은 연방정부가 아닌 교회를 포함한 민간기관과 지방기관의 임무로 남게 되었다.

그러던 중 1929년 대공황의 발발로 여러 사회문제가 나타나게 되면서 자유주의적 가치관이 변화하는 계기가 되었으며, 대량실업의 원인이 개인의 결함이 아닌 사회적 모순이라는 연구가 잇달아 발표되었다. 1929년부터 1932년 사이에 미국의 실업자 수는 150만 명에서 1,200만 명으로 증가하였으며, 임금총액은 500억 달러에서 300억 달러로 줄었고, 국민소득은 874달러에서 417달러로 감소하였다. 이런 대량실업자의 생활문제는 개인은 물론 민간기관이나 지방기관이 감당하기에도 역부족이었다.

그리하여 사회적·정치적 압력이 높아졌고, 실업노동자동맹연합은 정부에 실업대책을 요구하였고, 타운센드운동(Townsend Movement)에서는 60세 이상의 모든 노인에게 200달러를 지급하라고 요구하였다. 와그너-루이스(Wagner-Lewis) 법안은 기업으로부터 5%에 달하는 실업기금을 징수하는 것을 골자로 하였다. 뉴딜정책은 「와그너-루이스법」에 따른 기업의 부담을 줄이기 위한 대책으로 입안되었는데, 시민생활의 안정을 위해 현금지원, 식료품·의류제공 및 공공사업의 발주와 같은 연방정부 차원의 대규모 구호대책을 수립하는 것을 목적으로 하였다.[42]

1934년 의회에 보낸 교서에서 「사회보장법」의 제정에 관하여 언급하였는데, 사

41 림링거 가스통, V. 한국사회복지연구회 역(1977). 전게서, pp. 258-292.
42 림링거 가스통, V. 한국사회복지연구회 역(1997). 전게서, p. 286.

회재건은 경기회복과 병행되어야 하고, 사회재건의 목적은 주택, 고용기회 및 생활변동대비책을 통하여 시민생활을 보장하는 데 있어야 한다는 것이었다. 생활변동에 대비하기 위해서 사회보험제도와 공적부조제도를 수립하여야 한다고 하였는데, 이를 위해 다음 네 가지를 강조하였다. 첫째, 여러 종류의 사회보험을 통합하여 포괄적인 제도로 전환한다. 둘째, 사회보험은 주와 연방의 긴밀한 협조로 운영하여야 한다. 셋째, 「와그너-루이스법」에 따른 기업의 부담을 완화하기 위해 재원은 조세가 아닌 3%의 경험료율에 따라 기여금을 조달하여야 한다. 넷째, 연방정부가 기본적인 보험적립기금을 관리하여 사회보험이 전국적인 것이 되도록 한다.

이러한 법안에 대한 반대도 적지 않았다. 보수적인 의원들은 국민생활과 산업에 대한 사회주의적 통제라고 비난하였으며, 스스로의 힘으로 살아가도록 경기부양 정책을 추진하고 시장부문에 대한 간섭은 최소한으로 하라고 요구하였다. 실업자 집단은 좀 더 급진적인 법안을 요구하였다. 하지만 이러한 반대의견은 1934년 중간선거에서 루즈벨트가 압도적으로 승리하자 후퇴하였다.

루스벨트가 제정한 「사회보장법」은 연방정부가 운영하는 노령연금보험과 연방정부의 보조로 주정부가 운영하는 실업보험, 공적부조와 사회서비스로 이루어졌다.[43]

「사회보장법」 제정의 의의는 생활문제에 대한 연방의 책임을 인정한 점에서 획기적이라고 할 수 있다. 반면, 의료보험이 도입되지 않은 것은 개인의 책임을 강조하는 미국적 전통을 유지한 것이며, 강한 이익집단의 의견이 정책에 반영되는 다원주의의 한 모습이라고 할 수 있다. 또한 「사회보장법」은 생활안정이라는 목표보다는 사적 부문으로의 복귀를 목표로 철저히 경제적인 계산에 기초하여 제정된 것이라는 견해도 있다.

---

43 원석조(2002). 『사회보장론』. 양서원, p. 114.

2. 「베버리지 보고서」

영국의 「베버리지 보고서(Social Insurance and Allied Service)」는 미국의 「사회보장법」(1935)과 함께 현대 사회보장의 근간이라고 할 수 있다. 그 배경을 살펴보면, 당시는 제2차 세계대전으로 사회적으로 어두운 면이 그대로 노출되면서 국민의 단합과 사기진작을 위해 사회개혁의 필요성이 높아진 시기였다.

제2차 세계대전과 같은 총력전(total war)으로의 전쟁은 국지전이나 내전과는 달리 외부의 적에 대항하여 모든 사회구성원이 단결하는 계기가 된다. 총력전을 치르게 되면 사회계층에 상관없이 전쟁의 피해에 노출되며, 총력전의 결과로 모든 사회구성원이 승리 또는 패배를 감당해야 하기 때문에 모두의 이해관계가 일치하여 전쟁 승리를 위해 단결하게 된다. 따라서 독일에 본토가 점령당할 위험에 처하면서 전 국민이 총력전에 임하였던 영국은 제2차 세계대전을 통하여 사회적 연대의식을 강화하였고, 사회적 연대의식의 강화는 사회복지정책 발달로 이어지는 계기가 되었다.[44]

그리하여 1941년에 영국노동조합연맹은 보건부에 사회보험에 대한 광범위한 실태조사를 요구하였으며, 이에 따라 베버리지(Beveridge, W.)를 중심으로 한 조사위원회가 구성되었다. 베버리지의 이념은 모든 시민을 포함하고 동일한 급여를 제공하여 빈민에 대한 자산조사의 낙인을 없애자는 보편주의다. 베버리지가 제시한 정액제는 모든 사람에게 동일한 급여를 제공한다는 의미에서 사회주의적 이데올로기를 내포하지만, 실제 그 의도는 국가개입을 최소화하는 자유주의적 목표에 있었다. 즉, 베버리지의 정액제는 국민최저(national minimum)의 개념을 내포하였고, 이는 결국 최저생계비원칙(subsistence principle)으로 이어졌다. 최저생계비 급여의 수준은 자조의 관념을 위협하지 않도록 기본적 욕구를 충족하는 선에서 결정되었으며, 부스(Booth, C.)와 라운트리(Rowntree, B. S.)가 제시한 빈곤선(poverty line)을 참조하였다. 또한 베버리지는 사회보험의 보험료 부담에서도 부자나 빈민 모두 일정

----

44 정재훈(2005). "제2차 세계대전과 영국의 사회복지정책 발달 간 상관관계 연구". 『민주사회와 정책연구』 제7호, pp. 327-328.

액의 보험료를 부담하는 정액제로 재정을 충당하도록 하였다. 베버리지의 이러한 정책적 지향은 아직 국내 관료조직이 발달하지 않은 상태였던 당시의 행정적 편의와 행정합리화를 선호하는 영국인들의 성향 그리고 대륙과는 다른 영국의 인구학적 동질성 때문에 더욱 용이하게 받아들여질 수 있었다.

「베버리지 보고서」의 주요 내용은 포괄적 사회보장계획에 관한 것으로, 질병, 결핍, 무지, 불결, 나태와 같은 5대 사회악(five giants)을 동시에 해소하는 것이 빈곤퇴치와 직접적으로 관련된다고 보았다.[45]

베버리지는 사회보험을 1차적 안전망으로 하고 국민부조와 임의보험을 보완적인 제도로 설명하며 세 가지 사회보장제도를 제안하였는데, 이는 통일되고 보편적인 사회보험체계다.[46] 그가 말한 사회보험의 6대 원칙에 따르면 국민의 기본적 욕구 충족은 사회보험으로 해결할 수 있으며, 국민부조는 보조적인 역할만을 수행한다. 이는 자산조사에 대한 국민의 혐오감이나 비싼 민간보험을 피할 수 있고, 근검정신을 고취하며 정부의 부담을 덜 수 있기 때문이라고 보았다. 사회보장계획이 성공하기 위해서는 아동수당과 국가의료서비스(NHS)가 존재하고 완전고용이 전제되어야 한다고 하였다.

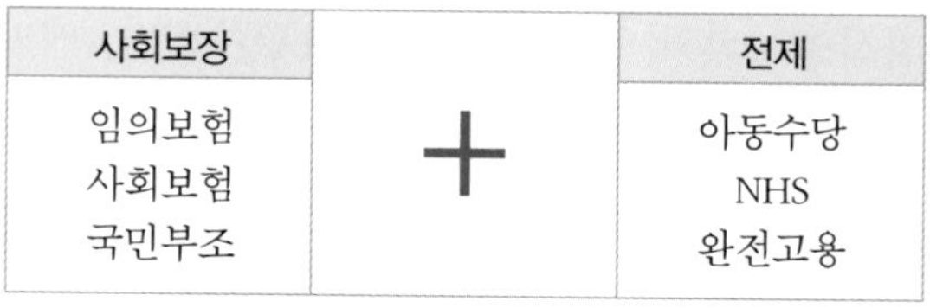

사회보장		전제
임의보험 사회보험 국민부조	**+**	아동수당 NHS 완전고용

[그림 3-3] 베버리지의 사회보장

베버리지의 정책은 전혀 새로운 것이 아니라 영국의 기존 사회복지제도들을 통합하여 새로운 모습으로 구성한 것이라고 할 수 있다. 모든 시민에게 자유라는 특권을 부여하고 빈민을 빈곤으로부터 해방시키려는 정책적 접근은 당시로서는 혁

---

45 박광준(2002). 전게서, pp. 346-350.
46 박광준(2002). 상게서, pp. 346-350.

명적이었고, 이에 더불어 기존의 제도를 합리적으로 발전시켜 유지함으로써 기존의 경제적 기득권층의 반발을 최소화할 수 있었다. 마샬(Marshall, T. S.)은 베버리지의 정책에 대해 진화적 과정을 거쳐 혁명적인 변화를 가져왔으며, 복지국가는 과거의 요소로 구성되어 있으나 완전히 새로운 것이라고 표현하였다.

3. 한국의 사회보장 역사

조선시대까지는 체계적인 사회보장제도가 없었다. 최초의 사회보장제도는 일제하 조선총독부에서 실시한 조선구호령(1944)이라고 할 수 있다. 이것은 빈곤한 유아와 임신부를 국가가 보조하기 위한 제도였으나 식민정책의 일환으로 실시되었기 때문에 실질적 효과를 거두지는 못하였다. 실질적인 공공부조가 실시된 것은 해방 이후 「생활보호법」(1961)이 제정되어 노령 및 질병 등으로 생활능력이 없는 사람들에 대해 보호를 규정하면서부터다. 그러나 생활보호제도의 문제는 가난해도 노동능력이 있으면 국가의 부조를 받을 수 없다는 것이었다. IMF 관리 사태 이후 실직자와 빈곤층이 대규모로 증가하자 「국민기초생활보장법」(1999)을 제정하여 근로능력이 있는 사람들도 국가의 부조를 받을 수 있도록 하였다.

사회서비스와 관련하여 「아동복리법」(1961), 「윤락행위방지법」(1961)의 제정을 시작으로 사회복지사업의 기본적 사항을 규정한 「사회복지사업법」(1970)이 제정되었다. 2011년 「사회서비스 이용 및 이용권 관리에 관한 법률」이 제정되어 사회서비스의 바우처 실시의 근거를 마련하였다.

사회보험은 1960년대 초부터 도입이 시작되었는데, 공무원연금(1961), 군인연금(1961), 그리고 산재보험(1963) 등이 실시되었다. 의료보험은 1963년에 관련법이 제정되었으나 1977년에서야 대규모 직장에서부터 우선 실시하였으며, 전국의료보험은 1989년에 달성되었다. 저소득층에 대한 의료보장을 위한 의료보호제도가 1977년 도입되었고 2001년 의료급여로 변경되었다. 그 후 고용보험(1995), 국민연금(1988) 그리고 노인장기요양보험(2008)이 도입되었다.

🌟 **생각상자**

- 영국, 미국, 독일의 사회보험 발전과정과 우리나라 사회보험 발전과정의 공통점은 무엇이고 차이점은 무엇인가?
- 초기의 사회보장제도들이 탄생했던 시대 상황과 오늘날의 사회경제적 조건은 어떻게 다른가?

참고문헌

감정기, 최원규, 진재문(2002). 『사회복지의 역사』. 나남출판.

김동국(1997). "영국 빈민법사를 통해 본 복지국가 성립의 내부적 조건". 『사회복지연구』 제22권 제30호. 부산대학교.

김영화(1995). "사회정책의 역사적 발전과정에 관한 일 고찰". 『사회과학』 제7호.

김용일(1996). "지방화시대 사회서비스 전달체계". 『지방자치와 사회복지』. 한국사회복지협의회.

나병균(1997). "19980년 이후 서유럽 복지국가들의 보수주의와 사회보장제도의 개혁−프랑스, 독일, 영국의 예". 『사회보장연구』 제13권, p. 207.

나석권(1997). "미 사회보장프로그램의 기본원리에 관한 연구". 『사회복지정책』 제4집, pp. 59-84.

림링거 가스통, V. 한국사회복지연구회 역(1997). 『사회복지의 사상과 역사』. 한울아카데미.

모지환, 박상하, 안진, 엄기욱, 오근식, 이용교, 이형하, 장현, 조원탁(2005). 『사회보장론』. 학지사.

박광준(2002). 『사회복지의 사상과 역사: 마녀재판에서 복지국가의 선택까지』. 양서원.

보험미래포럼(2010). 『건강보험의 진화와 미래』. e-book.

보험미래포럼(2012). 『건강보험의 진화와 미래』. e-book.

신수식(1989). 『사회보장론』. 박영사.

양정하, 하인옥, 배의식, 신현석, 배화숙(2008). 『사회보장론』. 공동체.

원석조(2001). 『사회복지 역사의 이해』. 양서원.

원석조(2002). 『사회보장론』. 양서원.

이계탁(1997). 『복지행정학 강의』. 나남출판.

이인재, 류진석, 권문일, 김진구(2010). 『사회보장론』. 나남출판.

정재훈(2005). "제2차 세계대전과 영국의 사회복지정책 발달 간 상관관계 연구". 『민주사회와 정책연구』 제7호.

조영훈(1997). "일본의 복지개혁의 도입과 후퇴". 『사회보장연구』 제13권, p. 311.

Fraser, D. (1984). *The Evolution of the British Welfare State: A History of Social Policy since The Industrial Revolution* (2nd ed.). NY: Macmillan Publishers.

Heidenheimer, F. (1981). *The Development of Welfare States in Europe and America*. London: New Brunswick.

Lowe, R. (1993). *The Welfare State in Britain since 1945*. London: Macmillan, p. 13.

Malthus, T. (1803). *An Eassy on the Principle of Population*. London: penguin classicss.

Mckay, S. F., Rowlingson, K., & Mckay, S.(1999). *Social Security in Britain*. NY: St. Martin's Press, p. 45.

Rimlinger, G. V.(1971). *Welfare Policy and Industrialization in Europe, America and Russia*. NY: John Wliey & Sons Inc.

Webb, S & B. (1927). *English Poor Law History*. London: Longmans.

제4장

공공부조

공공부조는 '빈곤'이라는 사회적 위험에 대비하려는 제도다. 그러나 '빈곤'을 보는 관점이 다양하기 때문에 한 개인의 빈곤 여부를 판정하는 것은 용이한 문제가 아니다. 빈곤에 대한 공적인 대책으로는 공공부조 외에도 사회보험, 사회수당 등이 존재한다. 여기서는 공공부조제도가 다른 소득보장제도와 어떻게 다른가를 살펴보려고 한다. 아울러 공공부조제도에서 나타날 수 있는 도덕적 해이의 억제 방안과 우리나라의 대표적 공공부조제도인 국민기초생활보장제도를 중심으로 도입 배경과 내용들 그리고 관련한 쟁점들에 대해 알아본다.

제**4**장

공공부조

 ## 제1절 사회적 위험으로서의 빈곤

1. 빈곤에 대한 논의의 필요성

공공부조는 생활유지능력이 없거나 생활이 어려운 빈곤한 사람들에게 국가가 아무런 반대급부 없이 최저생활을 보장하고 자립을 지원하는 제도다. 그런데 여기서 문제는 어떤 경우에 국가의 개입을 필요로 하는 빈곤에 처했다고 볼 것인가 하는 것이다. 이와 관련해서 빈곤에 대한 명확한 정의가 필요한데, 실제로 빈곤의 개념과 관련하여 많은 논의가 있었다.

일반적으로 빈곤이란 '생활하는 데 필요한 자원이 결핍되거나 부족한 상태'를 말하며, 그러한 상태에 있는 사람을 소위 '빈민(가난한 사람)'이라고 부른다. 공공부조제도에서는 이러한 빈민을 저소득층으로 그리고 우리나라 국민기초생활보장제도에서는 국민기초생활 수급권자로 호칭한다. 여하튼, 빈곤을 최저생활 유지가 어려운 경우로 보는 시각이 일반적이라 할 수 있다.

그러나 빈곤의 개념에 대해서는 국가마다 정의가 다르며, 그 기준을 판정할 수 있는 이른바 빈곤선(poverty line or poverty threshold)에 관해서도 연구자 간에 차이가 있다. 또한 빈곤의 개념은 시간의 흐름에 따라서도 달라진다. 우리나라의 경우에도 최근 빈곤의 기준이 절대적 빈곤의 개념에서 상대적 빈곤의 개념으로 변경되면서 의미가 변화하였다.[1]

이렇게 빈곤의 개념에 대한 논의가 다양한 이유는 최저생활이라는 개념이 주관적이고 추상적이기 때문이다. 이 개념은 단지 육체적 생존뿐 아니라 주거, 교육, 문화 및 경제사회 등의 사회적 최저생활도 포함되어야 하며 또한 그 수준은 생물학적 생존수준과 사회적 생활수준이 모두 고려되어야 하는데, 이는 계층이나 가구의 특성에 따라 다르다. 즉, 실직자 가정, 독거노인 가정, 소년소녀 가정 또는 한부모 가정은 사회적 생활에서 서로 다른 욕구를 갖는다. 또한 동일한 특성을 보이는 가정이라도 거주하는 지역에 따라 생활에서 필요한 욕구가 달라진다.

2. 빈곤의 개념

빈곤에 관한 정의는 크게 절대적 빈곤과 상대적 빈곤으로 나눌 수 있다.

1) 절대적 빈곤

절대적 빈곤은 흔히 한 개인이나 가구의 소득 또는 지출이 최저생활을 하는 데 필요한 생계비에 미달하는 상태를 말한다. 절대 빈곤층을 파악하기 위해서는 최저

---

1 빈곤에 관한 개념적 유형은 주로 경제적 측면에서 빈곤을 객관적으로 측정할 수 있어야 한다는 논리에 따라 절대적 빈곤과 상대적 빈곤으로 분류되는 것이 전통적인 견해였다. 그러나 최근에는 경제적 측면에서 빈곤을 객관적으로 측정하지 못하는 이른바 주관적인 빈곤(예: Leyden 방식)까지 논의해야 한다는 입장과 유럽을 중심으로 금전적인 결핍 여부만으로 빈곤을 판정하는 것을 넘어서 주거, 환경, 교육, 문화 등 다양한 영역에서의 결핍 및 이의 동태적인 변화를 포착하기 위한 사회적 배제(social exclusion)의 개념까지 포함하여 논의해야 한다는 입장이 있다.

생계비를 산출하여 이를 기준으로 빈곤선을 설정한 후, 개인 또는 가계의 소득이 이 빈곤선 이하일 때 절대적 빈곤상태로 간주한다.[2]

부스(Booth, C.)는 1886년 영국 런던 시민의 빈곤실태를 조사하였는데 그중 약 3분의 1이 빈곤상태에 있다고 하였다. 라운트리(Rowntree, B. S.)는 1899년에 요크시의 빈민에 관한 조사를 실시하고 1차적 빈곤과 2차적 빈곤으로 구분하였다.[3] 1차적 빈곤은 빈곤선 이하의 빈곤을, 2차적 빈곤은 빈곤선을 약간 상회하는 빈곤을 말한다.[4]

라운트리는 육체적 효율성을 유지하는 데 필요한 최저수준이 불가능한 가구(제1차적 빈곤)를 빈곤으로 정의하였는데, 이는 최저임금의 개념과 유사하다. 그 후에는 최저생계비와 사회적 생존에 필요한 신문, 홍차 등을 포함한 비용을 지불할 수 없는 경우를 절대적 빈곤층으로 정의하였다.

〈사회복지 관점에서 빈곤선이 갖는 의의〉

빈곤선은 국가가 빈민을 해결하려는 정책을 시행하기 위해 그 대상이 되는 가구(사람)를 선정하는 데 필요한 기준으로, 그 기준선 이하에 있는 가구(사람)에 대해 빈곤정책의 대상 여부를 판단한다. 빈곤선 이하에 속하는 개인이나 가구를 계산함으로써, 빈민의 수에 대한 추정을 할 수 있다. 이는 빈곤문제가 자칫 정치적인 논란으로 빠지는 것을 방지할 수 있고, 그 정책을 시간과 장소에 따라 평가하고 비교할 수 있는 근거를 제공하는 자료가 될 수 있다.

따라서 사람이 인간답고 건강하게 그리고 최소한의 문화적 생활을 하는 데 필요한 비용을 정책적으로 산출할 수 있도록, 또한 빈곤의 상태에 있는 계층의 생계를 보호하는 데 빈곤선이 기여할 수 있도록 합리적이고 사회적인 합의를 통해 빈곤선을 도출할 필요가 있다. 국민의 최저생활을 보장하기 위해 국가가 책임과 의무를 다하는 데 빈곤선이 잘 활용되도록 사회복지현장의 활동 역시 필요하다.

---

2 김기원(2000). 『공공부조론』. 학지사, p. 57.

3 McKay, S., & Rowlingson, K. (1999). *Social Security in Britain*. Basingstoke: Macmillan, p. 49.

4 국민기초생활보장제도에서는 1차 빈곤에 있는 사람을 수급자로, 2차 빈곤에 있는 사람을 차상위계층으로 구분하고 있다.

라운트리가 사용한 전물량 방식은 매우 복잡한 단점이 있었기 때문에 오샨스키 (Orshansky, M.)는 비농업 4인 가족 적정표준영양 식품비의 3배에 해당하는 수준을 빈곤선으로 하였다. 이는 엥겔계수를 활용한 것으로 가족당 3,000달러, 독신가구는 1,500달러 그리고 1인당 GNP의 3분의 1 수준을 빈곤선으로 정한 것이었다. 그는 또한 빈곤선의 범주에 육체적 생존을 위한 기본적 최저생계비, 사회생존적 최저생계비, 노동재생산적 최저생계비(최저임금), 문화적 최저생계비 등을 포함하였다.[5]

절대적 빈곤을 정의할 때 사회문화적 상황이 매우 중요할 수 있으므로 동일한 국가 내에서도 지역 간의 생활수준 차이가 있음을 고려하여야 한다. 또한 최근 정보통신기술의 발달로 휴대전화 등 국민의 생활에 영향을 미치고 있는 통신비도 최저생계비의 계측에 포함되어야 할 것이다.

표 4-1   전물량 방식과 반물량 방식에 의한 최저생계비 계측방식

- 전물량 방식(Market Basket 방식 또는 Rowntree 방식)
  - 인간생활에 필수적인 모든 품목에 대하여 최저 수준을 정하고, 이를 화폐가치로 환산(가격×최저소비량)한 총합으로 최저생계비를 구하는 방식
  - 보충급여체계에서 의료비, 교육비 등 급여종류별 기준액 산정과 장애인, 노인 등의 가구유형별 부가급여 기준 결정에 유용한 반면, 필수품 선정에서 연구자의 자의성 개입 가능성을 배제할 수 없음
- 반물량 방식(Engel 방식 또는 Orshansky 방식)
  - 비농업 4인 가족의 적정표준영양 식품비를 구하고, 여기에 엥겔계수(식료품비/총소득)의 역수를 곱한 금액을 최저생계비로 보는 방식
  - 전물량 방식보다 계측이 간편하고 연구자의 자의성을 줄일 수 있으나, 엥겔계수를 도출하기 위한 최저생활수준을 설정하는 데서 자의성을 배제하기 어렵고, 전물량 방식에 비해 가구유형별 최저생계비 계측이 곤란함

---

5 박순일(1994a). "경제사회발전을 위한 최저생활보장". 『한국사회정책』 제1집. 한국사회정책학회, pp. 34-35.

2) 상대적 빈곤

상대적 빈곤을 파악하는 것과 관련하여 타운센트와 스터퍼(Townsend, P. & Stouffer, S.)는 '상대적 박탈감(relative deprivation)'의 지표범위와 선정 항목을 결정하기가 용이하지 않으며 상당히 주관적일 수밖에 없다고 하였다.

그럼에도 여러 사람이 빈곤을 정의하기 위해 상대적 위치를 파악하려고 시도하였다. 푹스(Fuchs, V. F.)는 중위소득의 2분의 1 이하에 해당하는 경우를, 타운센트는 평균가구소득의 50% 이하에 해당하는 경우를 절대적 극빈층이라고 하고 80% 이하의 경우를 상대적 빈곤층이라고 하였다. 레인워터(Rainwater, L.)는 가구당 평균소득의 46~58%를, 유럽연합통계청(Eurostat)은 평균가계지출의 60%, 1인당 평균지출의 50% 정도를 상대적 빈곤선으로 파악하였다.[6]

대부분의 복지국가에서는, 사회보장제도들이 발달하면서 대체로 '상대적 빈곤' 개념이 주로 사용되었다. 다만, 구체적 기준선은 〈표 4-2〉와 같이 다양하게 사용되고 있다. OECD는 중위소득의 40%, 50%, 60% 기준이며, EU는 중위소득의 60%이고, 세계은행(World Bank)은 개발도상국의 경우 평균소득의 3분의 1, 선진국의 경우 평균소득의 2분의 1을 기준으로 하고 있다. 영국은 평균소득의 50%, 프랑스는 중위소득의 50%, 일본은 평균소비지출의 68%가 기준이다.

또한 불평등 정도를 보여 주는 지니계수(Gini's coefficient)는 로렌츠곡선(Lorentz curve)에서 도출되며 0과 1 사이에 있는데, 1인 경우 빈부격차가 가장 극심하다고 볼 수 있다.[7] 그 외에도 '소득 10분위 배율=상위 10%의 소득/전체소득 또는 소득 5분위 배율=상위 20%/하위 20%' 등의 지표로 빈부격차를 측정하기도 한다.

---

6 박순일(1994b), 「최저생계비 측정조사연구」, 한국보건사회연구원, p. 158.
7 이탈리아의 지니(Gini, C.)가 소득분포에 관해 제시한 통계법칙 '지니의 법칙'에서 나온 개념인 지니계수는 빈부격차와 계층 간 소득분포의 불균형 정도를 나타내는 수치로, 소득이 어느 정도 균등하게 분배되어 있는지를 평가하는 데 주로 이용한다. 근로소득·사업소득의 정도는 물론 부동산, 금융자산 등의 자산분배 정도도 파악할 수 있다. 지니계수는 보통 0과 1 사이의 값을 가지는데, 값이 0에 가까울수록 소득분배가 평등하다는 것을 뜻한다. 보통 0.4가 넘으면 소득분배의 불평등 정도가 심한 것으로 보는 경향이 있다.

표 4-2	상대빈곤선에 대한 다양한 기준
주요기관/국가	상대빈곤선 기준
OECD	중위소득의 40%, 50%, 60%
EU	중위소득의 60%
세계은행	개발도상국은 평균소득의 1/3, 선진국은 평균소득의 1/2
레인워터	가구당 평균소득의 46~58%
푹스	중위가구소득의 50%
타운센트	상대적 빈곤층은 평균가구소득의 80% 이하, 절대적 극빈층은 50% 이하

자료: 김미곤(2012). "최저생계비 쟁점 및 정책과제", 『보건ㆍ복지 Issue & Focus』 제124호., p. 5.

　가계금융복지조사에 기초한 우리나라의 지니계수는 2011년 0.3888에서 2019년 0.339로 낮아져서 불평등 정도가 완화된 것으로 보인다. 그러나 아파트를 비롯한 부동산 가격의 급등과 가계부채의 증가 등으로 2000년 이후 소득과 자산의 불평등이 심화되어 지니계수도 상승했을 것으로 짐작된다.

[그림 4-1] 우리나라의 지니계수 추이(균등화 처분가능소득 기준)

자료: 통계청(2020). 『가계금융복지조사』.

최저생활수준이 높아지고 개인의 기본적 필요(욕구)에 대한 정의가 확대되면서 절대적 빈곤과 상대적 빈곤 개념의 구분이 모호해졌다. 그러나 절대적 빈곤 개념의 확대가 상대적 빈곤과 동일함을 의미하는 것은 아니다. 절대적 빈곤은 시대에 따른 가변성의 개념을 가진다는 측면에서 상대적이라는 성격이 있으나, 이것이 '비교적'이라는 의미의 상대적 빈곤과 동일하게 사용될 수는 없다.

제2절 공공부조제도의 개요와 특성

1. 공공부조제도의 개요

1) 공공부조제도의 개념

공공부조는 생활이 어려운 사람에게 국가가 아무런 반대급부 없이 경제적 원조를 통해 최저생활을 보호하고 자립을 위한 각종(비물질적) 서비스를 제공하는 공적인 구빈제도다. 따라서 공공부조 대상자에게는 원칙적으로 사회서비스가 제공된다고 볼 수 있다.

다른 나라의 경우를 살펴보면, 미국에서는 한시적 빈곤가족지원프로그램(TANF: Temporary Assistance to Needy Families), 보충적 보장소득(SSI: Supplementary Security Income) 등이 공공부조제도로 활용되고 있다.[8] 또한 독일에서는 사회부조(sozialhilfe), 영국에서는 공공부조(public assistance)라는 명칭으로 사용되고 있다.

초기 공공부조는 중상주의 절대왕정에서 질서유지와 노동력의 통제를 위한 목

---

8 클린턴 정부의 개혁으로 AFDC(Aid to Families with Dependent Children)는 TANF(Temporary Assistance for Needy Families)로 변경되었다. 한부모 가정에 대한 연방정부의 지원이 최장 5년으로 제한되었으며, 이후의 지원은 주정부에 위임함으로써 실질적으로 지원의 삭감을 의미하게 되었다.

적으로 실시되어 낙인효과가 나타났고, 빈민들에게는 인간다운 생활을 보장하지 못하였다. 이후 라운트리(Rowntree, S.), 길버트(Gilbert, N.)와 같은 사회개혁론자들이 등장하여 공공부조의 개혁을 요구하였고 스핀햄랜드제도(speenhamland system)의 도입으로 빈민의 최저생활이 보장되는 듯하였다. 그러나 다시 자유주의에 기초한 고전경제학파인 맬서스(Malthus, T.)나 리카르도(Ricardo, D.) 등이 「빈민법」의 폐지를 요구하였으며 채드윅(Chadwick, E.)은 열등처우의 원칙을 주창하였다. 그리하여 공공부조는 상당히 제한적인 급여수준을 유지하게 되었다. 「베버리지 보고서」(1942) 이후 노동당 정부에 의해 「국민부조법」(1948)의 제정으로 현대적 공공부조로 발전하였다.

2) 공공부조의 목적 및 원칙

(1) 목적
우리나라의 공공부조제도는 「헌법」상 국민의 생존권보장 이념에 근거를 두며 생활유지의 능력이 없거나 생활이 어려운 자에게 필요한 급여를 실시하여 이들의 최저생활을 보장하고, 자활을 돕는 것을 목적으로 한다.[9]

(2) 원칙[10]
첫째, 생존권보장의 원칙이다. 공공부조제도는 「헌법」상의 생존권보장 이념을 구체화하기 위한 제도로서, 실시할 때 생존권보장이 중요한 지도이념이 되어야 한다는 것이다.

둘째, 평등보장의 원칙이다. 모든 국민은 행복을 추구할 권리를 가지며 법 앞에

---

[9] 정부에서는 2014년 개정된 국민기초생활보장제도에서 급여의 원칙을, ① 최저생활의 원칙, ② 보충급여의 원칙, ③ 자립지원의 원칙, ④ 개별성의 원칙, ⑤ 가족부양 우선의 원칙, ⑥ 타급여 우선의 원칙, ⑦ 보편성의 원칙 등으로 설명하고 있다(보건복지부, 2015: 219-220).

[10] 대부분의 문헌에서는 원리와 원칙을 구분하지 않고 사용하고 있으나 여기서는 반드시 지켜야 할 규범들을 의미하므로 '원칙'이라고 함이 옳다.

평등하다고 「헌법」 제10조와 제11조에서 명시하고 있는 점으로 미루어 볼 때, 공공부조법의 요건을 충족하는 한 보호는 평등하게 이루어져야 한다. 이는 원인, 인종, 신앙, 성별 및 사회적 신분의 여하를 불문하고 평등하게 보장하여야 한다는 의미다. 따라서 공공부조제도에 따라 급여를 받을 조건은 '생계수단의 부족'이라는 한 가지 사실에 한정되며, 그 보장 내용은 평등함이 요구된다. 공공부조제도를 통하여 주어지는 보장의 평등은 개인이나 세대에 대하여 일률적이고 기계적인 평등적 정의로서의 의미보다는, 오히려 각각의 최저한의 생활보장상 의미 있는 생활조건의 차이를 인식하며 이를 고려한 결과로서 보장되는 최저생활수준이 실질적으로 동일하게 급여가 이루어지는 것을 의미한다.[11]

셋째, 최저생활보장의 원칙이다. 최저생활보장의 원칙은 공공부조제도의 지원을 받는 자에게 최저한도의 수요가 충족될 수 있는 정도의 생활을 보장해야 한다는 것이다. 각 개인의 소득수준, 직업 종류, 가족 규모 등의 차이에도 불구하고 객관적으로 최저한도의 생활이 보장될 수 있도록 하자는 취지다. 그러나 과연 '최저한의 생활'이 무엇을 의미하는가에 대해서는 견해가 다양할 수 있고, 지속적인 논란의 소지가 있다. 최저생활에 대한 구체적이고 명확한 정의가 필요한 것은 대상자의 선정 여부와 국가의 재정부담이라는 정책적인 이슈와 직결되기 때문이다.

넷째, 보충성의 원칙(principle of subsidiary)이다. 보충성의 원칙이란 공공부조제도를 통해 행해지는 빈곤에 대한 국가의 지원은 개인이 빈곤을 해소하기 위해 다른 모든 수단을 활용하여 노력한 뒤에도 빈곤이 해결되지 않을 때 이루어져야 한다는 것이다. 공공부조의 수급(권)자는 자신의 자산과 근로능력을 최대한 활용하고, 부양의무자의 부양을 우선적으로 받도록 하며, 다른 법에 따른 보호를 받은 후에도 생활상 곤란을 겪는 경우에 공공부조의 수급대상이 된다.[12] 즉, 빈곤문제의 해결을 위해 국가는 보충적인 역할만을 수행해야 한다는 것이다. 한편으로 국가가 개인이 획득할 수 있는 소득을 제외한 부족한 부분만을 지원하여 최저생활이 유지되도록

---

11 이인재 외(2010). 『사회보장론』. 나남출판, p. 258.
12 모지환 외(2005). 『사회보장론』. 학지사, p. 311.

해야 한다는 양적 의미의 보충적인 역할로도 해석할 수 있다.

2. 공공부조제도의 특성

1) 다른 소득보장제도와의 차이

소득을 보장하는 방법으로는 공공부조 외에도 사회보험과 사회수당이 있으나, 각 제도는 수급대상의 자격, 운영 주체, 급여 내용, 재원조달 등에서 차이를 보인다.

(1) 사회보험과의 차이
공공부조는 사회보험과는 여러 가지 관점에서 차이를 보인다.

첫째, 적용범위와 관련하여 사회보험은 보편적으로 적용되며, 공공부조는 제한된 일부에게만 적용된다. 수급권 자격은 사회보험의 경우 자신이 납부한 보험료에 기초한 권리, 즉 계약적 권리인 반면, 공공부조의 경우 법적인 권리로서 자산조사를 거쳐 획득된다.

둘째, 재원의 조달과 관련하여 공공부조는 조세를 활용하고, 사회보험은 가입자와 사용자가 분담하는 기여금을 활용한다.

셋째, 문제에 대한 접근방법과 관련하여 공공부조는 빈곤에 처한 이후에 사후 금전적인 지원을 하는 반면, 사회보험은 빈곤에 미리 대비하는 접근방식을 택한다.

넷째, 운영 주체와 관련하여 공공부조는 국가나 지방자치단체가 중심이 되지만, 사회보험은 특수법인이 주체가 된다.

다섯째, 급여의 종류와 관련하여 사회보험은 주로 소득보장을 위주로 하나, 공공부조는 의료급여, 자활급여와 같은 비금전적 서비스를 포함하고 있기 때문에 공공부조 대상자는 사회서비스를 우선적으로 수혜할 수 있다.

공공부조는 조세로 재원을 조달하는데, 일반적으로 대부분의 국가에서 누진율이 적용되는 직접세의 비중이 높기 때문에 소득재분배 효과가 크다. 그리고 이른바 자동안정화장치(built-in stabilizer)[13]로 기능하여 경기안정 효과가 크다고 할 수 있다.

자원배분에서의 효율성 문제는 어떤 측면에서 보는가에 따라 달라질 수 있다. 일반 경제의 관점에서 보면 자원배분의 효율성은 사회보험에서 좀 더 높다고 할 수 있는데, 조세징수 및 현물급여(transfer in kinds)와 같은 국가의 개입이 좀 더 약하기 때문이다. 그러나 소득재분배 및 빈곤해소에 목표를 둔다면 공공부조가 더 효율적이라고 할 수 있다. 지극히 가난한 사람들만을 선별하여 집중적으로 지원해 준다면 적은 비용으로도 빈곤을 해소하여 좀 더 큰 빈곤해소 효과를 거둘 수 있기 때문이다.

(2) 사회수당과의 차이

사회수당(demogrant)은 특정 조건에 해당하는 모든 국민에게 일정금액을 동일하게 지원하는 제도다. 특히 인구학적 기준에 따라 지원하는 아동수당, 노령수당 또는 장애수당 등이 있고, 특정 목적에 따라 지원하는 주택수당, 양육수당 등이 있다. 따라서 사회수당은 세금을 재원으로 하고 권리적 성격을 갖는다는 점에서는 공공부조와 같으나 대상이 보편적이라는 점에서 차이가 있다. 그리고 사회수당은 소득수준에 상관없이 지급된다는 점에서 소득재분배 효과의 측면에서는 역진적이다.[14]

(3) 보훈제도와의 차이

「국가유공자 등 예우 및 지원에 관한 법률」에 근거하여 순국선열, 애국지사, 전몰군경, 참전유공자 등은 국가가 원호대상자로 인정하여 그들의 생활을 보호한다. 이들에 대한 국가의 생활보장인 보훈제도는 보상의 원리에 따라 운영되기 때문에 공공부조와는 그 원리가 다르다.

---

13 자본주의 사회는 호황과 불황을 반복하면서 지속된다. 이때 지나친 경기상승이나 경기하락을 막는 역할이 중요하며, 정부는 재정정책을 통해 이러한 역할을 자동적으로 해 줄 수 있는 장치를 마련하는데, 이를 흔히 자동안정화장치라고 부른다.

14 소득재분배 효과는 저소득자에게 유리한 누진적(progressive) 효과와 고소득자에게 유리한 역진적(regressive) 효과 등이 있을 수 있다.

보훈제도와 보상의 원리

보상의 원리는 사회보장의 일종인 보훈사업의 기초가 되는 원리로서, 기본적인 기능의 원리라기보다는 행정절차, 즉 대상자의 선정과 국가의 책임, 의무와 관련된 원리다. 즉, 공동체(국가, 민족)를 위한 희생과 초개인적 원인(전쟁, 천재지변 등)으로 발생한 피해를 국가가 보상하기 위해 관련자들의 최저생활을 보장하는 것을 의미하며, 당사자들이 별도의 재정적 기여를 하지 않아도 되기 때문에 공공부조와 유사한 성격을 갖는다.

이러한 이유로 기존의 사회복지학은 보훈제도를 사회보장제도에서 공공부조의 한 형태로 보거나 광의의 사회보장의 한 영역으로 분류하기도 하지만, 보상적 성격이 강하다 하여 공공부조나 사회보험과 구별되는 다른 사회보장의 한 형태로 보기도 하고, 심지어는 사회복지의 논의에서 제외하기도 하였다.

법률학의 보훈보상의 법적 권리문제와 관련하여 보훈은 공공부조와 다른 개념적 접근을 하고 있다. 우리나라 「헌법」 제32조 제6항의 국가유공자 우선 보호규정에 대한 해석을 통하여 보훈을 '국가적 보상'으로 정의하거나 공동체 책임의 특별희생 혹은 국가유공행위 중의 희생에 대한 국가적 연대성의 한 표현이라고 정의하기도 한다. 이러한 법률적 견해에서 보면, 전쟁에서의 희생은 적국의 행위가 그 원인이기 때문에 불법행위에 대한 책임으로서의 성격을 갖는 국가배상 책임에 따라서 포섭되는 구성요건이 될 수 없지만, 국가가 희생의 원인이 되는 상황에 처하도록 강요하였다는 점에서 어떠한 형태로든 희생에 대한 책임을 완전히 면할 수 없다. 따라서 특별히 공동체 전체에 책임이 귀속되는 인적 피해에 대하여 국가의 보상책임이 인정되며, 그 보상은 국가의 일방적인 급여가 아니라 개인의 희생에 대한 반대급부로서의 성격을 갖기 때문에 공공부조와 달리, 「헌법」의 재산권적 보호의 대상이 된다. 보훈은 또한 보호를 필요로 하는 상황이 발생하였을 때 개시되는 공공부조와는 달리 구성요건의 발생과 동시에 법률관계가 성립되며, 보상이 필요(needs)가 아닌 희생의 정도나 공헌도에 따라 이루어지는 점에서 구별된다.

자료: 김종성(2005). 『한국보훈정책론』. 일진사, pp. 15-16.

표 4-3 공공부조, 사회보험 및 사회수당과의 비교

구분	공공부조	사회보험	사회수당	보훈제도	기본소득
원리	부조	보험	수당	보상	-
대상자 선정	선별적	보편적	보편적	선별적	보편적
수급권 성격	기본권적	계약적	기본권적	보상적	기본권적
재원	세금	기여금	세금	세금	세금
재분배 효과	누진적	비례적	중립적	중립적	역진적
운영 주체	중앙·지자체	중앙(공단)	중앙	중앙	중앙·지자체

2) 공공부조의 장점 및 단점

(1) 장점

조세를 중심으로 재원을 조달하여 가장 소득이 낮은 계층에게 집중적으로 지원하기 때문에 수직적 소득재분배 효과가 높다. 또한 재원투입이 선택된 저소득층에만 제한되어 이루어지므로 투입비용에 비해 빈곤해소 효과가 높게 나타난다.

(2) 단점

수급권자의 도덕적 해이(moral hazard)에 따른 의존성을 키울 가능성이 있다. 그리고 수급권의 자격을 결정하기 위해 실시하는 자산조사나 실태조사 등에 행정비용이 많이 들고, 수급권의 자격을 일정액 이하의 소득을 기준으로 함으로써 수급자의 근로의욕을 저하시키며 수치심을 유발한다.[15] 또한 수급권 자격이 엄격할수록 수급자가 적어져서 정치적으로 소수의 사람만이 지지하게 되므로 대다수의 국민은 이 제도의 확충 여부에 관심을 갖지 않는다는 문제도 있다.

(3) 기본소득과의 차이

기본소득(basic income)은 재산이나 소득의 수준 그리고 노동 의지 및 여부와 상

---

15 이인재 외(2010). 전게서, pp. 267-270.

관없이 모든 사회구성원에게 균등하게 지급되는 소득이다. 따라서 대상의 보편성과 수급권의 기본권적 성격이 특징이다. 중앙정부나 지방자치단체가 세금을 재원으로 실시한다면 공공부조와 유사하다. 그러나 소득수준을 고려하지 않기 때문에 역진적이라고 볼 수 있다. 유럽에서 논의가 시작되어 일부 국가나 지역에서 실험적으로 실시된 사례는 있으나 하나의 제도로서 정착되지는 못하였다. 현실적으로는 기본소득의 수준을 어느 정도로 해야 할지 또는 최저생계비 정도의 기본소득을 실현하려고 할 때 재원은 어떻게 마련할 수 있을 것인지 그리고 노동의욕을 어떻게 유지할 수 있을 것인지가 해결되어야 할 것이다.

3) 보충성 원칙의 중요성

보충성의 원칙은 왜 필요한가? 이 원칙은 빈곤한 사람이 스스로의 힘으로 빈곤에서 벗어나기 위해 노력해야 하며, 가족 등 국가가 아닌 다른 수단을 우선적으로 활용하고, 국가의 개입은 마지막 수단으로 활용되어야 한다는 것이다. 이는 개인의 도덕적 해이를 방지하고 국가의 무절제한 개입을 억제하려는 개인주의적이고 자유주의적인 이념이 반영된 결과다.

도덕적 해이는 스스로 사회적 위험을 초래하려고 하는 경우에 나타나는 것이다. 사회보장은 우발적 사고에 대한 보장을 목적으로 고안된 제도이기 때문에 의도된 사회적 위험은 그 보장 대상에서 제외하는 것이 적절하다. 공공부조는 부조의 원리에 따라 아무런 직접적인 기여를 하지 않아도 국가가 생계를 보장하는 제도다. 따라서 스스로 빈곤에서 탈피하려는 노력을 하기보다는 국가의 지원에만 의존하려는 행태를 발생시킬 수 있다. 결국, 수급자가 도덕적 해이에 빠지게 될 수 있다는 것이다.

공공부조와 관련하여 흔히 발견되는 도덕적 해이는 이른바 '빈곤의 덫' '의존성의 덫' 그리고 '실업의 덫' 등으로 설명할 수 있다.[16]

---

16 이인재 외(2010). 전게서, pp. 116-117.

빈곤의 덫(poverty trap)은 수급자가 자활을 통해 근로소득이 발생하면 국가의 부조가 감소하는 것을 말하는데, 급여감소율이 높으면 스스로의 노력으로 추가적인 소득을 얻으려는 동기가 사라지게 된다. 즉, 수급자의 추가적인 자활소득 금액만큼 급여를 삭감하는 것은 달리 생각하면 수급자에게는 세금과 같은 의미를 갖게 되며, 이 경우 한계세율은 100%에 달한다. 이것은 사회정의에도 부합하지 않지만 우선적으로 노동자의 자활의욕을 감퇴시킨다.

의존성의 덫(dependency trap)은 수급자가 자활을 통해 소득이 증가할 경우, 수급자격을 상실하거나 그동안 제공되던 각종 혜택이 사라질 것을 우려하여 자활의지가 감퇴되는 것을 말한다.

실업의 덫(unemployment trap)은 실업급여나 부조의 수준이 수급자가 노동시장에서 받을 수 있는 임금보다 너무 높으면 일하지 않고 부조를 받는 것이 더 낫다고 생각하여 구직동기나 노동동기가 약화되는 도덕적 해이를 말한다.

이와 같은 유형의 도덕적 해이를 방지하고 국가지원인 공공부조가 최후의 보장수단(last resort-최후의 거소)으로서 보충적 성격을 갖기 위해서는, 첫째, 생계유지를 위해 자신의 능력을 최대한으로 활용하고, 둘째, 개인의 능력이 부족하면 가족이 부양을 하며, 마지막으로, 다른 법에 따라서 부양을 받을 수 있는지를 먼저 확인할 수 있도록 제도가 설계되고 집행되어야 한다.

이 원칙을 이행하기 위해 공공부조에서는 자산조사나 욕구조사 등을 통하여 대상자를 선정한다. 그러나 많은 경우에 이러한 조사는 지나치게 엄격하여 대상자에게 낙인감을 주기도 한다. 반면, 사회보험의 경우 자신의 기여에 기초하여 수급권이 발생하기 때문에 낙인이 없다는 점에서 차이가 있다.

자산조사와 관련하여 제기할 수 있는 문제는 자산조사를 하는 이유가 단순히 소득조사를 통해 빈곤층을 선별하고 대상자를 선정하기 위한 것인가, 아니면 국가의 지원수준인 급여수준을 결정하기 위해서 활용되는 것인가 하는 점이다. 우리나라의 경우 자산조사는 최근까지 급여수준과는 상관없이 대상자 선정만을 위해 활용되었다. 그러나 2008년부터 근로장려세제(EITC: Earned Income Tax Credit) 시행 등에 따라 자산조사가 급여수준 결정에도 영향을 미칠 수 있게 되었다.

♥♥ 제3절 외국의 공공부조제도

1. 미국의 공공부조제도

미국의 대표적 공공부조제도에는 한시적 빈곤가족지원프로그램(TANF), 보충적
보장소득(SSI), 메디케이드(medicaid), 푸드스탬프(foodstamp) 등이 있다.

1996년 클린턴 정부에서 실시되었던 저소득아동가정지원(AFDC: Aids to Families
with Dependent Children) 프로그램을 TANF(Temporary Assistance to Need Family)로
전환하였는데, 수급아동 부모의 자립과 책임이 강조되고 급여기간을 5년으로 제한
하는 등 수급요건이 강화되었다. TANF는 기초적인 건강과 안전욕구를 충족하기에
충분한 소득이 없는 가족의 아동들에게 원조를 제공하는 프로그램으로, 연방정부
기금과 주정부기금에서 재정을 충당한다.[17] SSI는 매월 빈곤 노인과 빈곤 장애인에
게 지급되는 연방정부의 현금부조로, 수급대상에 따라 노령자, 시각장애인, 장애인
으로 구분된다. 대부분의 주에서 TANF와 SSI의 수급권자는 자동으로 메디케이드
의 수급권자가 된다. 메디케이드는 자녀가 있는 저소득 가족, 저소득 노인, 장애인
을 위해 정부가 제공하는 의료서비스로 의료빈곤층을 위한 제도다. 푸드스탬프도
마찬가지이지만 그 밖에 빈곤선의 기준이 되는 소득의 130% 미만 소득자에게도
지급된다.[18]

미국의 TANF는 우리나라 국민기초생활보장의 조건부 수급과 유사하고, SSI는
과거의 생활보호와 유사하다. 그리고 GA(General Assistance)는 긴급구호제도와 그
성격이 같다고 할 수 있다.

---

17 Chrisinger. C. K., Meijer-Irons, J., & Klet, R. G. (2009). *Methods of Poverty Measurement*.
    Washington: Wevans School of Public Affairs.
18 김기원(2000). 전게서, p. 443.

표 4-4 한국과 미국의 공공부조제도 비교

구분	TANF	SSI	GA	EITC	Medicaid	Food stamp
관리 주체	지방(주)	연방	지방(주)	연방	연방, 지방(주)	연방, 주사무소
대상	한부모 가정	노인, 장애인	알코올 중독, 범죄, 비행	근로가족	TANF, SSI 수급자	저소득층
조건	자활 가능	자활 불가능	–	자활 가능	자활 가능· 불가능	–
한국의 사례	조건부 수급	생활보호제도	긴급구호 (한시생활보호)	근로장려세제	의료급여	–

자료: Segal, E. A., & Brzuzy, S. (2006). *Social Welfare Policy, Programs and Practice*. Illinois: F. E. Peacock Publishers, Inc., pp. 93-94에서 재구성.

2. 영국의 공공부조제도

영국의 공공부조는 「빈민법」 폐지 이후, 「베버리지 보고서」를 바탕으로 1948년 저소득층 대상자들에 대한 안전망으로서 국가부조(national assistance) 제도가 도입되었으나, 1966년 보충급여(supply benefit) 제도로 바뀌었다. 1978년 「사회부조(social assistance) 보고서」와 1984년 「파울러 리뷰(Fowler Review)」 등의 보고서들이 나오면서 영국의 공공부조제도에 대한 재검토가 이루어졌다. 이에 다시 1988년 현재의 소득지원(income support)제도로 바뀌게 되었다. 최근에 와서는 공공부조의 급여들이 구직자수당(job seeker's allowance), 고용지원수당(employment and support allowance), 근로세액공제(working tax credit), 아동세액공제(child tax credit) 등 서로 다른 대상 집단을 위한 별도의 급여들로 발달하면서 오히려 소득지원 급여의 의미가 없어졌다는 평이다.[19] 즉, 이전까지 공공부조의 중심이었던 제도의 중요성이 감소하였다는 것이다.

---

[19] Spicker, P. (2011). *How Social Security Works: An Introduction to Benefits in Britain*. Bristol: The Policy Press.

영국의 대표적인 공공부조의 급여 종류를 살펴보면 다음과 같다. 첫째는 소득지원(income support)으로, 노령, 질병, 장애, 부양책임 등의 이유로 노동을 할 수 없는 16세 이상의 저소득층에게 지급되는 급여를 말한다. 개인수당, 부가급여, 주거비 보조 등이 있다. 둘째는 주거급여(housing benefit)로, 자산조사를 통과하고 주택의 임대료를 지불하는 저소득층 가구라면 누구나 신청할 수 있는 급여다. 원래는 주거비용이 공공부조급여 내에서 고려되고 지방정부에서 공공주거를 공급하면서 제공되는 급여였지만, 급여형태가 현물에서 현금으로 전환되면서 별도의 급여제도로 발전하게 되었다. 셋째는 지방세급여(council tax benefit)로, 저소득층의 지방세를 대신 납부해 주는 급여다. 이 급여는 주거급여와 함께 지방정부에 의해 운영되고 있다. 넷째는 소득대체의 성격 및 실업부조의 성격을 갖고 있는 구직자수당(income-based job seeker's allowance)이다. 이 급여는 기여조건을 충족하지 못하는 실업자, 주당 16시간 미만 일하는 시간제 근로자 그리고 기여조건은 충족하지만 기타 부가급여(배우자, 아동, 주택 대출 비용)를 필요로 하는 실업자들이 자산조사를 거쳐 수급자가 될 수 있다. 다섯째는 주당 노동시간이 16시간 이상인 저소득 근로계층을 위한 급여들로 근로가족소득지원(WFTC: Working Family Tax Credit), 근로장애인소득지원(DPTC: Disabled Person's Tax Credit), 소득부가(earning top-up) 등이 있다. WFTC는 부양아동이 있는 저소득 근로자가, DPTC는 장애인 근로자가 수급권자가 될 수 있는데, 소득의 변화에 관계없이 26주 동안 매주 동일한 금액이 지급된다. 여섯째는 사회기금으로, 여기서는 긴급한 욕구에 대응하기 위한 대출사업도 이루어지고 있다. 끝으로, 비용대출(budgeting loan), 위기대출(crisis loan), 지역사회보호 보조금(community care grant) 등과 같은 사회기금(social fund) 대출 및 보조금 제도가 있다. 이것은 일상적으로 지출되는 비용 외에 예상할 수 없지만 긴급하게 필요한 경우, 예를 들어 육아수당, 장제수당, 동절기수당, 난방수당 등처럼 긴급한 욕구에 대응할 수 있는 급여들로서 임시급여 제도로서의 성격과 역할을 하고 있다.

이러한 영국 공공부조제도의 특징은 다음과 같다.[20]

첫째, 하나의 제도 아래 사회보험 급여와 자산조사 급여가 통합되어 있다. 대표적인 소득대체 급여인 구직자수당이나 고용지원수당 모두 국민보험 기여금 (national insurance contribution)을 2년 이상 납부했을 경우 주당 근로시간이 16시간 미만인 실업상태일 때 최대 6개월(182일)간은 자산조사 없이 기여기반(contribution-based) 수당을 받을 수 있지만, 그 이상 수급하고자 하는 경우에는 자산조사에 의해 1만 6000파운드(약 2,800만 원) 이하일 경우에만 소득기반(income-based) 수당을 받을 수 있다. 기여기반 수당과 소득기반 수당 간의 기본급여액은 차이가 없지만, 소득기반의 경우 자산이나 소득에 따라 급여액이 감액된다.

둘째, 기본적으로 보충급여 형태로, 같은 수급자라도 소득이 많은 사람은 그만큼 급여액이 감액되는 구조이며, 수급자의 조건에 따라 다양한 부가금이 있어서 추가적인 비용을 보존한다. 자산조사 급여는 일상적 비용을 보전해 주는 기본수당, 고령이나 장애 등 특정한 상황에 대한 추가적인 비용을 보전해 주는 부가금(premium) 그리고 소득수준이나 과태료, 대출환급 등 특정한 비용에 대해서 급여액을 줄이는 감액 등으로 구성되어 있다.

❖ 제4절 우리나라 공공부조제도의 발전과 주요 내용

1. 국민기초생활보장제도의 도입 및 개정

1) IMF 사태로 인한 국민기초생활보장제도의 도입

2000년 이전까지 우리나라의 공공부조는 「생활보호법」에 근거한 생활보호제도를 통하여 이루어졌다. 1997년 IMF 구제금융 사태 이후 대규모의 실업자가 발생하고 저성장·고실업의 경제구조가 장기화하면서 실업가구를 포함한 저소득층의 생

---

20 김보영(2012). "공공부조". 정기혜, 김용하, 이지현. 『주요국의 사회보장제도: 영국편』. 한국보건사회연구원, p. 300.

계유지 문제가 날로 심각해졌다. 그 당시 사회보험인 고용보험에서의 구직급여만으로 이들의 생계를 보호하는 것은 역부족이었다. 고용보험은 1995년에야 도입되었기 때문에 아무리 오랜 기간 가입한 사람도 2년을 채우지 못하였고, 구직급여의 수급요건과 수급기간은 고용보험 가입기간에 비례하기 때문에 대부분의 실업자가 혜택을 받을 수 없는 상황이었다. 이러한 경우 많은 선진국은 실업부조제도가 있어 장기 실직자나 중·장년 실직자들을 보호할 수 있다. 하지만 당시 우리나라는 그렇지 못하여 결국 사회보장제도의 사각지대가 생겨나게 되었다.

사회보장제도의 사각지대를 보완하기 위한 임시방편으로 사회안전망(social safety nets)인 한시생활보호와 공공근로사업 등을 실시하였다. 그러나 이러한 잔여적인 사회안전망으로는 한계가 있었다. 결국 사회보장제도인 공공부조에 의지할 수밖에 없는 상황이었으나, 당시 공공부조인 생활보호제도로는 노동능력이 있는 청·장년 실직자의 빈곤을 해결할 수 없다는 본질적인 문제가 있었다. 생활보호대상자 선정에 적용하였던 이른바 인구학적 기준에 따르면, 노인, 아동, 장애인 등과 같이 노동능력이 없는 빈민층만이 생활보호를 받을 수 있었기 때문이다. 실업이나 빈곤의 문제가 일부에 국한되지 않고 일반적인 사회문제로 자리 잡게 되었고, 이에 따라 특정 범주의 사람들만이 아니라 모든 국민을 대상으로 한 빈곤대책이 필요하게 되었다. 결국, 1999년 9월 7일「국민기초생활보장법」이 제정되었다.

2000년 10월 1일부터 시행된 국민기초생활보장제도에서는 가난한 사람은 누구나 국가의 지원을 받을 수 있도록 하였다. 노동능력이 있는 청·장년 실직자의 최저생계비를 지원하기 위해서는 생활보호제도의 대상자 선정기준을 변경할 필요가 있었기 때문이다. 이러한 배경 때문에 생활보호제도의 인구학적 기준에 근거한 선별성과 시혜적 성격은 수정되었다. 즉, 국가의 지원을 받을 권리가 인정되어 수급권의 개념이 도입되었고, '보호'라는 표현 대신 '보장'이라는 표현으로 그리고 '대상자' 대신 '수급(권)자' 등으로 용어가 변화되었다. 종전의 거택, 자활보호의 구분을 없애고 근로능력 여부, 연령 등에 관계없이 국가의 보호를 필요로 하는 최저생계비 이하 소득의 모든 가구에 대하여 생계비를 지급함으로써 수급(권)자의 범위가 확대되었다.

표 4-5 수급(권)자 범위의 확대

「생활보호법」		「국민기초생활보장법」
• 부양의무자 조건 • 근로능력 여부, 연령, 장애 등으로 인해 소득과 재산이 기준 이하인 자		• 부양의무자 조건 • 소득인정액이 최저생계비 이하인 자

　또한 노동능력이 있는 저소득층은 노동에 참여해야만 국가지원을 받는 조건부 수급제도도 도입되었다. 이는 무조건적인 국가지원에 의한 근로의욕의 감퇴와 의존성의 증가를 우려한 비판에 의해 자활사업 참여 조건으로 생계급여를 받을 수 있는 조건부 수급제도가 도입되었다고 볼 수 있다.

　또한 사회복지행정 전달체계의 개선도 이루어졌는데, 국민기초생활보장제도의 핵심적 사업으로 자활사업의 중요성이 부각되었고, 이를 수행하기 위한 인력의 확충이 필요하게 되었다. 그동안 별정직으로 공공부조를 수행해 온 사회복지전문요

표 4-6 생활보호제도부터 국민기초생활보장제도로의 개정과정

연도	주요 내용
1961	「생활보호법」 제정: 생계보호 실시 및 의료보호 명기
1977	「의료보호법」 제정: 「생활보호법」에서 의료보호 분리·독립
1982	「생활보호법」 전문개정: 교육보호와 자활보호 추가, 생활보호자 세분화 (영세민·준영세민→ 거택보호자·시설보호자·자활보호자)
1984	직권보호주의에서 신청보호주의로 변경, 거택보호자 자격요건 완화
1986	자활보호 유사자를 의료부조자로 분류 및 시행
1994	의료보호자 분류에서 의료부조 분류 폐지
1996	차등급여제 도입
1998	한시적 생활보호사업 시행 '국민기초생활보장법 제정 추진 연대회의' 구성(45개 시민단체) 및 법 발의
1999	「국민기초생활보장법」 제정: 「생활보호법」 체제의 인구학적 보호대상자 구분 폐지 등
2000	10월 1일 국민기초생활보장제도 시행
2001	「의료보호법」을 「의료급여법」으로 개정: 「국민기초생활보장법」에서 의료보호를 의료급여로 변경함에 따라 법의 제명 등 변경

원들의 사기가 저하되어 있었고, 업무는 과다하여 이들에게 추가적인 자활사업의 업무를 수행하도록 하기에는 무리가 있었다. 그리하여 이들의 사기를 진작하기 위해 이들을 일반직으로 전환하였고, 인력을 대규모로 충원하기에 이르렀다. 한편, 「국민기초생활보장법」은 참여연대 등 시민단체들의 주도적인 역할을 통해 제정된 법이라는 특징이 있다.

2) 국민기초생활보장제도의 한계

국민기초생활제도가 시행된 지 20여 년이 되었으나 여전히 여러 가지 문제점이 지적되고 있다(문진영, 2019; 정성철, 2018). 첫째, 늘어나는 빈곤층에 비해 수급자는 전 국민의 3% 수준에 머물고 있다. 이는 엄격한 부양의무자 기준과 재산의 소득환산제도로 인해 광범위한 사각지대가 존재하는 것을 의미한다. 둘째, 기준 중위소득 30%인 생계급여 수준이 인간다운 생활의 기준일까 하는 것이다. 생계급여 수준이 가구원의 생계 유지를 가능하게 하는지 검토해 볼 필요가 있다. 셋째, 근로능력이 있는 수급권자들이 자활을 통해 노동시장에 진입할 수 있는 시스템이 미흡하다.

3) 근로장려세제(EITC) 도입

앞서 언급한 것처럼 공공부조는 열등처우(less eligibility)의 원칙을 따르는데, 이 원칙은 빈곤층에 대한 지원이 일반 근로자가 받는 최저임금보다 높지 않아야 한다는 것이다. 이는 일반 노동자의 노동의욕을 저해하지 않으려는 취지이자 빈곤계층이 국가의 지원에만 의존하지 않고 스스로 노동을 통하여 국가의 지원보다 높은 소득을 얻도록 유인하기 위한 것이라고 할 수 있다. 따라서 의존성을 감소시키고 자립을 지원하기 위한 사회서비스도 함께 제공된다.

우리나라의 국민기초생활보장제도도 노동능력이 있는 빈곤층에게는 자활사업에의 참여를 전제로 한 생계비 지원을 원칙으로 한다(조건부 수급). 그러나 현실적으로 자활사업이 부진하여 실제로는 큰 효과를 거두지 못하고 있다. 특히, 조건부 수급자가 자활을 통해 소득이 증가할 때, 자활 전 국가로부터 지원받던 생계보호(이전소득)의 액수가 그 증가분만큼 삭감된다면 한계세율이 100%가 된다. 즉, 추가적인 자활소득을 모두 세금으로 빼앗기는 효과가 나타나 수급자의 자활을 유도하기 어렵다.

일반 근로자가 세금을 낼 때 각종 비용을 공제받고 있으므로, 조건부 수급자의 자활소득에 대하여서도 비용을 공제해 주어야 그들의 자활을 유도할 수 있다. 현재 우리나라는 국민기초생활수급자의 자활(근로)소득에 대해 30%의 공제율을 적용하고, 이것이 근로자에게 돌아가도록 하여 근로의욕을 고취하려 한다. 그러나 30%의 공제율은 지나치게 낮으며, 일반 근로자가 이 정도의 세금을 부담하고 나머지 70%를 가처분 소득으로 보유하는 것에 비하면 형평성에서 문제가 있다.

따라서 근로의욕을 높이는 또 다른 대안으로 최근 제시되고 있는 것이 이른바 근로장려세제(EITC: Earned Income Tax Credit)다.[21] 열심히 일하는 수급자의 추가 소득에 대해 삭감하는 것이 아니라 일정 금액을 보상금으로 지원하는 것이다. 결국 공공부조와 조세체계가 통합 관리되는 결과가 이루어지는데, 이것은 이른바 부의 소득세(NIT: Negative Income Tax)[22]로도 볼 수 있다.

우리나라에서는 「조세특례제한법」의 '근로 장려를 위한 조세특례'에 따라 2008년 시행되어 2009년 9월부터 근로장려금을 지원하고 있다. 이후 2011년 말의 「세법」 개정으로 2011년 소득분부터 근로장려세제의 적용이 확대되었고, 2013년 말에는

표 4-7 근로소득 공제 및 가처분 소득   (단위: 만 원)

(자활)소득액	생계급여	한계세액(100%)	EITC(30%)	가처분 소득
0	120	0	0	120
50	70	50	15	135
80	40	80	24	144
100	20	100	30	150

---

21 1975년 미국에서 처음 실시한 이래 영국, 프랑스, 캐나다 등 7개국에서 운영하고 있다.
22 부의 소득세는 미국의 자유주의 경제학자의 대표라 할 수 있는 프리드먼(Friedman, M.)이 주장한 것이다.

근로장려세제의 적용이 추가로 확대되는 것과 함께 자녀장려세제(CTC: Child Tax Credit)가 도입되었다.

근로장려세제가 도입된 이후 2008년 소득분에 대한 근로장려금은 2009년부터 지급되었다. 이 당시의 근로장려금 신청자격은 근로소득이 있는 가구 중 근로장려금 신청일 직전연도 부부 합산 총소득이 1,700만 원 미만인 가구였다. 당시 근로장려금은 [그림 4-2]와 같은 급여구조에 따라 지급되었다. 급여체계는 근로소득이 증가함에 따라 급여가 증가하는 점증구간, 근로소득의 변화에 상관없이 최대급여액을 수급하는 평탄구간, 근로소득이 증가함에 따라 급여가 감소하는 점감구간으로 구성되어 있다. 예를 들어, 전년도 부부 합산 연간근로소득이 500만 원일 경우, 점증구간에 해당하여 500만 원×15%로 근로장려금은 75만 원이며, 부부 합산 연간소득이 1,000만 원인 경우 평탄구간으로서 근로장려금은 120만 원이다. 이에 따라 연간 최대 120만 원이 지급되었다.

그러나 제도 시행 이후 대상자가 제한적이라는 한계와 근로장려금의 효과성을 제고해야 한다는 주장들이 지속적으로 있어 왔다. 이에 정부는 2018년에 제도를 개편하였다. 무자녀 가구 및 보험모집인·방문판매원까지 수급대상의 범위를 늘린 데 이어, 60세 이상 노인 1인 가구와 일부 탈기초생활수급자에게도 근로장려금을 확대 지원하고, 최대급여액을 확대하는 등의 내용이다. 특히, 무자녀 가구에 대해서도 근로장려금을 지급하기로 했고, 급여구조도 부양자녀 수에 따른 차등지급 구조로 전환되었다. 또한 최대급여도 종전의 120만 원에서 부양자녀가 3인 이상

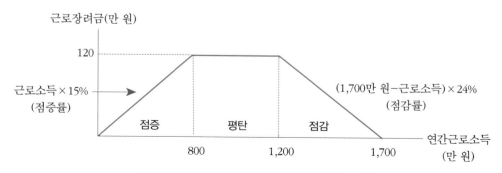

[그림 4-2] 제도 초기 근로장려세제 급여구조 모형

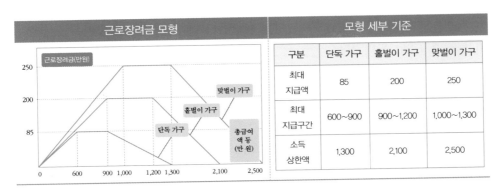

[그림 4-3] 근로장려세제 급여구조 모형

자료: 기획재정부(2018). "근로장려금 개편방안". 2021. 7. 18. 보도자료.

인 경우에는 250만 원까지 수령할 수 있도록 확대되었다. 이에 따라 현재는 [그림 4-3]과 같은 급여구조에 따라 근로장려금이 지급되고 있다.

2008년부터 2010년까지 귀속 근로장려세제 수급자가 매년 감소하였다. 이것은 최저생계비 및 임금 상승 등으로 가구당 소득이 증가하였음에도 수급요건을 동일

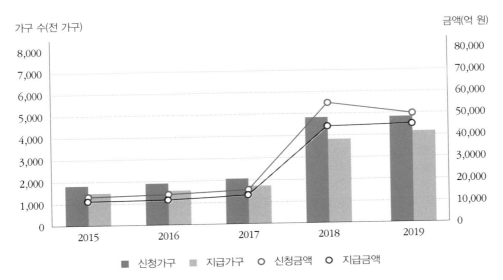

[그림 4-4] 연도별 근로장려금 신청 및 지급 현황 추이

자료: 국세청(2020). 「국세통계연보」.

하게 유지하였기 때문이다. 2019년 귀속 지급가구 수는 480만 가구였으며, 지급금액은 49억 979만 원이었다.

4) 국민기초생활보장제도의 개편

2014년 2월 서울특별시 송파구에서 세 모녀가 자살한 이른바 '송파 세 모녀 자살' 사건이 발생하였다. 이 사건은 우리 사회에서 복지사각지대에 있는 사회취약계층의 고통이 여실히 드러난 사건으로 받아들여졌고, 따라서 복지사각지대 문제를 해소하기 위한 개선책이 필요하다는 사회적 논의가 일어나는 계기가 되었다. 더구나 「사회보장기본법」이 2012년 1월 26일 전부 개정된 이후 이를 토대로 "모든 국민이 다양한 사회적 위험으로부터 벗어나 행복하고 인간다운 생활을 향유할 수 있도록 … 필요한 제도와 여건을 조성"(제2조)하는 단계에서 이러한 일이 발생함에 따라 당시 정부는 큰 당혹감을 느꼈다. 이에 복지사각지대를 사회문제로 규정하고, 이른바 '세 모녀 법'을 2014년 12월 30일 제·개정하였다.[23] 즉, 「국민기초생활보장법」과 「긴급복지지원법」이 개정되었으며, 「사회보장급여의 이용·제공 및 수급권자 발굴에 관한 법률」이 제정되었다.

---

[23] 그러나 입법과정에서 '국민의 최저생활 보장에 대한 권리를 보장하는 기준인 최저생계비를 국민의 동의 없이 폐지하려' 한다는 반대 입장이 있었다. 즉, 최저생계비를 없애는 것은 인간다운 삶을 보장받아야 하는 국민의 권리를 명백히 빼앗는 것이며 국민의 권리를 강화하기 위한 요구를 차단하는 것이라는 주장이었다(참여연대 사회복지위원회, 2014년 11월 6일, 보도자료).
"최저생계비는 1997년 「생활보호법」이 개정되면서 '국민이 건강하고 문화적인 생활을 하기 위하여 소요되는 최소한의 비용으로서 보건복지부 장관이 매년 공표하는 금액'(법 제2조 제5항)으로서 보호대상자의 범위를 결정하는 기준이 되었다. 그리고 1999년 여야합의를 통해 「국민기초생활보장법」이 제정되면서 그 역할이 강화되어 최저생계비 이하의 소득(소득인정액)을 가진 모든 국민은 수급권자로서 국가로부터 소득인정액과 급여액을 합하여 최저생계비 이상의 소득을 보장받게 되었다. 최저생계비는 국가가 국민에게 최저생계비에 해당하는 삶을 최소 보장하겠다는 것을 법률로 정한 국민에 대한 약속이다. 그래서 지금까지 「기초생활보장법」 예산은 국가가 빚을 져서라도 편성해야 하는 경성예산(hard budget)으로서 최소한의 국가 책무를 이행해 왔다. 그러나 최저생계비가 폐지되면 국민기초생활보장 예산은 국가의 책무가 아닌 정부 각 부처의 예산에 따라 그 보장수준이 결정되는 연성예산(soft budget)의 성격을 띠게 되며, 정치적 영향력이 약한 빈곤층의 권리는 예산편성 우선순위에서 밀릴 가능성이 크고, 결국은 축소의 길을 걷게 될 것이다."

이때 개정된 「국민기초생활보장법」에 따르면, 새로운 국민기초생활보장제도는 수급자 가구의 욕구에 맞춰 필요한 급여를 제공하고, 절대적 빈곤선에 따른 대상자 선정이 아닌 상대적 빈곤선에 따른 대상자 선정 및 보장이 이루어지는 '맞춤형급여'[24] 체계로 운영된다.

주요한 개정 사항은 다음과 같다. 첫째, 수급자 선정 및 급여지급 기준은 중앙생활보장위원회의 심의·의결을 거쳐 확정된 기준 중위소득에 따른다. 둘째, 급여 종류별로 수급자 선정기준이 다층화되어 기존 제도의 'All or Nothing' 문제를 해결하고 수급자의 소득이 기준 중위소득의 50%까지 상승해도 수급권이 유지되도록 제도를 운영한다. 셋째, 부양의무자 기준을 대폭 완화하여 부양의무자 제도에 기인하여 사각지대에 놓였던 수급권자를 제도권 내로 대폭 진입하게 하고, 급여를 현실화하여 보장성을 강화한다. 넷째, 빈곤대책을 범정부적으로 마련하고, 급여 종류별로 전문화된 정책수립과 운영을 위하여 보장기관을 다변화한다. 다섯째, 제도 개편에 따라 급여가 줄어든 수급자에게는 이행기 보전액을 추가로 지급한다.

2015년 7월 1일부터 시행되는 새로운 국민기초생활보장제도의 과정별 주요 내용을 요약하면 다음과 같다. 첫째, 급여 신청은 수급권자에 의한 신청주의를 원칙으로 하되, 사회복지담당공무원 등에 의한 직권주의를 포함한다. 이러한 신청에는 급여 종류별 개별신청이 아닌 통합신청을 원칙으로 한다. 둘째, 소득과 재산조사 및 검진은 부양의무자의 유무, 신청인 및 부양의무자의 소득·재산, 근로능력 등에 관한 조사를 말하며, 신청인의 건강상태 등에 관한 검진을 포함한다. 셋째, 급여 결정 및 통지는 급여 실시 여부와 급여 내용 그리고 급여 종류별로 각각 결정하게 된다. 또한 이러한 결정에 대한 이의신청도 할 수 있다. 넷째, 급여 실시는 가구 단위를 원칙으로 하되, 개인 단위도 가능하다. 가구의 소득인정액 수준에 따라 생계급여, 의료급여, 주거급여, 교육급여 등 여러 급여별로 지급한다. 다섯째, 수급자 관리는 변동사항에 대한 확인조사를 말한다. 이에 따라 급여 중지와 급여 변경 등을 반영한다.

---

24 '맞춤형급여'는 법률용어는 아니며, 이전의 통합급여 방식과 구분하기 위하여 급여 종류별로 선정기준을 차등하는 현 제도 운영방식을 '맞춤형급여'로 칭하는 것뿐이다.

2. 기초생활수급자의 선정

수급자의 선정기준은 '부양의무자가 없거나 부양의무자가 있어도 부양능력이 없거나 또는 부양을 받을 수 없는 자로서 소득인정액이 급여 종류별 선정기준 이하인 사람'이다. 이에 따라 다음에는 소득인정액 기준과 부양의무자 기준에 따른 선정 내용을 살펴보고자 한다.

1) 소득인정액 기준: 최저생계비에서 기준 중위소득으로

기존의 「국민기초생활보장법」에서 수급자는 부양의무자 기준을 충족하고, 수급권자 가구의 소득인정액이 가구별 최저생계비[25] 이하인 경우이면 누구나 대상이 되었다. 즉, 소득이 선정기준인 최저생계비 이하이고 재산이 일정 수준 이하라는 두 가지 요건을 동시에 만족시켜야만 수급자가 될 수 있었다. 그러나 재산을 공공부조의 선정기준으로 적용하는 데서 여러 가지 문제가 있었다. 예를 들어, 전혀 소득이 발생하지 않지만 자기 집이 있다고 해서 생계비를 지원하지 않는 것이 문제로 지적되었다. 따라서 소득인정액의 개념을 도입하여 재산이 있더라도 그중의 일부만을 소득으로 환산하여 소득인정액이 최저생계비 이하인 사람을 선정하였다.

소득인정액이란 소득평가액에 재산의 소득환산액을 합한 금액이다. 소득평가액은 실제소득에서 가구 특성별 지출비용과 근로소득공제를 뺀 나머지 금액이다. 그리고 재산의 소득환산액은 재산의 종류별 가격에서 기본재산액과 부채를 뺀 금액에 재산의 종류별 소득환산율을 곱하여 산출한다. 이때 일반재산(부동산 포함)은 4.17%, 자동차 100%, 금융자산은 6.26%로 환산된다.

---

[25] 정부는 가구의 가족 수에 따라 필요로 하는 최저생계비를 매년 중앙생활보장위원회의 심의·의결을 거쳐 다음해의 국민기초생활보장 수급자의 선정기준으로 발표한다.

표 4-8 가구 규모별 최저생계비의 변화					(단위: 원/월)
가구 규모		1인 가구	2인 가구	3인 가구	4인 가구	인상률(%)

가구 규모		1인 가구	2인 가구	3인 가구	4인 가구	인상률(%)
소득 인정액	2000년	324,011	536,614	738,076	928,398	3.0
	2003년	355,774	589,219	810,431	1,019,411	3.0
	2007년	435,921	734,421	972,866	1,205,535	3.0
	2011년	532,583	906,830	1,173,121	1,439,413	5.6
	2015년	617,281	1,051,048	1,359,048	1,668,329	2.3

자료: 보건복지부(2015). 「2015 국민기초생활보장사업 안내: 맞춤형 급여 운영 방안」.

소득인정액 = 소득평가액 + 재산의 소득환산액

※ 소득평가액 = 실제소득 − 가구 특성별 지출비용 − 근로소득공제

재산소득환산액 = (재산 − 기본재산액 − 부채)×소득환산율

2014년 12월 30일 개정된 신(新) 「국민기초생활보장법」에서는 최저생계비라는 개념보다는 기준 중위소득이라는 개념으로 변화되어 사용되고 있다. 소득인정액 산정방식은 기존의 소득인정액 산정방식과 동일하다. 다만, 기준 중위소득은 이러한 소득인정액을 통해 산정된 절대적 기준선 이하가 아닌 상대적 기준선 이하를 말한다. 즉, 3년간 우리나라 가구소득의 평균 증가율인 가구소득 증가율과 가구원 수의 차이에 따라 가구소득을 조정한 가구 규모 균등화를 통해 결정된다.

기준 중위소득 역시 기존의 최저생계비와 같이 중앙생활보장위원회의 심의 · 의결을 거쳐 고시하는데, 이것이 국민가구소득의 중위 값이 된다. 이 중위 값을 통해 정부는 급여 종류별 선정기준과 생계급여 지급액을 정하는 기준으로 활용함은 물론, 부양의무자의 부양능력을 판단하는 기준으로도 사용한다.

2021년 우리나라의 기준 중위소득은 〈표 4-9〉와 같다. 1인 가구의 경우 182만 7,831원이며, 4인 가구의 경우는 487만 6,290원이다.

구분	가구 규모					
	1인 가구	2인 가구	3인 가구	4인 가구	5인 가구	6인 가구
기준 중위소득	1,827,831	3,088,079	3,983,950	4,876,290	5,757,373	6,628,603

표 4-9 2021년 기준 중위소득   (단위: 원)

*8인 이상 가구는 7인 가구 기준 중위소득에서 6인 가구 기준 중위소득의 차액을 7인 가구 기준 중위소득에 더하여 산정

2) 부양의무자 기준

부양의무자의 선정기준을 살펴보면, ① 부양의무자가 없는 경우에 국민기초생활보장의 수급자가 될 수 있고, ② 부양의무자가 있더라도 부양능력이 없는 경우, ③ 부양의무자가 부양능력이 미약한 경우로서 수급자에 대한 부양비 지원을 전제로 부양능력이 없는 것으로 인정하는 경우 그리고 ④ 부양의무자가 있어도 부양을 받을 수 없는 경우도 해당한다.

국민기초생활보장제도의 실시 이후 부양의무자 기준이 개선되어 과거에 모든 직계존비속이 포함되던 것에서 2005년부터 부양의무자의 범위가 축소되어 적용되었다. 부양의무자에는 배우자, 부모 또는 자녀 등 1촌 이내의 직계혈족 및 그 배우자 등이 포함된다.

부양의무자 기준이 적용되는 급여 종류는 생계급여, 의료급여이며, 주거급여와 교육급여는 적용되지 않는다. 이때 수급자의 소득인정액을 산정하는 것처럼 부양의무자의 경우에도 부양능력이 있는지를 판정할 수 있는 소득액, 이른바 부양능력 판정소득액을 산정하게 된다. 부양의무자의 실제소득에서 차감 및 제외할 수 있는 항목들의 금액을 차감한 소득액이다.

부양능력 판정소득액 = 부양의무자 실제소득 - 차감 · 제외항목 반영

부양의무자 기준은 점진적으로 폐지되는 추세인데, 교육급여(2015)와 주거급여 (2018)에서는 이미 폐지되었고 생계급여에서도 2022년부터 폐지될 예정이다. 그때 까지 노인과 한부모 가구에 대해서는 적용하지 않고 있다. 그러나 의료급여에 대해 서는 부양의무자 기준이 여전히 적용되어 문제가 되고 있다.

3. 국민기초생활보장의 급여 결정 및 급여 종류

1) 급여의 결정

2015년 「국민기초생활보장법」 개정 전에는 절대적 빈곤선인 최저생계비를 경계 선으로 생계급여를 비롯한 모든 급여가 일괄 인정되거나 거부되는 방식으로 실시 되었다. 만약 수급권자가 자활 등을 통해 그 빈곤선을 초과하는 경우 생계급여뿐만 아니라 모든 의료, 주거 및 교육 등 부가 급여들도 함께 중지되는 상황이 발생한다. 이로 인해 수급권자의 탈수급 의지가 약화될 수도 있다는 문제가 있었다. 법 개정 으로 소득수준별로 각 급여를 차별적으로 인정하는 이른바 '맞춤형' 개별급여제도 가 도입되었다. 각 급여별 소득기준은 〈표 4-10〉과 같다.

표 4-10 2021년 급여 종류별 수급자 선정기준 (단위: 원)

구분	가구 규모					
	1인 가구	2인 가구	3인 가구	4인 가구	5인 가구	6인 가구
생계급여(30%)	548,349	926,424	1,195,185	1,462,887	1,727,212	1,988,581
의료급여(40%)	731,132	1,235,232	1,593,580	1,950,516	2,302,949	2,651,441
주거급여(45%)	822,524	1,389,636	1,792,778	2,194,331	2,590,818	2,982,871
교육급여(50%)	913,916	1,544,040	1,991,975	2,438,145	2,878,687	3,314,302

2) 급여의 종류

(1) 생계급여

생계급여의 대상자는 가구의 소득인정액이 생계급여 선정기준 이하로서 생계급여 수급자로 결정된 수급자다. 생계급여는 일반 수급자에 대한 생계급여(이를 일상적으로 '일반 생계급여'라 칭한다)와 보장결정 이전에 직권으로 긴급히 생계급여를 지급할 필요가 있는 긴급 생계급여 등으로 구분하여 지급되고 있다.

일반 생계급여의 경우 수급자에게 지급되는 급여의 내용은 의복·음식물 및 연료비, 기타 일상생활에 기본적으로 필요한 금품이다. 급여는 현금지급을 원칙으로 하되, 세대주의 알코올 중독 등으로 자녀를 포함한 가구구성원의 기본적인 생계유지를 위하여 필요하다고 인정되는 경우에는 식품권, 식당이용권 등 물품으로 지급될 수 있다.

생계급여액은 생계급여 선정기준(급여기준)에서 가구의 소득인정액을 차감한 급액이다. 2021년 생계급여 선정기준은 기준 중위소득의 30%이다.

> 가구별 생계급여액 = 생계급여 선정기준액 − 가구의 소득인정액

긴급 생계급여의 경우 대상자는, ① 주 소득원의 사망, 질병, 부상, 사고, 사업 부도·파산 등으로 갑자기 생계유지가 어려운 경우, ② 부 또는 모의 가출, 행방불명 등으로 갑자기 생계유지가 어려운 경우, ③ 천재지변이나 화재 등으로 재산·소득상의 손실이 발생하여 갑자기 생계유지가 어려운 경우, ④ 거주지 외의 지역(노숙·공원·종교기관 등 주거지로 볼 수 없는 곳 포함)에서 거주하고 있으나 소득이 없어 생계유지가 어려운 경우, ⑤ 기타 시장·군수·구청장이 긴급 생계급여가 필요하다고 인정하는 경우 등이다. 급여액은 기준 중위소득의 15%에 해당하는 금액을 지급한다. 급여기간은 1개월로 한정하되, 필요한 경우 1개월을 연장할 수 있다.

한편, 2015년 7월 1일부터 국민기초생활보장제도가 개편되는 과정에서 보장성

이 감소하는 경우가 있을 수 있다. 이 때문에 개편 과도기에 한시적으로 지급하는 보전액이 있는데, 이를 이행기 보전액이라 한다. 즉, 수급자의 다른 조건은 동일하나 맞춤형급여로의 제도 개편 때문에 급여가 감소한 경우 그 감소한 금액을 보장하는 것이다.

(2) 의료급여

국민기초생활보장 수급자는 의료급여 대상자가 되는데, 2021년 의료급여 선정기준은 기준 중위소득의 40%다. 1종의 경우 입원 시 진료비의 본인부담이 전혀 없고, 외래 진료 시 의료기관의 규모에 따라 1,500~2,500원의 진료비를 부담한다. 2종 수급자는 입원 시 진료비의 10%를 본인이 부담하고, 외래의 경우 1차 의료기관 진료 시 1,500원, 그 외 기관에서는 총 진료비의 15%를 본인이 부담하도록 되어 있다. 각종 요양비, 장애인 보장구 구입비, 본인부담금 환급금 등이 지급된다.

표 4-11 의료급여 수급자

구분		1차 (의원)	2차 (병원, 종합병원)	3차 (지정병원)	약국	특수장비촬영 (CT, MRI, PET)
1종	입원	없음	없음	없음	–	없음
	외래	1,500원	2,000원	2,500원	500원	5%
2종	입원	10%	10%	10%	–	10%
	외래	1,500원	15%	15%	500원	15%

※상기 본인부담금은 급여청구분에 대한 것이며, 비급여청구분은 전액 본인이 부담해야 함.
자료: 보건복지부(2021). 「2021 의료급여 사업안내」.

(3) 주거급여

수급자의 주거에 필요한 비용을 지원하는 것으로 주택이 전혀 없거나 자기 집을 가지고 있는 경우라도 최소한의 주거생활 유지를 위한 임차료나 수선·유지비로 지급된다. 2023년 주거급여의 선정기준은 기준 중위소득의 47%이다.

(4) 교육급여

교육급여는 수급자 가구에서 교육을 받는 초·중·고등학생에게 적정한 교육기회의 유지를 통해 자립능력을 키우고 빈곤의 세대 이전을 예방하기 위해 제공된다. 급여 내용은 고등학생의 경우 입학금, 수업료, 교과서대, 학용품비를 지원하고 중학생의 경우 부교재비, 학용품비 등을 지원한다. 그리고 초등학생의 경우 부교재비 등을 지원한다.

(5) 해산급여

생계·의료·주거 급여 수급자가 출산(출산예정 포함)한 경우 조산(助産) 및 분만 전과 분만 후의 필요한 조치와 보호를 말한다. 2020년 기준 급여액은 1인당 70만 원의 현금이 지급된다.

(6) 장제급여

생계·의료·주거 급여 수급자가 사망한 경우와 「의사상자 등 예우 및 지원에 관한 법률」에 따른 의사자인 경우 등에 사체의 검안·운반·화장 또는 매장, 기타 장제조치를 행하는 데 필요한 금품을 지급하는 것을 말한다. 2020년 기준 1가구당 80만 원이 지급된다. 다만, 현금지급이 적당하지 아니하다고 인정되는 경우 물품 지급이 가능하다.

(7) 자활급여

자활급여는 18세 이상 64세 이하의 근로능력이 있는 수급자를 선별하여 적합한 자활사업을 제공하고 생계급여와 근로활동을 연계함으로써 근로의욕 저하 및 빈곤의 함정에 빠지는 것을 방지하기 위한 것이다. 자활급여는 일차적으로 근로능력이 있는 생계급여 대상자에게 제공되며, 자활에 필요한 금품의 지급 또는 대여, 기능습득의 지원, 취업알선 등 정보의 제공, 공공근로 등 자활을 위한 근로기회의 제공, 시설 및 장비의 대여 등이 이에 해당한다. 또한 자활급여 제공을 위한 민간기관·시설 위탁이 규정되어 있다. 대표적 기관으로 지역자활센터가 자활사업을 수

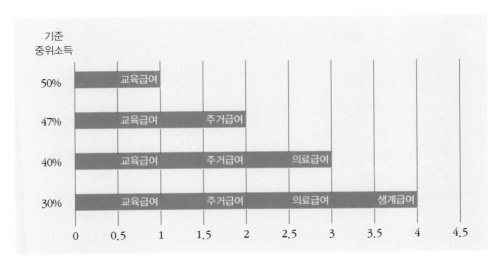

[그림 4-5] 맞춤형 개별급여

행하고 있다.[26] 자활사업은 자활참여자의 근로능력과 제품이나 서비스의 시장경쟁력에 따라 여러 형태로 관리되고 있다.[27]

⭐ **생각상자**

• 주택, 의료, 교육 등에서도 급여의 형태로 현금급여가 좋은가?

• 주택수당이나 영구임대주택, 무료교육 및 의료의 경우는 현물과 현금 중 어떤 급여의 형태가 적절한가?

• 급여의 형태에 대한 논쟁에서 식품권(food stamp)과 사회서비스 이용권(voucher) 등이 문제의 대안이 될 수 있는가?

• 기본소득은 공공부조와 어떻게 다른가?

---

26 김기원(2000). 전게서, pp. 193-194.

27 김수현(2000). "국민기초생활보장법과 지역사회자활지원".『계간 사회복지』제145호, pp. 45-46.

- 공공부조와 사회보험의 통합 가능성은 어떠한가?
  - 의료보험과 의료급여
  - 기초연금과 공공부조
- 의료급여는 빈곤대책(공공부조)인가? 의료보장정책인가?
- 공공부조와 조세제도 통합(negative income tax)에 따른 문제점은 무엇인가?
- 자활보호와 사회서비스 및 직업상담(고용보험) 또는 공공근로사업과의 연계방안으로는 어떤 것을 제시할 수 있는가?

참고문헌

국세청(2020). 「국세통계연보」.

기획재정부(2018). "근로장려금 개편방안". 2021. 7. 18. 보도자료.

김기원(2000). 『공공부조론』. 학지사.

김미곤(1997a). "생활보호대상자선정기준 개선방향". 『보건복지포럼』 통권 제12호. 한국보건사회연구원.

_____(1997b). "최저생계비 계측현황과 정책과제". 『보건복지포럼』 통권 제13호. 한국보건사회연구소.

_____(1998). "생활보호제도 개선과 발전방향". 『보건복지포럼』 통권 제20호. 한국보건사회연구원.

_____(2005). "사회안전망으로서의 국민기초생활보장제도의 성과와 과제". 『국민기초생활보장제도 시행 5주년 평가 심포지엄』. 보건복지부·한국보건사회연구원.

_____(2012). "최저생계비 쟁점 및 정책과제". 『보건·복지 Issue & Focus』 제124호.

김보영(2012). "공공부조", 정기혜, 김동하, 이지현. 『주요국의 사회보장제도: 영국편』. 한국보건사회연구원, pp. 300-333.

김수현(2000). "국민기초생활보장법과 지역사회자활지원". 『계간 사회복지』 제145호, pp. 32-48.

김종성(2005). 『한국보훈정책론』. 일진사, pp. 15-16.

김진수, 허준수(2002). "국민기초생활보장제도 평가 및 개선방안에 관한 연구". 『사회보장연구』

제18권 제2호, pp. 43-70.

김태완(2004). "우리나라 빈곤현황 및 정책과제".『사회보장연구』제20권 제3호(제31집), pp. 173-200.

나병균(2000). "선진국의 사회보장과 빈곤".『계간 사회복지』제145호, pp. 164-176.

남기철(2007). "최저생계비 계측의 의미와 과제".『계간 사회복지』제173호, pp. 106-117.

모지환, 박상하, 안진, 엄기욱, 오근식, 이용교, 이형하, 장현, 조원탁(2005).『사회보장론』. 학지사.

문진영(2002). "기초생활보장제도의 현황과 개선방안". 2002년 추계학술대회. 한국사회복지정 책학회, pp. 1-15.

_____(2020). "국민기초생활보장법 제정 20주년, 성과와 개선방안".『복지타임즈』, 2019. 9. 19.

박능후(2003). "공공부조제도의 현황과 발전과제". 2003년 춘계학술대회. 한국사회복지학회, pp. 29-45.

박순일(1994a). "경제사회발전을 위한 최저생활보장".『한국사회정책』제1집. 한국사회정책학 회, pp. 29-55.

_____(1994b).『최저생계비 측정조사연구』. 한국보건사회연구원.

박은철(2007).『저소득층 자활공동체사업의 활성화 방안』. 서울시정개발연구원.

보건복지부(2013).『2013 의료급여 사업안내』.

_____(2015).『2015 국민기초생활보장사업 안내: 맞춤형 급여 운영 방안』.

_____(2021).『2021 의료급여 사업안내』.

손병돈(2006). "한국과 미국ㆍ영국의 공공부조제도 급여수준 비교".『사회복지연구』제30호, pp. 243-278.

_____(2012). "최근 사회보장 개혁 동향: 정기혜, 김용하, 이지현.『주요국의 사회보장제도: 영 국편』. 한국보건사회연구원, pp. 147-175.

신동면(2001). "영국 사회보장제도의 개혁: 사회부조(Social Assistance)를 중심으로".『한국사회 복지학』통권 46호.

이인재(2000). "국민기초생활보장법의 특성과 과제".『한국 사회복지의 현황과 쟁점』. 한국 사회 과학연구소 사회복지연구실. 인간과 복지.

이인재, 유진석, 권문일, 김진구(2010).『사회보장론』. 나남출판.

이현주, 강혜규, 서문희, 정경희, 유동철, 정재훈, 이승경, 노언정, 현명이(2003).『공공부조와 사 회서비스의 체계분석 및 재편방안』. 한국보건사회연구원.

정성철(2018). "가난한 사람의 현실에 맞는 제도개선을 위해". 『복지동향』, 2018. 6.

정영순, 유지영(2007). "미국 EITC의 근로유인 및 빈곤완화 효과에 대한 연구: 저학력 기혼여성을 중심으로". 『한국사회복지학』. 2007 국제학술대회, pp. 323-328.

정원오, 김환준, 손병돈(2001). 『한국 공적부조제도의 체계화 방안』. 성공회대학교 · 보건복지부.

조흥식(1999). "빈곤과 사회보장: 공공부조제도에 대한 평가를 중심으로". 『한국사회정책』 제6집, pp. 143-175.

채구묵(2007). "소득불평등 실태. 원인분석 및 과제: 도시근로자 가구를 중심으로". 『한국사회복지학』 제59권 제1호, pp. 199-222.

최일섭, 이인재(1996). 『공적부조의 이론과 실제』. 집문당.

통계청(2013). 『가계동향조사』.

통계청(2020). 『가계금융복지조사』.

한국보건사회연구원(2005). 『국민기초생활보장제도의 시행 평가 심포지엄』.

Chrisinger. C. K., Meijer-Irons, J., & Klet, R. G. (2009). *Methods of Poverty Measurement*. Washington: Wevans School of Public Affairs.

McKay, S., & Rowlingson, K. (1999). *Social Security in Britain*. Basingstoke: Macmillan, p. 49.

Piven, F., & Cloward, R. (1971). *Regulating the Poor: The Function of Public Welfare*. New York: Pantheon Books.

Segal, E. A., & Brzuzy, S. (2006). *Social Welfare Policy, Programs and Practice*. Illinois: F. E. Peacock Publishers, Inc., pp. 93-94.

Spicker, P. (2011). *How Social Service Works: An Introduction to Benefits in Britain*. Bristol: The Policy Press.

제5장

사회서비스

사회서비스의 개념에 대한 합의는 아직 존재하지 않고, 나라별 · 사업별로 다양한 의미로 사용되고 있다. 우리나라에서는 2012년 「사회보장기본법」의 개정으로 기존의 사회복지 서비스 개념에 보건 · 의료, 교육, 문화 · 예술, 관광 · 체육, 고용, 주거, 환경 분야의 공공 서비스가 포함되어 좀 더 확장된 의미로 쓰이고 있다.

제5장
사회서비스

제1절 사회서비스의 개요

1. 사회서비스의 개념 및 확산 배경

1) 사회서비스의 개념

1990년대부터 전 세계적으로 사회서비스에 대한 관심이 증가하였다. 1905년 이후에 학술적인 영역에서만 이루어지던 논의는 점차 정책 수립과 실천의 영역까지 확대되었다. 이러한 사회서비스에 대한 관심은 우리나라에서도 중요한 정책적 화두가 되었다. 그러나 사회서비스는 아직도 합의된 정의를 찾기가 어려우며, 상이한 관점에서 이해되고 활용되고 있다.[1]

사회서비스는 각 사회의 역사와 사회적 맥락에 따라 상이한 명칭과 내용으로 정

---

1 윤영진 외(2011). 『사회서비스정책론』. 나눔의 집, p. 21.

의되며, 그 기능에 따라 구분되기도 한다. 사회서비스는 사회복지서비스, 대인사
회서비스, 사회적 보호 등 다양한 용어와 혼용되고 있다. 광의로는 공공행정, 국방,
의료서비스, 교육서비스, 사회복지서비스를 포함하는 개념이며, 협의로는 사회적
보호와 유사한 개념으로 지역사회에 거주하는 장애, 질병 또는 취약성을 지닌 사람
에 대한 원조를 의미하는 것으로 이해되고 있다.[2]

북유럽의 경우 사회서비스(social service)는 사회복지서비스(social welfare service)
를 의미한다. 사회서비스에서 개인이 장애나 질병으로 자유롭지 못함에도 자립하
여 일상생활을 할 수 있도록 지원하는 일, 즉 서비스를 제공하는 것은 '돌봄(care)'
이라고 정의하며, 자립은 '결과적으로 사회나 타인에게 의존하여 생활하지 않고 자
기가 결정권을 가지고 생활하는 것'을 의미한다. 이러한 사회서비스는 사회에 의해
서 고령자 돌봄과 보육이 행해지며, 여성과 남성이 함께 근로활동을 하므로 공적
서비스를 중류계층도 이용할 수 있고, 소득보장은 국가, 서비스는 지방자치단체라
는 책임분담이 명확해지고 있다.[3]

스웨덴은, 첫째, 노인을 위한 사회서비스와 간호보호서비스, 둘째, 육체적·신
체적 장애가 있는 사람들을 위한 사회서비스, 셋째, 아동과 청소년을 보호하는 개
인 및 가족보호서비스와 알코올 및 약물남용자를 위한 사회서비스, 자산조사에 기
초한 경제적 보조로 구성된 사회서비스의 세 가지 영역으로 사회서비스를 규정하
고 있다. 영국의 경우 사회서비스보다 협의의 개념으로 '대인사회서비스(personal
social service)'란 용어를 사용한다. 대인사회서비스는 지방정부 및 민간 비영리단체
를 통해 사회적 보호 욕구를 충족하기 위한 지원과 돌봄서비스를 의미한다. 즉, 사
회복지, 돌봄, 의식주 보장, 보건의료, 교육, 고용, 문화 등 관련 영역의 개입이 가
능한 '개인을 위한 서비스'를 의미한다.[4] 미국은 사회서비스의 개념을 휴먼서비스
(human services)로 혹은 소득보장, 교육, 보건의료, 문화 서비스 등을 제외한 사회

2 정경희 외(2006). 「한국의 사회서비스 쟁점 및 발전전략」, pp. 38-39.
3 원종욱(2009). 「사회서비스산업의 산업활성화 방안 연구」, pp. 17-18.
4 윤영진(2010). 「사회서비스의 개념 및 성격에 관한 논고」, 『사회서비스 연구』 제1권, p. 20.

복지 부문의 사회서비스로 규정하고 있다.

　사회서비스는 국가가 조세를 재원으로 실시하는 사회복지서비스와는 달리, 조세 또는 보험료를 재원으로 할 수도 있으며 현금지원이 아니라 대인서비스를 제공하는 것이다. 따라서 사회보험료를 재원으로 하는 노인장기요양서비스도 사회서비스의 일종으로 볼 수 있다.

표 5-1　미국과 영국의 사회복지서비스

구분	미국	영국
용어	공공사회복지서비스 (public social service)	대인사회서비스 (personal social service)
대상	• 경제적 빈곤 정도와 상관없이 대상층의 문제 여부 및 정도에 따라 대상을 포괄한다. • 자산조사 결과는 수급자격을 결정하는 것이 아닌 서비스 요금을 결정하는 역할을 한다. • 서비스 내용 중 수급자의 자립이나 자활, 인적 자본 개발과 관련된 서비스에 대해 정부가 책임을 지는 경향이 있다.	• 욕구가 있는 모든 국민이 대상이나, 공공서비스의 주표적은 빈곤층(아동, 장애인, 노인, 가족수발자 등)이다. • 영국의 대표적인 사회복지서비스 체제는 성인을 위한 사회복지서비스 기제인 커뮤니티케어 제도와 아동을 위한 사회복지서비스다.
재원	• 연방정부, 주정부, 지방정부의 보조금 형식으로 주로 충당되나 서비스 요금도 포함되어 있다. • 단, 본인부담이 다소 높은 노인복지서비스를 제외하고 서비스 요금은 높게 책정되지 않아 재정에서 서비스 요금이 차지하는 부분이 크지 않다.	• 지방정부예산, 이용자 부담, 민간기관 부담으로 구성된다. • 소득계층에 따라 무료 혹은 이용자 부담으로 이루어지고 있다. 그러나 서비스 이용과 관련해 비용부과를 위한 소득 및 자산 조사가 이루어지고 있으며, 직접비용지불제도(Direct Payment)가 시행되어 서비스의 선택과 구매를 가능하게 하는 서비스 제공방법의 변화가 나타나고 있다.
운영 주체	• 주정부의 자율적인 권한을 강조한다. • 실질적인 운영은 지역 내 사회복지사무소, 아동복지사무소, 노인복지사무소 등을 통해 이루어지고 있다.	• 서비스 집행권한의 지방이양에 따라 서비스 제공 책임은 지방정부 사회서비스국에 있다. • 지방자치단체와 민간 · 비영리 · 자원 단체를 통해 광범위한 지원(support)과 보호(care) 서비스가 제공된다.

자료: 1) 이현주 외(2003). 『공공부조와 사회복지서비스의 체계분석 및 재편방안』. 한국보건사회연구원.
　　　2) 김용득(2007). "영국 사회복지서비스의 구조와 서비스 질 관리 체계". 『보건복지포럼』. 한국보건사회연구원.

2) 사회서비스의 확산 배경

제2차 세계대전 이후 복지국가가 주로 관리하려고 했던 사회적 위험은 질병, 노령, 산업재해, 실업 등에 따르는 소득의 중단 혹은 축소였다. 따라서 이 시기의 복지국가는 4대 사회적 위험에 대한 대응을 주요한 목표로 하였고, 특히 소득과 관련된 측면에 집중하였다.[5] 대량생산체제(Fordism)와 완전 고용하에서는 남성 생계부양자 모델(Male breadwinner model)이 가능했다. 대부분의 선진국가에서는 사회보험과 공공부조를 중심으로 소득보장제도를 구축할 것을 제안한 「베버리지 보고서」를 따랐다. 하지만 '후기산업사회로의 이행'으로 불리는 경제·사회구조의 변화는 전통적인 복지국가의 소득보장프로그램이 포괄하지 못하는 '새로운 사회적 위험'을 구조화하였다.[6]

이른바 신사회위험(new social risks)의 개념을 구체화하고 이 개념을 서구 사회정책의 변화와 연관시켜 체계적으로 논의한 테일러-구비(Taylor-Gooby)는 신사회위험을 "후기산업사회(post-industrial society)로의 이행에 따른 경제·사회변동과 연관된 결과로서 사람들이 생애기간에 직면하는 위험들"이라고 규정하면서[7] 신사회위험의 발생경로를 다음과 같이 설명하였다.

첫째, 완전 고용의 실패와 노동시장의 유연화로 직업경력이 불안정해지고, 이로 인해 남성 가장이 단독으로 생계를 책임지기 어렵고 사회보장 혜택이 불충분해지는 결과를 초래한다. 둘째, 여성들의 노동시장 참여는 불가피해지고 가족과 성역할이 변화하여 가정 내에서 아동양육과 노인부양 문제가 나타나는데, 이를 해결하지 못할 경우 일과 가족생활을 병행하는 데 어려움을 겪는다. 마지막으로, 사회보장제도와 관련하여 민영화와 사적복지가 강조됨으로써 소비자가 선택을 잘못하거나

5 임혁백 외(2007). 「사회적 경제와 사회적 기업: 한국형 사회적 일자리와 사회서비스 모색」, p. 72.

6 Esping-Andersen, G. (1999). *Social Foundations of Postindustrial Economies*. Oxford: Oxford University Press.

7 Talyor-Gooby, P. (2004). "Welfare State Reform and New Social Risks". http://fds.oup.com/www.oup. co.uk/pdf/0-19-926727-8.pdf

표 5-2 전통적인 사회적 위험(OSR)과 새로운 사회적 위험(NSR)의 비교

구분	전통적인 사회적 위험	새로운 사회적 위험
사회적 토대	-제조업 중심의 완전 고용 -Fordism(소품종 대량생산)	-지식 · 정보 중심의 단절적 고용 -Post-Fordism(다품종 소량생산) -구조조정
	-핵가족에 기초한 남성 생계부양자 모델	-양소득자(dual-earner) 모델, 한부모 가정의 증가
형태	-산재, 실업, 질병, 노령, 폐질 등으로 인한 소득의 중단이나 상실	-아동 및 노인에 대한 돌봄 -단절적이고 불안정한 고용 -비정형적인 직업 경력
위험의 담지자	-남성 산업 노동자	-여성 노동자, 저숙련 · 비숙련 노동 인구, 청년 실업자, 아동, 노인, 한부모(single mother)

자료: 김철주, 박보영(2006). "새로운 사회적 위험의 도래와 복지국가의 현대화". 『사회복지정책』 24권에서 재구성.

혹은 민영보험에 대한 규제가 잘 이루어지지 않을 경우 새로운 위험이 발생할 수 있다.[8] 이와 같은 새로운 사회적 위험들의 특성은 전통적인 사회적 위험과 비교할 때 〈표 5-2〉에서와 같은 차이를 보인다.

'고전적' 복지국가의 기반이 되었던 경제 · 사회적 구조가 급변하고 1990년대에 이르러 새로운 사회적 위험이 등장함에 따라 기존 사회보험의 소득보장보다는 부족한 사회서비스 공급을 주요 전략으로 하는 사회투자국가의 필요성이 대두하였다.[9]

이미 서구에서 1990년대부터 신사회위험에 대응하여 사회투자국가(social investment state) 전략의 핵심으로 사회서비스의 확대가 이루어졌다. 우리나라에서도 2000년대 초반 저출산고령화와 신사회위험이 대두되기 시작했고, 그에 대한 대응으로 사회서비스를 확대하기 시작하였다[10].

---

8 김연명(2009). "사회투자론의 한국적 적용 가능성과 쟁점". 『사회투자와 한국 사회정책의 미래-사회투자론의 한국적 적용 가능성 논쟁』. 나눔의 집, pp. 37-38.

9 김영순(2009). "사회투자국가를 다시 생각한다". 『사회투자와 한국 사회정책의 미래-사회투자론의 한국적 적용 가능성 논쟁』. 나눔의 집, p. 364.

10 안상훈(2006). "사회서비스투자국가로의 전환논리". 2006년 한국사회학회발표자료집, pp. 21-49.

한국에서도 현실적으로 사회적 서비스를 필요로 하는 사람들이 많이 있음에도 이에 대한 충분한 공급이 이루어지지 않았다. 아동·청소년들이 방과후에 보호자 없이 방치되거나, 뇌졸중·치매 환자의 수는 매년 증가하는 추세에 있으며, 이들을 간병·수발하기 위한 서비스는 매우 부족한 상황이다. 영유아 중 보육서비스를 받지 못하는 비율도 약 50%에 달하고 있다.[11]

그러한 상황에서 정부는 도움을 필요로 하는 사람들에게 서비스를 제공하고, 사회서비스 일자리의 창출을 통해 저소득층의 자활을 촉진하며, 이를 통해 소비를 진작하여 국민경제의 활성화를 꾀하기 위한 목적으로 2006년 이후 사회서비스를 지속적으로 확충해 왔다. 그러나 도움이 필요한 취약계층에 대한 사회복지서비스보다는 고용창출을 위한 사회적 일자리에 치중하고, 사회서비스 바우처로 인해 사회복지는 민영화·상업화되고 있으며, 각 부처의 관련 사업 확장 및 예산 확보 등으로 무차별적으로 확대되고 있다.

2. 한국의 사회서비스

한국에서는 사회서비스라는 용어가 2006년 이후 기존의 '사회복지서비스(personal social services)'와는 별도로 사용되기 시작하였으며, 2012년 개정된 「사회보장기본법」에서 기존의 '사회복지서비스'를 대체하는 용어로 자리 잡았다. 사회서비스(social services)란 용어를 그대로 이해하면 사적인 서비스가 아니라 사회복지, 교육, 국방, 의료, 주택 등과 같이 국가를 통해 공공적인 차원에서 다루어지는 다양한 서비스를 의미한다.

사회복지서비스는 가장 좁은 의미의 사회서비스 개념이라고 할 수 있는데, 개정되기 전의 「사회보장기본법」(1995)에서는 도움을 필요로 하는 사회복지 대상계층에 대한 매우 제한적인 사회서비스로 보았다. "국가·지방자치단체 및 민간 전문

---

11 http://www.educare.or.kr

가의 도움을 필요로 하는 모든 국민에게 상담·재활·직업소개 및 지도·사회복지시설 이용 등을 제공하여 정상적인 사회생활이 가능하도록 하는 제도"라고 정의하였다.

이보다 조금 더 확대된 개념은 「사회서비스 이용 및 이용권 관리에 관한 법률」(2011)에 나타나고 있는데, 사회서비스를 「사회복지사업법」 제2조 제6호에 따른 사회복지서비스, 「보건의료기본법」 제3조 제2호에 따른 보건의료서비스, 그 밖에 이에 준하는 서비스로서 대통령령으로 정하는 서비스로 정의하였다.

과거 기획예산처가 발표한 「사회서비스 확충전략 보고서」(2006)에서는 사회서비스라는 용어를 사회복지서비스뿐만 아니라 보건, 교육, 문화 그리고 환경 등의 분야로 확대하여 적용하였다. 또한 주민생활지원서비스에서는 보건, 복지, 고용, 주거, 교육, 문화, 관광, 생활체육 등 주요 8개 분야를 제시하고 있어 사회서비스의 개념이 더욱 넓게 확장되고 있다. 노동부의 「사회적기업 육성법」에서는 사회서비스를 "교육, 보건, 사회복지, 환경 및 문화 분야의 서비스와 그 밖에 이에 준하는 서비스로서 대통령령으로 정하는 분야의 서비스"로 정의하였다. 「사회적기업 육성법 시행령」 제3조에서는 사회서비스의 범위에 ① 보육 서비스, ② 예술·관광 및 운동 서비스, ③ 산림 보전 및 관리 서비스, ④ 간병 및 가사 지원 서비스, ⑤ 그 밖에 고용노동부 장관이 정책심의회의 심의를 거쳐 인정하는 서비스 등이 포함되고 있다. 이는 사회복지서비스나 「사회서비스 확충 전략」에 포함된 개념보다 좀 더 확장된 것이다.

이와 같이 사회서비스 개념의 확대는 2012년 개정된 「사회보장기본법」에서도 지속되었다. 「사회보장기본법」은 사회서비스를 "국가·지방자치단체 및 민간부문의 도움이 필요한 모든 국민에게 복지, 보건의료, 교육, 고용, 주거, 문화, 환경 등의 분야에서 인간다운 생활을 보장하고 상담, 재활, 돌봄, 정보의 제공, 관련 시설의 이용, 역량개발, 사회참여 지원 등을 통하여 국민의 삶의 질이 향상되도록 지원하는 제도"로 정의하고 있다.

가장 넓은 의미로 정의되는 사회서비스의 개념은 산업 분류상의 것인데, 여기서 사회서비스는 서비스업에 속한다. 국제표준산업분류(ISIC)에서 사회서비스산업에는 공공행정, 국방 및 사회보장행정, 교육서비스, 보건복지서비스 등이 포함된다.

앞에서 다룬 사회서비스의 개념을 전체적으로 종합해 보면 〈표 5-3〉에서와 같
이 나타난다. 〈표 5-3〉에서 볼 수 있듯이 사회서비스의 개념에 대한 이론적 합의
가 충분히 이루어지지 않은 상황에서 현실에서는 여러 부처 및 기관별로 다양한 의
미로 사용되고 있다. 이렇듯 사회서비스란 용어를 다양하게 사용하면서도 그 개념
을 명확하게 정의하지 않고 단지 적용되는 분야들만을 열거하고 있는 것이다. 「사
회보장기본법」과 「사회복지사업법」에서만 구체적인 개입방법을 규정하여 용어의
개념을 좀 더 상세히 정의하고 있을 뿐이다.

결국, 사회보장제도로서 사회서비스의 핵심적 개입방법은 상담, 재활, 돌봄, 정
보의 제공, 관련 시설의 이용, 역량개발 그리고 사회참여 지원 등으로 이해할 수 있

표 5-3   우리나라 사회서비스 개념 규정의 사례

구분	사회서비스의 개념 규정
「사회보장기본법」(1995) 「사회복지사업법」(2012)	-사회복지서비스(국가 및 지방자치단체와 민간에 의해 제공되는 개별적 · 전문적 서비스) -상담, 재활, 직업소개 및 지도, 사회복지시설 이용
「사회서비스 확충 전략」(2006)	-사회복지서비스(보육, 아동 · 장애인 · 노인 보호 등) -보건의료서비스(간병, 간호 등) -교육서비스(방과후 활동, 특수교육) -문화예술서비스(도서관 · 박물관 운영)
「사회적기업 육성법」(2007)	-교육 · 보건 · 사회복지 · 환경 및 문화 분야의 서비스 -보육서비스, 예술 · 관광 및 운동 서비스, 산림 보전 및 관리 서비스, 간병 및 가사 지원 서비스
「사회서비스 이용 및 이용권 관리에 관한 법률」(2011)	-사회복지서비스, 보건의료서비스 -기타 대통령이 정하는 서비스
「사회보장기본법」(2012)	-복지, 보건의료, 교육, 고용, 주거, 문화, 환경 등의 분야에서의 서비스 -상담, 재활, 돌봄, 정보의 제공, 관련 시설의 이용, 역량개발, 사회참여 지원
한국의 표준산업분류	-교육서비스업, 보건 및 사회복지사업 전체
국제표준산업분류	-공공행정, 국방 및 사회보장행정, 교육서비스, 보건복지서비스

자료: 김철주, 박보영(2006). "새로운 사회적 위험의 도래와 복지국가의 현대화". 『사회복지정책』 24권에서 재구성.

으며, 그 기본원리는 기존의 사회복지서비스와 크게 다르지 않다. 따라서 사회서비스는 사회복지의 원리인 원조방식을 사회복지뿐만 아니라 보건·의료, 교육, 주거, 고용, 문화·예술, 관광 그리고 환경 등 여러 공공서비스 분야에까지 확대 적용하는 제도로 이해할 수 있다. 즉,「사회보장기본법」(1995)에서 사회복지서비스 및 관련 복지제도가 사회서비스로 변화된 것으로 이해할 수 있다.[12]

💠 제2절 사회서비스의 특징과 유형 구분

1. 사회서비스의 특징

사회서비스의 가장 큰 특징은 이윤추구를 일차적 목적으로 하지 않으면서 사회적 욕구 충족에 초점을 두는 것이다. 서비스 제공은 정부 또는 비영리조직에 의해 주도되는 경우가 많다. 또한 서비스가 영리기업에 의해 생산되더라도 정부로부터 보조금을 받거나 서비스 구매를 위한 지원이 정부에 의해 이루어지기도 한다. 사회서비스 수요를 위한 재원은 주로 공적인 기구를 통해 조달된 자금으로 보조되거나 전액 지원된다.

사회서비스의 특징을 살펴보면 다음과 같다.[13]

첫째, 정의된 바와 같이 사회서비스는 대인적 성격을 그 특징으로 하며, 따라서 전달체계 자체가 사회서비스의 내용을 형성하고 있다. 즉, 인적 자원의 전문성과 그것을 구성하는 조직 및 체계가 사회서비스의 핵심요소라 할 수 있다.

---

12 남찬섭(2012). "사회복지서비스와 사회서비스의 개념과 범주, 어떻게 확립할 것인가?". 『사회보장기본법 개정에 따른 사회(복지)서비스정책 쟁점과 과제』. 사회보장기본법 개정에 따른 사회(복지)서비스 정책토론회, p. 3-39.
13 이봉주, 김용득, 여유진, 강혜규, 남찬섭(2006). "한국 사회복지서비스 제도화의 과제: 경험과 전망". 『여성일자리창출 국제정책회의 자료집』. 여성가족부.

둘째, 사회서비스는 공공성과 개별성이 매우 혼재해 있는 영역이다. '사회적 (social)'이라는 의미가 보여 주듯이 사회서비스는 그 대상이 사회적 욕구이며 제공 주체가 집합적인 특성이 있다. 그뿐만 아니라 사회서비스는 궁극적인 목적이 사회 구성원의 능력(capability)과 가능성(functioning)의 제고에 있지만, 공급량과 관련하여 시장실패가 발생할 수 있다는 점에서 공공재적 성격이 강하다. 공공의 선택에 의해 사회서비스의 공급량과 가격이 결정되는 이유는 시장에 맡겨 두었을 때 최적의 양이 공급되지 못할 가능성이 크기 때문이다. 경제이론에 따르면 외부효과, 정보 비대칭의 문제가 있을 경우 최적의 공급이 불가능해진다. 반면, 사회서비스는 개개인의 특성에 따라 충족되어야 할 욕구의 내용과 수준이 상이하다는 점에서 대상에 따른 개별화(individualization)의 성격이 매우 강하여 사회보험이나 공공부조와는 달리, 표준화가 매우 어렵다는 특성을 가지고 있다.

셋째, 첫 번째와 두 번째 특징의 결과로서 사회서비스는 여타의 사회복지제도에 비해 매우 일찍부터 복지혼합(welfare mix)이 비교적 활성화된 영역이다. 즉, 사회보험과 공공부조는 급여의 내용이 비교적 단순하고 표준화되기 쉽다는 점 때문에 중앙정부(부분적으로 지방정부)에 의해 독점적으로 제공되는 경우가 대부분인데 반해, 사회서비스는 서비스가 집합적이고 사회적인 성격이 강해서 공공부문(정부)이 개입하되, 서비스 내용의 대인적이고 개별적인 속성으로 인해 민간부문이 일선 전달체계로 등장하는 경우가 많다.

사회서비스는 다른 형태의 사회보장제도에 비해 다음과 같은 상대적 우수성을 가지고 있다.[14]

첫째, 사회적 변화에 민감하게 반응할 수 있다. 사회서비스는 사회구성원의 기본욕구 충족과 시민권 보장의 방안으로 역할을 해 왔으며, 최근 대두한 새로운 사회적 위험에 대하여 유연하게 대응할 수 있다.

둘째, 개인적 차원에서 보면, 현금서비스는 욕구 충족과 관련되지 않은 목적에

---

14 정경희 외(2006). 전게서, pp. 40–41.

지출될 가능성을 배제할 수 없지만, 비금전적 대인서비스는 욕구 충족을 위한 직접적인 서비스를 제공하고 있다는 점에서 효과성이 높다. 또한 지불능력이 있더라도 필요한 서비스가 제공되지 않는다면 욕구 충족이 이루어질 수 없다는 점에서 그 의의가 있다.

셋째, 사회서비스는 제공자와 수혜자의 직접적인 상호작용을 통해 전달되기 때문에 서비스 제공과정에서 서비스 질 향상이 이루어질 수 있다. 반면, 현금서비스는 고착화된 성격을 갖고 있다.

넷째, 현물서비스에 비하여 사회서비스는 효율적이며 생산적이다. 무엇보다 규모의 경제를 실현할 수 있다는 점에서 효율적이다.

다섯째, 사회서비스는 보편적 제도로 발전할 수 있는 잠재력이 크기 때문에 사회적 합의의 도출이 쉬우며, 이에 따라 정치적 기반이 강하다. 특정 서비스의 경우 모든 사람이 보편적으로 공급받을 권리가 있다는 견해가 정치적으로 힘을 얻을 경우 정부의 개입이 이루어지게 된다. 반면, 사회서비스는 각 생애주기에 따른 서비스를 제공하며, 보편적인 특성이 있어 거의 모든 국민이 사회서비스의 혜택을 일상적으로 경험하게 된다. 특히 교육, 의료, 복지 등의 서비스는 평등주의적 요구가 다른 재화나 서비스에 비해 강하다. 따라서 사회통합적이며, 조세저항이 비교적 낮다.

2. 사회서비스의 유형

1) 내용기준 분류

사회서비스를 내용기준으로 보면 사회복지서비스, 보건의료서비스, 교육서비스, 문화예술서비스로 구분할 수 있다.

사회복지서비스는 국가 · 지방자치단체 및 민간부문의 도움을 필요로 하는 모든 국민에게 상담 · 재활 · 직업소개 및 지도, 사회복지시설 이용 등을 제공하여 정상적인 사회생활이 가능하도록 지원하는 복지중심의 서비스다.

보건의료서비스는 질병의 치료 · 간호 · 예방 · 관리 및 재활을 주체로 하는 의료서비스와 건강 유지 · 증진을 포함한 포괄적 의료서비스를 말한다.

교육서비스에는 유아교육, 초등교육, 중등교육 및 대학교육 그리고 평생교육 등이 해당된다.

문화예술서비스는 문화체육관광부가 문화콘텐츠사업, 공연, 전시, 행사, 전통음악, 한글교육, 체육, 관광 등 영역에서 문화서비스를 제공하고 있다.

2) 기능기준 분류

기능적으로는 생활보장서비스, 정신보건서비스, 사회자본서비스, 일자리서비스, 행정서비스 등으로 구분한다.

생활보장서비스는 국민에게 국가가 생계, 교육, 의료, 주거, 자활 등 기초생활을 위해 필요한 경비를 주어 생활을 제도적으로 보장해 줄 목적으로 시행하는 제도다. 정신보건서비스는 정신과 신체의 건강과 활동을 위한 서비스이며, 사회자본서비스는 교육과 훈련 및 기회균등을 위한 서비스다.

3) 대상기준 분류

사회서비스의 수혜대상 기준으로는 노인 · 장애인을 위한 성인서비스, 아동 · 청소년서비스, 여성 · 가족서비스, 노숙인 · 미혼모 · 국제결혼이주민을 위한 특수취약계층서비스 등을 포함하고 있다.

4) 표준산업분류에 따른 분류

서비스업의 분류방법에 따르면, 사회서비스(social service)는 생산서비스(producer service), 유통서비스(distributive service), 대인서비스(personal service) 등과 함께 서비스업에 속한다. 그중 사회서비스는 비시장메커니즘을 통해 배분된다는 점에서

다른 서비스들과 구분된다.[15]

표준산업분류체계로 보면 우리나라의 사회서비스는 〈표 5-4〉와 같이 행정서비스 및 개인서비스 등과 함께 서비스업에 속한다. 현재 정부의 각 부처 및 기관에서 추진하고 있는 사회서비스 사업에는 교육서비스와 보건 및 사회복지서비스가 주를 이루고 있지만, 그 외에 문화예술, 관광, 체육, 환경 및 산림보전 등도 포함된다. 공공행정, 국방행정 그리고 사회보장행정은 사회서비스에 포함되지 않는다. 사회보장행정은 복지와 관련되지만 사회서비스에 포함되지 않는데, 이는 주로 공공부조나 사회보험을 통한 소득지원제도로서 사회복지서비스와는 다르다고 보기 때문

표 5-4 2005~2006년에 운영한 사회서비스 프로그램

서비스업	행정서비스	공공행정, 국방행정, 사회보장행정
	사회서비스	교육	방과후 아동지도사(특기적성강사), 독서·논술지도사, 한자지도사, 이야기지도사, 수학지도사, 영어지도사, NIE지도사, 장애아통합교육보조교사, 유치원보조교사
		보건의료	간병인, 호스피스(요양관리사), 미술·음악·독서치료사
		문화예술	역사문화체험지도사, 체험학습강사
		관광	
		체육	
		환경	자연생태해설가
		산림보전·관리	
		사회복지서비스	수화통역사, 약물남용예방교육강사
		보육서비스	베이비시터(유아를 돌보는 이, 보육도우미), 산후도우미(산모와 신생아를 돌보는 이), 영유아 생활지도
	개인서비스	도매 및 소매업, 숙박업 및 음식점업, 운수업, 통신업, 금융업 및 보험업, 부동산 및 임대업, 사업서비스업 등

15 박세경(2010). "사회서비스 돌봄 일자리의 쟁점과 과제". 『보건복지포럼』 통권 제162호, p. 35.

이다. 개인서비스는 영리적인 조직이나 개인에 의해 수익을 목적으로 제공되고 개인이 비용을 지불하고 이용하기 때문에 사회서비스에 포함되지 않는다.

5) 서비스 제공체제에 따른 분류

사회서비스의 국가별 유형화는 안토넨과 시필레(Antonnen & Sipila, 1996),[16]발레 (Bahle, 2003)[17] 등에 의해 이루어졌으며, 이들은 공공서비스 모델, 보충주의 모델, 자산조사-시장의존 모델, 가족주의 모델 등으로 구분하였다.

공공서비스 모델은 스웨덴 등 북유럽 국가들에서 주로 나타난다. 공공서비스 모델의 제도적 구성에서 살펴보면, 먼저 복지혼합에서 공공부문의 압도적 우위가 나타난다. 이는 복지 제공의 주체가 공공부문이며 여타 부문인 비영리, 영리, 가족 등은 매우 낮은 역할 수준에 머물고 있다는 것을 보여 준다. 보편주의에 기반을 두기 때문에 수혜대상이 포괄적이며, 급여의 수준이 관대하다. 보편적인 서비스체제의 구성은 궁극적으로 이 모델에 속하는 국가들에서 일-가족생활의 양립이 가능하며, 사회서비스의 계층화도 매우 낮아지는 결과를 가져온다.

에스핑-안데르센(Esping-Anderson, G)은 북유럽 복지체제의 특징을 소득보장이 아니라 사회서비스에서 찾았는데, '서비스 집약적(service intensive) 복지국가'라고 한 것에서 알 수 있듯이 이 유형의 국가들은 사회서비스가 보편적으로 제공된다는 점이 다른 나라들과 구분되는 특징이다.

보충주의 모델은 유럽대륙의 특징을 보여 주는데, 독일, 오스트리아, 네덜란드 등에서 구체화되었다. 이 국가들의 제도 구성에 대해서 살펴보면, 공공 사회지출에 비해서 사회서비스 지출의 수준이 상대적으로 낮고 서비스보다는 현금급여의 전

---

16 Antonnen, A., & Sipila, T. (1996). "European Social Care Services: Is it Possible to Identify Models?". *Journal of European Social Policy*, vol. 6 issue, 2, pp. 87-100.
17 Bahle, T. (2003). "The Changing Institutionalization of Social Services in England and Wales, France and Germany: Is the Welfare State on the Retreat?". *Journal of European Social Policy*, vol. 13 issue, 1, pp. 5-20.

통이 강한 편이다. 전통적으로 보충주의로 평가되는 이유는 가까이 있는 가족 및 지역사회에 의한 일차적 보살핌의 제공이 주를 이루고, 이러한 보살핌이 부족할 경우에 국가가 개입하기 때문이다. 독일과 네덜란드에서 대표적으로 나타나고 있는 보충주의 모델은 사회서비스의 미발달이라는 특징을 보여 준다.

자산조사−시장의존 모델은 영국과 아일랜드, 미국 등 앵글로색슨형 국가들에서 나타난다. 이 모델의 제도적 구성에 대해서 살펴보면, 정부의 낮은 사회서비스 지출, 수혜대상에 대한 선별적 공여, 낮은 조세 비중, 영리부문의 적극적 역할과 공공부문의 역할 축소 등을 그 특징으로 요약할 수 있다. 이러한 체계로 인해 사회서비스 계층화가 강하게 이루어지고 있으며, 일−가족의 양립 가능성이 제한되는 결과가 나타났다.

미국의 경우 사회서비스는 국가의 영역이라기보다는 자선의 영역에 포함되고 민간단체의 주된 활동 무대로 여겨져 왔다. 특히 1970년대 이후에는 영리부문이 급격하게 성장하기 시작했고, 지방정부의 역할이 증가함과 동시에 부담도 강화되었다.

가족주의 모델은 지중해 국가들에서 주로 나타나는데 전반적으로 낙후된 사회서비스체계를 보여 준다. 특히 GDP 대비 1% 내외의 사회서비스 지출, 파편화된 공공서비스, 이용자 권리의 미정립 등에서 나타나듯이 가족주의 모델은 공공서비스 모델과 뚜렷하게 대비되는 모습을 보여 준다.

사회서비스 제공체제의 유형별 특징을 살펴보면 〈표 5−5〉와 같이 정리할 수 있다.

앞에서 제시된 유형에 따라 한국의 사회서비스 체제를 평가해 보면,[18] 공여 원칙에서는 선별주의를 보이고, 재원조달에서는 조세의 비중과 일−가족의 양립 가능성이 낮으면서도 사회서비스의 계층화 가능성은 높기 때문에 가족주의 모델과 자산조사−시장의존 모델에 가깝다. 다만, 복지혼합의 측면에서는 가족 책임을 강조하여 왔으나 최근 들어서 비영리부문과 영리부문의 역할이 강조되는 추세이기 때문

---

18 임혁백, 김윤태, 김철주, 박찬웅, 고형면(2007). 「사회적 경제와 사회적 기업: 한국형 사회적 일자리와 사회서비스 모색」, p. 75.

에 가족주의 모델에서 자산조사–시장의존 모델로 이동하는 경향을 일부 보여 주고 있다.

표 5-5 사회서비스 제공체제의 유형별 특징

구분		북유럽형 (공공서비스 모델)	유럽대륙형 (보충주의 모델)		앵글로색슨형 (자산조사– 시장의존 모델)	남유럽형 (가족주의 모델)
제도의 구성	복지 혼합	공공부문의 압도적 우위	공공부문의 우위	비영리부문 우위	영리부문 우위	가족 책임
	공여 원칙	보편주의	보편주의+ 보충주의	보충주의	선별주의	선별주의
	지출 우선 대상	아동	아동	노인	노인	노인
제도의 효과	사회 서비스 계층화	낮음 (보편주의)	아동은 낮고 노인은 높음	높음	높음	높음
대표적 나라		스웨덴 덴마크	프랑스 벨기에	독인 네덜란드	영국 아일랜드	스페인 이탈리아

자료: 임혁백 외(2007). 「사회적 경제와 사회적 기업: 한국형 사회적 일자리와 사회서비스 모색」에서 재구성.

᛭ 제3절 사회복지서비스

사회복지서비스는 생활상의 장애에 대한 비금전적 서비스로서 사회보장제도의 중요한 축을 형성해 왔으나 정부의 사회적 일자리 사업이나 사회서비스 바우처 사업 등에 나타난 사회서비스와 함께 사용되어 왔으며, 2012년 개정된 「사회보장기본법」에서는 사회서비스란 용어로 대체되었다. 그럼에도 불구하고 사회서비스에서 사회복지서비스의 원리가 유지되고 있다.

1. 사회복지서비스의 개요 및 원리

1) 사회복지서비스의 개요

사회복지서비스는 2012년 「사회보장기본법」이 개정되기 전까지 우리나라 사회보장제도의 하나로서 법에 명시되었음에도 불구하고 사회보장에 관한 이론서에서 그 개념에 대한 명확한 정의를 발견하기는 쉽지 않았다.

그 이유는 사회복지서비스가 사회복지 현장에서는 사회복지 대상별로 구분되어 제공되고 있어 일반적인 사회복지서비스란 용어의 사용이 활발하지 않기 때문이었다. 실제로 사회복지서비스가 대비하고자 하는 사회적 위험도 다른 제도에서처럼 명확하거나 구체적이지 않기 때문에 그에 대비하는 제도의 개념도 복잡하고 불명확하였다.

「사회보장기본법」(2012)에서 사회복지서비스는 사회서비스란 용어로 대체되었으나 개정된 「사회복지사업법」(2020) 제2조 6호에 "사회복지서비스란 국가, 지방자치단체 및 민간의 도움을 필요로 하는 모든 국민에게 「사회보장기본법」 제3조 4호에 따른 사회서비스 중 사회복지사업을 통한 서비스를 제공하여 삶의 질이 향상되도록 제도적으로 지원하는 것을 말한다"로 규정하고 있다. 「사회보장기본법」(2012)에서 사회서비스의 개념을 기존의 사회복지 분야에서 보건의료, 교육, 문화예술, 체육, 고용, 주거, 환경까지 확장하고 있지만 구체적인 개입방법에서는 기존의 사회복지서비스와 거의 같다. 따라서 사회서비스는 사회복지서비스와 같은 원리를 적용하는 제도라고 보아도 전혀 문제가 없다.

그렇다면 사회복지서비스가 대응하려고 하는 사회적 위험은 무엇일까? 사회복지서비스는 개인이나 가정 생활상의 곤란에 대응하기 위한 제도로서, 국민이 생활 속에서 느끼는 개인적이고 특수한 욕구에 대해 구체적이고 개별적으로 충족하여 주기 위해 개입하는 사회복지제도다. 아울러 경제적 곤란에 기인하는 생활의 어려움 및 사회부적응 등에 대한 대책도 마련된다.

사회서비스와 마찬가지로 사회복지서비스에 대하여도 정책적으로나 학술적으로 그 개념에 대한 정의 혹은 논의는 매우 다양하다. 사회복지서비스는 그 역할과 범위가 광범위하여 예방, 개입, 보호 및 통제는 물론이고, 물질적·신체적 지원을 모두 포함하며, 한편으로는 행정과 서비스 전달을 위한 협조까지도 의미하기 때문이다. 또한 서비스를 제공하는 종사자에 의한 클라이언트 통제뿐만 아니라 사회복지를 필요로 하는 사람들에 대한 역량강화(empowerment) 등의 문제도 다룬다.

국가마다 사회복지서비스(social welfare service)와 유사한 제도들이 시행되고 있다. 예를 들어, 미국의 공공사회서비스 또는 휴먼서비스, 영국의 대인사회서비스 등을 사회복지서비스 체제로 볼 수 있다.

우리나라는 그동안 소득보장 중심으로 공공부조를 확대한 사회보장정책으로 인해, 사회복지서비스가 공공부조의 보완적 제도로 인식되어 보편화되지 못한 경우이며, 미국과 영국의 중간에 위치하지만 미국 쪽에 더 가까운 상태에 있다고 볼 수 있다.[19]

2) 사회복지서비스의 원리

사회복지서비스는 구체적이고 개별적으로 개인이나 가정의 생활상 어려움에 대응하는 기능이 있다. 경제적 곤란에 기인하는 사회생활의 어려움 및 사회부적응 등에 대한 대책으로, 특별하거나 다양한 조치를 요하는 대상자의 자립심을 손상하지 않고 정상적인 사회인으로서 생활할 수 있도록 원조하는 것이다. 따라서 각 개인 또는 가정의 구체적 생활상에 장애를 유발하는 문제를 해결 또는 완화하려는 시도를 말한다.

사회복지서비스는 이른바 원조(self-reliance)의 원리에 기초하고 있다. 원조의 원리는 당사자가 문제를 스스로 해결하는 데 필요한 도움을 제공하는 것을 의미한다. 예를 들어, 한 개인이 가난하다고 국가가 단순히 금전을 지급하여 생계를 보장하면

스스로 빈곤의 문제를 극복하기보다는 국가의 지원에 의존하게 될 가능성이 있다. 따라서 사회복지서비스는 욕구를 충족할 수 있는 수단을 그냥 지급하기보다는 그러한 생계수단이 부족하게 된 원인을 제거할 수 있도록 지원하여 궁극적으로는 욕구 충족의 수단을 스스로 얻을 수 있는 힘을 키워 주는 것을 의미한다.[20] 즉, 공공부조는 사후적인 반면, 사회복지서비스는 사전적이고 예방적인 서비스라고 할 수 있다. 따라서 사회복지서비스는 비금전적인 지원이 중심이 되어야 하고, 정상적인 사회생활로의 복귀를 목표로 하기 때문에 재활(rehabilitation)이 매우 중요한 목표가 된다.

2. 사회복지서비스의 분류

사회복지서비스는 여러 가지 기준으로 구분할 수 있다. 우선, 대상의 인구학적 기준에 따라 노인복지서비스, 장애인복지서비스, 아동복지서비스 그리고 여성복지서비스 등으로 구분된다. 한편, 대상자의 선정은 개별적인 가족구성원 중심의 선별주의에서 가족을 중시하는 보편주의의 성향으로 조금씩 변화해 가고 있다.[21] 또한 제공되는 공간에 따라 산업복지서비스, 교정복지서비스, 학교사회복지서비스 등으로 구분되며, 적용되는 문제에 따라 약물, 음주, 정신보건 등의 분야에서 사회복지서비스가 이루어지고 있다.

오늘날 경제성장과 급격한 사회변화의 결과로 사회 구조와 제도는 더욱 세분화·전문화되어 가고 있다. 따라서 사회복지서비스 분야에서도 전문화뿐만 아니라 다양한 사회제도에 필요한 새로운 서비스 영역을 점차 확대해 나갈 필요성이 제기되었다.[22] 그리고 이러한 요구가 사회서비스란 용어의 등장 배경이 되었다.

---

20 Kahn, A. J. (1973). *Social Policy and Social Planning*. NY: Random House.
21 남세진, 조홍식(1995). 『한국사회복지론』. 나남출판.
22 남세진, 조홍식(1995). 상게서.

뉴게보렌(Neugeboren, B.)은 사회복지서비스를 기능에 따라 보호, 통제, 재활의 세 가지로 구분하였다.[23]

첫째, 사회적 보호(social care)는 노인, 아동, 장애인, 범죄나 재난의 희생자 등 스스로 돌볼 수 없는 사람들의 욕구를 충족하는 것이다. 둘째, 사회적 통제(social control)는 대부분 스스로를 돌볼 수 있는 사람들이지만 사회의 규범이나 규칙에 맞는 행동을 하는 데 실패한 경우에 개입하는 것이다. 예를 들어, 교정시설에 수용된 아동, 청소년, 성인 등이 주요 대상인데, 일시적으로 클라이언트의 행동을 제한하고 감독하는 것이다. 셋째, 사회적 재활(social rehabilitation)은 사회적 · 신체적 · 정신적으로 자립적인 기능을 수행하도록 하는 것이며, 전문가의 개입을 통해 과거의 상태로 돌아가거나 기존의 기능을 유지하도록 돕거나, 사회에 적응하며 살아가도록 하는 것이다. 그 원인은 재난, 경제위기, 사회환경의 변화, 사고 등이다.

표 5-6 사회복지서비스의 분류

분류기준		서비스 대상 및 내용
대상		노인복지서비스, 장애인복지서비스, 아동복지서비스, 여성복지서비스, 청소년복지 서비스
실천현장		산업복지서비스, 교정복지서비스, 학교복지서비스, 의료사회복지서비스, 군사회복 지서비스
기능	보호	노인, 아동, 장애인, 범죄나 재난의 희생자 등 스스로 돌볼 수 없는 사람들의 욕구를 충족
	통제	스스로를 돌볼 수 있는 사람들이지만 사회의 규범이나 규칙에 맞는 행동을 하는 데 실패한 경우 개입
	재활	사회적 · 신체적 그리고 정신적 · 심리적 기능을 회복하거나 적응하도록 개입

---

[23] Woodside, M., & Mcclam, T. (1998). *Introduction to Human Service*. Tennessee: University of Tennessee. Brooks/Cole.

3. 사회복지서비스의 특징

1) 비금전적 지원

사회보험이나 공공부조는 소득이나 금전적인 지원이 급여의 중심이지만, 사회복지서비스는 비금전적·심리사회적 서비스를 주된 내용으로 한다. 이는 사회복지서비스가 사회변동 및 새로운 욕구에 가장 민감하게 반응해야 함을 의미하며, 이를 통해 사회구조적 변화로 나타나는 사회문제의 해결에 직접적이며 즉각적으로 대응하게 된다.

2) 구체적·개별적 지원

빈곤에 대처하는 공공부조와 빈곤의 원인으로 예상되는 사고에 대하여 사전 대응하는 사회보험은 보편적·평균적·균등적인 특성을 갖는 데 비해, 사회복지서비스는 그냥 소득을 지원하는 것이 아니라 사람마다 다른 빈곤의 원인을 개별적으로 파악하고 구체적으로 지원하는 특성을 갖는다.

표 5-7 사회복지서비스, 공공부조, 사회보험의 비교

범주	사회보험	공공부조	사회복지서비스
기여여부	기여	비기여	비기여, 기여
자격기준	비자산조사	자산조사	자산조사, 비자산조사
	비인구학적	비인구학적	인구학적
급여형태	현금, 현물	현금, 현물	주로 비금전적
시장원리	시장에서의 위치 반영	미반영	공급에서 일부 반영
관리주체	중앙정부	중앙, 지방정부	중앙, 지방정부, 민간
원리	보험원리	부조원리	원조원리

3) 전문적 지원

사회복지서비스가 대응하려고 하는 사회적 위험은 '다른 사람의 도움을 필요로 하는 상황'이다. 그러나 이에 대한 판단기준은 명확하지 않고 구체적이지 않은데, 그 이유는 사람마다 다르게 인식하기 때문이다. 따라서 사람들이 필요로 하는 도움이 무엇인지를 객관적으로 판정할 사회적 장치가 필요하며, 그러한 사회적 책임이 바로 사회복지전문가에게 위임된다. 즉, 전문가가 사회복지를 필요로 하는 사람의 욕구를 판단하고 그 해결책을 선택할 권한을 가지며, 개입의 결과에 대한 최종 확인까지도 위임을 받는다. 그러므로 사회복지서비스의 질은 서비스를 제공하는 전문가의 손에 달려 있다고 해도 과언이 아니다.

사회복지서비스는 사회가 산업화·도시화·정보화 사회로 진전함에 따라 사회문제가 가속화됨으로써, 특히 사회적으로 불우하고 취약한 위치에 있는 아동, 노인, 여성 및 장애인 등을 우선 대상으로 이들의 문제를 해결하여 건강한 사회인으로 복귀시키는 데 목적을 두고 있기 때문에, 사회보험이나 공적부조와는 달리 사회복지전문가에 의한 서비스가 중요한 의미를 갖게 된다.[24] 따라서 사회복지서비스는 그 속성상 전문가의 재량권과 역할에 따라 서비스의 질이 크게 달라진다. 점차 서비스의 내용이 다양화되고 그 수준이 고급화됨에 따라 사회복지서비스를 제공하는 실무자의 역량과 복지의식이 더욱 중요해지며, 고도의 전문성이 요구된다.

그러므로 사회복지서비스에서 사회복지사들이 다양한 역할을 해 주기를 기대하게 된다. 우선, 연계기능(linkage)으로 서비스를 필요로 하는 사람들이 프로그램을 잘 활용할 수 있도록 해야 한다. 그리고 정보 및 조회관계망, 위기 핫라인, 빈민을 위한 법률서비스, 사례 옹호 등을 담당해야 한다. 또한 보호관찰 및 가석방, 개인 및 가정에 대한 상담, 위탁보호, 성인보호 등의 치료 및 통제기능(therapeutic and control)도 중요하다. 성장증진기능(enhancement)은 개인이나 가정의 성장을 목표로 하는 것으로, 발달장애아동을 보호하거나 노인을 위한 문화교양 및 사회교육 프

---

[24] 남세진, 조흥식(1995). 전게서.

로그램을 제공하고, 부속적인 서비스를 연계하여 가정안정 서비스를 제공해 삶의
질을 제고하며, 자급 및 자체 보호증진을 지원하고, 학대 및 착취를 예방하여 시설
에 부적절하게 수용되지 않아야 한다.

4) 책임성에 대한 강조

중앙정부에서 수립되는 사회복지정책이 지방자치단체를 거쳐 사회복지시설을
통해 클라이언트에게 사회복지서비스의 형태로 전달된다. 사회복지서비스의 제공
을 위해 전달체계는 중요하며, 이러한 활동을 관리하는 사회복지행정의 책임성 또
한 중요하다.

행정에 참여하는 공무원이나 사회복지전문가들은 국가나 사회로부터 위임받은
전문가적 재량권을 가지고 사회복지를 필요로 하는 클라이언트의 욕구 충족을 위
해 클라이언트를 효과적으로 지원해야 하고, 위임받은 권한을 남용하여 클라이언
트의 권익을 침해하지 않도록 해야 한다. 또한 주어진 예산을 가지고 최대한의 효
과를 거두기 위해 효율적인 방법과 절차를 활용해야 한다.

4. 사회사업 및 사회복지사업과의 관계

일반적으로 사회복지서비스와 유사한 개념으로 사용되어 혼동을 일으킬 수 있
는 용어들이 있다. 사회사업(social work)과 사회복지사업이 그것이다.

먼저, 사회사업(social work)은 개별사회사업(case work), 집단사회사업(group
work) 및 지역사회조직(community organization) 등의 원리나 기술을 적용하여 구체
적이고 개별적으로 개입하는 실천방법을 의미한다. 사회복지서비스는 국가가 그
러한 사회사업의 원리 및 기술을 활용하여 대상별 · 문제별로 개인 생활상의 장애
를 제거하기 위한 제도를 마련하고, 국가가 직접 나서거나 비영리기관 또는 개인
등을 통해 그러한 서비스를 제공하는 것이다. 개정된 「사회복지사업법」(2012)에서

는 사회복지서비스의 개념에 대하여 "국가·지방자치단체 및 민간부문의 도움을 필요로 하는 모든 국민에게 「사회보장기본법」 제3조 4호에 따른 사회서비스 중 사회복지사업을 통한 서비스를 제공하여 삶의 질이 향상되도록 제도적으로 지원하는 제도"라고 규정하였다.

다음으로, 사회복지사업은 국가나 민간이 사회복지서비스를 제공하기 위하여 사회복지시설을 운영 또는 관리하거나 자원을 동원하는 활동을 의미한다. 「사회복지사업법」에서는 사회복지사업을 "아래의 법률에 따른 보호·선도(善導) 또는 복지에 관한 사업과 사회복지상담, 직업지원, 무료숙박, 지역사회복지, 의료복지, 재가복지(在家福祉), 사회복지관 운영, 정신질환자 및 한센병력자의 사회복귀에 관한 사업 등 각종 복지사업과 이와 관련된 자원봉사활동 및 복지시설의 운영 또는 지원을 목적으로 하는 사업"으로 정의하였다.

우리나라의 사회복지서비스를 전반적으로 규정하는 「사회복지사업법」에 포함된 법률의 수는 이 법이 처음 제정된 1970년에 3개(「생활보호법」, 「아동복리법」, 「윤락행위 등 방지법」)에 불과했고 1992년까지만 해도 7개였으나, 그 후 급속히 증가하여 2012년

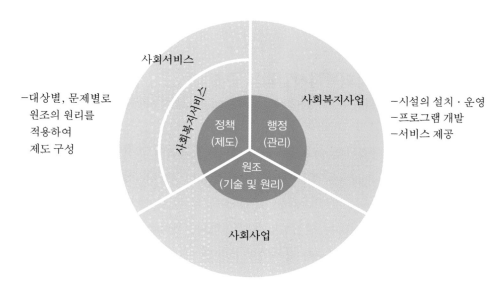

[그림 5-1] 사회사업 및 사회복지사업과의 관계

에는 25개로 증가하였다. 이는 1990년대 이후 사회복지서비스의 제도적 범위가 급격히 확장되었음을 의미한다. 또한 제도적 범위의 확장과 더불어 실천현장과 인력이 증가하면서 사회복지서비스는 중요한 실체로 자리 잡아 가고 있으며, 최근의 인구구조와 가족기능의 변화로 사회복지서비스의 중요성이 더욱 커지고 있다.[25]

제4절 사회복지서비스의 주요 쟁점

1. 보편주의와 선별주의

사회복지정책의 급여대상을 선정하는 것은 보편주의(universalism)와 선별주의(selectivity)라는 두 개의 원칙에 따라 구분된다.[26] 보편주의는 전 국민을 사회복지의 대상자로 인정하는 것을 말하는데, 시민권(citizenship)에 입각해 권리로서 복지서비스를 제공하고 복지수혜 자격과 기준을 균등화하여 복지서비스의 수급자들이 낙인감, 열등감, 굴욕감을 갖지 않도록 한다.[27]

사회복지서비스는 원래 민간에서 발달해 온 전문사회사업이었다. 1905년 영국(해밀턴)에서 「빈민법」의 운영 실태에 관한 조사를 위한 왕립위원회의 보고서에서 구제를 받을 빈민(deserving poor)과 구제를 해서는 안 될 빈민(undeserving poor)을 구분하기 위해 최초로 사회복지서비스를 공식적인 제도로서 적용하기 시작하였다. 그리고 이후 사회복지서비스는 공공부조와 연계되어 그 대상자들만을 중심으로 선별적으로 이루어져 왔으며 공공부조를 받는 사람들에게는 반드시 사회복지서비스가 부가적으로 제공되도록 하였다.

---

25 남찬섭(2005). "사회사업실천 제도화의 유형화를 위한 탐색적 사례연구: 복지체제 유형과의 관련하에 서". 『사회복지정책』 제22집, p. 174.

26 원석조(2011). 『사회복지정책론』(제3판). 공동체, p. 41.

27 Titmuss, R. M. (1976). *Commitment to Welfare*. London: Allen & Unwin, p. 129.

사회복지서비스를 공공부조에 대한 보충적 서비스로 이해한다면 저소득층에만 제공되는 것으로 볼 수 있으나, 이는 사회복지서비스의 범위를 제한하는 것이며, 사회복지서비스 본래의 성격과도 맞지 않는다. 따라서 일부에게 선별적으로 제공되는 것이 아니라 모든 사람에게 보편적으로 적용되어야 한다. 사회복지서비스는 경제적 의존의 해결을 정책적 우선순위로 삼던 전반기를 거쳐 1970년대에 이르러 비로소 기능적 · 정서적 의존을 보편적인 욕구로 인정하고 이에 따른 급여와 전달체계를 갖추게 되었다.[28]

보편주의에서 가장 중요한 것은 사회복지 수급이 전 국민의 기본권 중 하나라는 점이다. 모든 노인을 위한 사회보장연금과 모든 취학 아동을 위한 초 · 중등교육이 좋은 예다.

보편주의의 기본입장은 다음과 같이 네 가지로 정리할 수 있다.[29]

첫째, 보편주의자들은 사회복지정책을 빈민이나 장애인과 같은 특정한 집단뿐만 아니라 모든 시민이 겪게 되는 일상생활의 문제에 대한 대책으로 간주한다. 빈민과 부자, 남성과 여성 같은 사회적 범주에 따라 차등을 두지 않고 사회적 욕구를 보편적으로 충족할 수 있는 사회적 프로그램을 조직한 것이 복지국가다.

둘째, 청소년을 위한 교육, 환자를 위한 보건의료, 실업자를 위한 소득보장 등이 권리로서 보장되어야 한다.

셋째, 보편주의자들은 또한 사회적 프로그램에서 수혜자와 기여자를 구별해서는 안 된다고 본다. 양자를 구별하는 것은 사회적 통합과 인간존엄성의 가치를 손상시키기 때문이다.

넷째, 보편주의자들은 포괄성(inclusiveness)의 원칙에 입각한 복지 프로그램이 정치적으로 장점이 있다고 본다. 보편주의 프로그램은 비용이 많이 필요하지만 사회적 주변집단만을 대상으로 하는 자산조사 프로그램보다 훨씬 대중적이라는 것

---

28 박경숙 외(1992). 「사회복지사무소 모형개발」. 한국보건사회연구원.

29 Gilbert, N., & Terrell, P. (2002). *Dimensions of Social Welfare Policy* (5th ed). Boston: Allen & Bacon, p. 89.

이다.

한편, 선별주의는 사회복지 대상자들을 사회적 · 신체적 · 교육적 기준에 따라 구분하여 복지서비스를 제공하는 것을 의미한다. 자산조사를 통해 원조의 필요가 있다고 인정된 사람들, 즉 결손가정, 장애인, 무능력자, 노인, 빈민 등만을 복지서비스의 대상으로 하며, 공공부조나 공공임대주택이 여기에 속한다. 하지만 수혜조건을 갖추었는지를 조사하는 과정과 조세를 통해 그 비용을 부담하는 일반 시민들과의 사회적 관계에서 낙인이 발생할 수 있다.[30]

선별주의자들은 사회복지 대상자를 신중하게 선정된 수혜자들로 국한해야 하며, 개인이나 가족의 드러난 욕구가 대상자 선정에서 최우선시되어야 하고, 보편적인 급여보다는 제한적인 급여가 필요하다고 여긴다. 그리고 자신의 욕구를 스스로 해결할 수 있는 사람은 정부의 사회복지 급여를 받아서는 안 된다고 본다. 사회복지 수급자는 자활이 불가능한 주변집단에 한해야 하며, 그래야 사회복지 재정에 필요한 돈을 부담하는 납세자들이 이해한다고 믿는다. 대상자의 제한을 위해서는 자산조사가 활용되기도 한다.

이상의 내용을 종합해 보면, 선별주의는 서비스를 도움이 필요한 사람에게 집중시킬 수 있고, 자원의 낭비가 없으며, 비용이 적게 드는 장점이 있다. 보편주의는 최저소득을 보장함으로써 빈곤을 예방할 수 있고, 수급자에게 심리적 · 사회적 낙인을 가하지 않으며, 행정절차가 용이하고, 시혜의 균일성을 유지할 수 있으며, 모든 시민의 구매력을 일정 수준에서 유지함으로써 경제적 안정과 성장에 기여한다는 장점이 있다.[31] 최근 무상교육 논쟁과 관련하여 고소득자의 보육도 국가가 책임을 져야 하느냐 하는 정당성 문제와 가족 우선이라는 가족주의 가치관 그리고 가족 책임의 전가 또는 도덕적 해이라는 문제가 제기될 수 있다.

30 Townsend, P. (1975). *Sociology and Social Policy*. London: Allen & Unwin, p. 124. 원석조(2011)에서 재인용.

31 원석조(2011). 전게서, p. 45.

2. 현금급여와 현물급여

1) 장단점 비교

급여형태는 현금급여(transfer in cash)와 현물급여(transfer in kinds)의 기본형태로 구분된다. 현금급여란 수급자에게 사회복지서비스가 현금의 형태로 전달되는 것을 말하는데, 현금급여로는 사회보장연금이나 공공부조의 생계비지원 등을 들 수 있다. 현물급여란 그것이 현물의 형태로 지원되는 것을 말한다. 예를 들어, 건강보험의 진료서비스, 장애인복지의 보장구 지급 등을 들 수 있다.

현금급여와 현물급여에서 핵심적 논의는 어느 쪽이 더 효과적인가 하는 것이다. 현물급여를 지지한 스웨덴의 경제학자 미르달(Myrdal, A.)은 규모의 경제(economy of scale) 면에서 현물급여가 현금급여보다 효과적이라고 보았다. 예컨대, 공기업이 생필품을 대량으로 생산하면 더 저렴한 가격으로 생산할 수 있고, 또 좀 더 효과적으로 분배할 수 있다는 것이다.[32] 반면에 현금급여를 제공하고 수급자들이 직접 필요한 물품을 구입하게 하는 것은 비용이 더 많이 든다. 국가의 계획경제가 중시되는 시절에는 획일적인 급여, 대량 생산과 분배를 실행하면 시장에서의 낭비가 줄어들 것으로 보았다. 현금지원은 그 지출목적을 통제할 수 없는데, 예를 들어, 아동수당을 현금으로 지원받은 부모가 그것을 아동양육 이외의 목적에 사용할 수도 있다. 반면에 현물로 지급하는 현물급여는 용도 외 사용을 원칙적으로 막을 수 있어 목적 달성에 효과적일 수 있다.

반면, 효용의 극대화를 중시하는 고전적 후생경제이론에서 보면 현금급여가 더 효과적이다. 즉, 현금을 지급하고 그 소비를 개인의 자유에 맡기면, 자신에게 가장 큰 만족을 주는 곳에 그 돈을 소비하게 되어 만족이 극대화되기 때문이다. 물론 이 이론은 개인이 합리적으로 행동하고 또 정확한 판단을 할 능력이 있다는 가정을 전

---

[32] 원석조(2011). 전게서, p. 47.

제로 한다. 즉, 개인의 자기결정권(the right to self-determination)과 시장에서의 소비자주권론(consumer sovereignty)과 관련이 있다. 그러나 음식, 보건의료, 학교급식 등 기본적인 욕구를 위해 현금을 지원하고 소비를 개인의 자유에 맡길 경우 본래의 의도와 달리, 술, 담배 등 기호식품이나 사치품 등을 살 수도 있다.

오늘날 현물급여가 효과적이란 주장은 상당한 도전을 받고 있다. 규모의 경제가 여전히 타당한 분야가 있겠지만, 케이스워크(casework)나 직업상담과 같은 사회복지서비스에는 맞지 않는다. 더욱이 현금급여와 관련이 있는 시장경제의 경쟁이 공적 생산보다 비용을 더 절감한다는 것도 더욱 분명해지고 있다.[33]

그리고 현금급여는 현물급여에 비해 물류비용이나 감독비용이 들지 않기 때문에 관리운영 비용도 절약할 수 있다. 또한 현금급여는 수급자들이 스스로 지출을 결정할 수 있기 때문에 낙인도 줄일 수 있다. 아울러 현금급여는 빈민의 소득을 직접적으로 향상하기 때문에 보다 효과적으로 빈곤문제를 해결하는 데 기여한다.

2) 사회서비스의 바우처화

서비스이용권 또는 바우처(voucher)는 현금지원과 현물지원의 단점을 극복하고 두 방식의 장점만을 채택하기 위한 절충형 제도로 고려할 수 있다. 즉, 정부지원금의 사용목적을 제한하되, 수혜자가 서비스 종류와 제공자를 선택할 수 있도록 하는 것이다. 바우처 방식과 현금지원 방식 효과를 비교하면, 바우처가 소비자 선택에 미치는 영향은 현금지원과 동일하지만, 바우처는 소비자 효용과 특정 서비스 소비량에는 영향을 미치지 않는다. 즉, 소비자의 공급자 선택에만 영향을 줄 수 있게 된다. 반면, 바우처지원이 현금지원과 동일하지 않은 경우에는 소비자의 효용과 특정 서비스 소비량에 영향을 주게 된다. 이때 소비자의 효용은 현금지급의 경우보다는 감소하게 되어, 현금지급으로 대체하는 것이 효율성을 증진시킨다.

복지국가의 목표를 생활보장으로 볼 때 현금위주의 소득보장과 현물위주의 사회

---

33 원석조(2011). 전게서, p. 49.

서비스로 구분할 수 있다. 사회서비스 중심의 복지국가 전략은 현금지원형 소득보장 전략에 대비하여 경제적 성과 측면에서 더 생산적이라는 주장이 있다.[34] 사회서비스를 바우처화하는 것은 사회서비스의 현물적 특성을 약화시키고 현금적 특성을 강화하는 것으로, 사회서비스 중심전략의 기본취지와 거리가 있다고 볼 수 있다.

보편주의 원칙이 수혜자들의 욕구를 충족해 주는 정도를 높여 준다고 할 수 있으나, 이는 재정적 한계 및 가치관의 차이 등 경제적 · 정치적 이유로 인하여 그 실천에 한계가 있으며, 사회주의 공동체에서도 복지적 목적을 제한하는 다양한 관점이 있을 수 있다.[35]

이와 같은 제한을 목적으로 사용되는 대표적인 방법 중의 하나가 사회복지서비스에 요금을 부과하는 유료화다. 유료화의 정당성을 입증하기 위한 여러 가지 근거에 의하면 결국 사회복지서비스의 유료화 여부는 가치판단에 따른 선택의 문제다. 이는 복지국가의 필요성과 그 경제적 결과에 대한 지배적인 사회가치에 따라, 시대와 국가에 따라 달리 선택된다고 할 수 있다. 다만, 선택의 방향으로서 탈상품화, 즉 기본적인 욕구를 충족하기 위해서 시장에 의존하는 정도를 얼마나 줄였는가 하는 에스핑-안데르센의 개념을 충분히 고려할 필요가 있다.[36] 다시 말해서, 시민들의 사회권, 기본적 욕구를 충족하는 데 필수적인 서비스는 모든 사람이 이용할 수 있도록 비용을 지불할 수 있는 능력의 결여가 서비스에 대한 접근권을 제한하지 않도록 해야 한다. 또한 사회복지서비스를 유료화하더라도 비용을 부과할 때 서비스 사용자의 지불능력을 충분히 고려해야 한다.

중앙정부나 지방자치단체에서는 유료서비스를 제공할 수 있는 시설의 설치와 운영에 대한 전문적이고 구체적인 지침, 즉 유료서비스 표준틀을 마련해야 한다. 이는 상업성과 복지성 및 공공성을 동시에 가진 가격과 서비스 질적 수준을 갖추어야 한다는 것이다.[37]

34 안상훈(2007). "세계화시대, 생산적 보완성이 높은 복지전략에 관한 비교사회복지정책 연구-사회서비스형 복지국가의 전략의 경제적 성과를 중심으로-".『사회복지연구』제32호. 한국사회복지연구회, p. 132.

35 Pinker, R. (1979). *The Idea of Welfare*. London: Heinmann.

36 Esping-Anderson, G. (1990). *The Three Worlds of Welfare Capitalism*. NJ: Princeton University Press.

표 5-8 바우처 사업 현황

장애인활동지원	장애인활동지원	일상생활과 사회활동이 어려운 장애인에게 활동보조, 방문목욕, 방문간호서비스 제공
	시 · 도, 시 · 군 · 구 추가지원	
지역자율형 사회서비스 투자사업	지역사회서비스투자	아동, 장애인, 노인 등 다양한 수요에 부합하는 서비스 제공
	산모신생아 건강관리지원	출산가정에 산후조리 가정방문서비스 제공
	가사간병방문지원	신체수발, 가사지원, 일상생활, 간병지원 등 재가가사 · 간병지원 서비스
장애아동 가족지원	발달재활서비스	언어 · 청능, 미술 · 음악 · 행동 · 놀이 · 심리운동 · 재활심리, 감각 · 운동 등 발달재활서비스 제공
	언어발달지원	언어발달진단서비스(언어재활, 청능재활 등 언어재활서비스 및 독서지도, 수어지도)
발달장애인 지원	발달장애인부모상담 지원	발달장애인 부모에게 개별/집단 상담을 12개월간 제공
	발달장애인 주간활동서비스	발달장애인이 지역사회의 다양한 기관이나 장소를 이용 및 참여하여 동료이용자와 함께 낮시간을 보낼 수 있도록 기관 및 외부 협력기관을 통한 다양한 참여 프로그램 제공
	발달장애학생 방과후 활동서비스	
임신출산 진료비지원		임신과 출산에 관련된 진료를 위해 임산부가 지정요양기관에서 받는 진료비용 제공
청소년산모 임신출산 의료비지원		산전관리가 취약한 청소년산모에게 임신과 출산 의료비를 지원
기저귀 조제분유 지원		기저귀 및 조제분유(기저귀 지원 대상 중 산모가 질병 · 사망으로 모유수유 불가능한 경우)
에너지바우처		전기, 도시가스, 지역난방, 등유, LPG, 연탄 구입 지원
아이돌봄지원		개별 가정 특성 및 아동발달을 고려하여 아동 및 영아의 집에서 놀이활동, 등하원, 식사 및 간식 챙겨 주기, 영아 이유식 먹이기, 젖병소독 등 돌봄서비스 제공
여성청소년 생리대바우처		여성청소년의 건강한 성장지원을 위해 생리대 이용권 제공

자료: 사회보장정보원 홈페이지(http://www.ssis.or.kr/lay1/S1T752C771/contents.do).

---

37 현외성(1998). "신정부의 사회복지서비스 정책과제". 『사회복지정책』 제6집, pp. 304-322.

3. 공공과 민간의 역할 분담

우리나라는 본래 국가의 역할이 매우 미흡하여 사회복지서비스의 제공은 주로 민간이 담당해 왔다. 국가의 개입이 시작되면서부터는 사회복지서비스의 제도를 마련하는 것뿐만 아니라 각종 시설을 운영하여 사회복지를 필요로 하는 사람들에게 서비스를 직접 제공하기도 하였다. 그러나 정부의 규모를 축소하려는 노력과 민간의 창의력을 활용한다는 관점에서 국가가 직접적으로 서비스를 제공하던 역할이 민간에 점차 이양되는 추세였으며, 국가의 역할은 사회복지서비스 제도의 도입과 재원 마련 및 서비스의 품질을 감독하는 것으로 바뀌었다. 최근에는 정부가 사회복지서비스의 공공성 강화를 목표로 사회서비스원을 설립하는 등 개입을 다시 강화하고 있다.

한편, 국가가 민간부문에 사회복지서비스의 제공을 맡기기 위한 여러 가지 시도가 외국에서 나타나고 있다. 우리나라에서 정부가 시설을 건립하고 운영을 민간에 위탁하는 경우 또는 서비스 시설과 특정 서비스 제공에 관한 계약을 체결하는 경우 그리고 바우처 등을 통해 사회복지수혜자들을 재정적으로 지원하여 계약된 제공자 중에서 선택적으로 이용하도록 하는 이른바 구매계약방식 등이 있을 수 있다. 흥미로운 사실은 국가가 각 계약방식에 따라 민간 서비스 제공자의 품질을 감독할 수 있는 가능성이 다르다는 점이다.

이러한 서비스이용권제도를 통한 구매방식은 가장 기본적인 국가의 사회복지 기반이 이루어지지 않은 우리의 현실에서 적절한 것인지는 검토가 필요하다. '국민 최저한'의 사회복지서비스 수준에 대한 보장이 구축되어 있지 않는 한, 이는 복지서비스에 대한 국가의 책임을 소홀히 하는 것으로, 복지서비스의 부익부 빈익빈 현상을 초래함으로써 사회통합의 저해요소가 될 우려가 있다.

민간참여로 공공의 한계를 극복한다는 입장에서 민영화 논의가 전개되고 있으나, 최근 서비스이용권의 확산에서 관찰되듯이 주로 서비스의 유료화와 공급자 간의 경쟁 그리고 이용자의 선택권 등이 주요 관심사가 되고 있다. 사회복지서비스와 관련하여 공급자 간의 경쟁이 가격 하락과 서비스의 질 제고로 이어질지 그리고 사회복지 클라이언트들이 서비스를 선택하는 데 필요한 충분한 정보와 적절한 판단능력을 가진 것으로 전제할 수 있을지는 의문이다. 민간참여와 관련하여 비영리조직의 활용으로 얻을 수 있는 장점에 대한 관심은 상대적으로 소홀한 것이 현실이다.

사회복지서비스 전달체계에서 재정적 책임은 기본적으로 정부의 몫이며, 이것이 이루어진 후 민간참여 및 자원봉사활동의 확대를 고려해야 한다. 사회복지서비스의 민간참여는 어디까지나 국가사회복지의 보완에 불과함을 간과해서는 안 된다는 주장이 있다.[38] 이러한 견해는 근본적으로 우리나라에서 기부문화가 활성화

표 5–9 사회사업실천 제도화의 국가별 특징

구분	덴마크	독일	영국	그리스
공공부문과 민간부문의 상대적 비중	• 공공부문이 크고 민간부문은 미약함	• 공공부문과 민간부문의 혼합형	• 공공부문과 민간부문의 이원화	• 공공부문이 미약하고 교회나 비공식부문이 상대적으로 큼
공공부문과 민간부문의 지향성	• 연대원칙에 입각한 실질적 서비스 제공 • 지방정부의 자율성 극대화	• 공공부문은 공공부조와 연계되어 있으며 관료적이고 보다 기능주의적임 • 민간부문은 연대원칙에 입각한 보편적 서비스 제공	• 공공부문은 빈곤가정에 집중 • 민간부문은 보편적 서비스 제공 • 공공부문과 민간부문의 양극화	• 공공부문과 민간부문의 조정 결여
서비스 실천의 성격	• 예방적 · 지역사회 중심적 서비스 • 권리로서의 서비스	• 기능적이고 과업중심적임 • 공공부문의 경우 사회통제적인 성격을 가짐	• 사회통제적인 기능 수행, 낙인화, 구빈법적 이미지	• 클라이언트집단 중심의 개별사회사업이나 지역사회개발모델에 입각한 서비스 제공

자료: 남찬섭(2005). "사회사업실천 제도화와 유형화를 위한 탐색적 사례연구: 복지체제 유형과의 관련하에서". 『사회복지정책』 제22권, pp. 153-177.

---

38 남세진, 조흥식(1995). 전게서.

되지 못하여 민간의 사회복지 자원이 충분하지 못하다는 사실에 기초한다. 그러나 장기적으로는 사회복지서비스 분야에서 민간의 역할이 강화될 필요가 있으며, 이를 위해 기부문화 활성화를 통한 적극적인 민간자원의 동원이 필요하다. 국가별 사회사업실천 제도화의 특징을 요약하면 〈표 5-9〉와 같다.

4. 중앙과 지방 간의 역할 분담

사회복지서비스는 성격상 매우 개별적이고 구체적인 욕구 충족과 관련된다. 따라서 지역별로 프로그램이 마련되고 운영되는 것이 적절하다. 사회보험과 달리, 사회복지서비스는 지방자치단체의 역할이 매우 중요하다고 할 수 있으며, 지방자치단체에 좀 더 많은 행정적·재정적 재량권을 부여하는 것이 적절하다고 본다.

한편, 사회복지서비스와 관련된 기본적인 정책의 관할권은 중앙정부가 가지는 것이 적절하다. 지역 간 서비스의 수준이나 질이 지나치게 차이를 보일 경우에 형평성의 논란이 있을 수 있고, 수혜가 용이한 지역으로의 인구유입 등 문제점이 발생할 수 있어 전국적으로 통일된 기준을 적용할 필요가 있기 때문이다.

우리나라의 경우 2003년 개정된 「사회복지사업법」에서 지역사회복지체계의 확립으로 공공부문에서의 사회복지서비스 제공 책임이 지방자치단체에 있다는 점을 명확히 하고 있으며, 기초자치단체가 관할하는 지역의 사회복지사업에 관한 중요 사항을 심의·건의하는 기능을 하는 민관협력기구로 지역사회복지협의체의 설치를 의무화하는 규정 등을 신설하였다.[39] 지역사회복지협의체는 「사회보장급여 이용·제공 및 수급권자 발굴에 관한 법(2014)」에 의해 지역사회보장협의체로 명칭이 변경되었다. 또한 정부는 2004년 재정분권화의 일환으로 보건복지부 소관 국고보조사업의 일부를 지방정부로 이양하는 재정분권화 결정을 내렸다.[40] 지방정부로

---

39 남찬섭(2005). 전게서, p. 173.

40 이인재(2004). "사회복지 재정분권의 의미와 과제". 『지방분권시대의 사회복지과제』. 한국사회복지연구회 2004년도 공동학술대회 자료집.

이양되는 사업과 일괄보조금으로 전환되는 보건복지부 소관사업의 대부분은 사회
복지서비스 관련 사업들이다.

🌟 생각상자

- 사회서비스가 대응하려고 하는 사회적 위험은 무엇인가?
- 사회서비스는 사회복지서비스와 어떠한 관계에 있는가?
- '생활상의 곤란'이라는 사회적 위험의 특성은 무엇인가?
- 사회복지서비스의 시장화로 예상되는 문제점은 무엇인가?
- 서비스이용권(voucher) 방식의 도입이 가능한 사회복지서비스의 영역은 무엇인가?

참고문헌

강혜규(2008). "사회서비스 정책과 고용창출 정책".『보건복지포럼』통권 제144호. 한국보건사
　　회연구원, pp. 34-54.

김연명(2009). "사회투자론의 한국적 적용 가능성과 쟁점".『사회투자와 한국사회정책의 미래−
　　사회투자론의 한국적 적용 가능성 논쟁』. 나눔의 집, pp. 33-64.

김영순(2009). "사회투자국가를 다시 생각한다".『사회투자와 한국 사회정책의 미래−사회투자
　　론의 한국적 적용 가능성 논쟁』. 나눔의 집.

김용득(2007). "영국 사회복지서비스의 구조와 서비스 질 관리 체계".『보건복지포럼』. 한국보건
　　사회연구원.

김용득(2009). "사회서비스바우처사업 2년의 평가와 과제−선택, 공적 책임, 일자리 논의를 중
　　심으로".『사회서비스바우처 사업의 내실화와 확대방향』. 사회서비스바우처 시행 2주년 기
　　념 심포지엄 논문집. 재단법인 사회서비스관리센터.

김철주, 박보영(2006). "새로운 사회적 위험의 도래와 복지국가의 현대화".『사회복지정책』제24권,

pp. 317-336.

김혜원, 안상훈, 조영훈(2006). 「사회서비스 분야 일자리 창출 방안에 관한 연구」. 노동연구원.

남세진, 조흥식(1995). 『한국사회복지론』. 나남출판.

남찬섭(2005). "사회사업실천 제도화의 유형화를 위한 탐색적 사례연구: 복지체제 유형과의 관련하에서". 『사회복지정책』 제22집, pp. 153-177.

남찬섭(2012). "사회복지서비스와 사회서비스의 개념과 범주, 어떻게 확립할 것인가?". 『사회보장기본법 개정에 따른 사회(복지)서비스정책 쟁점과 과제』. 사회보장기본법 개정에 따른 사회(복지)서비스 정책토론회, p. 3-39.

박경숙 외(1992). 「사회복지사무소 모형개발」. 한국보건사회연구원.

박세경(2010). "사회서비스 돌봄 일자리의 쟁점과 과제". 『보건복지포럼』 통권 제162호, pp. 32-41.

안상훈(2006). "사회서비스투자국가로의 전환논리". 2006년 한국사회학회발표자료집.

_____(2007). "세계화시대, 생산적 보완성이 높은 복지전략에 관한 비교사회복지정책 연구–사회서비스형 복지국가의 전략의 경제적 성과를 중심으로–". 『사회복지연구』 제32호. 한국사회복지연구회, pp. 131-160.

원석조(2011). 『사회복지정책론』(제3판). 공동체.

원종욱(2009). 「사회서비스산업의 산업활성화 방안 연구: 사회지출이 경제성장이 미치는 효과에 관한 연구」. 한국보건사회연구원.

윤영진(2010). 「사회서비스의 개념 및 성격에 관한 논고」. 『사회서비스 연구』 제1권, pp. 9-32.

윤영진, 양기용, 이인재, 이재원(2011). 『사회서비스정책론』. 나눔의집.

이봉주, 김용득, 여유진, 강혜규, 남찬섭(2006). "한국 사회복지서비스 제도화의 과제: 경험과 전망". 『여성일자리창출 국제정책회의 자료집』. 여성가족부.

이인재(2004). "사회복지 재정분권의 의미와 과제". 『지방분권시대의 사회복지과제』. 한국사회복지연구회 2004년도 공동학술대회 자료집.

이현주, 강혜규, 서문희, 정경희, 유동철, 정재훈, 이승경, 노인정, 현명이(2003). 「공공부조와 사회복지서비스의 체계분석 및 재편방안」. 한국보건사회연구원.

임혁백, 김윤태, 김철주, 박찬웅, 고형면(2007). 「사회적 경제와 사회적 기업: 한국형 사회적 일자리와 사회서비스 모색」. 송정문화사.

정경희, 이현주, 박세경, 김영순, 최은영, 최현수(2006). 「한국의 사회서비스 쟁점 및 발전전략」.

한국보건사회연구원.

현외성(1998). "신정부의 사회복지서비스 정책과제". 『사회복지정책』제6집, pp. 304-322.

Adams, R. (1996). *The Personal Social Service-client, consumer or citizen?* London: Longman.

Anttonen, A., & Sipila, J. (1996). "European Social Care Services: Is it Possible to Identify Models?". *Journal of European Social Policy,* vol. 6 issue, 2, pp. 87-100.

Bahle, T.(2003). "The Changing Institutionalization of Social Services in England and Wales, France and Germany: Is the Welfare State on the Retreat?" *Journal of European Social Policy,* vol. 13 issue, 1, pp. 5-20.

Esping-Anderson, G. (1990). *The Three Worlds of Welfare Capitalism.* NJ: Princeton University Press.

Esping-Anderson, G. (1999). *Social Foundations of Postindustrial Economies.* Oxford: Oxford University Press.

Gilbert, N., & Terrell, P. (2002). *Dimensions of Social Welfare Policy* (5th ed.). Boston: Allyn & Bacon.

Kahn, A. J. (1973). *Social Policy and Social Planning.* NY: Random House.

Pinker, R. (1979). *The Idea of Welfare.* London: Heinmann.

Talyor-Gooby, P. (2004). "Welfare State Reform and New Social Risks". http://fds.oup.com/www.oup.co.uk/pdf/0-19-926727-8.pdf

Titmuss, R. M. (1976). *Commitment to Welfare.* London: Allen & Unwin.

Townsend, P. (1975). *Sociology and Social Policy.* London: Allen & Unwin.

Woodside, M., & Mcclam, T. (1998). *Introduction to Human Service.* Tennessee: University of Tennessee. Brooks/Cole.

사회보장정보원 홈페이지 http://www.ssis.or.kr/lay1/S1T752C771/contents.do

제6장

연금보험

SOCIAL SECURITY

사회적 위험의 하나인 노후의 소득상실에 대비한 대책을 생각해 보고자 한다. 특히 노후소득보장제도로서 연금보험은 개인저축, 개인연금, 퇴직연금 등과 어떠한 차이가 있는지를 비교한다. '공적연금보험의 재정은 어떻게 운용되는가?' '우리나라의 국민연금보험은 어떠한 특징을 가지며 운영실태는 어떠한가?' '향후 개혁의 과제와 선진국의 연금개혁 동향은 어떠한가?' 등에 대해 살펴본다.

제**6**장

연금보험

👤 제1절 공적연금보험제도의 개요

1. 사회적 위험으로서 노후소득상실

근로자들이 노령, 장애, 사망 등의 사회적 사고로 소득의 중단 또는 상실이라는 사회적 위험이 발생할 경우 일정 수준의 생활(소득)을 보장해 주기 위한 일반적인 제도로 공적연금제도가 있다. 우리나라의 국민연금과 공무원연금 그리고 미국의 노령유족장애보험(OASDHI: Old Age, Survivors, Disability, Health Insurance) 등이 여기에 속한다.

공적연금제도는 노령에 따른 소득상실에 대비하는 것이지만 퇴직 후 소득의 상실이나 감소라는 사회적 위험에 대한 보장수단의 역할도 한다. 역사적으로 연금제도는 노령에 따른 소득상실이나 영구적 퇴직에 의한 소득상실 모두를 보장하는 제도로 발전되어 왔다고 볼 수 있다.

2. 노후소득상실에 대비하는 다층보장체계 및 유형

일정한 소득이 있는 근로자의 노후소득을 보장하기 위해서 세계은행(World Bank)은 세 가지 방식(three-tiered system, 3층 보장구조)을 제시하였으며,[1] 2005년에는 다시 다섯 가지 방식(five-tiered system, 5층 보장구조)의 다층노후소득보장체계를 권고하였다.[2] 여기서는 우리나라의 노후소득보장체계를 다음과 같이 3층 보장구조로 설명하고자 한다.

첫째, 국가가 직접 나서 노후소득상실에 대비하는 공적연금을 운용하는 것이다. 그리고 이는 공무원처럼 특수직에 있는 사람에 대한 공적연금과, 일반 국민을 대상으로 한 공적연금보험으로 분류하여 운영한다. 전자의 경우 공무원에 대하여 가부장적인 보호(paternity compensation)를 위해 공무원연금(government employer pension)을 제공한 것이며, 이후 특수직역연금으로 발전하였다. 후자의 경우 공무원 외에 자신의 노후를 대비하지 못했거나 대비할 수 없었던 노령빈곤층에게 노령수당이나 공공부조 방식을 통해 생계를 보장하는 방안으로, 기본적인 노후소득보장을 위한 현대적인 1층 공적연금제도(social security pension system)로 발전하게 된 것이다.

둘째, 노후소득상실에 대비하는 이차적인 방식은 소득이 있는 일부 근로자에 대한 노후보장으로 이들 스스로 노후에 대비하거나 기업주가 제공하는 노후소득보장의 혜택을 받는 것을 의미한다. 즉, 공동으로 퇴직과 노령을 대비하는 자조적인 우애조합(friendly society) 또는 노동조합(trade union)을 형성하였으며, 그 후 근로자의 사회보장연금(social security pension)으로 발전하였다. 기업주는 자신들이 고용하고 있는 근로자를 위해 사용자연금(employer pension)을 제공하였으며, 이것은

---

1 The World Bank (1994). Averting the Old Age Crisis: Policy to Protect the Old and Promote Growth. NY: Oxford University Press, pp. 8-9: 원석조(2002). 『사회보장론』. 양서원에서 재인용.

2 Holzman, R. & Hinz, R. (2005). Old-age Income Support in 21st Century: An International Perspective on Pension Systems and Reform. Washington: The World Bank.

나중에 퇴직연금제도로 발전하였다. 이것은 기본적인 공적연금을 보완하여 좀 더 높은 노후소득을 보장하기 위한 제도다(2층 연금제도).[3]

셋째, 노후소득상실에 대비하는 또 다른 방식은 각자가 저축을 통해 스스로의 노후를 보장하는 것을 말한다. 대표적으로 개인연금이나 사적연금(individual insurance)으로 발전하였다. 이것은 1층 및 2층 연금을 보완하여 좀 더 많은 노후소득을 보장할 수 있다(3층 연금제도).

표 6-1 우리나라의 다층 노후소득보장체계의 구조

층	주체	대상	노후소득보장제도 종류
3층	개인	개인	개인연금(민간보험)
2층	기업	근로자	기업연금, 직장연금, 퇴직금
1층 (공적연금)	국가	공무원, 군인, 사립학교교직원	특수직역연금제도 (공무원연금, 군인연금, 사립학교교직원연금)
		일반 국민	국민연금제도 *기초연금제도, 장애인연금제도 등 별도 운영
0층	국가	저소득층	국민기초생활보장제도

이처럼 대부분 국가의 공적연금들은 사회부조적 요소, 사회보험적 요소, 사회수당 요소, 퇴직준비금적 요소, 강제가입방식 그리고 개인연금 요소 중 어느 하나 또는 둘 이상의 요소를 조합하여 구성되었다.

세계 각국에서 시행 중인 노령연금제도를 분석해 보면, 대부분 복잡하게 구성되어 있다. 그중에서 공적연금제도를 운영방식 중심으로 유형화해 보면 〈표 6-2〉와 같이 사회주의방식, 사회보험방식 그리고 적립기금방식으로 구분할 수 있다. 〈표 6-2〉에서 왼쪽으로 갈수록 평등을 중시하는 확정급여방식으로 일정 수준의 생활을 보장하고 부과방식을 채택하여 소득재분배 효과와 위험분산 효과가 큰 반면, 오른쪽으로 갈수록 자유와 형평을 중시하는 확정기여와 적립방식의 재정운용

---

3 이인재 외(2010). 『사회보장론』. 나남출판, p. 128.

표 6-2 운영방식에 따른 공적연금제도의 유형

평등 · 진보/ 확정급여/ 부과방식 ←

구분	사회주의방식 (북유럽)		사회보험방식 (유럽대륙, 한국)		적립기금방식 (미국)	
원리	사회부조	사회수당	정액	소득비례	퇴직준비금	개인연금
재원	조세	조세	기여금	기여금	기여금	기여금
수급자	저소득노인	모든 노인	모든 근로자	모든 근로자	모든 근로자	모든 근로자
급여수준	기여와 무관	기여와 무관	기여와 무관	과거 소득 기여기간	개인기여금 이자	개인기여금 이자
급여방식	연금	연금	연금	연금	일시금	연금
소득재분배	최대	대	중간	중간	없음	없음

자유 · 형평/ 확정기여/ 적립방식 →

으로 소득재분배 효과가 적어진다.

첫째, 북유럽의 국가들에서 발견되는 사회주의방식의 연금은 국가나 고용주가 부담하며 근로자는 전혀 기여금을 납부할 필요가 없는 국가사회보험방식이다. 사회부조방식이나 사회수당방식이 여기에 속한다고 볼 수 있다.

둘째, 주로 유럽대륙의 국가들에서 채택하고 있는 사회보험방식은 가입자와 고용주가 내는 기여금을 주요 재원으로 한다. 이 경우 고용주 부담금은 사회적 임금으로서 산업평화나 사회질서 유지를 위해 지불하는 대가의 성격으로 이해할 수 있으며, 이는 기여와 급여체계에 따라 세 가지 형태로 다시 구분되고 있다. 첫 번째 형태는 정액제로서 기여와 급여를 일정한 액수로 하는 방식인데, 일반 세원을 기초로 한 최저생활을 보장하는 기본연금제도에 해당한다. 두 번째 형태는 소득비례방식으로 능력주의에 기초하여 기여도(납입기간)와 소득수준을 연계하므로 퇴직 전 소득을 보장하는 데 적절하다. 세 번째 형태는 혼합방식으로, 정액제의 기본연금방식에 소득비례적인 보충연금을 병행하는 형태이다. 우리나라에서는 이 세 번째 형태를 일반적인 공적연금으로 채택하고 있다.

셋째, 적립기금방식은 개인구좌를 개설하여 적립한 금액에 소정의 이자를 가산하여 사고가 발생하면 보험금을 지급하는 방식이다. 주로 민간보험에서 사용하는 것이지만 일부 공적연금에서도 적용되고 있으며, 여기에는 퇴직준비금방식(퇴직금 제도, 퇴직연금제도)이나 강제가입식 개인연금 등이 해당한다고 볼 수 있다. 이는 단지 자신의 소득을 저축하고 나중에 돌려받는 방식인데, 개인이 자신의 소득을 시간적으로 재분배하여 위험을 분산시킨다고 볼 수 있으나 수직적 소득재분배 효과는 거의 없다.

3. 공적연금보험제도의 특징

여기서는 앞의 노후소득상실에 대한 다층보장체계의 유형들 중 공적연금보험에 대한 특징을 살펴보고자 한다. 우리나라의 공적연금은 일반 국민을 위한 국민연금과 공무원연금, 군인연금 그리고 사립학교교직원연금이 있다. 공적연금보험은 강제가입원칙을 기반으로 모든 국민에게 보편적으로 적용하여야 한다는 당위적(normative) 측면에서 설명할 수 있다. 그러나 보험운영과 관련하여 기술적(descriptive) 설명도 가능하다.

1) 강제가입의 원칙

(1) 미래재의 저평가와 가치재

현재 '연금' 비용을 지불하지만 그 편익은 나중에 얻게 되는 것을 미래재라고 할 수 있다. 대부분의 사람은 오늘의 욕구를 더 긴박하고 절실하게 느끼기 때문에 불확실한 미래의 편익을 위해 오늘의 비용을 지불하려 하지 않는다. 이것이 오스트리아의 뵘-바베르크(Boehm-Bawerk, E. von)가 주장한 '미래재의 저평가'다. 특히 현재 젊고 건강하며 소득이 많은 사람은 그렇지 않은 사람보다도 미래에 발생할 소득의 상실에 대비해야 한다는 생각이 비교적 덜 절실하며, 이러한 생각이나 행동이 각자 나름대로는 합리적이라고 생각한다. 하지만 실제로 노년이 되어 소득의 상실이나 감소의 상황이 되면 젊었을 때 했던 생각이 비합리적이었다고 후회할 가능성이 있다.

이를 통해 합리적이라고 생각한 것이 시간이 지나면서 달라질 수 있음을 알 수 있다. 이와 같이 개인의 합리성에 문제가 있을 수 있음을 전제로 제3자가 개입하여 개인의 자유로운 선택에 일부 제한을 가하여 어떤 상품이나 서비스를 강제적으로 구매하도록 하는 것을 이른바 가치재(merit goods)라고 한다. 예를 들어, 청년기에 노후대비를 소홀히 할 가능성이 있는 사람들에게 노후에 발생할 가능성이 높은 소득의 감소나 상실에 대비하여 국가가 강제로 가입하도록 하는 연금의 형태가 가치재에 해당한다.

(2) 성실한 자에 대한 보호

젊은 시절에 자신의 소득을 모두 소비하여 노후에 아무런 대비를 하지 않아서 빈곤에 처한 사람의 경우도 결국은 국가가 제공하는 공공부조제도 등을 통해 최저생계비를 보장받게 된다. 한편, 공공부조의 재원은 조세를 통해 조달되기 때문에 젊었을 때 연금에 가입하고 성실하게 기여금을 납부하여 자신의 노후를 준비한 사람들은 방만하게 생활한 사람들의 노후생계를 위해 세금도 부담해야 하는 이중부담의 문제가 발생한다. 따라서 모든 사람이 함께 자신의 노후를 준비하도록 하기 위해 강제로 가입시키는 것이 적절하다는 견해가 있다.

2) 불충분한 소득자를 위한 소득재분배

노후의 소득상실이라는 사회적 위험이 정말로 불확실한 것인가 하는 의문을 제기할 수 있다. 실제로 상당수의 사람이 제3자, 즉 국가가 강제하지 않아도 스스로 저축이나 민간보험회사가 운영하는 개인연금 등에 가입하여 자신들의 노후생활을 대비하고 있다.

이는 노령이라는 위험이 매우 확실하고, 노후에 퇴직으로 소득을 상실할 것도 너무나 확실하기 때문에 질병의 경우와 같은 불확실성이 존재하지 않는다는 것을 의미한다. 따라서 이 경우 미래재에 대한 저평가 논리는 강제가입의 근거가 되기에는 충분하지 않으며, 공적연금제도에 강제로 가입시켜야 하는 또 다른 논리가 필요하다. 개인이 자신의 미래를 준비하려는 의지가 있다 해도 당장 생계조차도 해결할 수 없다면 미래에 대해 충분한 준비를 하기는 어렵기 때문이다.

사회보험의 중요한 원리 중 하나인 수지상응(equivalent principle)의 원리를 연금보험에 적용하면 연금보험의 급여가 과거의 소득과 기여액에 근거하여 산정된다. 특히 연금보험의 재정운용을 위해 적립방식을 채택하는 경우 이 원리가 더 잘 작용한다. 그러나 이 원리를 그대로 적용하면 공적연금의 목표인 노후의 기본적인 생활보장이 가능하지 않은 계층이 있을 수 있다. 그러므로 저소득층과 부양가족을 별도로 고려하여 비록 자신의 기여금이 급여를 받기에 충분하지 않더라도 기본적인 연금을 줄 필요가 있다. 그리고 이를 통해 고소득자와 저소득자 간에 수직적 소득재분배가 이루어지고 연금보험에서 사회적 연대의 원칙이 실현된다.

공적연금에는 피부양자, 즉 배우자나 자녀를 위한 가급연금제도와 독자연금제도의 두 가지 방식이 있다. 가급연금제도는 가입자의 연금에 피부양자를 고려하여 정액 또는 정률제에 따라 가산하는 방식이고, 독자연금제도는 배우자에게 고유의 기초연금을 인정하는 방식으로 소득활동을 하지 않은 여성이 이혼을 하는 경우에 연금을 받을 수 있다는 장점이 있다.

'소득재분배의 문제가 반드시 연금제도에서 해결되어야 하는가?'라는 의문을 제기할 수 있다. 하지만 공공부조제도는 성실한 자에 대한 보호가 불가능하고 대상자의 선별과정에서 낙인(stigma)의 문제가 발생할 수 있으므로 연금을 통해 소득재분배의 문제를 해결하는 것이 타당하다고 볼 수 있다.

3) 공공기관에 의한 관리·운영

공적연금은 공공기관이 관리·운영하는 것이 일반적이다. 그 이유는 소득재분배가 강제적인 성격으로 이루어지고 이러한 연대가 세대 간 사회적 연대(social solidarity)로 유지될 수 있도록 하기 위함이다.

어느 한 시점에 개인 간에 발생하는 수직적 소득재분배는, 공동체에서 볼 때 장기적인 생애주기(life cycle)에서 각 개인의 능력변화에 따라 겪게 되는 위험을 분산하는 효과를 갖게 된다. 그런데 자신의 소득이 낮을 때는 다른 사람이 부담하는 공적연금으로 소득재분배의 혜택을 받고, 자신의 소득이 높을 때 그 부담을 거부하면 사회적 연대라는 위험분산의 공동체를 유지할 수 없을 것이다. 따라서 장기간 세대 간에 작용하는 위험분산의 공동체는 공신력을 가지고 있는 국가가 관리하는 것이 효과적이라고 볼 수 있다.

가입과 탈퇴가 자유로운 민영보험에서는 이러한 소득의 재분배와 세대 간 위험분산 구조가 장기적이고 안정적으로 유지되기 어렵다는 특성을 갖고 있다. 특히 2010년경에 경제위기 상황에서 대규모 보험회사가 도산하는 사태가 발생하였는데, 이러한 점을 고려하면 대다수 국민이 여러 세대에 걸쳐 안정적으로 신뢰할 수 있으며 공신력 있는 국가기관의 운영이 적절하다고 볼 수 있다.

이하부터는 공적연금제도의 유형 중에서 우리나라가 일반 국민을 대상으로 채택하고 있는 국민연금보험제도와 관련하여 연금의 보험료, 급여체계, 재정운용방식 등을 주로 살펴보고, 최근 이러한 국민연금의 재정안정성 및 보장성 등에 관한 논쟁사항 그리고 이와 연계하여 개혁이 추진되고 있는 공무원연금과 기초연금 등의 논쟁사항을 다루고자 한다.

❦ 제2절 국민연금 적용대상자 및 관리운영조직

연금체계는 단일한 연금체계와 여러 연금을 동시에 가지는 다층연금체계로 구분할 수 있다.

우리나라의 공적연금제도는 다층체계로서 일반 국민을 대상으로 하는 국민연금과 공무원, 군인, 사립학교교직원을 대상으로 하는 특수직역연금으로 구성되어 있다. 국민연금은 1988년 실시되었지만, 특수직역연금은 이보다 앞서서 시행되었다. 공무원연금과 군인연금은 각각 1960년과 1963년에 비교적 일찍 도입·시행되었으며, 사립학교교직원연금은 1975년에 실시되었다. 즉, 일반 국민의 노후보장을 위한 공적연금보험제도는 특수직 연금보다 훨씬 이후에 시행된 것이다.

1. 국민연금제도 적용대상

국민연금제도는 1988년 10인 이상의 사업장에서부터 시작하여 전 국민으로 확대되어 실시되었다. 국내에 거주하는 18세 이상 60세 이하의 국민이 적용대상이나 특수직역 가입대상은 제외된다. 가입자의 무소득 배우자, 27세 이하의 학생 및 군인 등은 가입이 가능하지만 적용이 강제되지는 않는다. 국민연금 가입자는 사업장가입자 및 지역가입자 그리고 임의가입자로 구분된다.

국민연금의 수급권은 최소 10년 이상 가입한 경우에 인정되고, 60세부터 받을 수 있다. 수급개시 연령은 2013년부터는 5년마다 1세씩 상향 조정된다.

2. 관리운영조직

한국의 공적연금 중 공무원연금은 인사혁신처 산하의 공무원연금공단에서, 군인연금은 국방부에서 그리고 사립학교교직원연금은 교육부 산하의 사학연금관리공단에서 관리하고 있다. 국민연금은 중앙행정기관인 보건복지부가 제도운영 전반에 관한 사항을 관장하고 있다. 그리고 연금제도에 관한 운영과 공단의 관리감독사업의 집행은 국민연금관리공단에 위탁하여 운영하고 있다. 국민연금관리공단은 가입자의 이력관리, 연금급여의 지급, 기금운용, 가입자 및 연금수급권자를 위한 복지사업을 수행하고 있다. 그러나 연금보험료 징수 등은 초기에 국민연금공단에서 시행하다가, 건강보험, 국민연금의 고지 및 수납업무가 개별 처리되어 보험료 납부에 불편하다는 주장에 따라 4대 보험 보험료 징수업무가 국민건강보험공단으로 통합되어 고지 및 수납 처리를 단일창구에서 처리하고 있다.

보건복지부 산하에는 국민연금사업에 관한 중요사항을 심의하는 국민연금심의위원회가 있다. 또한 2002년 3월부터 국민연금의 재정안정을 모색하고 장기발전계획을 수립하기 위해 기금운용에 관한 심의 및 의결을 담당하는 국민연금기금운용위원회와 공단의 처분에 대한 재심사를 수행하는 국민연금재심사위원회가 설치되어 운영되고 있다.

🌱 제3절 연금 급여체계

1. 급여의 종류

보험에서 급여를 지급하는 방식은 일반적으로 연금방식과 일시금방식 등이 있다. 먼저, 연금(annuity)방식은 정기적으로 급여를 분할하여 지급하는 방식이며, 일시금(lump sum)방식은 급여를 한꺼번에 한 번 또는 부정기적으로 지급하는 방식이다. 전자는 주로 사회보험이나 특수직역연금 또는 보훈제도 등에서 채택하는 것이 일반적인 반면, 후자는 사보험, 특히 적립방식의 사보험 등에서 퇴직자 등에게 지급할 때 지급하는 것이 일반적이다.[4]

우리나라의 국민연금은 나이가 들거나 장애 또는 사망으로 인해 소득이 감소할 경우 일정 급여를 지급하여 소득을 보장하게 되는데, 이때 연금방식 급여와 일시금방식 급여를 모두 포함하여 급여를 지급하고 있다.

첫째, 연금방식 급여의 종류로는 노령연금, 장애연금, 유족연금이 있다. 공적연금제도를 시행하는 대부분의 국가에서는 65세에 도달한 해에 연금을 받을 수 있으며, 우리나라는 60세가 되는 해에 연금을 받도록 하고 있는데, 이것이 국민연금의

---

4 이와는 별도로 무갹출노령연금이라는 것이 있는데, 이것은 연금보험의 급여가 아니라 일종의 사회수당(demogrant)으로 이해하는 것이 맞다.

대표적인 급여 종류인 노령연금이다.[5] 노령연금의 수급자격은 기여금을 납부한 가입기간에 따라 발생하는데, 일반적으로 20년 이상 납부한 경우에 해당된다. 이러한 노령연금은 가입기간과 연금지급 개시연령에 따라[6] 다시 기본(완전)연금, 감액연금, 재직자연금, 조기연금, 분할연금 등으로 구분된다.[7] 기본(완전)연금을 수급하기 위해서는 가입기간 20년을 충족하고, 60세에 도달하여야 한다. 감액연금은 가입기간을 충족하지 못한 10년 이상에서 20년 미만 가입자가 수급하게 된다. 재직자연금은 수급자격연령인 65세 이전에 소득이 있는 업무에 종사할 경우 받게 되며, 조기연금은 55세 이상이면서 소득이 있는 업무에 종사하지 않는 경우에 본인이 신청하면 지급된다. 유족연금은 노령연금 수급권자, 가입자가 사망한 경우에 유족에게 지급하며, 이때 기본연금액의 일정액에 가급연금액을 합산하여 지급한다. 하지만 노령연금 수급자가 사망한 경우의 유족연금은 이전의 노령연금을 초과할 수 없다. 장애연금은 가입 중에 질병이나 사고로 인하여 더 이상 소득활동을 통하여 소득을 벌어들일 수 없는 경우에 장애등급을 1급에서 4급으로 나누어 지급한다.

둘째, 일시금방식 급여의 종류로는 반환일시금과 사망일시금이 있다. 반환일시금은 연금을 수령하게 되었지만 20년간의 가입기간을 충족하지 못하는 경우 그동안 납입한 기여금을 전액 일시에 지급하게 된다. 즉, 노령연금, 장애연금, 유족연금 중 어느 것도 받지 못하면서 가입자 자격이 상실되거나 회복의 가능성이 희박하다거나 가입기간이 10년 미만이면서 60세에 도달하였거나, 국적상실 및 해외이주,

---

[5] 노령연금의 수급 개시 연령은 만 60세였으나 2013년부터는 5년마다 1세씩 연장하여 2033년부터는 65세부터 지급받게 된다.

[6] 급여의 조건은 일반적으로 가입기간과 나이를 기준으로 한다. 즉, 20년의 가입기간과 60세에 도달한 경우와 같이 기준이 정해진다. 이 두 조건 중 어느 하나가 변하는 경우 연금액이 가감된다. 이를테면, 60세 이전에 퇴직하여 받게 되면 조기연금에 해당되어 연금액이 삭감되고, 20년을 가입하고도 60세 이후에 받으면 연금액이 증가한다. 적립기금방식(민간보험)의 경우는 55세부터 지급하는 것이 일반적이다.

[7] 1988년 국민연금이 도입될 당시에는 특례노령연금이 있었다. 이것은 그 당시 45세 이상의 사람들은 65세가 되더라도 20년의 가입기간을 충족할 수 없으므로, 예외적으로 65세에 도달하면 20년을 가입하지 않더라도 연금을 받을 수 있도록 한 것이다. 즉, 5년(60개월)만 가입해도 65세가 되면 가입기간에 따라 일정률의 기본연금액에 부양가족연금액을 합산하여 평생 동안 지급하고, 가입기간이 짧아 연금액이 많지 않으므로 소득이 있는 업무의 종사 유무에 관계없이 전액지급되는 것이 특징이다.

표 6-3   우리나라의 연금급여 유형과 급여내용

급여 유형			급여내용
연금급여	노령연금	기본 (완전) 연금	가입기간 20년 이상으로 60세에 도달한 자로서 기본연금액(100%) + 부양가족연금액을 수급받게 된다. 단, 65세 이전까지 소득이 없을 경우에 한한다.
		감액	10~20년 미만 가입자로서, 60세에 도달한 자에 지급하는 것으로, 가입기간 1년 증가 시마다 기본연금액에 5%씩 증액하여 지급한다. 또한 60세에 달하고 소득이 있는 업무*에 종사하지 않는 경우여야 한다.
		재직자	완전노령연금 또는 감액노령연금 수급권자가 65세 이전에 소득이 있는 업무에 종사하는 경우에 지급한다.
		조기	가입기간이 10년 이상이면서 55세 이상으로 소득이 있는 업무에 종사하지 않으면서 본인의 신청으로 지급**한다.
		분할	가입기간 중 혼인기간이 5년 이상으로 노령연금 수급권자의 배우자가 60세 이상이 된 경우에, 노령연금액 중 혼인기간에 해당하는 연금액의 1/2에 해당하는 금액을 부양가족연금액은 제외하고 지급한다.
	장애연금		가입 중에 발생한 질병 또는 부상으로부터 완치 후에도 장애가 있는 자에게 지급되며, 장애등급***에 따라 급여수준에도 차등을 둔다.
	유족연금		노령연금 수급권자, 가입자가 사망한 때 지급하며, 노령연금 수급자가 사망한 경우의 유족연금은 이전의 노령연금액을 초과할 수 없다.
일시금급여	반환일시금		연금(노령, 장애, 유족)의 어느 것도 받지 못하면서 가입자 자격의 상실이나 회복의 가능성이 희박한 경우에 지급한다.
	사망일시금		가입자가 사망하였으나 유족연금이나 반환일시금의 수급요건을 충족하지 못한 경우에 반환일시금에 상당하는 금액을 지급하며, 사망한 가입자의 최종 표준소득월액과 가입기간 중 표준소득월액의 평균치 중에서 많은 금액의 4배를 초과하지 못한다.

* 연금수급자의 소득이 있는 업무란, 사업장 근로자와 사업자 등록자 구분 없이 「소득세법」 규정에 따른 부동산 임대소득금액, 사업소득금액, 근로소득금액을 합산한 금액을 당해연도 종사월수로 나눈 금액이, 전년도 연말 기준으로 산정된 연금수급 전 3년간의 전체 가입자의 표준소득월액의 평균액보다 많은 경우 이를 '소득이 있는 업무'에 종사한 것으로 본다는 것이다.

** 조기노령연금을 지급받다가 60세 이전에 소득이 있는 업무에 종사하게 되면 소득이 있는 기간 동안 연금지급이 정지된다. 단, 60세 이후 65세 이전에 소득이 있는 업무에 종사하게 되면 재직자노령연금을 지급받게 된다.

*** 「국민연금법」상 장애등급과 「장애인복지법」상 장애구분 및 「산업재해보상보험법」상의 장애급여 목적이 다르기 때문에, 국민연금, 장애연금은 가입 중 발생 여부 등도 확인되어야 한다. 「국민연금법」상 장애등급은 1~4등급, 「장애인복지법」상의 장애는 1~6등급, 「산업재해보상보험법」상의 장애는 1~14등급으로 구분한다.

자료: 국민연금공단(http://www.nps.or.kr) 재정리.

다른 공적연금 대상이 된 경우에 반환일시금의 수급권자가 될 수 있다. 가입자의 사망, 유족연금이나 반환일시금의 수급요건을 충족하지 못한 경우에는 사망일시금을 반환일시금에 상당하는 금액으로 지급한다. 이러한 기본연금에 부양할 가족이 있는 경우에는 이를 고려한 가급연금을 지급한다.

2. 기초연금

노인들의 안정된 노후소득보장을 위한 국민연금제도가 1988년부터 시행되었지만, 제도가 시행된 지 오래되지 않아 국민연금에 가입하지 못한 노인들이 많고, 가입을 했더라도 그 기간이 짧아 충분한 연금을 받지 못하는 경우가 많았다. 그러한 노인들을 위해 「기초연금법」이 2014년 5월 제정되어 7월부터 시행되었다. 기초연금은 만 65세 이상으로 대한민국 국적을 가지고 국내에 거주하는 노인 중 가구의 소득인정액이 선정기준액 이하인 경우 받을 수 있다. 2021년 소득인정액은 2021년 단독 가구 1,690,000원이고 부부 가구 2,704,000원이다.[8]

한편, 기초연금을 받게 되는 경우 공공부조인 국민기초생활보장 수급권자의 소득으로 산정되어 생계급여가 삭감되는 효과가 발생되므로 이른바 '줬다 뺏는 연금'이라는 비난을 받았다. 그리고 매년 기초생활수급자인 노인들 중 6만 명이 기초연금을 받지 못하는 것으로 알려졌다(프레시안, 2020. 10. 29.).[9]

---

8 소득인정액 산정방식은 보건복지부 홈페이지 참조. http://basicpension.mohw.go.kr/Nfront_info/basic_pension_2_2.jsp

9 프레시안(2020. 10. 29.). "매년 6만 명의 노인이 기초연금을 포기한다". https://www.pressian.com/pages/articles/2020102811373190033

3. 급여수준과 소득대체율

연금급여의 수준과 관련하여 개인적 형평성(individual equity)과 사회적 적절성(social adequacy)이 상충관계(trade off)에 있다. 개인적 형평성은 개인이 기여한 바에 따라 해당하는 몫을 찾아가도록 하는 것으로, 이른바 보험수리적 형평성(actuarial fairness)의 원칙이라고도 한다. 이것은 능력주의원칙[10]에 부합하고 퇴직전 생활수준을 노후에도 가능하도록 하는 이점이 있다. 개인적 형평성은 적립방식으로 소득비례 기여금과 기여금에 비례한 연금액을 보장할 때 가장 충실하게 지켜질 수 있다. 사회적 적절성은 노령자에게 최소한의 노후생활을 보장하여 사회적으로 적절한 선을 지키려는 것을 목표로 하기 때문에 사회적 연대와 평등주의에 기초한다고 할 수 있다.

현실적으로 연금의 수준을 어느 정도로 할 것인가는 매우 중요한 정책적 논의다. 연금이 자신의 근로소득과 비교할 때 얼마 정도가 될 것인지를 나타내는 지표가 이른바 소득대체율[11] 또는 임금대체율(replacement rate)이다. 이것은 근로자가 40년을 가입하였을 때 받는 연금으로, 받는 금액을 자신의 전체 근로기간의 평균근로소득과 비교한 수치다.

연금수준에 관해서는 다양한 논의가 있으나, 대체적으로 퇴직 전 소득의 절반을 보장해야 한다는 의견이 지배적이다. 국제노동기구(ILO)는 사회보장의 최저기준에 관한 조약(1952)에서 퇴직 전 소득의 40%를 보장해야 한다고 하였는데, 이미 선진국의 경우 60~70% 정도에 이르는 수준에서 보장하고 있다.[12]

---

[10] 능력주의원칙이란 학력이나 학벌, 연고 따위와 관계없이 본인의 능력만을 기준으로 평가하려는 태도를 말한다.

[11] 소득대체율은 연금급여를 가입자의 (재평가된) 생애평균소득으로 나눈 값인 총소득대체율로 통상 사용하는 개념이다. 국민연금의 경우에 소득대체율은 평균 소득에 해당하는 가입자라면 40년 가입 시 40% 수준에 이르게 된다. 만약 이러한 평균 이하의 소득자라면 이보다 높을 것이고, 반대로 평균 이상 소득자라면 이보다 낮을 것이다.

[12] 권문일(2000). "국민연금급여수준의 적절성 평가".『상황과 복지』제7호, p. 28.

우리나라에서는 연금재정의 고갈 등이 사회적 이슈로 부각되어 왔는데 이와 함께 연금수준에 대한 논쟁들도 계속 이어져 왔다.[13] 전체 국민으로 국민연금제도가 의무화되기에 앞서, 제1차 「국민연금법」이 개정되었던 1998년 당시 정부 및 여당이었던 국민회의의 안은 기본적인 연금체계의 틀은 유지한 채 연금수준을 하향하는 것이었다. 즉, 임금대체율을 기존의 70%에서 55%로 낮추고 지급개시연령을 65세까지 연장하는 것이었다. 반면, 당시 야당이었던 한나라당의 안은 임금대체율을 60%로 하는 것이었다. 결국, 국회에서 개정 법안이 개정되는 과정에서 한나라당이 제안한 내용대로 임금대체율을 60%로 하는 것으로 채택되었다.

이후 전체 국민연금이 실시되고 나서 약 4년 뒤인 2003년 제2차 「국민연금법」 개정안이 제출되었는데, 이때 개정의 주요 배경은 2047년 연금기금이 소진될 것이라는 전망에 따라 재정안정화 및 제도의 내실화 그리고 기금운용위원회의 상설화 등이었다. 그러나 이 안은 국회에서 통과되지 못하였다. 2007년 국민연금 2차 개혁에 따라 소득대체율을 2008년 60%에서 50%로 인하하고 이후 매년 0.5%p씩 인하하여 2028년에 40%에 도달하는 것으로 결정되었다(보건복지부, 2018). 이에 적정 수준의 노후소득을 보장하기 위해서는 소득대체율을 높여야 한다는 주장과 보험료율이 낮은 상황에서 소득대체율의 인상은 국민연금 재정에 압박을 주게 될 것이라는 주장이 대립하고 있다.[14]

---

[13] 참고로 국민연금의 주요 연혁을 살펴보면, 시행은 연기되어 실질적인 제도 시행은 없었지만 1973년 12월 24일 「국민복지연금법」이 공포되었던 적이 있다. 그러나 이 법은 1986년 12월 31일 지금의 「국민연금법」이 새로 공포됨으로써 폐지되었다. 따라서 「국민연금법」이 현재의 국민연금제도가 우리나라에서 실시되는 근거를 만들었다고 보면 될 것 같다. 하지만 1988년 1월 1일 실시될 때 적용대상은 상시근로자 10인 이상 사업장의 근로자들에 한정되었으며, 그로부터 4년 뒤에 당연적용대상 사업장으로 확대되었는데, 당연적용대상 사업장은 상시근로자 5인 이상 사업장으로 적용대상은 그 근로자들을 말한다. 그리고 농어민 및 농어촌지역까지 적용을 확대한 것이 1995년 7월 1일이었으며, 비로소 실질적인 전체 '국민'연금으로 확대되어 의무화된 시기는 1999년 4월 1일이다.
[14] 원시연(2019). "국민연금 개혁의 쟁점과 의미". 「이슈와 논점」, 1639호. 국회입법조사처.

4. 급여액 산출방법

1) 연금액 계산공식

연금액 = 기본연금액 × 연금종별 지급율 + 부양가족연금액

위 연금액 공식에서 기본연금액과 연금종별 지급률 그리고 부양가족연금액에 대해 부연 설명을 하면 다음과 같다.

첫째, 기본연금액은 소득대체율이 60%인 경우이고, 소득대체율이 70%였던 우리나라의 과거 시점에서 다음과 같은 공식으로 적용되었다.

둘째, 연금종별 지급률에서는 노령연금, 장애연금, 유족연금에 따라 지급률이 다르다. 노령연금의 경우에는 가입기간 10년 50%(1년당 5% 증가)다. 장애연금의 경우에는 장애 1급 100%, 2급 80%, 3급 60%, 4급(일시금) 225%다. 유족연금의 경우에는 가입기간 10년 미만 40%, 10년 이상 20년 미만 50%, 20년 이상 60%다.

셋째, 부양가족연금액은 수급권자를 기준으로 하는 배우자, 자녀 또는 부모로서 수급권자에 의해 생계를 유지하고 있는 자에 대하여 지급하는 일종의 가족수당 성격의 부가급여를 말한다.

$$\text{기본연금} = 2.4 \times (A + 0.75B) \times (1 + 0.05n)$$

$$[2.4(A+0.75B) \times P_1/P + \underset{1999\sim2007\text{년}}{1.8(A+B) \times P_2/P} + \underset{2008\text{년}}{1.485(A+B) \times P_3/P} + \underset{2009\text{년}}{1.485(A+B) \times P_4/P} +$$

$$\underset{2010\text{년}}{1.47(A+B) \times P_5/P} + \underset{2011\text{년}}{1.455(A+B) \times P_6/P} \cdots\cdots + \underset{2028\text{년}}{1.2(A+B) \times P_{23}/P} +$$

$$\underset{\text{출산크레딧}}{Y(A+A) \times C/P} + \underset{\text{군복무크레딧}}{X(A+\tfrac{1}{2}A) \times 6/P] \times (1+0.05n/12)}$$

＊2.4: 급여수준을 결정하는 상수다. 1988~1998년 사이에는 2.4였으나, 1999~ 2007년 사이에는 1.8로 낮아졌고, 2008년과 2009년에 다시 1.5와 1.485로 점차 낮아졌다. 앞으로 이 상수는 계속 낮아질 전망이다.

＊A: 균등부분을 나타내는 평균액으로 연금수급 전 3년간의 전체 가입자 평균소득 월액의 평균액이다.

＊B: 소득비례부분을 나타내는 평균액으로 가입자 개인의 가입기간 동안의 기준소득월액의 평균액이다. 이때 가입자 개인의 가입기간 동안의 기준소득월액은 매년 보건복지부 장관이 고시하는 연도별 재평가율에 의하여 연금수급 전년도의 현재가치로 환산한 후 그 합계액을 가입자의 전체 가입월 수로 나누어 산정한다.

＊P: 가입자의 전체 가입월 수로서 노령연금액 산정 시에만 출산 및 군복무 크레딧을 포함한 전체 가입월 수인 경우다.

구분	1988~1998년	1999~2007년	2008~2027년	2028년 이후
상수	2.4	1.8	1.5(매년 0.015씩 감소)	1.2
소득대체율	70%	60%	50%(매년 0.5%p씩 감소)	40%
가입월수	P_1	P_2	$P_3 \cdots P_{22}$	P_{23}

＊n: 20년 초과월 수로서 노령연금액 산정 시에만 출산 및 군복무 크레딧을 포함한 전체 가입월 수인 경우다. 2015년 3월 1일 이후 지급사유발생자에게 적용할 연금수급 전 3년간의 평균소득월액(A)은 2,044,756원이다.

＊X: 1.5~1.2까지의 비례상수 중 노령연금 수급권 취득시점의 상수다.

＊C: 추가가입기간 12, 30, 48, 50(균분하는 경우에는 6, 15, 24, 25)이다. 다만, 출산 및 군복무 크레딧으로 인한 연금액 및 증가되는 가입기간은 노령연금액 산정 시에만 적용된다.

2) 제도유형별 연금급여

소득비례연금제도에서는 월평균소득과 근무기간을 산정에 반영한다. 저소득자의 소득대체율은 높게, 고소득자의 소득대체율은 낮게 반영되기 때문에 소득재분배 효과를 달성할 수 있다.

기초연금제도는 과거의 기여 여부를 반영하기보다는 노후에 기초적인 생활을 보장하기에 충분한 정도의 균등한 연금을 지급하는 것이다.

혼합형 연금제도는 우리나라의 경우가 해당되는데, 균등 부분과 소득비례 부분으로 구성되어 있다.

적립기금방식에서는 갹출금을 통한 적립총액과 발생한 이자를 합산하여 일시금으로 지급한다.

🎯 제4절 재정운용방식

1. 연금보험료

연금보험료는 가입자 자격취득 시의 신고 또는 정기결정에 의하여 결정되는 기준소득월액에 보험료율을 곱하여 부과하는 금액으로서 다음과 같이 산정한다.

> 연금보험료 = 가입자의 기준소득월액 × 연금보험료율

기준소득월액이란 국민연금의 보험료 및 급여 산정을 위하여 가입자가 신고한 소득월액에서 천 원 미만을 절사한 금액을 말한다.[15]

---

[15] 2021년도 현재 최저 33만 원에서 최고 524만 원까지의 범위로 결정하게 되는데, 이때 신고한 소득월액이

사업장가입자의 경우 기준소득월액을 결정하는 방법은 두 가지다. 하나는 자격 취득 및 납부 재개 시 기준소득월액으로, 사용자가 근로자에게 지급하기로 약정하였던 금액으로 결정하며, 입사(복직) 당시 지급이 예측 가능한 모든 근로소득을 포함하여 사용자가 공단에 신고한 소득으로 결정된다. 다른 하나는 가입기간 중의 기준소득월액이다. 이는 전년도 중 당해 사업장에서 얻은 소득총액을 근무일수로 나눈 금액의 30배에 해당하는 금액으로 결정하되 전년도의 소득을 당해 연도 7월부터 다음 연도 6월까지 적용한다.

연금보험료율은 사업장가입자와 지역가입자로 구분되어 적용된다.

첫째, 사업장가입자의 경우 보험료율인 소득의 9%에 해당하는 금액을 근로자와 사업장의 사용자가 각각 절반, 즉 4.5%씩 공동으로 부담한다. 이때 사업장근로자가 부담하는 금액을 기여금이라 하며, 사업장사용자가 부담하는 금액을 부담금이라 한다. 그런데 연금보험료는 가입자가 개별적으로 납부할 수는 없고, 사용자에 의하여 일괄적으로 납부해야 한다.

둘째, 지역가입자(임의/임의계속가입자도 포함한다)의 경우 보험료를 본인이 전액 부담해야 한다.

2. 재정운용방식의 구분

연금재정의 운용방식은 〈표 6-4〉와 같이 가입자의 입장과 보험관리자의 관점에서 크게 두 가지로 구분할 수 있다. 가입자의 입장에서는 확정급여방식과 확정기여방식으로 세분할 수 있으며, 보험관리자의 입장에서는 부과방식과 적립방식으로 세분할 수 있다.

27만 원보다 적으면 27만 원을 기준소득월액으로 하고, 421만 원보다 많으면 421만 원을 기준소득월액으로 한다.

표 6-4	보험재정방식		가입자(국민)	
			확정기여	확정급여
보험관리자	적립방식		적합	부적합
(국가/회사)	부과방식		부적합	적합

　이와 같은 구분은 편의상 매우 단순화시킨 것이며 실제로는 이와 다르게 완전적립, 부분적립 그리고 명목확정기여 및 전통적 부과방식 등으로 나타날 수도 있다.[16]

3. 확정급여와 확정기여

1) 확정급여방식

　확정급여(DB: Defined Benefit)방식은 가입자에게 나중에 얼마를 연금으로 지급할지를 미리 정해 놓는 경우다. 이 경우 일정한 액수로 할 수도 있고 소득대체율과 같이 법이나 제도적으로 급여의 일정 비율을 정할 수 있다. 보험관리자의 입장에서는 매월 연금지출 총액을 보험료로 납부하는 사람들에게 분담시키는 부과방식으로 재정을 관리하는 방식과 연결시킬 수 있다.

　나중에 받을 연금을 일정한 액수로 미리 정하면 물가상승에 따른 손해를 가입자가 받을 수 있지만, 급여수준을 물가에 연동하게 되면 그러한 위험은 피할 수 있다. 이 경우 그 위험은 보험관리자가 떠안게 된다. 그러나 가입자도 국가개입을 축소하려는 정권의 출현 등으로 급여수준이 삭감되는 것과 같은 정치적 위험을 피할 수는 없다.

---

16 원석조(2002). 『사회보장론』. 양서원, p. 160.

2) 확정기여방식

확정기여(DC: Defined Contribution)방식은 가입자가 일정한 액수나 비율로 기여를 하지만 마지막에 받을 연금의 액수를 정하지 않는 경우를 말한다. 이때 보험관리자는 적립방식으로 재정을 운용하는 것이 일반적이다. 따라서 개인은 이자율이 낮아지거나 효율적인 기금관리를 하지 못하는 보험자(회사)를 택한 경우의 손실 위험을 고스란히 떠안게 된다. 또한 물가가 인상되는 경우 확정기여에 따른 적립금의 화폐가치가 감소되는 위험도 가입자가 감수해야 한다.[17]

4. 적립방식과 부과방식

국민연금공단과 같은 보험관리자의 관점에서 연금재정운용방식을 구분한 것이다. 부과방식은 갹출료방식이라고도 하는데 우리나라의 계(契)나 품앗이와 같이 집단적 위험분산을 위해 필요한 비용만을 모아서 모두 지출하는 경우를 말하며, 적립방식은 기여금을 모두 모아 놓고 있다가 위험이 발생하면 모인 기금의 일부를 가지고 급여를 지급하는 경우를 말한다.[18]

1) 적립방식

적립방식(fund system, capitalization system)은 기여금 등을 적립하는 방식(사적신탁)으로 적립금이 소진될 때까지는 갹출료를 일정하게 유지할 수 있기 때문에 평균갹출료방식이라고도 한다. 그리고 이 방식은 칠레, 페루, 아르헨티나, 멕시코 등 남

17 윤석명, 김문길(2005). "연금개혁 대안으로서 NDC 연금제도의 타당성에 관한 비판적 고찰". 「사회보장연구」제21권 제2호, pp. 237-244.
18 김상호(1998). "적립방식과 부과방식의 비교와 정책적 시사점". 「사회보장연구」제14권 제1호(제17집), pp. 3-8.

미 국가들이 대부분 채택하고 있다. 이 방식의 장점은 재정적으로 안정되고 갹출료 부담이 공평하며 연금수급권의 법적 권리성이 명확하고 국민의 저축성향에 미치는 영향이 중립적이라는 것이다.

그러나 적립방식은 여러 가지 문제점도 가지고 있다. 일정한 기금이 형성되기 전까지는 급여의 지급이 불가능하므로, 일반적으로 도입 초기에는 연금지급이 불가능하다. 또한 자신의 기여금을 저축하였다가 다시 받는 형태이므로 물가상승으로 화폐가치가 떨어지면 받은 연금급여의 구매력이 작아져 결국 연금수령자의 실질 생활을 보장하는 것이 불확실해진다.

적립방식의 또 다른 문제는 급여 지급이 본격적으로 시작되기 전까지는 많은 자금이 기금으로 축적되는데 이 기금의 관리를 둘러싼 논란이다. 이 기금은 공공성과 안정성을 가져야 하는데 기금운용을 맡은 사람들이 주식투자에서 손실을 본다거나 부적절한 곳에 투자하는 등 본래의 성격에 부합하지 않는 경우가 있을 수 있기 때문이다.

우리나라에서도 적립된 연금기금이 공공자금관리기금으로 활용되었는데, 다른 기금들과 함께 재정투융자특별회계에 포함되어 사회간접자본(SOC)에 투자하였다. 문제는 그 당시 특혜금융의 형태로 중화학공업에 낮은 이자로 투자되어 기금운용의 수익성이 매우 낮았다는 것이었으며, 그에 따라 기금의 안정성 및 재정파탄에 관한 정치적 논란이 있었다.

2) 부과방식

부과방식(pay as you go system)은 일정 기간에 지급하여야 할 급여지출비용을 동일한 기간에 가입자가 납부하는 기여금 수입을 통하여 충당하는 방식으로 갹출료 방식(속칭 1/n방식)이라고도 한다.

조세적 성격(사회보장세)을 갖는 부과방식의 가장 큰 이점은 세대 간 소득재분배효과를 갖는다는 것이다. 제도 도입과 동시에 연금급여를 개시할 수 있고 초기에 갹출료율이 낮아 제도 시행이 용이하다. 또한 물가연동제(slide system)를 통하여 연금액이 실질가치를 유지할 수 있어 연금수급자와 현직 근로자 간의 생활수준의 차이를 줄일 수 있다. 반면, 문제점은 인구변동에 따른 불확실성이 발생할 수 있다는 것이다.

이 방식은 일하는 사람들이 퇴직한 사람들을 위해 돈을 지불하는 방식으로서 인구구조가 피라미드 형태에서는 가능하지만, 노인인구가 늘어나 역삼각형의 인구구조가 만들어질 때는 유지되기 어렵다. 따라서 저출산과 고령화는 노년부양비[19]를 증가시켜 젊은 세대가 퇴직자를 부양해야 하는 부담을 증가시키게 되는 것이다.

부과방식에서는 기금이 축적되는 것이 아니라 고소득자의 저축을 저소득자가 소비하는 형태가 되므로 국민 전체의 저축성향은 감소한다는 주장도 있다. 한편, 부과방식을 채택하고 있는 유럽 국가들은 고령화로 생산가능인구가 줄어들면서 연금재정이 흔들리고 있으며, 다층연금체제 등의 연금개혁에 대한 논의가 활발히 진행되고 있다.[20]

3) 수정적립방식

수정적립방식은 적립방식과 부과방식을 혼합한 것인데 초기에는 적립방식으로 평균갹출료보다 낮은 요율을 부과하고 경제 및 연금재정 상황에 따라 단계적으로 높여 가는 방식이다.[21]

우리나라가 채택하고 있는 방식은 적립식과 부과식 형태를 모두 갖고 있기 때문에 수정적립방식으로 통용된다. 돈을 적립하지 않으면 연금수혜자격이 주어지지 않기 때문에 적립식 성격을 갖고 있으며, 저부담·고급여의 구조로서 장기적으로는 현세대의 근로자들이 이전세대를 부양하는 방식의 부과식 성격도 갖고 있는 것이다. 즉, 우리나라의 국민연금은 정부가 전체 적립액을 관리하면서 연금가입자에

---

19 노년부양비=(65세 이상 인구/15~64세 인구)×100
20 Bonoli, G. (2000). *The Politics of Pension Reform: Institutions and Policy Change in Western Europe*. Cambridge: Cambridge University press.
21 원석조(1999). "국민연금의 근본적 개혁: 적립방식에서 부과방식으로 전환". 「보건과 복지」 제2집. 한국보건복지학회, p. 326.

게 은퇴 이후 급여의 일정수준을 지급하는 형태다.

공적연금의 발달과정에서 살펴보았듯이 초기의 노후소득보장제도는 개인저축, 자조적저축 등의 적립방식으로 출발하였고, 이들의 재정적 기반이 충분하지 못하여 국가의 보조를 통해 공적연금으로 발전하였기 때문에 초기의 연금은 적립방식으로 구성되었다. 그러나 1950년대를 거치면서 대부분의 선진국가에서 경제성장은 가속화되고 출산율이 높은 이른바 베이비붐을 맞게 되었다. 적립방식에서는 연금생활자와 현직근로자 간의 생활수준 격차가 발생할 수 있고, 증가되는 인구구조도 부과방식으로의 전환에 매우 우호적인 조건이 형성되었다.

오늘날 대부분 국가에서는 부과방식으로 연금을 운영하고 있는데, 경제성장이 둔화되고 저출산·고령화라는 인구구조의 악화가 나타남에 따라 부과방식의 연금 재정운용방식은 큰 도전을 받고 있다. 또한 적립방식과 부과방식에 대한 이론적 논쟁도 지속적으로 논의되고 있다. 이에 공적연금 문제의 측면은 각 국가별 제도, 경제 및 정치 요소에 대한 고려가 필요하다.[22]

그렇다면 우리나라는 (수정)적립방식인데 왜 인구변동으로 재정위기 문제가 제기되는가? 이는 우리나라의 연금이 혼합형으로 균등부분에서 부과방식적인 요소가 많이 들어 있기 때문이다.

표 6-5 우리나라의 공적연금보험료 부담 수준   (단위: %)

구분		1988~1992	1993~1997	1998~1999.3	2000. 이후
사업장 가입자	계	3.0	6.0	9.0	9.0
	근로자	1.5	2.0	3.0	4.5
	사용자	1.5	2.0	3.0	4.5
	퇴직금 전환금	–	2.0	3.0	–
사업장 임의계속가입자		3.0	6.0	9.0	9.0
지역·임의 및 기타 임의 계속 가입자		2000. 6.까지	2000. 7.~2005. 6.		2005. 7. 이후
		3.0	4.0~8.0		9.0

---

22 Barr, N. (2004). *Economics of the Welfare State* (4th ed.). Oxford: OUP Oxford.

제5절 현행 공적연금보험제도의 쟁점

1. 국민연금보험 재정의 위기

1) 연금기금 고갈에 대한 경고

국민연금이 전체 국민을 대상으로 확대되는 과정에서 연금기금이 당초에는 2020년이나 2030년경에 고갈될 것이라고 예측되었으며, 그리고 그 이후에도 2047년 경에는 고갈될 것이라는 불안한 예측 또는 관련 연구보고서들이 여러 차례 제기되었다. 많은 사람은 연금재정이 파탄나면 급여를 받지 못할 것이라는 불안감을 갖고 있으며, 이 때문에 미처 가입하지 않은 사람들도 가입을 주저하는 상황이 벌어지기도 하였다. 국회예산정책처의 재정전망에 따르면 국민연금 재정수지는 [그림 6-1]

(단위: 조 원)

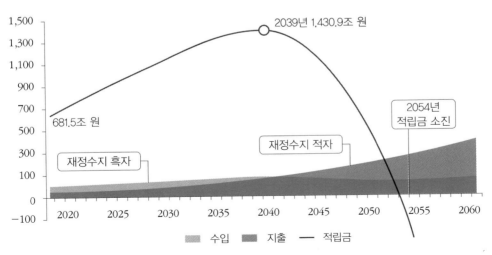

[그림 6-1] 국민연금기금 재정수지 및 적립금 전망: 2019~2060년

자료: 국회예산정책처(2019). 「2019~2060년 국민연금 재정전망」.

에서와 같이 2039년까지 수입이 지출을 초과하지만 적립금이 약 1,431조로 최대에 도달한 이후 적자로 전환되어 기금이 점차 감소하기 시작한다. 2054년에 모든 적립금이 소진될 것으로 전망된다.[23]

2) 연금보험재정 위기의 원인

국민연금 재정 위기의 원인으로 기금의 방만한 운영, 특히 주식투자에서의 손실이 지적되지만 대체로 발표되는 주식투자로 인한 손실은 해당 시점에서 주식을 매도하였을 때 평가되는 손해일 뿐 실제 발생한 손실이 아닐 수 있다. 국민연금의 경우 주가가 상승할 때까지 장기투자할 수 있기 때문에 실제로는 손실이 나는 경우가 많지 않다. 실제로 국민연금공단의 발표에 따르면 2020년까지 기금운용의 누적수익은 440조 원에 달하는 것으로 나타났다. 따라서 국민연금의 재정 위기는 기금운용의 문제보다는 다른 곳에서 있을 수 있다.

〈표 6-6〉에서 볼 수 있듯이 공적연금제도의 소득대체율이 우리나라와 유사하거나 높은 나라들의 보험료율은 거의 2배 정도다. 소득대체율이 우리나라보다도 낮은 미국이나 캐나다의 경우에도 보험료율은 우리나라보다 높다. 우리나라의 연금보험료 부담은 상대적으로 낮은 편에 속한다.

표 6-6 주요국의 공적연금제도 비교

구분		독일	스웨덴	미국	캐나다	일본	한국
보험료율 (%)	고용주	9.45	10.21	6.20	5.10	9.15	4.50
	근로자	9.45	7.00	6.20	5.10	9.15	4.50
	합계	18.90	17.21	12.40	10.2	18.30	9.00
소득대체율(%)		48.10	53.00	35.20	25.00	62.70	45.00
수급개시연령(세)		62	61	66~67	65	65	60

자료: 국회예산정책처(2019). 「2019~2060년 국민연금 재정전망」, p. 42에서 재구성.

23 국회예산정책처(2019). 「2019~2060년 국민연금 재정전망」, p. 69.

　수익비는 특정 연령대의 보험료 납입금과 연금 급여의 수급액 비율을 현재 가치로 비교한 값인데, 국민연금의 수익비는 평균 2배 이상으로 실제로 납부한 보험료 총액보다 노후에 연금으로 받게 될 금액의 가치가 2배가 된다는 것이다. 이러한 저부담고급여의 방식이 연금재정의 압박과 기금고갈의 주요한 요인이라고 할 수 있다.

$$수익비 = \frac{연금수급기간\ 동안\ 연금급여액의\ 현재가치}{가입기간\ 동안\ 보험료\ 납입금액의\ 현재가치}$$

　국민연금의 재정을 수입과 지출을 중심으로 살펴보자. 예를 들어, 평균수명을 80세로 추정하면 수혜기간이 20년이 되고, 40년간의 근로기간에 9%(보험료율)의 보험료를 납부하여 소득대체율이 60%가 된다고 가정해 보자.

　이를 아주 단순하게 계산해 보더라도 결국 지출이 수입보다 3배 이상 많다는 것을 알 수 있다. 한편, 우리나라 근로자의 평생 근로기간은 약 23년 정도에 그치고 있어 수입이 거의 절반으로 감소하는 상황이다.

$$수입 \qquad 지출$$
$$A \times 0.09 \times 40 = 3.6A < A \times 0.6 \times 20 = 12A$$

　한편, 보다 근본적인 문제는 인구구조적인 원인에 있다고 할 수 있는데, 특히 저출산과 고령화에 따른 연금재정의 압박은 재정을 부과방식으로 운영하는 경우 더욱 심각하게 나타날 수 있다. 즉, 노령부양률의 증가로 수급자는 늘고 부담자는 감소하는 상황 때문이다.

　또한 과거 초기에 연금재정을 계획할 때는 평균수명이 70세 미만이어서 연금수급기간을 최장 10년 정도로 예상하였으나 오늘날 평균수명은 80세에 이르고 있어 연금수급기간이 예상 밖으로 길어진 것도 재정압박의 한 요인일 수 있다. 이것은 앞에서 보여 준 연금재정수지 수식에서 지출이 더욱 커진다는 것을 의미한다.

　　장기적으로 저출산과 평균수명의 연장으로 재정압박은 피할 수 없고, 이러한 현상은 모든 나라에서 유사하게 나타나고 있기 때문에 각국이 이에 대한 대책 마련에 고심하고 있다.

2. 공적연금제도의 개혁 시도

표 6-7 공적연금제도의 현황

구분	국민연금	공무원연금	군인연금	사학연금
소관부처 (관리기관)	보건복지부 (국민연금공단)	인사혁신처 (공무원연금공단)	국방부(국방부)	교육부(사립학교 교직원연금공단)
법적근거	「국민연금법」	「공무원연금법」	「군인연금법」	「사립학교교직원 연금법」
설치연도	1988년	1960년	1963년	1975년
기금명	국민연금기금	공무원연금기금	군인연금기금	사립학교교직원 연금기금
가입대상	국내 거주 18세 이상 60세 미만 국민	「공무원연금법」상 공무원	부사관 이상 현역군인	사립학교 교직원 및 국립대학 병원직원 등
보험료율	기준소득월액 9% (근로자 4.5%, 고용주 4.5%)	기준소득월액 18% (공무원 9%, 국가·지방자치 단체 9%)	기준소득월액 14% (군인 7%, 국가 7%)	기준소득월액 18% (개인 9%, 법인·국가 9%)
급여수준 (소득대체율, 연금지급률)	소득대체율 2020년 44% → 2028년 40%	재직 1년당 지급률 2020년 1.79% → 2035년 1.7%	재직 1년당 지급률 2020년 1.9%	재직 1년당 지급률 2020년 1.79% → 2035년 1.7%
지급요건	10년 이상 가입, 수급개시연령 (2020년 62세 → 2034년 65세) 도달	10년 이상 재직, 수급개시연령 (2020년 60세 → 2033년 65세) 도달	20년 이상 복무	10년 이상 재직, 수급개시연령 (2020년 59세 → 2033년 65세) 도달

가입자 수(2019년)	2,222만 명	120만 명	19만 명	32만 명
수급자 수(2019년)	516만 명	54만 명	10만 명	8만 명

자료: 국회예산정책처(2020). 「4대 공적연금 장기재정전망」.

〈표 6-7〉에서 볼 수 있듯이 국민연금과 특수직역연금은 많은 차이점이 존재한다. 국민연금은 순수노령연금만을 지급하지만, 특수직역연금은 노령연금, 퇴직금, 산재보상 등의 성격이 혼재되어 있으며, 퇴직 직전의 소득에 비례하는 높은 수준의 연금을 보장하고 있는 것이 특징이다. 또한 급여산식에서 국민연금은 균등 부분과 소득비례 부분의 합으로 구성되어 있고, 특수직역연금은 소득비례 부분으로만 구성되어 소득재분배 기능이 없다는 것이 차이점이다. 여기에다 급여와 보험료율의 수준, 급여연동방식, 최소가입기간, 연금수급 개시연령 등에서도 많은 차이가 있다. 하지만 불균형한 수급구조로 연금재정의 장기불안정이라는 공통된 문제점을 안고 있기도 하다.

공무원연금과 국민연금 간의 형평성 문제가 꾸준히 제기되어 왔고 여러 차례의 개혁이 시도되었으나 성과를 거두지는 못하였다. 마침내 2015년 공무원연금 개혁으로 공무원기여율과 정부의 부담률을 높이고 연금지급율은 낮추었다. 2020년 공무원의 기여율과 정부의 부담률은 각각 9%이다. 연금을 산정하는 기준소득월액의 상한선을 낮추어 고액 연금수급을 방지하였다. 연금수급기간을 단축하여 10년 이상 근무한 공무원이라면 연금을 받을 수 있도록 하였다. 연금수급 개시연령을 단계적으로 인상하여 1995년 이후 임용자는 65세부터 공무원연금을 받도록 하였다. 이로 인해 공무원의 정년과 연금수급시기가 불일치하여 퇴직 후 일정 기간 동안 연금을 받지 못하는 상황이 발생될 수 있다.[24]

현행 공무원연금과 국민연금을 비교하면 보험료율의 경우 공무원연금에서는 17.0%인데 국민연금에서는 9.0%이고, 수익비를 보면 공무원연금이 1.48로 국민연금의 1.50보다 작다. 공무원연금액수가 국민연금액수보다는 많은데 이는 공무원

---

24 류영아, 박영원(2020). "공무원연금제도의 주요쟁점과 고려사항". 『이슈와 논점』, 1683호. 국회예산정책처.

연금의 보험료율이 높고 기여기간이 길기 때문이다. 공무원은 퇴직 시 정부에서 부담하는 퇴직수당을 받지만 국민연금 가입자는 퇴직 시 직장에서 부담하는 퇴직금을 받는데 공무원의 퇴직수당보다 높다.

3. 연금보험재정의 안정을 위한 개혁과 통합 논의

단기적으로 연금기금을 효율적으로 운영하기 위해서는 효율적인 제도와 전문가 등을 활용하는 것이 필요하지만 연금수급구조의 개선은 불가피하다. 따라서 연금수급 개시연령을 상향 조정하고, 퇴직연령을 늦추어 노령부양비율을 낮출 수 있는 장기적인 방안이 모색되어야 한다. 즉, 임금피크제 등을 통하여 퇴직시기를 늦추고 근로기간을 연장하는 방법 등이다.

우리나라에서는 「국민연금법」에 따라 5년마다 연금 개혁을 논의한다. 보건복지부 장관은 5년마다 국민연금의 재정 수지를 점검하고 장기적으로 재정 균형을 유지할 수 있도록 소득대체율과 보험료율을 조정하는 계획을 수립해야 한다. 즉, 정부의 연금 개혁안에는 여러 내용이 담길 수 있지만, 그중에 핵심은 '장기 재정 균형 유지'이어야 한다. 2018년 정부는 국민연금제도발전위원회가 제시한 의견을 종

표 6-8 정부의 연금 개혁안(2018)

구분	현행 유지방안	기초연금 강화방안	노후소득보장 강화방안 ①	노후소득보장 강화방안 ②
급여	소득대체율 40% + 기초연금 30만 원	소득대체율 40% + 기초연금 40만 원	소득대체율 45% + 기초연금 30만 원	소득대체율 50% + 기초연금 30만 원
보험료율	9%	9%	12%	13%
소진시점	2057년	2057년	2063년	2062년
소진연도 필요보험료율	24.6%	24.6%	31.3%	33.5%

자료: 프레시안(2018. 12. 19.). "문재인정부, 국민연금 재정개혁 책임을 방기하다".

합하여 네 가지 안을 제시하였다. 첫째, 현행 유지방안으로 국민연금과 기초연금을 그대로 유지한다. 따라서 기금의 소진을 2057년으로 늦출 수 있다는 것이다. 둘째, 기초연금만 처음 공약한 30만 원에서 40만 원으로 인상하되 국민연금의 소득대체율은 그대로 유지한다. 이 방안은 재정의 불균형을 가져올 수 있다. 나머지 두 안들은 기초연금은 그대로 하고 국민연금의 소득대체율과 보험료율을 함께 인상하는 방안이다. 이것을 통해 기금 소진이 2063년으로 더 늦춰질 수 있다는 것이다. 모든 개혁안에서 기금이 소진된 후 보험료율이 24% 이상 인상될 것으로 예상되고 있다.

한편, 자유주의적 시장경제론에서는 소득비례연금을 민영화하는 것을 선호할 수 있으며 더 극단적인 경우는 노후소득보장에 대한 국가의 개입이 불필요하고 공적연금제도를 전면적으로 민영화하는 것을 생각할 수도 있다. 이에 더하여 인구구조의 변화에 취약한 부과방식의 연금재정방식을 적립방식으로 전환하는 것을 생각해 볼 수 있다. 그러나 여기서 문제는 적립방식은 저축의 성격에 더 유사한 것으로 세대 간의 재분배나 위험분산효과는 축소된다는 것이다.

연금재정의 안정을 위해 사회보장의 근간인 세대 간 위험분산이나 사회적 연대를 포기하기보다는 저출산에 대한 획기적인 대책이 필요하다고 본다. 따라서 연금기금을 활용하여 출산을 장려하고 저렴하고 편리하게 양육·교육을 받을 수 있도록 지원하는 각종 제도와 시설을 확충하기 위한 노력을 기울여야 한다.

연금제도가 해결해야 할 문제는 사회적·경제적 변화나 다른 제도와의 관계 속에서 방안을 모색하는 것이다. 즉, 노후는 소득보장을 기본으로 한 의료, 장기요양 등과 같은 각종 사회복지제도도 필요로 한다. 연금제도는 노동시장의 환경과 직접적인 관련성을 가지는 것으로, 노동시장에서 고령인력을 고용할 수 있는 여건 조성을 위한 적극적인 방안과 미래의 생산성을 증가시키기 위한 다양한 방법을 모색해야 한다.

⚙ **생각상자**

- 단기급여는 부과방식 그리고 장기급여는 적립방식이라는 구분도 가능한가?
- 연금재정 고갈 이후에는 어떻게 노후소득보장제도를 운영해야 하는가?
- 특수직역연금을 국민연금과 통합해야 한다는 주장의 논리적 근거는 무엇인가?

참고문헌

국민연금관리공단(1988). 『국민연금십년사』.

국회예산정책처(2019). 「2019~2060년 국민연금 재정전망」.

_____(2020). 「4대 공적연금 장기재정전망」.

권문일(2000). "국민연금급여수준의 적절성 평가". 『상황과 복지』 제7호, pp. 11-38.

김상호(1998). "적립방식과 부과방식의 비교와 정책적 시사점". 『사회보장연구』 제14권 제1호 (제17집).

김수봉(2007). "현 노령층을 위한 최저연금제도 도입 방안". 『사회보장연구』 제23권 제1호.

김순욱(2006). "공적연금 급여 자동조정장치의 메커니즘과 정책적 효과분석". 『사회보장연구』 제22권 제3호(제38집), pp. 23-52.

김용하(2004). "패러다임적 연금개혁". 『한국연금 어디로 갈 것인가: 모수적 개혁 vs 패러다임적 개혁』. 2004년도 한국사회보장학회 추계학술대회.

류건식(2004). "연금개혁과 사적연금". 『한국사회보장학회』. 2004 추계학술대회, pp. 129-160.

류영아, 박영원(2020). "공무원연금제도의 주요쟁점과 고려사항". 『이슈와 논점』, 1683호. 국회예산정책처.

문형표, 권문일, 김상호, 김용하, 방하남, 안종범(2005). 『인구고령화와 노후소득보장』. 한국개발연구원.

보건복지부(2013). 「2013 국민연금 재정 계산 보고서」.

_____(2018). 「제4차 국민연금 재정계산을 바탕으로 한 국민연금 종합운영계획」.

배준호(2006). "공무원연금 개혁: 쟁점과 해법모색". 한국사회보장학회. 『2006 후반기 학술대회 자료집』, pp. 83-110.

석재은(2007). "국민연금의 사각지대 해소방향". 『한국사회정책학회』. 전반기 학술대회, pp. 79-116.

신종욱, 이정호(2004). "노후재정의 핵심과 3층 노후보장체계의 역할". 『사회보장연구』 제23집 제20권 제2호. 한국사회보장학회, pp. 81-102.

안홍순(2000). "국민연금의 개인적 소득재분배 효과와 개선 방안". 『사회보장연구』 제16권 제1호 (21집), pp. 77-106.

원석조(1999). "국민연금의 근본적 개혁: 적립방식에서 부과방식으로 전환". 『보건과 복지』 제2집. 한국보건복지학회.

_____(2002). 『사회보장론』. 양서원.

원시연(2019). "국민연금 개혁의 쟁점과 의미". 『이슈와 논점』, 1639호. 국회입법조사처.

윤석명, 김문길(2005). "연금개혁 대안으로서 NDC 연금제도의 타당성에 관한 비판적 고찰". 『사회보장연구』 제21권 제2호(제3집).

이승렬, 최강식(2007). "국민연금이 중고령자의 은퇴행위에 미치는 영향". 『사회보장연구』 제43집. 한국사회보장학회, pp. 83-104.

이인재, 류진석, 권문일, 김진구(2010). 『사회보장론』. 나남출판.

이정우(2007). "고령화 사회에 따른 국민연금의 개혁방향". 한국사회정책학회 전반기 학술대회, pp. 1-52.

정홍원(2007). "국민연금 제도개혁을 위한 대안 모색". 『계간사회복지』 제172호, pp. 28-47.

프레시안(2018. 12. 19.). "문재인 정부, 국민연금 재정개혁 책임을 방기하다".

_____(2020. 10. 29.). "매년 6만명의 노인이 기초연금을 포기한다".

Barr, N. (2004). *Economics of the Welfare State* (4th ed.). Oxford: Oup Oxford.

Bonoli, G. (2000). *The Politics of Pension Reform: Institutions and Policy Change in Western Europe*. Cambridge: Cambridge University press.

Holzman, R. & Hinz, R. (2005). *Old-age Income Support in 21st Century: An International Perspective on Pension Systems and Reform*. Washington: The World Bank.

The World Bank (1994). *Averting the Old Age Crisis: Policy to Protect the Old and Promote Growth*. NY: Oxford University Press.

국민연금공단 http://www.nps.or.kr

제7장

의료보험

SOCIAL SECURITY

　　이 장에서의 주요 관심사는 질병이라는 사회적 위험과 그 치료를 위해 제공되는 의료라는 재화의 특성이 질병에 대한 대비에 어떠한 영향을 주는가다. 그리고 여러 가지 다른 의료보장의 가능성에도 불구하고 상당수의 나라에서 사회보험인 의료보험제도를 채택하고 있는 이유는 무엇인가를 살펴본다. 또한 우리나라의 의료보험제도인 건강보험의 실태와 문제점은 무엇인지 그리고 그 개선을 위한 과제는 무엇인지에 대해서도 관심을 가져야 할 것이다.

*우리나라에서는 1999년 「의료보험법」을 「국민건강보험법」으로 개정하였으므로 공식적인 명칭은 '건강보험'이다.

제**7**장
의료보험

제1절 사회적 위험으로서의 질병

1. 질병과 의료

1) 질병에 따른 사회적 손실

질병에 따른 사회적 손실은 막대하다. 병에 걸린 환자 본인이 고통을 겪는 것은 물론이고 질병으로 소득이 결손되고 치료에 많은 비용이 소요되기 때문에 가족의 고통도 따르기 마련이다. 질병의 사회적 손실은 여기에서 멈추지 않는다. 근로자의 질병으로 초래되는 생산의 차질은 경제성장에 상당히 부정적인 영향을 줄 것이다.

우리나라에서 질병으로 인한 사회적 비용은 2006년 약 82조 원에서 2015년에 약 148조 원으로 지난 10년간 1.8배 증가하였고 연평균 6.8%의 증가 속도를 보였다. 질병으로 인한 사회적 비용은 의료비(51.2%), 미래소득 손실액(22.6%), 생산성 손실액(17.5%), 간병비(5.6%) 그리고 교통비(3.2%) 등으로 구성되었다.[1] 국내총생산

표 7-1 질병의 사회경제적 비용

(단위: 억 원, %)

구분	2006	2012	2015	연평균증가율
비용	824,630	1,206,532	1,482,514	6.8
GDP	10,050,000	13,774,567	16,580,200	6.5
GDP비율	8.1	8.8	9.3	

자료: 한경리 외(2017). 「건강보장정책 수립을 위한 주요 질병의 사회경제적 비용 분석」, p. 211.

(GDP) 대비 질병의 사회적 비용은 2006년에 8.1%였으나 2015년에는 9.3%로 점차 증가하는 추세로 볼 수 있다.

2) 질병의 특성

질병이라는 위험은 노령의 경우와는 달리, 매우 불확실한 위험이다. 대부분의 사람이 언제, 어떤 병에 걸리게 될지 알 수 없다. 그리고 질병의 치료에 필요한 정보는 의사들에게만 있기 때문에 환자는 자신의 질병이 어떤 종류인지 그리고 어떻게 치유될 수 있는지를 알 수 없다.

3) 질병에 대한 대비

질병이라는 사회적 위험에 따른 손실에 대처하는 방법은 여러 가지가 있을 수 있으며, 일차적으로 예방이 중요한 대처방법이라고 할 수 있다. 그러나 아무리 철저하게 예방해도 질병에 걸릴 경우가 있다. 따라서 질병으로 일할 수 없어 소득이 상실되고, 질병의 치료에 많은 비용이 소요될 수도 있는 상황에 대한 대비가 필요한 것이다. 그래서 질병이 발생하였을 경우를 대비하는 소득과 의료의 보장이 필요하다.

---

1 한경리, 최기춘, 이선미, 이수연(2017). 「건강보험정책 수립을 위한 주요 질병의 사회경제적 비용 분석」. 건강보험정책연구원, 연구보고서 2017-1-1001.

2. 의료의 보장

1) 의료보장의 방법

많은 비용이 들 수도 있는 질병의 치료에 대비하는 것이 이른바 의료보장인데 여기에는 여러 가지 방법이 있을 수 있다. 예를 들어, 개인 각자가 저축하였다가 필요한 경우에 치료비용을 지불하는 방식이다. 이것이 가장 쉽게 생각할 수 있는 방식이다.

그러나 소득이 낮아서 충분한 저축이 가능하지 않은 사람들이 있을 수 있다. 그러므로 저소득 근로자의 경우는 보험의 원리를 활용하여 동업자조합(길드)과 같은 자조적인 형태로 위험을 분산하는 방식을 선택할 수 있다. 사업주도 자신이 고용하고 있는 노동자들을 위한 보험방식의 의료보장제도를 운영할 수 있다. 하지만 대부분의 자조적 위험분산조직은 그 규모가 작아 재정적으로 취약한 구조로, 쉽게 파산하여 그 회원들에게 충분한 보장을 해 주지 못하는 경우가 많았다.

이 경우 결국 국가가 개입하여 공적인 자금을 지원하고 관리운영의 책임도 지는 일종의 사회보험으로 발전하게 된다. 이러한 변화의 대표적 사례가 바로 1883년 독일에서 비스마르크(Bismarck)가 세계 최초로 질병보험을 도입한 역사적 사건이다. 그 후 영국을 비롯한 많은 나라에서 사회보험으로서 의료보험제도를 도입하였다.

사회보험을 운영하는 나라들에서도 가입자를 통합된 단일 관리기관이 담당하는 국가건강보험(NHI)과 다양한 기관에 의해 운영되는 사회의료보험(SHI)으로 구분할 수 있다.

영국의 경우에는 국가가 세금을 재원으로 의사를 고용하여 모든 국민에게 무료로 의료서비스를 제공하는 국가의료서비스(NHS) 제도를 운영하고 있다. 싱가포르의 경우에는 모든 국민에게 의료비지출에 대비한 개인저축계정(MSA)에 가입하는 것을 의무로 하고 있다.

소득이 부족하여 사회보험인 건강보험에 가입하지 못하는 사람들은 공공부조의

일부인 의료급여를 통해 무료의료서비스를 이용할 수 있다

우리나라는 1976년 「의료보험법」의 개정을 계기로 질병, 부상, 출산, 사망 등에 대해 보험급여를 실시함으로써 국민건강을 향상시키고 사회보장의 증진을 도모함을 목적으로 1977년 7월 1일 의료보험제도가 실시되었다.[2] 그리고 이후 1989년 도시 자영업자에게까지 그 대상범위가 확대되었다. 1997년 12월 31일에는 「국민의료보험법」이 제정되었으며, 그다음 해에 통합방식으로 변경 및 국민의료보험관리공단이 출범하였다. 또한 1999년 다시 「국민건강보험법」이 제정되어 2000년부터 시행되어 오고 있으며, 2003년 7월 1일부터는 지역·직장 가입자의 재정이 통합·운영되고 있다.

그렇다면 여러 가지 방법 중 많은 나라에서 의료보장의 방식으로 강제가입과 무료의료서비스를 원칙으로 하는 사회보험을 채택한 이유는 무엇인가?

이것은 질병이라는 위험과 그것의 치료를 위한 의료라는 재화의 특성과 관련된다. 의료보장은 질병 발생 시 무료로 진료를 보장하는 것이다. 이 경우 '보험에 의한 의료'라는 표현이 적합하다. 의료보장은 여러 방식으로 가능하지만, 굳이 사회보험방식의 도입이 필요한 데에는 이유가 있다.

2) 사회보험이 의료보장에 효과적인 이유

의료보장의 목표는 예기치 못한 의료비 부담으로부터 국민을 재정적으로 보호하고, 전 국민에게 보건의료서비스를 균등하게 분배하며 보건의료사업의 효과를 극대화하여 보건의료비의 적정 수준을 유지하는 것이다.

의료보장의 방법으로서 의료보험은 강제가입 및 현물급여 방식의 사회보험 원리를 적용하여 질병이라는 사회적 위험과 의료라는 재화의 특성에 가장 효과적으로 대응하게 된다.

---

2 「의료보험법」은 1963년 처음 제정되었으나, 이때에는 강제적용을 전제로 하지 않아 큰 성과를 거두지는 못했다.

(1) 의료의 미래재적 성격

의료는 노후의 소득보장과 마찬가지로 미래재(future goods)적 특성이 있다. 특히 질병의 경우는 노후의 소득상실이라는 사회적 위험보다 훨씬 불확실하기 때문에 저평가될 가능성이 크다.

또한 자신의 위험, 즉 질병에 걸릴 가능성에 대한 정확한 정보가 없기 때문에 그에 대해 대비할 의지가 있다고 해도 방법상의 어려움이 있는 것이라 볼 수 있다. 이때 각 개인이 속한 공동체의 경우 과거의 경험이나 다른 유사한 집단의 경험으로부터 위험발생확률이나 심각성에 관하여 통계적으로 파악할 수 있다면 그에 대한 대비가 가능하다.[3] 따라서 개인적인 저축의 방식보다는 집단적 대응방식인 보험이 적절하다고 할 수 있다.

(2) 의료의 외부효과와 공공재적 성격

의료라는 재화에는 외부효과[4]가 존재한다. 각 개인의 건강은 당연히 자신에게 좋은 일이지만, 건강한 국민은 사회에도 도움이 될 수 있는데, 특히 노동력의 재생산과 인적자본(human capital)의 형성이라는 관점에서 중요하다고 할 수 있다.

또한 외부효과가 있는 경우 그 재화의 비용을 지불하지 않고도 혜택을 받을 가능성이 있다는 것이다. 예를 들어, 전염병의 경우 다른 모든 사람이 예방백신을 맞으

---

3 이것이 이른바 대수의 법칙(the law of the large number)이다. 개인의 경우는 언제 질병에 걸릴지, 진료비가 얼마나 소요될지를 전혀 예측할 수 없지만 여러 사람이 모인 인구집단에서는 질병이 어느 정도로 발생하며, 얼마나 입원하는지 등의 발생률, 유병률, 입원율 예측이 가능하다. 대수의 법칙이란, 특정 사상이 일어나는 것은 개개인의 경우에는 우연일지라도 대량으로 관찰해 보면 일정한 경향이 발견된다는 법칙이다. 보험의 경우, 이런 대수의 법칙을 이용하여 위험률을 계산해 보험료를 산정한다[김병환 외(2007). 『건강보험의 이론과 실제』. 계축문화사, pp. 63–64].

4 시장에서 사람들이 재화나 서비스의 거래를 통해 다른 사람들의 후생에 영향을 미치며, 이는 가격의 변화를 통해 반영된다. 그러나 어떤 행위는 다른 사람들에게 의도하지 않은 편익이나 손해를 가져다주면서도 시장을 통한 어떠한 대가도 지불하지 않는 것이 있는데, 이를 외부효과(externality)라고 한다. 만약 의도하지 않은 편익을 주었을 경우 이를 외부경제(external economy), 의도하지 않은 손해를 주었을 경우 외부비경제(external diseconomy)라고 한다. 예컨대, 자동차 생산은 자동차 생산비용뿐 아니라 공기와 하천을 오염시키는 사회적 비용을 야기할 수 있다[이인재 외(2010). 『사회보장론』. 나남출판].

면, 방어벽 효과로 어느 한 사람은 예방백신을 맞지 않아도 전염병에 걸리지 않게 된다. 이 경우 그 사람은 구태여 백신 비용을 지불하려고 하지 않을 것이다. 그러나 만약 다른 모든 사람도 그와 같은 무임승차자(free rider)가 되려고 한다면, 결국 전염병을 효과적으로 예방할 수 없게 된다. 따라서 외부효과가 있는 의료의 비용을 공동으로 분담하도록 모든 사람에게 강제적으로 선택하게 하는 사회보험을 도입하는 것이다.

(3) 역선택의 방지

보험방식을 통한 집단적 위험분산방식이 반드시 강제가입에 기초한 사회보험방식이어야 한다는 것을 의미하지는 않는다. 문제는 보험관리자에게 가입자의 질병위험에 대한 정보가 거의 없는 경우다. 보험관리자는 손실을 보지 않으려고 가입자의 위험이 매우 높은 경우에 맞추어 높은 보험료를 부과할 것이다. 그러면 질병에 걸릴 확률이 낮은 사람들은 높은 보험료를 부담하면서 보험에 남아 있는 것이 합리적이지 않다고 생각할 것이다.

이때 만약 보험가입 여부를 가입자의 자유의지로 결정할 수 있게 한다면, 자신의 질병 가능성이 낮다고 확신하는 사람들은 대부분 보험에서 빠져나갈 것이다. 그리고 남은 사람들은 그렇게 높은 보험료를 부담하고서라도 보장을 받으려고 할 만큼 질병의 확률이 매우 높은 사람일 것이다. 결국, 질병 발생 가능성이 높은 사람들, 즉 보험재정의 입장에서 볼 때 나쁜 위험(bad risk)만 보험에 남게 되는 역선택(adverse selection) 현상이 발생하게 된다는 것이며, 이는 위험이 분산될 가능성이 없어지는 것이다.

결국, 고위험 환자들만 보험에 가입하게 되고, 그 결과 재정압박이 심화되어 파산할 수 있다. 이를 방지하기 위해서는 나쁜 위험과 좋은 위험이 서로 상쇄되도록 하나의 공동체를 형성해야 하기 때문에 강제가입을 원칙으로 하는 사회보험의 도입이 필요하다.

(4) 의료의 서비스재적 성격과 정보 비대칭 문제

사회보험의 형태로 집단적인 대비를 해야 하는 가장 중요한 이유는 개인이 질병의 위험에 대비하여 충분한 저축을 했다 하더라도 효과적인 의료보장이 되지 못할 수 있기 때문이다. 이것은 의료가 서비스재의 특성을 갖고 있다는 사실에 기인하는데, 서비스재의 효과를 극대화하기 위해서는 생산자와 소비자의 직접적인 대면(rapport)이 필수적이며 상호 간에 긴밀한 협조(uno actu)[5]가 필요하다. 따라서 서로 주고받는 정보가 상대방에게 중요한 의미를 주고, 더 나아가 상대방에게 구속력을 갖는다.

그런데 여기서 문제는 의료에 대한 정보가 비대칭적으로 존재한다는 점이다. 의료공급자인 의사는 의료에 대한 정보를 독점하는 반면, 환자 자신은 본인이 아프다는 사실 외에는 왜 아픈지, 어떤 치료를 받아야 하고 어떤 약이 치료에 도움이 될지에 대하여 전혀 알지 못한다. 이를 달리 말하면, 클라이언트(환자)가 자신의 욕구를 제대로 알지 못하는 것과 같다. 따라서 환자는 의사가 지시하는 대로 치료를 받거나 처방해 주는 약을 신뢰하고 먹어야 한다. 결국, 공급자인 의사에 의해 의료수요가 창출되는 현상(induced demand)이 발생하게 된다.

이 경우 의사가 오로지 환자의 안녕에 관심을 갖는 선의의 치료자라면 문제가 없다. 그러나 대부분의 경우 의사의 의료행위는 자신의 수입과 긴밀한 관계가 있다. 의사의 입장에서는 환자를 최대한으로 진료하여 자신의 수입을 늘리는 것이 합리적이라고 생각할 수도 있다. 이에 비해 환자는 의료서비스에 대한 정보가 거의 없기 때문에 자신에게 제공된 서비스가 치료에 적합한지, 충분한 양이 제공되는지 그리고 가격은 합리적인지에 대하여 전혀 판단할 수 없다.

따라서 의료정보를 독점한 의사와의 관계에서 환자를 대신하여 의료서비스의 질과 가격을 판단하고 수요해 줄 수 있는 전문적 대리인이 필요하다. 그리고 그러한 역할을 해 줄 수 있는 기구를 사회보험에서 제공할 수 있다. 즉, 건강보험공단이나 건강보험심사평가원을 통해 여러 환자의 진료 행위와 평균적 비용을 검토할 수

---

5 'uno actu'는 라틴어에서 유래한 개념으로 직역하면 '일치된 행위'라는 의미로 해석된다.

있는 정보를 확보할 수 있다. 이것이 가능하기 위해서는 현물서비스를 제공하는 현물급여원칙[6]이 적용되어야 한다. 이 점이 질병에 걸릴 경우 대체로 현금위주로 보상하는 민간보험과의 가장 큰 차이점이며 사회보험의 장점이다.

3. 의료보험을 통한 소득의 보장

의료보험을 소득보장제도로 보는 것은 두 가지 관점에서 가능하다. 우선, 일상적 소득으로 지불하기 어려운 특별한 지출인 진료비를 보험으로 부담해 주는 것이며, 둘째는 질병으로 노동을 할 수 없어 중단되는 근로소득을 보충하여 주는 것이라고 할 수 있다. 질병이나 출산으로 야기되는 소득의 중단 또는 상실로부터 개인을 보호하는 목적이 있을 수 있는데, 질병에 따른 소득의 결손은 질병수당의 형태로 보장할 수 있다.

우리나라는 상병수당제도를 「국민건강보험법」에서 임의급여로 언급하고 있으나(제45조) 실제로는 실시하지 않고 있으므로 의료보험을 소득보장제도로 보기 어렵다. 또한 일용직근로자의 경우 질병치료기간에 일당을 받을 수 없는 상황이 발생하기 때문에 질병수당의 지급은 소득보장의 목적뿐만 아니라 진료의 접근성 보장이라는 관점에서도 이해될 수 있다.

우리나라와 미국의 일부 주를 제외한 모든 OECD 국가에서는 이미 상병수당제도를 운영해 오고 있으며, 우리나라에서는 코로나19를 겪으며 그 필요성이 대두되었다. 2021년 4월 문재인 정부는 '한국판 뉴딜 종합계획'에서 한국형 상병수당 도입을 위한 연구용역 수행(2021년) 및 시범사업 추진(2022년)을 발표하였다. 또한 한국형 상병수당의 기본방향에 대한 다양한 의견을 수렴하고, 사회적 논의를 활성화하기 위해 상병수당제도 기획 자문위원회를 발족하였다.[7]

---

6 현물급여원칙이란 건강보험에서 현물급여로 요양기관(병·의원 등)을 통해 의료서비스 일체를 직접 제공하는 것을 의미하며, 요양급여와 건강검진이 있다.

7 보건복지부(2021). "한국형 상병수당 도입 위한 사회적 논의 시작". 2021. 4. 15. 보도자료.

👥 제2절 의료보험의 적용대상

1. 선별적 적용

어떤 사람이 의료보험에 가입할 수 있는가는 매우 중요한 문제다. 이는 의료보험의 적용범위와 관련되는데 일부의 사람에게 제한적으로 의료보험에 가입할 수 있도록 허용하는 것을 선별주의라고 한다. 이러한 제한적인 적용에는 여러 가지 이유가 있을 수 있다. 공적사회보험을 도입하기 위해서는 막대한 비용이 소요되고, 그것은 국가의 재정부담과 조세의 증가에 따른 기업주의 부담을 증가시키기 때문에 사용자들의 저항에 부딪히게 된다. 따라서 적용범위를 좁게 할수록 정부나 기업의 부담이 적을 것이다.

또한 사회보험이 제대로 운영되기 위해서는 가입자의 관리가 가능해야 하는데 이를 위해서는 새로운 관리조직이 필요하고 그에 따른 비용도 수반된다.[8] 특히, 소득파악이 어려운 자영업자의 사회보험은 관리가 용이하지 않다. 그러므로 별도의 조치 없이도 가입자의 자격관리 및 기여금 징수 등 행정상 편리한 직업이나 계층에 대하여 우선적으로 보험을 적용하게 된다. 이것이 이른바 직업주의(occupationalism)인데, 우리나라에서도 제도 초기에는 근로자가 500인 이상인 대규모 사업장을 중심으로 직장의료보험을 실시하였다.

2. 보편적 적용

선별적 적용과는 반대로 공동체 일원이면 직업에 관계없이 모든 국민을 가입대

---

[8] 우리나라의 경우는 무엇보다도 가입자(직장가입자, 지역가입자)의 소득파악이 정확하게 이루어지는 것이 가장 중요한 관리상의 쟁점이다.

상으로 받아들이는 것을 보편주의(universalism)[9]라고 한다. 국제노동기구(ILO)나 「베버리지 보고서」에서는 이 원칙을 지지한다고 볼 수 있다. 따라서 보편적 적용이란 근로소득자는 물론이고 농민, 자영업자 등에 대해서도 의료보험을 적용하는 것이다. 우리나라도 종사자 500인 이상의 사업장을 중심으로 직장의료보험을 처음으로 실시하였고(1977. 7. 1.), 이후 그 숫자를 낮추어 5인 미만의 사업장(2001. 7. 1.)은 물론이고 농어촌(1988)과 도시지역의 자영업자(1989)들에게까지 의료보험의 적용을 확대하였다. 그러나 자영업자들의 소득파악이 제대로 이루어지지 않고 있기 때문에 보험료 부과 및 징수 등 보험의 관리운영체계에 여러 가지 문제가 발생하였다.

제3절 의료보험의 급여

의료보험의 급여란 의료보험을 적용받는 가입자 및 피부양자의 질병 및 부상에 대한 예방 · 치료 · 재활과, 출산 · 사망 및 건강증진에 대하여 법령에 따라 각종 형태로 실시하는 의료서비스를 말한다.

1. 법정급여, 비급여 및 임의급여

의료보험의 급여는 형태와 법적 성격에 따라 구분할 수 있다. 급여의 법적 성격인 법정급여는 의료보험 가입자가 당연히 받을 수 있도록 법에 규정된 급여로서 모

---

9 보편주의는 전 국민을 대상으로 하며 이 밖에도 국내에 거주하고 있는 외국인도 포함하고, 넓게는 외국에 체류하고 있는 자국 국민에게도 가입의 기회를 주는, 폭넓은 대상을 보호하는 제도다. 이와 달리 선별주의는 전 국민 중 일부 정치적 필요 또는 행정기술상 우선적으로 가능한 사회의 안정적인 계층에서 시작하여 단계적으로 그 범위를 확산하는 제도로 직업별, 직종별 또는 지역별로 그 범위를 한정하여 제도를 확립하는 방법이다[김태성, 김진수(2005). 『사회보장론』. 청목출판사].

든 사람에게 균등하게 제공된다. 비급여는 건강보험에서 보장해 주지 않는 급여다. 임의급여는 의료보험에서 반드시 제공할 의무는 없지만 가입자들의 편의를 위하여 추가적으로 제공할 수 있는 급여를 말한다. 법정급여의 범위에서 제외되는 비급여 진료의 경우 임의급여로 제공되지 않는다면 환자가 그 비용의 전부를 직접 부담해야 한다. 급여제외 사유를 기준으로 비급여를 유형화하면 〈표 7-2〉와 같다.

표 7-2 비급여 유형

분류		정의 및 설명	예시
1. 치료적 비급여 질병의 진단·치료 등을 목적으로 하나, 비용효과성 등의 측면에서 비급여로 정한 경우	1-1. 등재 비급여	• 안전하고 유효하며 의학적으로 필요한 의료이나, 비용효과성 등 진료상의 경제성이 불분명한 경우	-다빈치로봇수술 -체외충격파치료 [근골격계질환] -지속적 통증자가조절
	1-2. 기준 비급여	• '건강보험 급여 목록(고시)'에 등재되어 있으나, 실시기준(횟수 등)을 초과하여 비급여로 적용되는 항목	-초음파검사료 -MRI 진단료 -진정내시경 환자 관리료
2. 제도 비급여 상급병실료차액, 선택진료비 및 제증명수수료로서 관련 제도적 규정에 따라 비급여로 정한 경우			-상급병실료차액 -선택진료비 -제증명수수료
3. 선택 비급여 일상생활에 지장이 없는 질환의 치료나 신체적 필수기능 개선을 직접 목적으로 하지 않는 진료로서 의료소비자의 선택에 의한 경우 등			-미용·성형수술 -라식·라섹수술 -건강검진

자료: 보건복지부(2000).「건강보험 비급여관리강화 종합대책」.

우리나라에서는 지속적으로 비급여를 급여화하여 왔으나 건강보험에서 비용을 보상해 주는 비율을 나타내는 보장성은 67%에 머물러 환자가 비용의 33%를 직접 부담하고 있다. 2017년 정부는 '건강보험 보장성 강화대책'을 발표하고 초음파 및 MRI가 적용되는 질병의 범주를 확대하여 급여화하였으며 상급병실료, 특진료 및 간병 등에서 본인부담을 낮추었다.

한편, 공적의료보험의 보장성이 강화되어 법정급여의 범위가 넓어지면 비급여의 범위가 축소되고, 이는 민간보험의 활동범위가 축소되는 효과를 가져온다. 따라서 민간보험의 입장에서는 공적보험의 법정급여가 확대되는 보장성 강화에 부정적인 입장이다. 즉, 법정급여의 범위와 관련하여 의료보험의 보장성이라는 문제와 의료분야에서의 민간의 자유로운 경제활동이라는 문제가 서로 충돌한다.

공적의료보험의 급여범위가 극히 일부 계층에만 제한되어 있는 미국은 메디갭(Medigap) [10]이 보편화되어 있고, 싱가포르 등에서는 의료저축계정(MSA: Medical Savings Account) [11]을 도입하여 이러한 공적 의료보험의 공백을 보충하는 방안이 시도되었다. 이에 따라 우리나라에서도 이러한 방식을 도입하자는 주장이 제기되었는데, [12] 자유주의자들은 보험산업과 의료산업 분야에 민간의 참여를 확대함으로써 자원의 효율적 배분을 달성할 수 있다고 주장한다. 그러나 이에 대한 실증적 근거는 존재하지 않기 때문에 의료분야의 민영화나 상업화는 신중히 검토되어야 한다.

실제로 2017년 우리나라 인구의 73%가 실손보험에 가입하고 있으며 총비급여 진료비 중 실손보험 가입자가 37.6%를 차지하였다. 의료소비자는 비급여 진료에 대한 의학적 정보도 불충분한데, 실손보험의 보장으로 가격 의식마저 완화되어 합리적 이용에 한계가 있다고 지적되었다. [13]

---

10 미국의 의료보장체계는 일반적으로 민간의료보험이 주류를 이루고 있다. 다만, 65세 이상의 노인과 장애인 그리고 빈민을 위한 공적의료보장이 존재한다. 잘 알려진 것처럼 노인과 장애인의 경우는 메디케어(Medicare)에서, 빈민의 경우는 메디케이드(Medicaid)에서 의료보장을 제공하며, 나머지 국민에게는 민간보험이 제공되고 있다. 메디갭은 메디케어가 제공하는 급여의 본인부담 부분과 추가 의료서비스 및 본인부담의 비용을 대신 제공하는 민간보험사의 의료보험 상품으로, 메디케어의 보충형 민간의료보험이다[최인덕(2006). "외국의 민간의료보험정책 Ⅰ: 미국의 Medigap 정책". 『건강보험포럼』 제5권 제2호. 국민건강보험공단 건강보험연구원, pp. 103-115].

11 MSA는 정부가 강제하는 개인 소유 계좌로서 개인과 가족의 의료비 지출로만 사용하도록 용도를 제한한 저축이다. 따라서 엄밀한 의미로 공공자금이 아니며, 민간재원을 정부가 큰 틀에서 관리 · 통제하는 것이다. 주로 외래 및 입원 중 발생확률이 높은 일반진료비에 대비하기 위한 용도로 사용되며 1984년 처음 시작되었다[최기춘 외(2006). "2006년 외국의 보건의료체계와 의료보장제도 연구". 국민건강보험공단 건강보험연구원, pp. 347-442].

12 권순원(1998). "의료저축계정(MSA)의 도입 가능성에 대한 소고". 보건경제학회 1998년 추계학술대회, p. 80.

13 보건복지부(2020). 『건강보험 비급여관리강화 종합대책』, 2020. 12. p. 8.

2. 현물급여와 현금급여

   의료보험의 급여형태는 현물급여와 현금급여로 구분할 수 있다. 의료서비스, 의약품, 보조기구 등을 무료로 제공하면 현물급여에 해당하고, 질병수당, 출산수당 그리고 장제비[14] 등을 현금으로 지급하면 현금급여에 해당한다.

   질병수당은 질병으로 근로를 할 수 없어 소득의 결손이 발생하는 경우 지급되는 현금급여로서, 우리나라의 경우 법으로는 상병수당제도를 두고 있으나 시행되지 않고 있으며 출산수당 등만 지급되고 있다.

   우리나라의 건강보험에 의한 급여 종류는 〈표 7-3〉과 같다.

표 7-3 건강보험의 급여 종류 및 내용

종별	종류	지급대상	내용	비고
현물급여	요양급여	가입자, 피부양자	가입자 및 피부양자의 질병·부상·출산 등에 대한 진찰·검사, 약제·치료재료의 지급, 처치·수술 기타의 치료, 예방·재활, 입원, 간호, 이송 등. 입원환자 식대는 2006년 6월 1일부터 적용	법정급여
	건강검진	가입자, 피부양자	질병의 조기발견과 그에 따른 요양급여를 하기 위하여 가입자 및 피부양자에 대하여는 2년에 1회 무료건강검진을 실시	법정급여
현금급여	요양비	가입자, 피부양자	• 만성신부전증 환자의 복막관류액 구입비 • 2009년 7월 1일부터 양가기준액 범위에서 　－등록 희귀난치성질환자: 90% 지급 　－미등록 희귀난치성질환자: 70% 지급 • 자동복막투석 소모성 재료는 고시기준가격 (5,640원/일)의 80% 지급	법정급여

---

14 장제비의 경우 2008년 1월 1일부터 폐지되었다.

임신 · 출산 진료비	가입자, 피부양자 중 임산부	• 2006년 11월 1일 이전 출생 시
		  −첫 번째 자녀 76,400원
		  −두 번째 자녀부터 71,000원
		• 2006년 11월 1일 이후 출생 시 250,000원
			법정급여

장애인보장구 급여비	장애등록된 가입자, 피부양자	「장애인복지법」에 의하여 등록된 장애인인 가입자 및 피부양자가 보장구를 구입할 경우, 구입금액 일부를 국민건강보험공단에서 보험급여비로 지급	법정급여
본인부담액 상한제	가입자, 피부양자	본인부담액 상한제란 고액 · 중증질환자의 과다한 진료비 지출로 인한 가계의 경제적 부담을 덜어 주기 위한 제도로, 병 · 의원(약국 포함)에서 진료를 받고 부담하는 건강보험 적용 본인부담금이 가입자의 보험료 수준별로 하위 50%는 연간 200만 원, 중위 30%는 300만 원, 상위 20%는 400만 원의 상한액을 초과하는 경우 그 초과액을 공단이 부담	임의급여

🎗️ 제4절 전달체계

1. 보험가입자 관리운영체계

1989년에 전국 의료보험이 실시되어 근로자는 직장조합에 가입하였고, 의료보험조합연합회가 직장조합을 관리하였다. 그리고 농민, 자영업자 등은 지역조합에 가입하였고, 의료보험공단이 지역조합과 특수직역의료보험을 관리하였다.

직장과 지역으로 분리되고 조합들이 운영해 온 의료보험에서 형평성과 효율성에 관한 논란이 끊임없이 제기되었고, 마침내 1999년 직장조합과 지역조합이 하나로 통합되어 국민건강보험공단의 관리를 받게 되었다.[15] 다수의 조합에서 발생되는 관리운영비를 절감하고 서로 다른 조합 가입자들 간의 보험료 부담의 형평성을 제고하기 위한 방안이었다. 그리하여 근로자와 자영업자 간 보험료를 단일하게 부과할 수 있는 체계를 개발하는 것이 가장 중요한 과제로 남게 되었다.

2. 의료공급자 관리체계 및 진료비 지불방식

1) 진료비 직접지불 및 상환방식

보험관리자와 의료공급자의 관계는 크게 세 가지로 나누어 생각해 볼 수 있다. 우선, 진료비 상환제도는 민간보험에서 주로 사용되는 방식이다. 급여의 형태를 살펴보면, 사회보험은 현물급여를 주로 하고 현금급여는 예외적으로 제공하지만 민간보험의 경우는 일반적으로 현금급여만을 제공한다. 특히 사회보험인 의료보험에서는 완치될 때까지 진료를 받을 수 있는 급여를 제공한다. 이에 비하여 민간보험인 암보험이나 생명보험에서는 가입자가 발병한 경우 미리 약정한 금액의 보험금

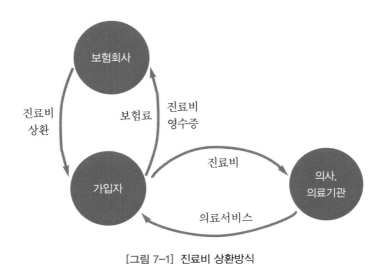

[그림 7-1] 진료비 상환방식

---

15 원석조(2006). "건강보험통합논쟁의 전개과정에 관한 연구". 『사회복지정책』 제25집, pp. 159-161.

을 지급하거나(정액형) 또는 가입자가 직접 진료비를 의사에게 지불하고 보험에서 실제 비용을 지급하는 방식(실손형)이 적용된다. 이러한 상환방식(reimbursement)의 의료보험에서는 가입자가 상환받은 돈으로 적절하고 충분한 진료를 받을 수 있는가에 대한 책임은 지지 않는다.

2) 무료의료 및 제3자 지불방식

일반적으로 사회보험에서는 보험가입자는 무료로 진료를 받고 진료비는 보험자가 의료기관에 지불하는 무료의료방식을 채택한다. 여기에서 무료의료라는 의미는 보험가입자(환자)가 진료받는 그 시점에서 의료기관에 현금을 지불하지 않는다는 의미이며, 추후 의료기관이 보험자에게 진료비를 청구하면 보험자가 의료기관으로 진료비를 지불하는 방식[즉, 제3자 지불방식(third-party system)]으로 진행된다.

의료기관에 지불할 진료비를 산정할 때 여러 가지 방법이 있는데, 대표적인 방식으로는 진료행위별로 점수를 부여하는 행위별 수가제(fee for services)나 환자 한 사람당 일정액을 지불하는 인두제(capitation fee), 질병의 종류에 따라 일정한 진료비를 지불하는 포괄수가제(DRG: Diagnosis Related Group)가 있다.[16]

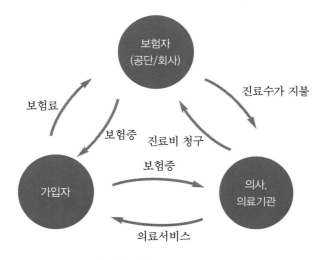

[그림 7-2] 제3자 지불방식

또 다른 방식은 한 해에 지불할 진료비의 총액을 가입자 대표자(공단)와 의료공급자 대표(의사협회)가 지역 단위나 전문진료영역 단위로 미리 합의하는 이른바 총액예산제(Global Budget System)다. 의사들이 받을 수 있는 진료비 총액은 미리 정해지므로 각 의사에게 연말에 실제로 지불되는 몫은 의사들 간의 합의로 정한 배분기준에 따라 정해야 한다.

이러한 방식들은 의료비 지출 관점에서 보면, 포괄수가제는 사후적으로 이루어진다고 하여 후지불보상제도(Retrospective Payment System)이며, 총액예산제는 미리 정해진 진료비를 협상으로 설정한다는 의미에서 선지불보상제도(Prospective Payment System)로 구분된다.

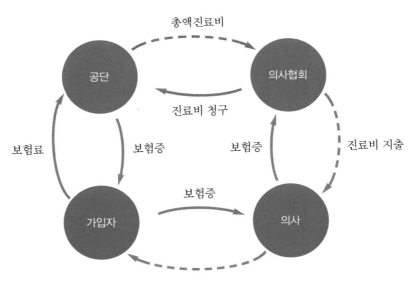

[그림 7–3] 의료서비스 총액예산방식

---

16 2003년 9월부터는 정상 분만을 제외한 7개 질병군을 대상으로 실시 중이다. 구체적으로 살펴보면 산부인과(제왕절개 분만, 자궁수술), 일반외과(맹장염, 치질, 탈장 수술), 안과(백내장 수술), 이비인후과(편도선 수술)가 이에 해당한다.

3) 직영방식

　　보험자가 의료기관을 가장 강하게 통제할 수 있는 경우는 보험자가 의료기관을 직영하고 병원이 의료인들을 고용하는 방식이다. 우리나라의 경우 대표적인 직영방식(direct pattern)의 예가 건강보험공단이 직영하는 일산병원이다.

　　한편, 영국의 국가의료서비스(NHS)도 보험관리자인 국가가 의료기관을 직접 운영하고 의료인력을 공무원으로 구성하는 방식이라고 할 수 있다.[17]

　　미국의 경우 국가의 공적 의료보장체계가 구축되지 못한 거의 유일한 선진자본주의 국가라고 볼 수 있다. 미국의 사회보장체계의 기틀을 마련한 1935년 「사회보장법」 수립과정에서 의료보험안이 시행계획안에 포함되었지만 의사집단의 강력한 반발로 「사회보장법」 체제 안에 포괄되지 못하였으며,[18] 1965년 도입된 노령수급

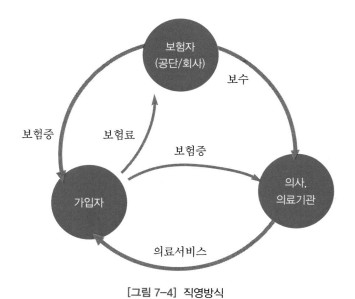

[그림 7-4] 직영방식

17 NHS의 특성을 공적 의료보험(NHI: National Health Insurance)과 구분되는 가입자의 관리방식으로 이해하는 견해도 있다.

18 림링거 가스통, V. 한국사회복지연구회 역(1997). 『사회복지의 사상과 역사』. 한울아카데미, pp. 314-320.

자를 대상으로 하는 메디케어(Medicare)와 공공부조의 수급자를 대상으로 하는 메디케이드(Medicaid)만이 공공의료보장체계로 파악된다. 따라서 대부분의 미국인은 민간부문의 의료보험을 이용할 수밖에 없다. 그리고 미국 의료보장체계에서 나타나는 특징 중 하나는 기업의 복리후생(fringe benefit) 차원에서 고용주가 피고용자들의 의료보험을 민간부문 의료보험체계와 계약하여 제공하는 경우가 많다는 것이다.[19]

민간부문에서도 민간보험회사뿐만 아니라 독특한 형태의 민간보험조직의 발달이 나타나는데, 막대한 의료부담 때문에 의료관리조직(HMO: Health Maintenance Organizations)과 같은 형태의 보험조직이 확대되었었다.

기존의 민간보험회사와 달리, HMO에 가입된 피보험자는 자유롭게 의사를 선택할 권한을 갖는 것이 아니라 HMO에 가입된 의사 중에서 선택해야 한다. 의사는 HMO로부터 환자 수에 기초하여 결제(caption fee)를 받거나 봉급을 받기 때문에 불필요한 입원이나 의료서비스를 제공할 필요가 없다. 그 결과, HMO는 민간보험회사보다 저렴한 의료서비스를 제공하고 있다.[20]

제5절 의료보험의 재정

우리나라에서 의료보험의 재원은 가입자와 사용자가 납부하는 보험료, 국가가 국고에서 지원하는 국고보조, 국민건강증진기금에서 자금을 지원받는 담배부담금 그리고 환자가 진료비의 일정 비용을 부담하는 본인부담금 등으로 구성된다. 2019년 결산기준으로 우리나라 의료보험의 재원 현황을 살펴보면, 보험료가 88.1%를 차지해 가장 비중이 크며, 국고보조는 8.8%, 담배부담금은 2.6%를 차지하였다. 그리고 본인부담금 등 기타 재원은 5.0%를 차지하였다.

---

19 이인재 외(2010). 『사회보장론』 개정2판. 나남출판, p. 182.
20 이인재 외(2010). 상계서, p. 182 재인용.

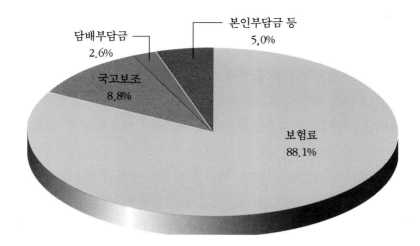

[그림 7-5] 우리나라 의료보험의 재원 현황(기준: 2019년 말)

자료: 보건복지부(2019). 내부자료.

1. 보험료

보험료는 가입자의 소득에 비례하여 납부하는데, 근로자의 임금인 표준보수월
액에 일정한 보험료율을 곱하여 산정한다. 2021년 기준 건강보험료율은 6.86%다.
보험료는 가입자와 사용자가 같이 부담하며, 분담률은 나라마다 차이가 있으나 일
반적으로 절반씩 부담한다. 자영업자는 단독으로 전액을 부담하며, 소득뿐만 아니
라 재산보유, 자동차를 소유한 것에 대해서도 보험료를 부담해야 한다.

보험료의 성격을 무엇으로 볼 것인가는 의료보험의 관리운영에 사용자가 어떠
한 비율로 관여할 수 있는가를 결정하는 데 중요한 의미가 있다.

보험료의 본질에 관해서는 여러 가지 견해가 있다. 첫째, 사용자 부담분은 기업
회계에서 피용자 보수로 처리되고 있기 때문에 임금의 일부라고 보는 견해가 있
다. 둘째, 보험료는 근로자 개개인에게 직접 지급되지 않고 재분배를 위해 사회
보장기관에 지출되기 때문에 법적 본질은 사회화된 임금이라는 견해도 있다. 셋
째, 임금에 대한 조세라는 견해도 있는데, 근로소득에만 부과되고 비례세이지만

보험료를 부담해야 할 소득의 상한선이 정해져 있어 공공부조보다는 소득재분배 효과가 작다고 볼 수 있다. 2021년 직장가입자의 경우 건강보험료로 최대로 월 7,047,900원까지 사용자와 절반씩 분담하게 된다. 따라서 소득이 더 많은 가입자도 월 3,523,950원까지만 보험료로 부담하면 된다.

2. 국고보조

원칙적으로 가입자(근로자)와 사용자 대표에 의해 자치적으로 운영되던 사회보험에서 국가의 보조는 예외적으로 인정되었다. 즉, 저소득자나 학생 등 보험료를 납부하지 못하는 경우 국가가 대신 납부하는 것인데 주로 소득재분배를 목적으로 하였다. 국고보조는 일반조세로 충당된다.

우리나라의 경우 지역의료보험에 대하여 포괄보조금을 지급해 왔는데, 이는 두 가지 관점에서 이해할 수 있다. 첫째로 사회보험의 관리운영은 국가의 책임인데 이를 위임하였기 때문에 관리운영비를 지불한다는 취지와, 둘째로 지역의료보험의 가입자들이 주로 자영업자여서 보험료의 절반을 사용자가 부담해 주는 근로자와의 형평성을 이루기 위해 보험료를 지원한다는 취지도 들어 있다. 그러나 이러한 포괄적 지원으로 소득이 높은 자영업자들도 국가로부터 보험료를 보조받는 결과가 되어 저소득 근로자들과의 형평성 문제가 제기되었다.[21]

「국민건강보험법」(제108조)에서 건강보험료 수입의 20%(국고보조 14%와 국민건강증진기금 6%)에 대한 국가책임을 규정하고 있으나 정부가 이를 이행하지 않아서 2017~2020년 최근 3년간 국고지원은 평균 13.4%에 머물고 있어 국고지원을 늘려야 한다는 주장이 제기되고 있다.

---

21 최병호(1995). 「지역의료보험 국고지원방식의 평가와 개선방안」. 한국보건사회연구원, pp. 95-117.

3. 담배부담금

정부는 국민건강증진사업의 원활한 추진에 필요한 재원을 확보하기 위하여 담뱃세를 재원으로 1997년부터 국민건강증진기금을 조성하였다. 이는 1995년 제정한 「국민건강증진법」을 근거로 하며, 흡연자를 위한 건강증진사업을 원활하게 추진하는 데 필요한 정책자금을 확보하려는 목적에서 출발하였다. 2004년부터 담배(궐련) 1갑당 354원이 징수되었으나, 2014년 동법이 개정됨에 따라 2015년부터는 1갑당 841원으로 인상되었다. 또한 동법에서는 전자담배, 파이프 담배, 엽궐련, 각련, 씹는 담배, 냄새 맡는 담배, 물담배, 머금는 담배 등으로 담배의 종류를 넓혀 각각 건강증진부담금을 부과하고 있다.

이렇게 건강증진기금으로 조성되는 담배부담금은 2015년에는 약 3조 2,700억 원이다. 이 금액 가운데 기금운영경비(16.9%)를 뺀 비용 2조 7,200억 원(83.1%) 정도가 기금사업비로 활용된다. 이러한 비용이 2005년 약 1조 3,300억 원이었던 것을 고려한다면 많이 증가했다는 것을 알 수 있다.

담배에 대한 수요는 다른 상품들과 비교하여 비탄력적 성격을 갖기 때문에 오랫동안 각국 정부에게 담배에 대한 과세는 세입의 중요하고 편리한 원천이었다. 최근 들어서는 담배에 대한 과세가 정부세입 창출뿐 아니라 담배소비 억제를 위하여 가장 중요한 수단으로 이용되고 있다. 즉, 전체 담배소비량 억제, 특히 청소년 흡연의 피해를 억제하기 위한 국민보건강화의 공공정책 수단으로 담배 관련 세제 인상이 이용되고 있다.[22]

보건당국이 담배 관련 조세를 인상할 수 있는 근거는 다음과 같다. 첫째, 흡연자가 흡연의 사회적 비용을 부담해야 한다는 논리다. 사회적 비용은 흡연자 자신 및 가족의 사적 비용은 물론 외부 비경제까지 포함한다. 즉, 간접흡연에 따른 비흡연자의 질병과 관련된 비용, 비흡연 조세 납부자가 보조한 흡연자 치료의 공공의료비

---

22 이창수, 신동천(2002). "담배부담금 인상의 경제적 효과". 『연세경제연구』 제4집 제2호, pp. 157-176.

용을 흡연자가 지불해야 한다는 논리다. 둘째, 과세를 통한 가격인상으로 흡연, 특히 청소년층의 흡연을 감소시킬 수 있다는 논리다. 따라서 담배에 대한 과세는 공공의 건강을 증진할 수 있는 공공정책의 수단으로 기능한다. 특히 청소년기의 흡연 억제는 장기적 흡연량 억제라는 장기목표를 달성할 수 있는 효과적 방안이다. 청소년 흡연이 시간 경과에 따라 성인 흡연으로 연결되기 때문이다. 따라서 담배조세의 인상은 청소년들이 나이가 들었을 때의 흡연까지 감소시킨다. 즉, 담배조세의 인상은 청소년 흡연에 대하여 장기적인 효과가 있다.[23]

4. 본인부담금

의료보험에서 급여로 인정하는 진료도 완전히 무료가 아니라 그 비용의 일부를 부담하는 경우 이를 본인부담금이라고 한다. 본인부담금은 정률제(의사, 치과의사), 정액제(의약품), 일당제(병원) 그리고 수수료(처방전, 진단서) 등으로 다양한 형태가 존재한다. 2021년 현재 우리나라 건강보험의 본인부담을 살펴보면 〈표 7-4〉와 같다. 입원진료비의 경우 총 진료비의 20%를 본인이 부담하고, 외래의 경우는 진료기관의 종류와 진료비 액수에 따라 다르게 부담하고 있다. 약국의 경우는 총액의 30%를 부담하고 있다. 다만, 연간 환자가 부담한 본인부담액이 2020년 상한액 기준 125만~582만 원(소득수준에 따라 10분위로 차등 적용하고 있음)을 초과할 경우, 초과분을 가입자에게 환급해 주는 '본인부담액 상환제'가 있다.

본인부담제도의 원래 목적은 의료 이용에 따른 수수료로서 가격을 통해 의료 이용 및 진료비 상승을 억제하려는 것이다. 따라서 의료보험의 의료서비스가 전적으로 무료가 아니라 부분적으로라도 비용을 지불하는 것이라는 인식을 갖도록 하는 심리적 효과를 통하여 의료보험의 진료비 상승을 억제한다.

---

23 이창수, 신동천(2002). 상계서, pp. 157-176.

표 7-4 건강보험의 본인부담

구분		외래진료	진료비	본인부담(원, %)	입원 진료
상급 종합병원		진찰료 총액+나머지 진료비의 60%			총 진료비의 20%
종합병원	동	요양급여비용 총액의 50%			
	읍·면	요양급여비용 총액의 45%			
병원	동	요양급여비용 총액의 40%			
	읍·면	요양급여비용 총액의 35%			
의원		요양급여비용 총액의 30%			
약국		요양급여비용 총액의 30%			

자료: 국민건강보험공단 홈페이지(www.nhic.or.kr).

그러나 우리나라의 경우에는 본인부담금이 보험료 수입의 부족을 보충하려는 재정수단으로 활용되고 있다. 보험료 때문에 발생할 수 있는 사용자와 근로자의 저항을 피하기 위한 편법으로 보험료를 높이지 않고 본인부담을 늘려서 의료비의 재원을 조달해 왔다. 이 경우는 본인부담금의 재정부담으로 인해 저소득층이 의료서비스에 접근하는 것을 억제하는 재정적 효과가 나타날 수 있다. 우리나라는 본인부담비용이 매우 높기 때문에 이를 낮추어 건강보험의 보장성을 강화하려는 것이 사회적 이슈로 대두하고 있다. 2017년 발표된 이른바 문재인케어에서는 2022년까지 전 국민 의료비 부담을 평균 18% 낮추어 건강보험의 보장성을 강화한다는 계획이 포함되었다.

👥 제6절 우리나라 건강보험의 쟁점

1. 건강보험 통합 및 보험료 부과체계

1) 건강보험의 탄생

의료보험의 가입자 관리방식은 크게 분산관리방식과 통합관리방식으로 구분할 수 있다. 분산관리방식은 가입자의 직업이나 지위에 따라 별도의 조직을 통해 자치적으로 운영하도록 하는 방식이다. 그러므로 가입자는 그가 속한 조합에 따라 상이한 보험료나 급여의 적용을 받는다. 통합관리방식은 직업이나 지위를 고려하지 않고 전 국민을 하나의 통합된 기구를 통해 운영하는 방식으로 보험료의 부담이나 급여가 단일화된다.

분산관리방식의 대표적 예인 독일의 경우 비스마르크가 전 국민에게 의료보험의 강제가입적용을 도입하면서 기존의 자조적인 조직을 활용하기 위해 그들의 권한을 인정하게 되었고, 이것이 분산관리방식의 전통이 되었다. 그 전통은 오늘날까지 유지되고 있는데, 각 질병금고(sickness fund)는 자치적인 운영권을 갖고 있으며 서로 경쟁하고 있다.

우리나라도 분산관리방식을 채택하여 자영업자와 농어민을 지역조합으로 분산관리하고 각 조합의 자치적인 운영을 보장한다는 원칙을 세웠다. 그러나 서로 다른 조합에 가입한 사람들 사이에서 보험료 부담의 차이로 형평성의 문제가 있다는 주장들이 제기됨으로써 보험가입자의 관리와 관련하여 (분산)조합방식과 통합방식 간 지지하는 입장이 갈라졌고, 격렬한 논쟁이 있었다.[24] 양 입장을 대변하는 주장

---

24 김연명(2000). "의료보험 통합의 성과, 쟁점 그리고 미래".『한국사회복지의 현황과 쟁점』. 인간과 복지, pp. 117-147.

표 7-5 (분산)조합방식과 통합방식

구분	(분산)조합방식	통합방식
관리운영 효율성	알뜰한 보험재정관리, 관료제도의 단점 보완	사무관리비의 절약
운영의 민주성	주민 참여 가능	관료적 통제
재정균형, 자립	국가재정 중립	지역의보의 지원 증가
소속감, 공동체의식	집단 공동체의식	조합은 임의조직이므로 사회보험에 부적절
소득파악	자영업자 소득파악	총 보수액, 전국단위 적용, 평가소득 기준
소득재분배	소규모 재분배(재정조정)	범위 확대
의료인과의 관계	대등한 관계	조합의 위상 강화

의 내용을 정리하면 〈표 7-5〉와 같다.

　이처럼 처음에는 지역의료보험조합, 공무원교직원의료보험조합, 직장의료보험
조합 등이 제각각 운영되다가 의료비 지출 상승 등으로 인해 1998년 지역의료보험
조합과 공무원교직원의료보험조합이 통합되었고, 2000년에는 직장의료보험조합
까지 통합되면서 국민건강보험공단이 탄생하게 되었다. 그렇지만 조합방식과 통
합방식 간의 입장 차이가 좁혀지지 않아 당시에 조직은 통합되었을지언정, 재정은
여전히 지역과 직장으로 분리되었다. 그러다가 2003년에 비로소 조직과 재정이 통
합된 형태로 운영되기 시작하였다.

표 7-6 건강보험의 통합과정

과정	분산 (1998년 10월 1일 이전)	통합과정			
		1단계 (1998년 10월 1일)	2단계(2000년 7월 1일)		3단계 (2003년 7월 1일)
			조직	재정	
조직	지역의보조합	국민의료보험 관리공단	국민건강 보험공단	지역건보 재정	국민건강보험공단
	공교의보조합				
	직장의보조합	직장의보조합		직장건보 재정	

이러한 과정을 통해 마침내 지역의료보험과 직장의료보험 그리고 의료보험공단이 통합되었고, 단일 보험관리자인 국민건강보험공단으로 운영되고 있다.

2) 단일보험료 부과체계의 개발

의료보험통합 논쟁에서는 합리적인 논리보다는 정치적이고 정서적인 요소가 더 많이 작용하였다고 할 수 있다. 통합 이후에도 소득파악의 문제, 낮은 보장성 그리고 의료비 상승 등의 문제는 여전히 남아 있다. 특히 의료보험 관리조직이 통합되었다고는 하지만, 주로 근로자인 직장가입자의 경우 소득이 전부 파악되어 근로소득에만 보험료를 부과하고 있다. 그러나 자영업자인 지역가입자의 경우는 정확한 소득파악이 불가능하며 소득과 재산 등 다양한 요소를 반영하고 있다. 결국, 통합된 건강보험에서 보험료 단일부과체계의 개발은 이루어지지 못하여 의료보험 통합의 핵심목표였던 보험료 부담의 형평성은 달성되지 못하고 있는 실정이다.[25]

따라서 자영업자의 소득파악률을 높이는 것이 건강보험에서 가장 중요한 정책적 과제가 되고 있다. 또한 2011년 1월 1일부터 3개의 사회보험공단(건강보험공단, 국민연금공단, 근로복지공단)에서 따로 수행하던 건강보험, 국민연금 및 고용·산재보험의 보험료 징수업무를 건강보험공단이 통합하여 운영하고 있다.

건강보험으로의 통합 이후 지속적으로 제기되어 왔던 직장가입자와 지역가입자 간 보험료 부과의 형평성 문제를 해결하기 위해 2017년 보건복지위원회에서 자동차보험료 부담을 55% 완화하고, 고소득·고재산 피부양자는 지역가입자로 전환하되 보험료의 30%를 경감하기로 합의하였다. 또한 직장가입자의 월급 외 고소득에 대해서도 단계적으로 보험료를 부과하기로 하였다. 그리고 2020년 정부는 건강보험료 부과체계 개편을 통해 지역가입자의 건강보험료를 소득위주로 전환하기 위해 재산 및 자동차에 대한 보험료를 축소하고 임대소득 및 금융소득에 대한 보험료를 부과하기로 하였다.[26]

---

25 신영석 외(2008). 「건강보험료 부과체계 개선방안 및 재원확보방안」. 한국보건사회연구원, pp. 62-70.

2. 진료비 상승 억제 대책

1) 진료비 상승의 배경

우리나라에서뿐만 아니라 세계 각국에서도 증가하는 의료비는 심각한 문제가
되고 있다. OECD가 2019년에 발표한 내용에 따르면 우리나라의 국민의료비 지출
규모는 GDP 대비 8% 수준이며, OECD 평균 GDP 대비 국민의료비 지출수준 8.8%
보다 0.8%p 낮게 나타났다. 그러나 2019년 우리나라의 GDP 대비 국민의료비 지
출수준 8%는 2008년 6.5%에서 1.5%p 증가한 것으로 0.2%p 감소한 OECD 평균과
비교할 때, 국민의료비 지출이 현저하게 증가했음을 보여 주고 있다.[27]

의료비 증가의 원인은 수요와 공급 측면으로 구분하여 살펴볼 수 있다. 공급 측
면에서 보면, 새로운 의료기술이나 신약이 개발되는 경우 높은 비용을 초래할 것이
고 일정한 의료수준이라도 의사들의 진료행위가 증가하면 의료비의 증가로 이어
질 것이다. 수요 측면에서 보면, 인구의 고령화로 의료수요가 증가하고 생활환경의
악화로 질병률이 높아질 수도 있다. 그리고 이러한 구조적 변화가 없다 하더라도
환자들이 의료를 더 많이 이용하려는 행태가 의료비의 증가로 이어질 수 있다.

공급 측면에서 의료기술의 발전은 불가피한 것이고 이것을 사회에서 적절한 방
법을 통해 수용하여야 할 것이다. 그러나 의사들의 진료 제공의 증가가 수요 측면
의 여건 변화에 기인하지 않고 도덕적 해이에서 초래되는 것이라면 당연히 억제되
어야 한다. 여기에는 진료비 지불제도의 개선이 우선적으로 필요하다. 그리고 수
요 측면에서도 인구의 고령화 등 환경의 변화는 사회에서 적절한 방법을 통해 수용
되어야 할 것이지만 환자의 도덕적 해이가 있다면 이는 억제되어야 한다. 여기에는
본인부담을 통해 불필요한 의료 이용을 억제하는 것이 가장 중요하고, 가벼운 질병

---

26 보건복지부(2020). 「건강보험 비급여관리강화 종합대책」. 2020. 12.
27 OECD (2019). Health Data.

이 심각한 질병으로 발전하는 것을 억제하는 건강검진을 비롯한 예방급여를 확대하는 것이 필요하다.

공적의료보험의 저보장체제는 향후 급여범위의 확대 및 수준 향상을 통해 적정한 보장체제로 전환되어야 한다. 그러나 이러한 적정보장수준으로의 발전을 위해서는 그에 걸맞게 보험료도 적정부담구조로 전환되어야 한다.

현재 우리나라 건강보험제도는 시행 초기 안정적 정착을 위해 고안된 대로 낮은 부담과 낮은 급여의 형식을 취하고 있는 한계점을 극복하여 보험급여수준의 향상과 본인부담률의 하향조정을 통한 적정급여로 전환하는 과정에 있다. 하지만 이 과정에서 재정부담을 적정화하는 작업이 함께 이루어져야 한다.[28]

2) 진료비 지불제도

(1) 행위별 수가제

행위별 수가제는 현재 우리나라의 진료비 지불제도로서 개별 진료행위에 대한 점수(상대가치)와 각 점수에 지불될 수가(환산지수)가 미리 정해져 있다. 따라서 의사의 진료비는 그들이 행한 진료행위의 점수를 합산하고 거기에 수가를 곱해서 계산된다.

이 경우 의사들이 진료행위를 많이 할수록 자신이 받는 진료비는 증가한다. 만약 의사들이 자신의 수입을 늘리기 위해 과도한 진료를 하더라도 이를 제어할 방법은 없다.

(2) 포괄수가제

행위별 수가제의 이와 같은 문제점을 개선하기 위한 방안으로 이른바 포괄수가제를 생각해 볼 수 있다. 즉, 개별 진료행위에 대한 수가를 계산하는 방식이 아니라 진료행위를 집단적으로 묶어 계산하는 방식이다. 예를 들어, 환자 한 사람당 진료

---

28 김태성, 김진수(2005). 『사회보장론』. 청목출판사, pp. 286-287.

비를 미리 정하는 인두제방식 또는 질병 종류별로 묶어 일정한 액수를 지불하는 이른바 포괄수가제도 등이다.

인두제는 의사가 맡고 있는 환자의 수, 즉 자신의 환자가 될 가능성이 있는 일정 지역의 주민 수에 일정 금액을 곱하여 이에 상응하는 보수를 지급하는 방식으로 주민이 의사를 선택하고 등록을 마치면, 등록된 주민이 환자로서 해당 의사의 의료서비스를 받았는지에 상관없이 보험자 또는 국가로부터 등록된 환자 수에 따라 일정 수입을 지급받는다. 인두제는 공급자가 불필요한 비용을 낭비할 가능성이 적으므로 비용절감의 효과, 행정업무의 단순화에서 장점이 있는 반면, 의료공급자에게 경제적 인센티브가 없어서 질적인 수준이 저하되고 대기시간이 길어질 우려가 있다.

이른바 DRG(Diagnosis Related Group) 포괄수가제는 질병군(또는 환자군)별로 미리 책정된 일정액의 진료비를 지급하는 제도로 현재는 전체 의료기관에서 4개 진료과에 7개 질병군을 대상으로 실시하고 있다[안과(백내장수술), 이비인후과(편도 수술 및 아데노이드 수술), 외과(항문수술, 탈장수술, 맹장수술), 산부인과(제왕절개분만, 자궁 및 자궁부속기수술)]. 의료비용이 사전에 예측되므로 장기입원에 대한 인센티브를 제거할 가능성이 있고, 의료공급자 입장에서 진료비 청구가 용이하며, 보험자 입장에서 진료비 지급에 소요되는 비용이 절감되는 장점이 있다. 한편, 진료비 청구의 간편함에 따른 허위 · 부당 청구의 가능성이 있다.

일반적으로 입원진료의 경우 많이 사용되는 이러한 방법은 한 가지 질병에 대해 과도하게 여러 가지 진료행위를 하는 것에 대해 약간의 억제 효과는 있을 수 있지만, 그에 따라 부실한 진료를 초래할 위험이 있다. 이미 건당 일정한 진료비를 받기로 되어 있다면 의사의 입장에서는 되도록 적은 진료를 할수록 이익이라는 생각을 할 수도 있기 때문이다.

다른 한편으로는 진료비가 오히려 상승할 것이라는 우려도 있는데 사소한 질환에도 건당 지불되는 진료비를 높여서 신고할 가능성이 있기 때문이다. 결국, 포괄수가제도 진료비 억제의 완전한 대책이 되기는 어렵다.[29]

---

29 채희율, 박지연(2003). "포괄수가제와 의료공급자 인센티브". 『보건경제연구』 제9권 제1호, pp. 19-20.

(3) 총액예산제

행위별 수가제나 포괄수가제의 약점을 보완하면서도 진료비 억제 효과가 있다고 보아 여러 나라에서 채택되고 있는 것이 진료비 총액예산제(global budget system)다. 이것은 지불할 진료비의 총액을 사전에 정해 놓는 지불방식이다. 보험을 관리하는 측과 진료를 제공하는 의사집단의 대표 간에 지불될 진료비 총액을 사전에 합의함으로써 과도한 진료비의 상승을 막을 수 있다.[30]

물론 이 방식에도 부실 진료의 위험이 존재한다. 의사들에게 주어질 진료비가 미리 정해져 있어 되도록 진료를 적게 하는 것이 유리하기 때문이다. 그러나 이것은 개별 의사들이 자신이 나중에 받을 진료비의 몫을 미리 알고 있을 경우에만 그렇다. 만약 진료비 총액을 배분할 때 행위별 수가제도가 적용되어 자신이 진료한 실적에 따라 분배를 받는다면 오히려 더 많은 진료를 하려고 노력할 것이다. 그 결과, 전체 의사집단의 진료행위는 양적으로 증가한다. 그러나 이미 전체 집단에 지불될 진료비가 일정하게 합의되었기 때문에 진료비의 증가로 이어지지는 않는다. 따라서 과다한 진료에 따른 손해는 결국 의사들에게 돌아간다. 여기서는 이른바 '죄수의 딜레마'가 작동함을 알 수 있다.

그러므로 의사들의 입장에서는 이러한 제도의 도입에 찬성할 수 없을 것이기 때문에 그들의 동의를 이끌어 내는 것이 진료비 총액예산제 도입에 가장 중요한 문제다. 그리고 총액예산제는 집단 간의 합의를 기초로 하기 때문에 의사 등 의료공급자를 대표하는 집단이 구성되어야 하고 합의의 구속력이 전제되어야 한다.

3) 노인의료비 억제 대책

노인인구의 증가에 따른 의료비의 증가는 전 세계의 모든 국가에서 심각한 사회문제가 되고 있다. 이에 대한 대책으로 독일에서는 이미 1995년에 요양보험을 도입하였으며, 일본에서도 2000년부터 개호보험을 도입하였다.[31]

---

30 이준영(2000). "한국 의료보험제도 운영방식의 전환". 『의료복지서비스와 의료정책』 세종, pp. 301-313.

노인수발의 필요성은 적극적인 치료행위를 통해 완치될 수 있는 의료와는 구분되지만, 이를 위한 별도의 제도가 없어 기존의 의료제도에서 이를 부담해 왔다. 특히, 일본에서는 이른바 '사회적 입원'이라는 현상, 즉 단지 보호를 위해 비싼 의료시설을 이용함으로써 의료보험의 부담이 되었다.

우리나라에서도 이러한 노인의 수발을 위한 제도인 '노인장기요양보험'이 2007년 4월 2일 국회를 통과하여 2008년 7월 1일부터 시행되고 있다.[32]

장기요양에 대한 보장을 사회보험제도를 통하여 해결하고자 한 것은 장기요양을 사회적 위험으로 판단하여 접근한 것이라고 할 수 있다. 사회보험의 보장대상이 되는 위험을 사회적 위험으로 볼 때, 사회적 위험의 의미는 누구에게나 발생할 수 있으며 예기치 못한 경제적 손실의 가능성이라는 해석으로 귀결된다. 이러한 점에서 한국이 노인장기요양보험을 도입하기로 한 것은 장기요양을 사회적 위험으로 인식함으로써 정책적 결정을 한 것으로 볼 수 있다.[33]

3. 보장성 강화

우리나라의 건강보험은 외국에 비해 급여의 보장수준이 매우 낮은데 이는 높은 본인부담비율 때문이다. 의료비 본인부담률은 개인이 병원 입원 · 진료 등을 받고 비용을 지불할 경우 국가가 부담하는 진료비의 일부를 제외한 본인부담비용의 비율을 의미하며, 국가의 의료보장체계가 잘 갖추어지면 개인의 부담비용이 줄어든다. 우리나라의 경우 2000년 이후 본인부담률이 지속적으로 감소하기 시작하여 2000년 41.5%에서 2010년에는 32.1%까지 감소한 것으로 나타났다.

그러나 외국과 비교해 볼 때, 우리나라의 본인부담률은 여전히 높은 수준이다.

---

31 이용갑(2000). "독일의 장기요양보험과 일본의 개호보험". 『한국사회정책』 제7집 제1호, pp. 207-238.
32 김병한(2007). "노인장기요양보험제도 도입에 따른 노인복지시설의 대응". 『계간 사회복지』 제173호, pp. 128-143.
33 김진수(2007). "노인장기요양보험의 성공적 정착을 위한 과제". 한국노년학회 춘계학술대회, pp. 3-9.

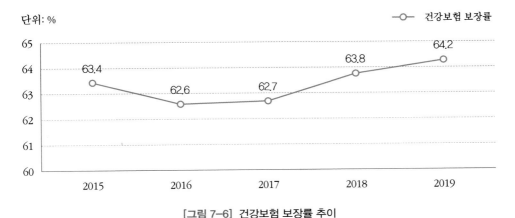

[그림 7-6] 건강보험 보장률 추이

자료: 보건복지부, 국민건강보험공단(2019). 「2019년도 건강보험환자 진료비 실태조사」.

우리나라는 지난 10년간 2000년 건강보험 통합 이후 건강보험의 보장수준이 높아 지면서 의료비 대비 본인부담비율은 9.4%p(22.7%) 감소하였다. 하지만 [그림 7-6] 에서 볼 수 있듯이, 건강보험의 보장률이 2015년과 2016년에 일시적으로 감소하였 고 2017년 이후 본인부담이 다시 감소하면서 2019년에는 보장율이 64.2%에 달하 였다.

그러나 외국과 비교해 볼 때 경상의료비 대비 공공재원의 비중으로 보면 OECD 주요 국가들의 공공재원 비중은 70% 이상으로 우리나라의 보장성은 낮은 편이다 (〈표 7-7〉 참조).

보험급여가 제공되는 항목도 제한되고 앞에서 살펴본 것과 같이 급여가 제공되 는 항목에서조차도 매우 높은 본인부담이 적용된다. 특히 건강보험의 급여로 인정 되지 않는 비급여의 경우 환자 본인이 전액을 부담해야 하는데, 대표적인 비급여 항목인 선택진료비와 상급병실료가 환자들의 과도한 부담을 초래하기 때문에 우

표 7-7 공공의료비 비중

프랑스	독일	영국	일본	미국(2016)	한국	OECD 평균
83.0	85.0	78.4	84.2	81.8	58.2	73.5

자료: OECD (2018). Health Data.

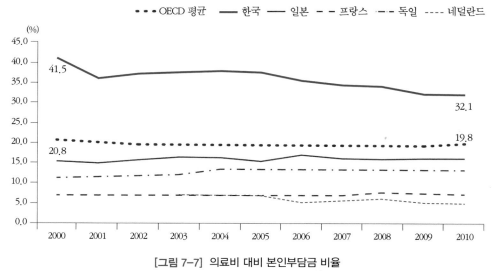

[그림 7-7] 의료비 대비 본인부담금 비율

자료: 김혜련 외(2012), 『OECD 보건통계로 본 한국의 보건의료 위상과 성과 및 함의』, 한국보건사회연구원, p. 78.

선적으로 급여화되어야 한다는 주장이 제기되었다.

2017년 정부는 전 국민 의료비 부담을 평균 18% 낮추는 '건강보험 보장성 강화 대책'을 발표하였다. 거기에는 생명과 크게 상관없는 의료행위를 제외한 모든 진료에 건강보험을 적용하고 환자의 부담이 큰 3대 비급여(특진, 상급병실, 간병)를 단계적으로 해결하는 방안이 포함되었다. 소득수준에 비례한 연간 본인부담 상한액 적정 관리, 취약계층 등의 의료비 부담 완화 및 재난적 의료비 지원대상 확대 등도 제시되었다.

🌟 생각상자

• 의료보험이 대비하려는 사회적 위험은 질병인가, 아니면 질병의 치료인 의료인가?
• 미국의 관리의료(managed care)도 직영방식의 일종이라고 이해할 수 있는가?
• 건강보험과 노인장기요양보험의 유사점과 차이점은 무엇인가?

참고문헌

국민건강보험공단(2005). "OECD Health Data 2005를 통해 본 한국의 보건의료 현실". 2005년
9월 8일자 보도자료.

국민건강보험공단(2014). 내부자료.

국민건강보험공단 건강보험정책연구원(2015). "2012년 질병으로 인한 사회적 손실 한 해 120조
6,432억". 2015년 2월 9일자 보도자료.

김병한(2007). "노인장기요양보험제도 도입에 따른 노인복지시설의 대응". 『계간 사회복지』 제
173호, pp. 128−143.

권순만(2007). "건강보험 정책의 평가와 개혁방안". 한국사회정책연구원, pp. 45-64.

권순원(1998). "의료저축계정(MSA)의 도입가능성에 대한 소고". 보건경제학회 1998 추계학술
대회.

김병환, 윤병준, 윤치근, 이준협(2007). 『건강보험의 이론과 실제』. 계축문화사.

김순양(2007). "한국의 사회경제 변화와 건강보장". 한국건강보장 30주년 기념 국제심포지엄.
보건복지부, pp. 259-292.

김연명(2000). "의료보험 통합의 성과, 쟁점 그리고 미래". 『한국사회복지의 현황과 쟁점』. 인간
과 복지, pp. 117-147.

김영모(1999). 『현대사회보장론』. 한국복지정책연구소 출판부.

김원식(2000). "우리나라 의료보험 진료체계의 개선방안: 의료산업의 효율화를 중심으로".
2000년 추계 한국보건경제학회 학술발표회, pp. 3-29.

김종면(2007). "건강보험의 장기추계". 한국사회보장학회 후반기학술대회, pp. 29-62.

김진수(2007). "노인장기요양보험의 성공적 정착을 위한 과제". 한국노년학회 춘계학술대회,
pp. 3-19.

김태성, 김진수(2005). 『사회보장론』. 청목출판사.

김학주(2005). "정부의 수가정책이 건강보험에 미치는 영향". 『사회복지정책』 제23집, pp. 253-
268.

김혜련, 여지영, 강성욱, 정영호, 이수형(2012). 『OECD 보건통계로 본 한국의 보건의료 위상과
성과 및 함의』. 한국보건사회연구원.

림링거 가스통, V. 한국사회복지연구회 역(1997). 『사회복지의 사상과 역사』. 한울아카데미.

박광준(2000). "보건의료와 사회정책".『의료복지서비스와 의료정책』제5집. 신라대학사회과학
　　연구소, pp. 38-95.

박용치(2002). "건강보험의 소득재분배 효과".『한국정책학회』제11권 제4호, pp. 135-158.

보건복지부(2020).『건강보험 비급여관리강화 종합대책』. 2020. 12.

＿＿＿＿＿＿(2021). "한국형 상병수당 도입 위한 사회적 논의 시작". 2021. 4. 15. 보도자료.

보건복지부, 국민건강보험공단(2019).『2019년도 건강보험환자 진료비 실태조사』.

신영석, 신현웅, 황도경, 이준영, 최균, 김용하, 김진수, 공경열(2008).『건강보험료 부과체계 개
　　선방안 및 재원확보방안』. 한국보건사회연구원.

신영수(2007). "한국 건강보험 30년의 성과와 조망". 한국건강보장 30주년 기념 국제심포지엄,
　　pp. 5-44.

양봉민, 강성욱, 한은아, 김선영(1999). "재원조발방식으로서 MSA(Medical Savings Account)에
　　대한 고찰".『보건경제연구』제5권, pp. 44-60.

우선희(2009). "사회의 질을 고려한 사회통합측면에서의 의료 · 주거 · 교육 실태".『보건복지 포
　　럼』통권 제150호. 한국보건사회연구원, pp. 65-77.

원석조(2006). "건강보험통합논쟁의 전개과정에 관한 연구".『사회복지정책』제25집, pp. 159-
　　180.

유원섭(2004). "빈곤층 의료보장의 현황과 과제".『빈곤과 사회보장정책의 과제』. 한국사회보장
　　학회 2004년 춘계학술발표, pp. 89-120.

윤석완, 박종근(2003). "건강보험의 재정구조와 재분배효과에 대한 연구".『재정정책논집』제5집
　　제1호, pp. 109-128.

이석현(2007). "건강보장제도 발전을 위한 과제와 대안". 한국건강보장 30주년 기념 국제심포지
　　엄, pp. 369-372.

이용갑(2000). "독일 장기요양보험과 일본의 개호보험".『한국사회정책』제7집 제1호, pp.
　　207-238.

이인재, 류진석, 권문일, 김진구(1999).『사회보장론』. 나남출판.

이준영(2000). "한국 의료보험제도 운영방식의 전환".『의료복지서비스와 의료정책』제5집. 세
　　종, pp. 289-341.

이창수, 신동천(2002). "담배부담금 인상의 경제적 효과".『연세경제연구』제4집 제2호, No.2,
　　pp. 157-176.

임성은, 윤강재, 우선희(2011). "OECD 국가의 복지수준 비교". 『보건 · 복지 Issue & Focus』제 93호, OECD(2010) OECD Health Data. 한국보건사회연구원.

채희율, 박지연(2003). "포괄수가제와 의료공급자 인센티브". 『보건경제연구』제9권 제1호, pp. 1-24.

최기춘 외(2006). "2006년 외국의 보건의료체계와 의료보장제도 연구". 국민건강보험공단 건강 보험연구원, pp. 347-442.

최병호(1995). 『지역의료보험 국고지원방식의 평가와 개선방안』. 한국보건사회연구원, pp. 95-117.

최은영(1998). "Health Care System in Korea". KIHASA. Consultant Papers, pp. 98-105.

최인덕(2006). "외국의 민간의료보험정책 Ⅰ : 미국의 Medigap 정책". 『건강보험포럼』제5권 제 2호. 국민건강보험공단 건강보험연구원, pp. 103-115.

한경리, 최기춘, 이선미, 이수연(2017). 『건강보장정책 수립을 위한 주요 질병의 사회경제적 비 용 분석』. 건강보험정책연구원, 연구보고서 2017-1-0001.

허순임(2006). "민간의료보험 활성화가 보건의료비용에 미치는 영향". 『건강보험포럼』제5권 제 3호, pp. 116-128.

OECD. Health Data. 각 연도.

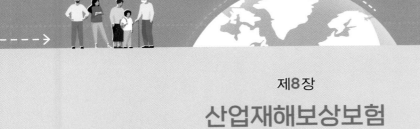

제8장

산업재해보상보험

SOCIAL SECURITY

여기서는 산업재해보상보험이 대응하려고 하는 사회적 위험이 무엇인지를 알아보고, 그 위험에 대응하기 위한 대책들이 어떻게 발전해 왔는지를 살펴본다. 그리고 산업재해보상보험의 특성을 파악하고, 그와 관련하여 산업재해보상보험의 민영화 논란 등 향후 발전 방향에 대해서도 전망해 본다.

제**8**장

산업재해보상보험

제1절 산업재해보상보험[1]의 개요

1. 사회적 위험으로서 산업재해의 특성

산재보험은 산업재해보상보험의 약칭으로서 산업재해, 즉 근로와 관련하여 사고를 당한 경우를 대비하기 위한 사회보험제도 중 하나인데, '산업재해'에 대비한 보험이라기보다는 산업재해의 '보상'에 대비한 사회보험이다. 산재보험에서 분산시키고자 하는 위험은 산재를 보상해야 하는 사용자의 재정적 위험이다. 이러한 사실은 산재보험의 특징을 파악하는 데 매우 중요한 단서가 된다.

산재보험은 궁극적으로 산업재해를 당한 근로자를 보호하기 위한 제도이지만 일차로 혜택을 받는 것은 사용자다. 사회적 입법으로 산업재해에 대한 보상의 책임을 피할 수 없게 된 사용자에게 그 책임을 이행하는 데 따르는 재정적 위험을 분산

해야 할 필요성이 발생하였기 때문이다.

  산업재해라는 위험의 특수성은 산재보험의 발전과정을 이해하는 데 중요한 역할을 한다. 산업재해는 근로자 개인이 주의를 기울인다 해도 불가피하게 발생할 수 있는 사건이며, 자본주의적 기업에 내재해 있는 위험의 발현이라고 보는 견해가 산재보험 발전의 논리적 배경이었다. 자본주의에서 기업은 이윤의 극대화를 목적으로 근로자에게 장시간의 노동과 저임금 노동을 요구하는 한편, 근로자에 대한 안전교육이나 보안설비에 대한 투자는 최소로 유지하려고 하기 때문에 근로자는 극도로 피곤한 상태에서 불안정한 생활을 하게 된다. 또한 노동과정에서 근로자의 직접적인 과실이 원인이 되어 발생한 재해도 실은 열악한 작업환경과 장시간 노동에 따른 피로가 원인인 경우도 적지 않다.

  우리나라의 산업재해율(근로자 100명당 산업재해자 수)은 [그림 8-1]에서 볼 수 있듯이 2014년부터 2017년까지 전반적으로 감소하는 추세였으나, 2018년부터 매년 증가하고 있다. 업무상 사망만인율은 전반적으로 감소추세를 보이고 있다.

  산업재해의 발생은 안전대책을 포함한 근로조건의 우열에 따라 좌우되므로 근로자에게 단결권, 단체교섭권 등을 인정하여 근로자를 보호할 수 있다. 또한 새로운 직업병과 업무상의 재해가 증가하는 추세이므로 산재보험 적용범위를 확대하

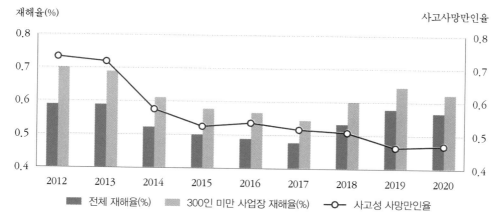

[그림 8-1] 연도별 산재발생 현황

자료: 고용노동부(2020). 「산업재해 현황분석」.

여 사고보험으로 발전시켜야 할 필요성이 제기되고 있다. 특히 여성의 가사노동 및 자원봉사활동과 관련한 사고가 산재보험에 포함되어야 한다. 일부 선진국에서는 이것을 책임보험 및 가사보험 등 민간보험에서 제공하고 있다. 우리나라에서도 자원봉사자 등에 대해서는 기관에서 민간상해보험을 통해 보장하고 있으며 사회복지기관의 경우는 사회복지공제회에서 제공하는 단체상해보험에 가입하기도 한다.

2. 산업재해보상제도의 발달과정

산업재해의 보상은 초기에 「민법」, 「근로기준법」, 「산업재해보상보험법」에 따라 이루어졌다.

1) 「민법」상의 손해배상제도

산업재해가 발생하였을 때 그 피해를 사용자가 보상해야 할 것인가는 근대적인 고용관계의 시작부터 문제가 되었다. 초기에 사용자들이 산업재해에 대한 보상책임이 없다는 주장은 크게 세 가지 논리적 근거를 가지고 있었다.[2] 첫 번째는 기여부주의의 원칙으로, 노동자가 자신의 부주의나 과실로 산재가 발생하였을 경우, 두 번째는 동료 노동자 책임의 원칙으로, 동료 노동자의 실수에 따른 사고로 산재가 발생하였을 경우, 세 번째는 위험전제의 원칙으로, 노동자가 고용될 때 위험을 전제로 그에 상응하는 임금을 받았을 경우다.[3]

산업혁명 이후 작업장에서의 사고는 「민법」상의 손해배상원칙에 따라 보상받을 수 있었다. 사고를 당한 노동자가 사용주의 불법행위에 대한 배상을 받기 위해서는 사용자의 과실, 즉 사고에 대한 책임을 입증해야 했었다. 그러나 과실책임원리

---

2 Rejda, G. E. (1999). *Social Insurance and Economic Security*. NJ: Prentice Hall, p. 258.
3 이인재 외(2010). 「사회보장론」. 나남출판, pp. 226-227.

에 따른 노동자의 재해보상은 거의 불가능하였는데 사용자의 과실을 입증하는 것
이 용이하지 않았기 때문이다. 아울러 사용자에 비하여 상대적으로 열세인 근로자
입장에서 현실적으로 입증이 곤란하였고, 소송이 장기화되면 비용이 증가하고 노
동자는 당장 생계를 위협받았다.

2) 사용자보상원칙(사회법상의 무과실책임원칙)

이와 같은 「민법」을 통한 산재보상의 문제점은 「근로기준법」과 같은 사회법의 제
정을 통해 산재의 사회적 보상이 규정됨으로써 개선될 수 있었다. 「근로기준법」에
서는 근로자가 작업장에서 사고를 당하면 사용자는 과실이 없어도 당연히 보상할
책임을 지게 되는데, 이것이 이른바 무과실책임원칙이다. 이와 같은 사용자 책임의
논리적 근거는 기업이 이윤을 추구하기 위해 근로자에게 장시간 노동을 요구하거
나 근로조건을 개선하는 데 소홀히 하였을 것이라는 인식과 책임소재가 불분명한
경우 과실의 입증이 어렵기 때문에 근로자에게 불리하고 소송이 길어지면 근로자
의 생계가 위협을 받는다는 것이다.

그리하여 산업재해의 사회적 성격을 인정하여 사고의 사회화를 시도하였는데,
단순히 근로조건의 보호라는 한계를 넘어 사고를 당한 근로자의 생활도 보장하도
록 하였다. 예를 들어, 「근로기준법」(제78조~제93조) 등을 통해 업무상의 사고에 대
하여 개별 사업주가 전적으로 보상책임을 지고 사고를 당한 근로자에게 일시금으
로 보상하도록 한다. 그러나 일시금제도는 근로자의 생계를 효과적으로 보장하지
는 못하였다.

「근로기준법」으로 근로자는 산재보상을 받는 데 유리해졌지만, 보상책임을 지는
사용주는 큰 부담을 떠안게 되었으며 경영상태에 따른 부담능력의 문제가 여전히
남아 있었다. 그 문제는 사업주가 보상능력이 없거나 보상을 지연하는 경우 신속한
보상이 어려웠다는 것이다. 산업재해를 당한 근로자에게 연금형태로 생계를 보장
해 주기 위해서는 이들을 별도로 관리하기 위한 추가적 부담이 생기는데 개별 사업
주의 입장에서는 현실적으로 유리하지 않았다.

무엇보다도 무과실책임주의에 입각한 사용자의 보상책임(employer's liability)원칙[4]의 도입으로 가장 큰 어려움을 겪게 된 것은 사용자였다. 산업재해 발생 시 사용자가 한꺼번에 많은 비용을 부담해야 하는 것이 하나의 사회적 위험으로 작용하였기 때문이다.

무과실책임원리에 대한 견해

- 위험책임이론: 위험시설의 소유자가 그것으로부터 발생하는 손해에 대하여 절대적 책임을 져야 한다.
- 보상책임이론: 근로자의 노동력을 지배함으로써 생기는 이익의 귀속자에게는 그곳에서 발생하는 손실도 마땅히 귀속되어야 한다. 기업위험의 현실화와 사용자의 지휘명령 관계라는 요소를 결합하여 보상관계를 인정한다.
- 원인책임이론: 물적 시설 등에 따라서 손해의 원인을 발생시킨 자가 그로부터 생긴 손해를 배상해야 한다.
- 공평책임이론: 손해를 가해자와 피해자에게 구체적 사정에 따라 분담시키는 것이 공평하다.

자료: 박종희(2005). "산재노동자의 삶의 질 제고를 위한 산재보험제도 개혁방안". 『산재보험제도의 목적과 기능, 그리고 운영과 관련한 제반 법리검토 및 향후과제』. 한국노총중앙연구원, pp. 10-15.

---

3) 사회보험으로서의 산재보상제도

산재보험은 보상책임에 따른 사용자의 위험을 분산하기 위해 사용자들이 일종의 자조적인 임의보험으로 시작하여 책임보험방식의 사회보험으로 발전하였다. 일시금은 생활보장에 도움이 되지 못하여 연금의 형태로 개선하였으며, 이에 따라 산업재해를 당한 근로자의 실질적인 생활보호가 가능하게 되었다.

---

4 1871년 독일에서 「고용주배상책임법」이 제정되었고, 1880년 영국에서 「고용주책임법(employer's liability law)」이 제정되었으며, 1885~1910년 미국 대부분의 주에서 「고용주책임법」이 제정되었다.

산재보험은 궁극적으로는 근로자를 산업재해의 피해로부터 보호하는 것이 목적이지만, 법에 따라 산업재해를 보상해 주는 데 따르는 재정적 위험은 사용자가 떠안게 되었다. 따라서 이러한 보상책임의 이행에 따른 위험을 사용자 간에 분산시키는 방법으로 산재보험이 탄생한 것이다.

결국, 산재보험이 보장하려고 하는 일차적 위험은 사용자의 산재보상책임 이행에 따르는 위험이며, 근로자는 그것을 통해 최종적인 혜택을 보는 것이다. 산재보험이 일차적으로 자신들의 위험을 분산시킨다는 점에서 산재보험 도입에 대한 사용자들의 반대는 다른 사회보험에 비해 강하지 않았다. 이는 역사적으로 대부분의 나라에서 산재보험이 사회보험 중 가장 먼저 도입되었다는 사실에서 확인된다.[5]

대체로 유럽의 대륙권 국가가 독일과 같은 방식의 국가사회보험으로 산업재해에 대응한 반면, 영어권 국가들은 영국의 「노동자보상법」을 원형으로 하여 산업재해보상제도를 도입하였다.[6]

종합해 보면, 산업재해에 따른 피해를 해결하는 방식은 3단계로 발전해 왔다. 우선, 「민법」상의 손해배상제도, 둘째로 사회법상의 무과실책임 원칙 그리고 마지막으로 사회보험방식이다. 우리나라에서는 이 세 가지 제도가 동시에 적용되고 있다. 즉, 사회보험인 산재보험으로부터 보상이 불충분하다고 생각되는 경우 「민법」상의 손해배상원칙에 따라 고용주를 상대로 추가보상을 받기 위한 소송을 제기할 수 있다.

(1) 산업재해보상보험 도입의 논리적 근거

① 산업위험이론

산업재해는 산업화의 결과로 불가피하게 초래된 것이므로 마땅히 사회가 그에 대한 보상비용을 부담하여야 한다는 논리로 산업재해의 비용을 생산비의 일부로

---

5 독일은 1884년, 오스트리아는 1887년, 프랑스는 1898년에 산업재해에 대한 보상보험이 도입되었다.
6 이인재 외(2010). 전게서, p. 229.

간주하는 이론이다. 따라서 산재보상비용은 생산비에 전가되어 생산원가를 상승시킨다. 산재보상비용이 생산비의 일부가 되면 노동자는 산재보상비용을 부담할 이유가 없다. 그리고 보험료는 임금총액에 비례하여 부과되는 사회보장세(payroll tax)와 같다.[7]

② 사회비용최소화이론

산재보상이 산업재해의 발생을 억제시켜 기업의 경제적 비용을 감소시킨다는 이론이다. 산업재해발생률을 줄여야 보험료 부담이 줄어들고, 산재보험에 가입하지 않았을 때보다 산재보험에 가입했을 때 비용부담에서 이익이 되기 때문에, 기업이 사고를 줄이고 산재보험에 가입하게 하는 조성책이 된다.

사용자의 책임 이행과 관련된 각종 소송 등으로 불필요한 사회적 비용이 발생할 수 있기 때문에 산재보험이 있으면 그러한 소송(사회적 비용)을 사전에 방지할 수 있다는 입장이다.[8]

③ 사회적 타협이론

산업재해보상으로 사용자와 근로자 양측이 희생과 이득을 공유한다는 이론이다. 산재근로자는 산재보상을 받는 데 필요한 법정비용을 줄일 수 있고, 사용자도 노동자가 제기하는 법정제소(litigation)의 부담과 재판에서 패소했을 때 부담해야 하는 높은 보상비를 피할 수 있는 장점이 있다.[9]

(2) 산업재해보상보험제도의 유형

산재보험제도의 유형은 보상의 대상과 운영주체 문제를 고려하여 크게 네 가지로 구분할 수 있다.[10]

7 원석조(2002). 『사회보장론』. 양서원, pp. 281-282.
8 원석조(2002). 상게서, pp. 281-282.
9 Rejda, G. E. (1999). op. cit, pp. 262-263.

① 민간손해보험

민간손해보험은 단순히 사용자의 산업재해보상책임 이행에 따르는 위험을 분산하기 위한 민간보험으로, 가입도 자유롭고 다수의 민간보험회사 중에서 임의로 선택할 수 있는 제도다. 화재보험, 해상보험 등의 손해보험들이 이 유형에 속한다.

② 민간강제산재보험

산재보상책임의 이행을 위한 보험에 강제적으로 가입하되 공단 형태가 아닌 다수의 보험회사 중에서 하나를 선택할 수 있도록 하는 유형이다. 이것은 우리나라에서 자동차 소유자들이 자동차사고에 대비하여 의무적으로 가입하도록 한 책임보험과 유사한 제도다.

그러나 보험회사는 이윤을 추구하는 기업으로서 수익을 위해 보험급여비 지출을 줄이려고 산재인정을 엄격하게 하거나 산업재해발생률이 높은 사업장의 가입을 기피할 가능성이 있다. 또한 민간보험회사의 장점이라고 주장되는 실질적인 경쟁을 통해 서비스의 질 향상이나 관리운영비의 절감 효과가 얼마나 나타날 것인가 하는 문제가 있다.

| 표 8-1 | 보상 대상별 운영주체 |

운영주체 〳 보상의 범위	운영주체	
	국가	민간
업무상 재해	국가강제산재보험	민간강제산재보험
모든 사고	일반사회보험	민간손해보험

---

10 이인재 외(2010). 전게서, p. 245.

③ 국가강제산재보험

산재보상책임의 이행을 위한 보험을 국가가 관리하고 사용자에게 강제로 가입하도록 하는 유형이다. 보상의 대상을 근로관계에 기초한 업무상 재해에 국한하므로 가사노동이나 자원봉사활동 중의 사고에 대해서는 포괄적인 보상이 불가능하다. 또한 국가 기구가 운영하기 때문에 관료제도의 비효율성으로 비판을 받게 될 가능성이 있다.

④ 일반사회보험

산재보상이 일부 업무상의 재해에 제한된 단점을 극복하기 위한 제도로서 업무상과 비업무상의 재해에 구분이 없다. 이 제도는 재해노동자들의 접근성이 높아진다는 장점이 있다. 실제로 불확실한 고용관계 때문에 산재보험의 적용을 받기 어려운 학습지 교사, 보험설계사 그리고 골프보조원 등 특수직 종사자들에 대한 산재적용이 용이하다.

반면, 비업무상 재해와 통합되었을 경우 사용자와 사회가 산재노동자들에 대한 사회적 책임으로 제공하던 특별한 처우들, 예컨대 다른 사회보험보다 월등히 높은 급여수준이나 급여지급기간이 제한되는 형태가 될 가능성이 크다.[11]

이러한 네 가지 운영 형태에 따른 국가별 비교를 해 보면 〈표 8-2〉와 같다.

표 8-2 주요국의 산재보험 운영 형태

사회보험	사회보험과 민간보험의 경쟁	사회보험, 민간보험, 자가보험의 경쟁	민간보험
독일, 스웨덴, 오스트리아, 캐나다, 일본, 노르웨이	호주, 벨기에, 포르투갈, 스위스, 네덜란드	미국	덴마크, 핀란드, 싱가포르

자료: 원석조(2002). 『사회보장론』. 양서원, p. 281.

---

11 이인재 외(2010). 전게서, p. 247.

(3) 공적산재보험이 필요한 이유

산재보험에서 추구하는 목표는 산업재해 발생 시에 요양이나 현금을 급여하는 보상뿐만 아니라 사고의 예방이나 산업재해 치료 후 신체적·직업적 재활을 지원하는 것들을 포함한다.

그런데 민간산재보험은 현금서비스를 주로 제공하므로 예방이나 재활을 위한 충분한 서비스를 제공하기 어렵다. 즉, 사고예방과 재활을 위해서는 별도의 관리조직이 필요하고 그에 따른 비용을 추가로 투입해야 하기 때문이다. 또한 연금 형태의 지급은 보험회사의 입장에서 장기간 관리해야 하는 부담이 있다.

제2절 산업재해보상보험의 특수성

1. 사용자의 위험분산

산재보험은 근로자의 사회보장이라는 목표에서는 다른 사회보험과 큰 차이가 없다. 강제가입방식으로 대상자를 관리한다는 점에서는 같고, 관리·운영 주체도 우리나라에서는 특수공법인(public corporation)[12]인 근로복지공단이므로 다른 사회보험과 차이가 없다.

산재보험제도는 사용자의 위험을 분산시키는 효과가 있어 사용자들이 다른 보험의 경우처럼 보험 도입에 강하게 반대하지 않았기에 사회보험 중 가장 먼저 법제정이 가능했다. 우리나라에서도 1963년 산재보험이 사회보험 중 가장 먼저 도입되었다.

---

12 특정한 공공목적을 위하여 설립한 법인으로, 특정한 법률에 근거하여 설립하고 그 구성이나 조직 등에 국가가 개입하는 법인.

2. 가입자와 수급(권)자의 분리

일반적으로 사회보험은 근로자들이 자신들의 위험에 대비하기 위해 스스로 보험료를 부담하고 일부를 사용자의 보조를 받는 것으로 되어 있다. 그러나 산재보험의 경우는 사용자가 보험료를 모두 부담하고, 산재가 발생할 경우 그 급여를 받는 것은 산재를 당한 근로자다. 따라서 다른 사회보험들과 달리 [그림 8-2]에서 볼 수 있듯이 보험료를 부담하는 가입자와 그 보험의 급여를 받는 수급(권)자가 분리되는 특성이 있다.

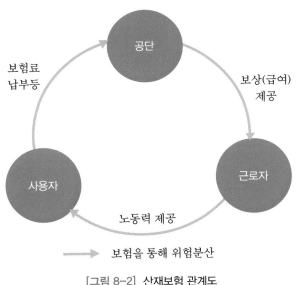

[그림 8-2] 산재보험 관계도

3. 민간보험적 특성

사용자의 위험분산을 위한 책임보험적 성격은 가장 중요한 특성이며, 사용자가 단독으로 보험료를 부담하지만 실질적인 수급자는 근로자가 된다. 사고예방 효과에 대해 강조하는 것도 다른 사회보험들과의 중요한 차이인데, 사업장이 속한 업종과 개별사업장의 위험도에 따라 보험료율을 할증하거나 할인한다는 점에서 민간보험과 유사한 원리로 운영된다.

　과거 사고발생 실적에 따라 보험료를 차등적으로 부과하여, 산재를 신고하지 않거나 인정기준을 까다롭게 하여 산재를 당한 근로자가 보상을 받는 데 어려움이 발생하기도 한다. 따라서 산재발생을 사전에 예방하기 위한 상황과 노력 정도를 기준으로 하는 이른바 '예방요율제'를 도입하자는 의견도 있다. [13]

❖ 제3절 우리나라 산업재해보상보험제도의 발전과 현황

1. 산업재해보상보험제도의 발전

　우리나라에서는 1953년 공포된 「근로기준법」에 업무상 재해에 대해 개별사용자의 무과실책임을 명시하였으나, 사용자가 성실히 이행하지 않았거나 대형사고로 업체가 도산하는 경우도 있어 재해보상의 실효성에 문제가 있었다. 우리나라에서 산재보험이 법적으로 처음 도입된 것은 1963년이다. 이후 40여 년 동안 많은 변화를 겪어 왔으며, 기존의 틀은 유지하면서 변화하는 환경에 맞추어 개정되어 왔다.

1) 적용범위의 변화과정

　1964년 산재보험제도가 처음 시행될 당시에는 상시근로자 500인 이상을 고용하는 대규모의 광업 및 제조업 부문에만 적용하고, 「근로기준법」에 규정한 재해보상을 행하였다. 그 후 산재보험 적용범위가 점차 확대되어 2000년 7월 1일부터는 근

---

13 김상호(2010). "산재보험 예방요율제도 도입방안". 「사회보장연구」 제26권 제2호, pp. 123-143.

로자 1인 이상을 고용하는 사업장의 근로자에게까지 적용이 확대되었고, 2003년 12월 31일 고용보험 및 산업재해보상보험의 보험료를 통합 징수하기 위한 「고용보험 및 산업재해보상보험의 보험료징수 등에 관한 법률」이 제정되어 2005년부터 시행되고 있다.

산재보험 실시 2차 연도인 1965년도에 전기가스업과 운수보관업을 시작으로, 1969년도에는 건설업, 서비스업, 수도위생시설업, 통신업을, 1989년도에는 「근로기준법」의 적용을 받는 사업에서 모든 사업 또는 사업장에 적용하도록 법을 개정하고, 1991년도에는 농업, 임업, 어업, 수렵업, 도·소매업, 부동산 및 사회사업서비스업, 개인서비스업까지 확대하였다. 1998년 7월 1일부터는 금융·보험업이 추가되었고, 2000년 7월 1일부터 1인 이상 사업장으로 확대되었으며, 2005년 1월 1일부터 건설업 등 면허를 가진 건설업자 등이 행하는 모든 건설공사와 법인이 행하는 농업·임업(벌목업 제외), 어업·수렵업 중 근로자 1인 이상을 고용하는 사업까지 당연적용대상범위가 확대되었다.[14]

1인 이상 직장에 고용된 근로자까지 산재보험이 적용되고 고용관계가 불분명하여 산재보험의 사각지대에 있는 특수고용직 종사자들의 규모가 점차 증가하고 있다. 2008년에 보험설계사, 학습지교사, 골프장 캐디 및 레미콘기사, 대출모집인, 신용카드회원모집인 그리고 2012년에 택배기사, 퀵서비스기사, 대리운전기사 등 전

표 8-3 산재보험 연도별 적용규모 확대과정 (단위: 명)

연도	'64	'65	'66	'67	'68	'72	'73	'76~'81	'82~'91	'92	'96	'98	2000.7.1
적용규모	500	200	150	100	50	30	16	5~16	5~10	5	5	5	1

자료: 근로복지공단(2007d). 「2007년 산재·고용보험 실무편람」.
　　주 1. '76~'91년은 업종별로 연차적으로 확대
　　주 2. '92년 제외업종: 금융 및 보험업, 기타의 각종 사업 중 교육서비스업, 보건 및 사회복지사업, 연구 및 개발업
　　주 3. '96년 제외업종: 금융 및 보험업
　　주 4. '98년 1월 1일부터 금융·보험업으로 적용범위 확대

---

14 근로복지공단(2007a). 「2007년 산재보험·고용징수 실무자 편람」.

체 14개 특수고용직들에 대해서 산재보험의 적용이 확대되었으나 본인이 가입을 원하지 않으면 적용제외를 신청할 수 있었다. 최근에는 적용제외 가능성을 제한하고 의무가입으로 전환하는 것이 추진되고 있다.

2) 운영주체의 변화과정

1963년 「산업재해보상보험법」이 제정되면서 처음에는 산재보험제도를 노동청 (현재의 노동부)이 직접 관리·운영하였다. 이를 위해 노동청에서는 지방에 산업재해보상사무소를 설치·운영하였고 산재보험과 관련된 전반적인 업무를 담당하였다. 그 후 1974년 산업재해보상사무소는 폐지되었으며, 노동부지방사무소로 단일화하는 조직개편이 이루어졌다.

그리고 1994년 「산업재해보상보험법」의 개정과 함께 「근로복지공단법」이 제정

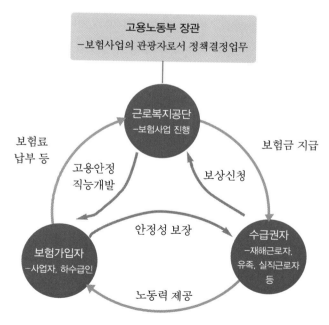

[그림 8-3] 산업재해보상보험 전달체계

자료: 근로복지공단(2007d). 「2007년 산재·고용보험 실무편람」.

되었고, 1995년 새로이 개편된 노동부 지방조직에 맞춰 1995년부터 근로복지공단으로 업무가 이관되었다. 이는 지속적인 경제성장에 따른 재정규모와 보험적용범위의 확대 등에 발맞춰 보험서비스의 전문성과 효율성을 제고하는 방향으로 운영체계를 개편할 필요성에 의해 이루어졌으며, '작은 정부' 구현이라는 정부정책에 의한 영향이기도 하였다. 이때 보험료율 및 보험급여 수준의 결정과 같은 정책업무는 노동부가 담당하면서 결정된 보험급여의 지급 등과 같은 집행업무만 산하기관인 근로복지공단으로 이관되었다. 2011년부터 4대 사회보험 징수가 통합되어 고지, 수납, 체납이 국민건강보험공단으로 이관되었다.

이 밖에 산재보험제도의 운영과 관련하여 업무상질병판정위원회와 요양급여심의위원회, 자문의제도를 두었으며, 권리구제기구로서 산재심사위원회(근로복지공단 본부)와 산재보험재심사위원회(고용노동부)가 있다.

3) 보험급여 인정범위 및 급여수준의 변화과정[15]

산재보험의 적용은 업무상 재해를 대상으로 하면서도 업무상 재해를 인정하는 기준은 업무수행성 또는 업무기인성으로 설정하였다. 1981년 개정 시에는 이러한 요건을 업무상 사유라는 요건으로 대체하였으며 1981년 개정 시에는 이전에 10일 내의 요양으로 치유할 수 있는 재해에 대해 요양급여와 휴업급여를 지급하지 않던 기간을 3일로 단축함으로써 재해인정의 범위를 확대하였다. 또한 장해보상연금의 수준을 상향 조정하였으며, 수급범위를 1~3급에서 1~7급으로 확대하였고, 장해보상연금 수급권자가 장해보상일시금액 한도를 수령하지 못하고 사망한 경우 그 차액을 유족에게 지급하도록 하였다. 1986년 8차 개정에서는 유족보상연금 차액일시금제를 신설하여 유족연금으로의 확대를 꾀하였다. 그리고 1989년 9차 개정에서는 산재보험 적용범위 확대를 꾀함과 동시에 보험사업에 소요되는 비용에 대한 국고보조를 허용하는 조항을 신설하였으며, 휴업급여, 유족보상 일시금, 장의비

15 박종희(2005). 전게서, pp. 11-15.

등을 상향 조정하였다.

4) 산업재해의 예방과 포괄적 사고보험

산재보험의 정착으로 산업재해를 당한 근로자의 생활이 보장되는 성과를 거두었으나, 업무환경을 좀 더 안전하게 하여 사고의 발생을 원천적으로 예방하는 것이 더욱 바람직한 일이다. 「산업안전보건법」(1981년)에서는 안전과 조건에 관한 보호제도를 통하여 사전적 · 예방적 일반조치가 가능하도록 규정하고 있고, 석탄광업에 종사하는 근로자들의 직업병이 사회문제화되자 이것의 예방 및 보상을 위한 「진폐의 예방과 진폐근로자의 보호 등에 관한 법률」(1984년)이 제정되었다. 또한 산업재해를 예방하기 위한 기구로 노동부 내 산업안전국, 각 지방청 및 지방노동사무소에 산업안전과가 설치되었으며, 한국산업안전보건공단과 비영리 및 영리 법인 등이 있다.[16] 그러나 산업재해의 예방을 위한 산재보험의 대책들은 여전히 미비한 실정이다.

2. 산업재해보상보험의 적용범위

산재보험의 수급자는 근로자이지만 직접적인 가입자와 수급권자는 산재보상의 무가 있는 사용자다. 사용자는 1인 이상의 고용자를 고용(사용)하는 모든 사업[17] 또는 사업장[18]이며, 사업주의 의사와 관계없이 자동으로 보험관계가 성립되고 보험료를 납부하여야 한다.

---

16 이원우, 김맹룡(2002). "우리나라와 외국의 산업재해 예방제도 비교에 관한 연구". 숭실대학교 사회과학연구원.

17 사업이란 어떤 목적을 위하여 업(業)으로 행하여지는 계속적 · 사회적 · 경제적 활동의 단위로서 그 목적은 영리성 여부와는 관계가 없다.

18 사업장이란 사업을 행하고 있는 사람과 물건이 존재하는 장소적 범위를 중심으로 본 개념이라 하겠다.

우리나라에서는 직장과 업종에 따라 당연적용사업장과 임의적용사업장으로 구분하여 적용하고 있다. 당연적용사업장은 사업이 개시되어 적용요건을 충족하였을 때 자동으로 보험관계가 성립하는 사업을 말하는 것으로, 적용제외사업을 제외한 근로자를 1인 이상 사용하는 모든 사업 또는 사업장은 당연적용대상에 해당한다. 따라서 사업주의 보험관계성립 신고 여부와 관계없이 사업을 개시한 날 또는 소정의 요건에 충족되어 당연적용사업에 해당하는 날 이후에 재해를 당한 근로자는 산재보험의 보상을 받을 수 있다.[19]

별도의 재해보상체계를 갖추고 있는 공무원, 사립학교 교원, 선원 등과 가사서비스업 종사자, 총 공사금액 2,000만 원 미만이나 연면적 330m² 이하의 건축물을 공사하는 소규모 건설사업 등을 제외하면 대부분의 사업이 산재보험제도의 적용가입대상이 되었다.[20]

임의적용사업장은 「산업재해보상보험법」 당연적용대상 사업이 아닌 사업으로서 보험가입 여부가 사업주의 자유의사에 일임된 사업을 말한다. 산재보험적용제외사업의 사업주는 근로복지공단의 승인을 얻어 보험에 가입할 수 있다. 다만, 고용보험의 경우는 적용제외 근로자를 제외한 근로자 과반수 이상의 동의를 얻어 임의가입할 수 있다.[21]

2019년 말 기준 우리나라 산재보험 적용사업장 수는 268만 874개소다. 2018년 265만 4,107개소 대비 1% 증가하였다. 사업종류별로 그 현황을 살펴보면, 전체사업 중 기타 사업이 54.7%로 가장 큰 비중을 차지하고, 제조업과 건설업이 각각

표 8-4　산재보험 적용사업장 현황　(단위: 개소)

연도	2008	2011	2014	2019
사업장 수	1,594,793	1,738,196	2,187,391	2,680,874

자료: 근로복지공단(노동보험시스템), 2019.

---

19 근로복지공단(2007d). 「2007년 산재・고용보험 실무편람」.
20 이인재 외(2010). 전게서, p. 402.
21 근로복지공단(2007d). 전게서.

21.6%, 13.3%를 차지하고 있다. 이 세 가지 사업 종류가 전체 사업의 89.6%를 차지한다.[22]

산재보험제도는 포괄적인 사고의 보장을 위한 제도가 아니기 때문에 자원봉사활동, 공공근로 및 가사노동 등의 분야에서 일어나는 사고에 대해서는 보장되지 않았다. 최근 이러한 공적보험의 틈새에 민간보험회사들이 상해보험의 형태로 진출하여 각종 보장보험을 개발하고 있다.

3. 산업재해보상보험의 보험료

산재보험의 보험료는 사용자가 단독으로 부담한다. 앞서 언급했듯이, 산재보험의 수혜자는 산업재해를 보상해야 하는 사용자이기 때문에 보험료 또한 단독으로 부담한다. 결국, 산업재해보상책임에 대한 일종의 책임보험으로서 사용주의 위험을 시간적으로 재분배하는 것이다. 즉, 산업재해가 발생하면 사용자의 보상책임을 사후적으로 보장하고, 산업안전대책을 통하여 사고를 사전에 예방해 준다. 그러나 고용관계가 불분명한 특수고용직의 경우 사용자와 근로자가 보험료를 1/2씩 부담하도록 하였다.

보험료는 해당 사업장 근로자의 임금총액에 산재보험료율을 곱하여 산정한다. 보험료율은 업종별로 과거의 사고율과 해당 기업의 사고율을 반영하여 결정하는 이른바 경험요율제도(experience rating)다. 직장의 위험도는 과거 3년간의 재해율을 기초로 등급화하여 증감해 준다. 이를 통하여 사용주의 사고예방을 위한 조치를 유도하려는 것이다.

이러한 실적요율은 업종별로 할 수도 있고 개별 사업장별로 산정할 수도 있다. 이것은 위험에 따라 보험료율이 달라지는 일종의 수지상응의 원리가 적용되기 때문에 민간보험과 성격이 유사하다고 볼 수 있다.

---

[22] 고용노동부(2020). 「2019년도 산재보험 사업연보」.

산재보험료율(확정보험료) = 임금총액 × 산재보험료율

산재보험료율은 보험료 부담의 공평성 확보를 위하여 매년 9월 30일에 과거 3년
간의 임금총액에 대한 보험급여 총액의 비율을 기초로 재해발생의 위험성에 따라
분류된 사업집단별(업종별)로 보험료율을 세분화하여 적용한다.

보험료율 적용에서 재해방지를 위하여 노력한 사업주와 그렇지 못한 사업주 간
의 형평의 원칙을 실현하기 위하여 개별실적요율을 적용한다. 영세 사업장의 경우
경험요율이 엄격하게 적용되지 않고 일부 적용예외가 인정된다. 또한 개별실적요
율로 인해 사고 시에 보험료 할증을 우려하여 산재사고를 은폐하려는 유인이 있다
고 보고 할증과 할인폭을 완화하도록 하였다.

개별실적요율
= 사업 종류의 일반요율±(사업별 일반요율 × 사수지율에 따른 증감비율)

4. 산업재해보상보험의 급여

1) 급여수급조건

산업재해를 당했을 때 보험의 급여를 받을 수 있는지를 결정하는 데 가장 중요한
것은 '무엇이 산업재해인가'에 대한 실제적인 판단이다. 법률적으로 업무상의 재해
가 되기 위해서는 업무수행성과 업무기인성이라는 두 가지 요건을 갖추어야 하는
데, 이것이 이른바 '이요건주의(二要件主義)'다.

산재보험의 적용범위는 직장 내 사고로 한정하였다가 점차 출퇴근길 사고나 외
근, 출장 등의 경우로 확대 적용하고 있으며, 업무시간 중으로 한정하였다가 점차
업무 개시 전후로 확대하고 있다. 과로사, 회식 및 야유회 등에서 발생한 사고도 포

표 8-5 산업재해 구분의 기준

공간(작업장) \ 시간(근무시간)	시간(근무시간)	
	내	외
내	산업재해로서 논란의 여지가 없음	준비시간/청소시간
외	외근/출장	회식/야유회

함된다.

특히, VDT 증후군(Visual Display Terminal Syndrome)[23]과 같은 직업병('업무상'의 사고에 국한)에서 업무기인성을 밝히는 일은 매우 중요하지만 용이하지는 않다. 이를 위해 지정열거방식이나 일반정의방식 또는 혼합방식 등을 활용할 수 있다.

2) 급여의 종류

「산업재해보상보험법」의 적용을 받는 사업 또는 사업장 소속 근로자가 업무상 사유로 부상·질병·장해 또는 사망한 경우에 이를 회복시키거나 소득을 보장하고 그 가족의 생활보호를 위하여 다양한 혜택이 제공된다. 산업재해가 발생하면 우선 보상이 이루어지고, 그다음으로 재활을 위한 지원이 이루어진다. 그리고 산업재해를 사전에 방지하기 위한 예방사업도 실시된다.

산재보험의 사후보상 급여는 크게 두 가지로 구분된다. 하나는 산업재해를 당한 근로자에게 혜택이 주어지는 요양급여, 휴업급여, 장해급여, 상병보상, 간병급여, 직업재활급여와 산재를 당한 근로자가 사망한 경우 가족에게 지급되는 유족급여 및 장의비 그리고 특별급여 등이다. 다른 하나는 산업재해를 당한 근로자가 산업재해 전의 생활로 복귀할 수 있도록 제공하는 재활급여(rehabilitation)다. 신체적 재활

---

23 시력저하, 눈의 피로, 눈의 조절력 저하, 시력 및 색각의 이상현상 등을 호소하고 두통, 팔목과 어깨의 통증, 식욕부진, 변비, 생리불순, 신경증 등이 나타난다. 이러한 VDT 증후군을 새로운 직업병으로 인정할 것인가가 나라마다 논란이 되고 있다.

은 물론이고 직업활동을 재개하도록 지원하는 직업적 재활 그리고 심리사회적 재활 등을 지원하는 것도 산재보험의 급여로 제공된다.

산재보험의 급여 종류별 내용을 살펴보면 다음과 같다.

첫째, 요양급여는 근로자가 업무상의 사유에 의하여 부상을 당하거나 질병에 걸린 경우, 그에 따른 요양으로 발생한 치료비 등에 대하여 의료기관(약국 포함)이나 재해자에게 지급되는 보험급여다.

둘째, 휴업급여는 업무상 사유에 의하여 부상을 당하거나 질병에 걸린 근로자가 요양을 하느라 취업하지 못하여 임금을 받지 못한 기간에 대하여 지급되는 보험급여다. 휴업급여는 1일당 평균임금의 70%를 지급한다.

셋째, 장해급여는 업무상 재해로 근로자의 신체 등에 장해가 남는 경우 그 등급에 따라 지급되는 보험급여로서 연금과 일시금이 있다. 장해등급 1~3등급은 연금으로만, 4~7등급은 선택 가능, 8~14등급은 일시금으로만 받을 수 있다.

넷째, 간병급여는 요양을 종결한 근로자가 의학적으로 상시 또는 수시로 간병이 필요하여 실제로 간병을 받는 경우에 지급되는 보험급여다.

다섯째, 유족급여는 근로자가 업무상의 사유에 의하여 사망한 경우에 유족에게 지급되는 보험급여다. 이는 연금으로 지급되는 것이 원칙이다. 다만, 연금의 형태로 지급하는 것이 곤란한 경우로서 대통령령이 정하는 경우에는 일시금 지급이 가능하다.

여섯째, 장의비는 근로자가 업무상의 사유에 의하여 사망한 경우 그 장제를 실제로 행한 자에게 지급되는 보험급여다.

일곱째, 상병보상연금은 요양개시 후 2년이 경과되어도 치유되지 않고 그 부상 또는 질병상태가 폐질등급에 해당하는 경우 휴업급여 대신 지급되는 보험급여다.

여덟째, 직업재활급여는 산업재해를 당한 근로자의 재취업 촉진을 위한 직업훈련수당 및 직장복귀 촉진을 위한 직장복귀지원금, 직장적응훈련비, 재활운동비 등이다.

이러한 산재보험 급여 종류별에 따른 매년도 현황을 살펴보면, 1997년부터

표 8-6	산재보험 급여 종류별 지급 현황			(단위: 명, 억 원)
연도	2005	2008	2011	2014
합계	30,258	34,219	36,254	39,265
요양급여	7,692	8,123	7,616	7,406
휴양급여	9,384	7,925	7,200	7,794
장해급여	9,222	12,659	15,092	16,672
-일시금	5,058	5,433	5,368	4,975
-연금	4,164	7,226	9,725	11,697
유족급여	2,206	3,177	3,763	4,769
-일시금	1,163	1,245	1,072	1,020
-연금	10,463	1,932	2,691	3,749
상병보상연금	1,403	1,762	1,729	1,665
장의비	212	235	223	245
간병급여	138	338	483	546
직업재활급여	-	0	149	168

자료: 근로복지공단(노동보험시스템), 2014.

1999년까지 외환위기의 영향으로 2년 평균 9.5%가 감소하기는 하였으나, 2000년부터 2004년까지는 평균 18.4%가 증가하였다. 그리고 2005년부터 2014년까지 전체 급여액은 증가하고 있으며, 2014년 말 기준 3조 9,265억 원에 이른다. 그러나 이러한 지급액의 증감률을 살펴보면 둔화 추세인 것이 다행스러운 점이라고 하겠다. 종류별로는 장해급여액이 가장 많은 액수인 1조 6,672억 원인데, 대부분 일시금 형태보다는 연금 형태로 지급된다. 그다음으로는 휴업급여와 요양급여가 각각 7,794억 원과 7,406억 원으로 많은 부분을 차지하고 있다.

이 밖에는 산업재해근로자 복지사업을 실시하고 있다. 또한 산업재해를 예방하기 위한 급여로서 안전시설을 개선하거나, 산업안전교육을 강화하고 산업안전의식을 고취하며 안전보건전문요원을 배치하는 것 등이 있다. 이러한 사고예방을 위한 대책들은 일종의 공공재로서 각 기업에 맡겨서는 효과를 거두기 어렵다. 그러므로 공적조직의 공동관리가 필요하다.[24]

3) 급여수준

산업재해의 보험료와 보상수준은 해당 사업장의 임금총액에 따라 달라지므로 수지상응의 원리가 적용된다고 볼 수 있는 것이다. 일부에서는 산재보험의 급여수준이 높으면 산재발생률이 높아지는 도덕적 해이(moral hazard)의 가능성이 있다고 주장하기도 한다.[25] 그러나 보상수준이 높아진다고 해서 고의로 산재를 당하려고 할 것이라는 생각은 적절하지 않다. 산재로 경미한 사고가 난 경우 보상의 수준이 높지 않아 신고해도 실익이 없어 신고를 안 하지만, 산재급여가 높아지면 신고율이 높아지고, 이로 인해 통계상 파악되지 않던 사고가 드러나기 시작할 것이라고 생각할 수도 있다. 실제로 산재보험이 도입된 후 심각한 사고는 줄고 경미한 사고의 신고는 더 많아진 것으로 나타났다.[26]

한편, 산업재해를 당한 근로자에게 제공되는 급여의 수준이 높으면 이미 발생한 사고를 이용하여 장기간 보상을 받으려는 도덕적 해이가 나타날 수 있다. 이러한 상황은 산재보상급여가 산업재해 전 소득이 부정기적이고 산업재해로 상실된 소득에 비해 보상되는 소득이 높을수록 더 빈번하게 나타날 가능성이 커진다.

♦ 제4절 산업재해보상보험 민영화의 쟁점

산재보험의 개혁에 관한 정책적 논의는 산재보험의 민영화와 산재보험의 범위 확대에 관한 것이다. 우선, 산재보험의 민영화 주장은 경쟁을 도입하면 서비스가 개선되고 장기적으로 재정수지가 악화되는 것을 막을 수 있으며, 산업재해예방의

---

24 독일의 경우는 직업협동조합(Berufsgenossenschaft)에서 산재보험을 관리하고 있다.
25 이승영(2007). "산재보험급여의 적정성 평가와 발전방안에 관한 연구". 한국사회보장학회 2007 전반기학술대회, p. 87.
26 문성현(2004). "산업재해발생의 요인 분석".『사회복지정책』제20집, pp. 160-161.

효과가 높아질 것이라는 주장에 기초한다.[27]

1. 효율성 제고와 산재인정의 엄격화

조직 확대 등을 통한 방만한 경영을 억제하여 관리운영을 효율화할 수 있다는 주장은 실증적으로 입증되지 않았다. 또한 과다한 급여의 제공을 억제하여 보험료율을 인하할 수 있다는 주장이 있으나, 산재판정의 기준이 강화되어 적절한 급여를 받지 못해 보장성이 낮아질 위험이 있다. 수익을 목표로 하는 보험회사의 입장에서는 산업재해보상에 따른 지출을 감소시키려고 산업재해를 매우 제한적으로 인정하려 할 가능성이 있기 때문이다.[28]

2. 경쟁의 이점과 역선택의 문제

경쟁의 이점이 있을 것이라는 주장이 있지만, 무엇을 가지고 경쟁을 하게 되는 가도 문제다. 보험회사들 간에 서비스에서 차별화하기보다는 광고나 선전을 통한 이미지 경쟁에 치우칠 가능성이 있고, 그 결과 왜곡된 경쟁이나 관리운영비의 증가를 초래할 수 있다. 또한 근로복지공단과 2원체제로 운영되면 역선택(adverse selection)이 발생할 수 있고, 민간회사는 사고발생이 적은 기업을 선호하여 사고가 잦은 기업은 결국 공공부문에서 떠안게 될 것이기 때문에 이른바 크림 스키밍(cream skimming)[29] 현상을 초래할 수도 있다.

---

27 조영훈(2003). "산재보험 민영화의 한계: 미국 산재보험 사례". 『한국사회복지학』통권 53호, pp. 32-35.

28 조영훈(2003). 상게서, pp. 43-44.

29 수요가 많은 지역에서의 영업활동을 지칭하는 말로 원유에서 크림을 분리, 채집하는 데서 유래하였다. 경쟁업체들이 서로 유리한 시장에만 선택적으로 진입하려는 모습이 달콤한 크림을 먹으려는 것 같다고 해서 붙여진 이름이다.

민영화한다고 해도 반드시 완전한 경쟁이 가능할지는 의문이다. 계열사들 간에 서로 도와주는 불공정 행위가 있을 수 있기 때문이다.

3. 관리운영비 절감과 홍보비 증가

산재보험을 민영화하자는 입장은 민간보험이 공적보험과는 달리 효과적으로 경영을 합리화할 것이기 때문에 관리운영비가 감소할 것이라고 주장한다. 그러나 민간보험의 경우 홍보 및 관리비가 엄청나게 증가하는 경험적 사례로 볼 때, 관리비의 절감 효과는 상쇄되거나 오히려 그 비용이 증가할 가능성이 크다.[30]

4. 서비스의 질 제고와 예방기능의 약화

민간보험의 경우 금전서비스에 치중할 가능성이 크므로, 산업재해예방기능의 약화가 우려되어 민영화를 통해 서비스가 개선될 것이라는 일부 주장은 비판받을 수 있다. 또한 산업재해예방의 효과는 공공재이고, 산업재해가 줄면 보험가입의 필요성이 감소할 것이므로, 보험회사들이 사고예방에 적극적으로 참여할 것인가는 의문이다. 예를 들어, 민영화를 통한 자유경쟁하에서는 기존 사업장이 산업재해예방 노력을 통해 안정성을 높인다면, 기존에 가입한 보험회사보다 유리한 보험 조건을 제시하는 다른 보험회사로 이동하려는 시도를 하게 된다. 이렇게 되면 기존의 보험회사는 비용만 지불하고 그 혜택은 다른 회사에서 가져가는 결과가 되기 때문에 구태여 사고예방비용을 투자하여 사업장의 산업재해위험을 낮추려는 동기가 강해지지 못한다.

---

30 조영훈(2003). 전게서, p. 44.

5. 재활기능의 약화

민간보험회사의 경우, 현금급여를 중심으로 서비스를 제공하는 것이 일반적이며 그를 통해 충분한 수익을 남기고 있다고 볼 수 있다. 그러한 보험회사들이 의학적·직업적·사회적 재활급여에 실제로 참여하려고 할 때, 이것을 관리할 추가적인 조직과 인력을 갖추어야 한다. 그렇게 하려면 비용이 많이 소요될 것이고 그에 따라 수익의 감소가 초래될 수 있으므로, 그 실효성이 불투명하다고 할 수 있다.

제5절 산업재해보상보험제도의 개선 과제

그동안 고용관계가 불분명한 특수고용직에 대한 산재보험의 적용이 어렵다는 문제가 있었다. 거기에 더하여 4차 산업혁명과 COVID-19 사태 등으로 증가하는 플랫폼 노동자와 긱 노동자(Gig worker) 중 고용관계가 불분명한 경우가 대부분이어서 이들에 대해 산재보험을 적용하는 것이 또 다른 과제가 되고 있다. 산재보험이 보험료 차등화 정도를 축소해야 할 필요가 있다.

위험이 사회화되어서 어느 한 사업장이 산업재해발생에 기여하였는지를 명확하게 밝히기가 어려워지는데, 특히 직업병의 경우나 과로사, 환경오염 등이 그렇다. 따라서 사고예방을 통한 안전한 근로환경을 만들기 위해 공동으로 노력하고 모두가 혜택을 보는 일종의 공공재적 성격을 갖도록 하기 위해 재원부담도 부과방식으로 전환하는 것에 대한 검토가 필요하다.

생각상자

- 산재보험의 전 국민 보험으로의 확대 가능성과 그 방안은 무엇이 될 수 있는가?
- 산재보험의 민영화에 대해 어떠한 의견이 있는가?
- 산재보험과 타 보험의 관계는 어떠한가?

참고문헌

고용노동부(2020). 「2019년도 산재보험 사업연보」.

고용노동부(2020). 「산업재해 현황분석」.

근로복지공단(2007a). 「2007년 산재보험 · 고용징수 실무자 편람」.

_____(2007b). 「2007년 산재보험 사업연보」.

_____(2007c). 「2007년 산재보험 · 고용징수 실적분석」.

_____(2007d). 「2007 산재 · 고용보험 실무편람」.

_____(2007e). 「2007 산재보험연보통계표」 재구성.

김상호(2007). "산재보험 개별실적요율제도 개선방안에 관한 연구". 『사회보장연구』 제23권 제1호, pp. 113-132.

_____(2010). "산재보험 예방요율제도 도입방안". 『사회보장연구』 제26권 제2호, pp. 123-143.

김진수(1999). "산재보험 급여체계의 현황과 주요과제". 『산재보험정책연구회』 제2호.

라지훈, 이승영(2007). "예방요율제도 도입방안". 『한국사회복지학』 제59권 3호, pp. 59-74.

문성현(2004). "산업재해 발생의 요인분석". 『사회복지정책』 제20집, pp. 155-170.

박종희(2005). "산재노동자의 삶의 질 제고를 위한 산재보험제도 개혁방안". 『산재보험제도의 목적과 기능, 그리고 운영과 관련한 제반 법리 검토 및 향후 과제』. 한국노총중앙연구원, pp. 10-15.

원석조(2002). 『사회보장론』. 양서원.

윤조덕(2000). "산재보험 재정방식 개선방안에 관한 기초연구". 『한국사회정책』 제7집 제1호, pp. 146-179.

_____(2007). "개정 산재보험제도 평가 및 발전방향". 한국사회정책연구원 정기학술대회, pp. 119-172.

이승영(2007). "산재보험급여의 적정성 평가와 발전방안에 관한 연구". 한국사회보장학회 2007 전반기학술대회, pp. 87-123.

이원우, 김맹룡(2002). "우리나라와 외국의 산업재해 예방제도 비교에 관한 연구". 숭실대학교 사회과학연구원.

이인재, 류진석, 권문일, 김진구(2010). 『사회보장론』. 나남출판.

조영훈(2003). "산재보험 민영화의 한계: 미국 산재보험 사례". 『한국사회복지학』 통권 53호, pp. 31-50.

Klein, R. W., & Krohm, G. (2006). "Alternative Funding Mechanisms for Workers' Compensation: An International Comparison". *International Social Security Review*, vol. 59, pp. 3-26.

Rejda, G. E. (1999). *Social Insurance and Economic Security*. Upper Saddle River, N. J.: Prentice Hall.

근로복지공단(노동보험시스템) 홈페이지 www.kcomwel.or.kr

제9장

고용보험

실업이라는 사회적 위험과 다른 사회적 위험들은 어떠한 차이점이 있는가? 그것이 제도의 발전에 어떠한 영향을 주었는가? 실업보험과 적극적 노동시장정책으로서의 고용보험의 차이점과 우리나라 고용보험의 특성이 다른 사회보장제도에 미친 영향을 파악한다.

제**9**장
고용보험

제1절 사회적 위험으로서의 실업

1. 실업의 개념

    사회적 위험으로서의 실업이란 무엇인가? 실업은 노동을 할 능력이 있고 노동할 의지도 있으나 일자리를 갖지 못한 경우를 말한다. 실업은 근로자에게 정기적인 소득의 상실을 의미하므로 생계에 부정적인 영향을 주는 것뿐만 아니라 거시적으로 보면 구매력이 약화되어 한 나라의 경제에서 총수요가 감소하는 것을 의미한다. 또한 자원의 중요한 생산요소의 하나인 노동력이 생산활동에 투입되지 못하고 유휴화되는 것이므로 자원의 활용 면에서도 비효율적이라고 할 수 있다.

    근로의욕 상실로 취업하지 않는 이른바 자발적 실업은 진정한 의미의 실업이라고 할 수 없는데, 고전경제학자들은 실업이 자발적인 원인에서만 발생한다고 보았다. 더 나아가 이러한 실업에 대해서는 사회적으로 책임을 질 필요가 없다고 하였다. 만약 근로자가 자발적으로 실업을 선택하였다면, 이는 당사자가 스스로 사회적 위험에 빠져드는 일종의 도덕적 해이라고 생각하였기 때문이다. 특히, 실업보험과 같은 제도의 도입으로 근로자들이 노동을 하지 않고도 자신의 생계를 보호받을 수 있다면, 스스로 실업을 선택하는 도덕적 해이의 가능성이 높아질 것이고, 노동을 하려는 사람들의 수는 줄어들 것이며, 따라서 임금도 인상될 수 있을 것이라고 보고 있다. 이러한 이유로 사용자들은 실업보험의 도입에 끝까지 반대하였고 대부분의 국가에서 실업보험은 사회보험 중 가장 마지막에 도입되었다. 우리나라에서도 고용보험은 1995년에 비로소 도입되어, 1960년대 초에 도입된 산재보험과 비교할 때 30년이나 늦었다.

자발적인 실업의 존재만을 인정하는 고전경제학자들은 실업이라는 사회적 위험에 대해 크게 고민하지 않았다. 그러나 케인즈(Keynes, J. M.)는 1929년의 대공황으로 비자발적인 실업이 대규모로 발생한 사실에 주목하였다.

우리나라의 경우는 높은 실업률에도 불구하고 3D 업종에 해당하는 중소기업은 인력난에 시달리고 있어 상당 부분 자발적 실업이 존재한다고 볼 수 있다.[1] 자발적 실업은 기존의 임금수준에서는 노동을 할 의사가 없다는 것이다. 특정 분야에서는 임금이 높다 해도 근로조건에 따라 자발적 실업이 있게 된다. 한편, 우리나라에 이주한 외국인 근로자의 경우는 상대적으로 낮은 임금과 열악한 노동조건에서도 노동을 하고 있다.

따라서 어떤 사람의 노동 의지 유무를 파악하는 것은 용이한 일이 아니다. 실업을 파악하는 방법은 실직자가 구직급여를 담당하는 기관에 사용자의 이직확인서와 함께 구직급여를 신청하고 일자리를 찾는 경우에 비로소 공식적인 통계에 실업자로 파악된다. 따라서 통계상의 실업률은 실제 실직자의 수보다 적게 나타날 수 있는데, 여기에는 구직급여의 수준이 낮거나 신청 절차와 자격의 까다로움으로 인해 신청을 포기하는 실망실업자나 잠재실업자가 포함되지 않기 때문이다.

---

1 한국은행 금융경제연구원(2008)의 보고서에 따르면, 실제 비경제활동 인구에 속한 사람이 구직에 나설 경우 1개월 뒤 취업할 확률은 85%로, 원래 실업상태에 있던 사람이 취업할 확률(29%)의 2.9배로 나타났다. 문외솔(2008). "우리나라 실업률과 경기 간 관계분석". 『금융경제연구』 제321호.

2. 실업의 원인과 유형

1) 계절적 실업

실업의 유형 중 그 역사가 가장 오래된 것으로, 계절의 변화, 날씨 상황에 따라 생산활동이 줄어들게 된다. 건설업, 농수산업, 관광, 레저 산업 등은 날씨나 계절의 영향을 많이 받으므로, 일자리에 대한 변동이 많아 계절적 실업이 발생할 수 있다.

2) 경기적 실업

경기적 실업은 국민경제가 주기적으로 순환하게 되는 것에 기인한다. 국민경제 전체로 보아 물건을 사려고 하는 총수요와 팔려고 시장에 내놓은 총공급의 관계에 따라 경기는 호경기와 불경기가 순환된다. 예를 들어, 판매하려는 상품의 총공급보다 사려고 하는 총수요가 적은 경우에 재고가 남게 되고 기업들이 생산활동을 줄이게 되므로 고용도 감소한다. 이와 같이 불경기로 인해 발생하는 실업은 근로자의 소득상실을 가져오게 되고, 그 결과 그들의 구매력을 감소시킨다. 그리하여 다시 국민경제에서는 수요가 부족해지고, 그것이 다시 재고를 증가시켜서 공장이 조업을 단축하게 된다. 결국, 근로자는 해고되고 그들의 소득이 줄어 상품 구매력이 더욱 낮아지는 악순환이 되풀이된다. 실제로 이러한 상황이 1920년대 말 미국에서 발생하였는데, 이것이 이른바 대공황(Great Depression)이다.

3) 구조적 실업

구조적 실업은 위장실업 또는 잠재실업이라고도 한다. 독점이나 자본이 고도화하면 노동공급이 남아돌아 실업이 발생한다는 것으로, 마르크스(Marx, K.)는 이와 같이 상대적으로 인구가 과잉현상을 보이는 경우를 산업예비군이라고 하였다. 이는 기계화로 노동력의 필요성이 감소하는 기술적 실업의 일종이라고 할 수 있다. 달리 말하면, 과거의 노동집약적 산업으로부터 자본집약적 산업 위주로 산업구조가 바뀌면서 유휴노동력이 실업으로 나타난 것이다.

시장구조의 이중성에 따른 실업도 있을 수 있는데, 일자리가 있어도 취업하지 않고 좀 더 조건이 좋은 일자리(decent work)를 얻게 될 때까지 기다리는 경향으로, 우리나라의 경우 3D 업종 기피현상이 대표적인 예다.

산업구조가 과거의 중공업 중심의 굴뚝산업에서 정보 및 지식 산업으로 전환될 때, 필요한 새로운 기술을 습득하지 못하여 취업하지 못하는 기술적 실업이 나타나게 된다.

고용 없는 성장 또한 구조적 실업의 예로 설명할 수 있다. 정보 및 지식 산업 위주의 경제구조는 경제가 계속 성장해도 일자리는 별로 늘지 않는 이른바 '고용 없는 성장(jobless growth)'을 가속시킨다. 산출액 10억 원 생산에 소요되는 전업환산 취업자 수를 의미하는 취업계수는 2010년 전체 산업에서 6.81명이었던 것이 2019년에 5.6명으로 줄었다. 산출액 10억 원당 고용되는 임금근로자를 의미하는 고용계수도 2010년 전 산업 4.63에서 2019년에 4.15명으로 줄었다.[2]

4) 마찰적 실업

다른 지역이나 다른 직장 또는 직업으로 바꾸려는 경우 여러 절차와 시간이 필요하다. 마찰적 실업은 새로운 직장을 탐색하고 옮기는 과정에서 나타나는데, 정보의 부족이나 기타 제도적인 장애로 전직 및 이직 과정이 원활하게 진행되지 않는 경우에 나타날 수 있다.

한 개인은 생애과정 동안 여러 유형의 직업을 옮겨 다니게 된다. 고용형태 간의 이행, 실업과 고용 간의 이행, 교육·훈련과 고용 간의 이행, 가사활동과 고용 간의 이행, 마지막으로 고용과 은퇴 간의 이행이 그것이다. 1990년대 중반 슈미트 교

---

2 산업통계분석시스템 홈페이지(https://istans.or.kr/mainMenu.do)

수와 베를린사회과학연구소의 동료들은 상용직 고용과 다른 '생산적 활동' 간의 이행상태를 이행노동시장(transitional labor market)으로 규정하였다. 이들은 노동시장 내부에서는 물론 노동시장 내부와 외부 간의 원활한 이행을 촉진하고 지원하는 노동시장·사회정책이 필요하다고 주장하였다.[3]

3. 적극적 노동시장정책의 필요성

실업과 관련하여 노동시장의 유연화는 여러 가지 의미가 있다. 하나의 직장이 문을 닫더라도 다른 직장에 취업할 수만 있다면 실업에 따른 문제는 그다지 큰 고민거리가 아닐 수도 있다. 따라서 세계화로 치열해지는 국제경쟁에서 실패한 기업은 신속히 퇴출되고 새로운 기업의 진입을 용이하게 하는 것이 요구된다. 이러한 상황에서 자유주의적 시장경제론자들은 근로자의 해고와 고용을 유연하게 하여야 새로운 일자리가 더 많이 창출될 수 있다고 주장한다.

결국, 평생 같은 직장에서 일해 온 과거의 관행이 정태적인(static) 모형이라고 한다면, 앞으로는 평생 고용을 추구하되 항상 같은 일자리는 아닐 수도 있다는 동태적인(dynamic) 사고방식으로 전환이 요구되고 있다. 일반 기업체는 물론이고 공무원에게조차 평생직장의 개념이 사라지고 있기 때문이다.

산업의 구조개편과 노동시장의 유연성 등으로 이제는 실업이 일시적으로 나타나거나 증가하는 현상이 아니라 장기적이고 만성적인 형태로 지속될 것이다. 특히 최근에는 이른바 '고용 없는 성장'의 문제가 심각한데, 이는 산업구조가 자본집약적으로 고도화하여 노동력의 수요가 점차 감소하는 것에 기인한다.[4]

따라서 단지 실직을 당한 사람들에게 생계비를 지원하는 실업보험의 한계를 넘

---

3 김동현(2012). "이행노동시장이론(TLM)과 고용전략". 고용유인형 사회안전망위원회 발제자료, 2012. 4. 6.

4 이것을 단정적으로 보여 주는 것이 취업계수로 GDP(국내총생산) 10억 원을 생산하기 위해 투입되는 이 계수는 우리나라의 경우 1980년 10에서 2005년 1.9로 거의 5분의 1로 줄었다.

어서고, 실업의 다양한 원인에 대하여 미리 대책을 마련해 실업 발생을 예방하려는 새로운(적극적) 노동시장정책의 필요성이 대두하였다. 이것이 전통적인 실업보험에서 고용보험으로 발전하게 된 배경이라고 할 수 있다.[5]

🌟 제2절 고용보험의 발전과정

여러 사회적 위험에 대비하기 위한 노력의 발전과정은 이미 제2장에서 밝힌 것과 같이 동심원 모형에 근거하여 설명할 수 있으며, 실업이라는 사회적 위험에 대한 대비도 개인, 가족, 동업조합, 기업주, 국가의 순서로 발전해 왔음을 알 수 있다.

1. 직능공제조합

초기에는 실업에 대하여 민간차원의 자조적 복지제도가 있었는데 바로 노동자들에 의해 조직된 직능공제조합이 대표적인 예다. 노동조합에서 결정한 임금률 이하의 노동력 제공을 억제하는 것을 주목적으로 하였다. 그러나 이러한 임의가입 원칙에 기초한 자조적인 실업대책기구들은 역선택(adverse selection)현상 때문에 규모가 크지 않았다. 따라서 대량실업이 발생하는 경우 많은 실직자가 생계를 보장받기에 충분한 재원을 확보하기가 어려워 재정위기에 빠지는 경우가 많았다.[6]

---

5 이광찬(1998). "고실업에 대한 대응책으로서 고용보험과 한국의 정책방향". 『보건과 복지』 창간호, pp. 51-58; 이인재 외(2006). 『사회보장론』. 나남출판, p. 207.
6 이인재 외(2006). 전게서, p. 205.

2. 실업기금

1905년 스웨덴에서 시작된 실업기금은 직능공제조합에서 파생된 것으로 노동조합이 단독으로 운영하지만 국가의 재정적 보조를 받으며 국가의 감독하에 있게 된다. 기업주가 자신이 고용하고 있는 노동자를 위해 실업기금을 조성하는 경우에도 노동조합에서와 마찬가지로 국가의 보조를 받았다.[7]

3. 사회보험으로서의 실업보험

자발적이고 임의적인 형태의 기존 사회보험은, 첫째로 일부 안정적인 고용관계에 있는 계층만을 대상으로 하였기 때문에 적용대상이 제한적이었으며, 둘째로 위험분산의 범위도 좁고, 셋째로 재정규모도 충분하지 못하여 대량실업이 발생할 경우 적절한 보장을 제공할 수 없었다. 그리하여 더 많은 계층에 적용하고 위험분산의 범위를 넓히며 재정의 규모를 확대하기 위해 보편적 사회보험으로 발전시킬 필요가 있어, 강제가입의 원칙을 도입하여 국가의 재정적·행정적 책임을 강화하였다.

최초의 강제적 실업보험은 1911년 영국에서 도입되었는데 노동자, 사용자, 정부 3자가 재정을 부담하였다. 즉, 근로자의 기여금, 고용주의 부담금, 국가의 보조금 등으로 재원을 조달하였다. 공적실업보험은 대공황이 세계적으로 확산되기 시작하던 1920년대 후반경에 미국과 독일에서 도입되었다.[8]

---

7 방하남(1997). "한국고용보험제도의 현황과 발전과제". 『한국사회복지정책』 제4집 제1호, p. 269.
8 이인재 외(2006). 전게서, p. 207.

4. 실업보험 도입 지연의 이유

여기서 흥미로운 사실은 '왜 대부분의 나라에서 여러 사회보험 중 실업보험이 가장 늦게 도입되었는가' 하는 것이다. 실업보험의 도입이 지연된 데에는 다음과 같은 여러 가지 이유가 있다.

1) 실업이라는 사회적 위험의 등장 시점

실업이라는 위험과 그것의 피해를 보는 계층이 나타나기 위해서는 노동력의 상품화(commodification)[9]가 상당히 진행되어 근대화된 노사관계가 형성되고 노동시장이 조직화되어야 하는데, 이러한 것은 자본주의의 발전이 상당히 진전된 단계에서 나타난다.

2) 보험기술적인 문제

보험이 가능하기 위해서는 위험이 발생할 수 있는 사고의 추정이 가능해야 하며 중간수준의 위험이어야 하고, (보험)사건이 우발적이지 않고 일정한 확률로 발생되어야 하며, 그 발생확률을 기초로 하여 금전적으로 평가가 가능해야 한다.[10]

3) 이익집단의 저항

이익집단의 저항도 실업보험의 도입이 지연되는 데 기여하였다.[11] 실업보험제도

---

9 노동력의 상품화는 노동자가 자신의 노동을 판매한 대가로 생계비를 마련하는 현상을 의미하며, 역사적으로는 산업혁명 이후 자영농 신분이던 농노가 임금노동자로 전락하는 과정과 일치한다.

10 Schmid(2015). "Sharing Risks of Labour Market Transition: Towards a System of Employment Insurance". *British Journal of Industrial Relations*, vol. 53 issue, 1, pp. 70–93.

11 림링거 가스통, V. 한국사회복지연구회 역(1997). 『사회복지의 사상과 역사』. 한울아카데미, pp. 284–292.

와 관련 있는 두 집단은 노동조합과 사용자 집단이다. 노동조합은 실업보험의 급여가 임금을 대체할 것으로 파악하고, 실업보험이 도입되면 노동자가 노조에 가입하려 하는 의지가 약해져 노조의 영향력이 약화될 것을 우려하여 반대하였다. 반면, 사용자들은 일을 하지 않아도 생계가 보장된다면 노동자들이 받으려고 하는 유보임금이 높아져 노동자들이 낮은 (제시)임금에서는 노동하려 하지 않을 것이므로 노동계약의 체결이 어려워질 것을 우려하여 반대하였다. 파업 중에 실업보험의 기금으로부터 보조를 받는 경우가 이에 해당할 것이다. 특히 이와 관련된 문제는 실업이라는 위험이 도덕적 해이의 가능성을 완벽하게 배제하기 어렵다는 점이다. 즉, 실직 시 보험을 통해 생계가 보장될 수 있다면 근로자들이 스스로 실업이라는 도덕적 해이에 빠질 수 있는 개연성이 존재한다는 것이 사용자 측의 우려였다.

5. 고용보험으로의 전환

실업에 대한 대책 중 마지막 단계에 나타난 것이 적극적 노동시장정책이다. 자본주의의 발전이 성숙단계에 이르러 경기가 순환되고 대규모 실업이나 만성적인 실업이 발생하여 이에 대한 새로운 대책이 요구되었다. 또한 기술발전에 따른 상시적 구조조정으로 실업이 발생하기도 한다. 이와 같이 다양한 종류의 실업들에 대한 새로운 대책들이 필요하게 되었다. 기존 실업보험의 급여는 사후 구제적 성격의 생계보호(현금급여)에 한정되었는데, 고용안정 및 직업능력개발 등의 사전적·예방적 대책으로 변화되었다. 독일은 「고용촉진법」(1969), 일본은 「고용보험법」(1974)으로 기존의 실업보험을 개선하여 고용보험으로 전환하였다.

우리나라의 경우, 2006년부터 고용안정사업과 직업능력개발사업을 통합하여 고용안정·직업능력개발 사업으로 운영하고 있다. 이에 따라 우리나라의 고용보험은 근로자가 실업한 경우에 생활에 필요한 급여를 실시하여 생활안정과 구직활동을 촉진하는 전통적 의미의 실업제도로서뿐만 아니라 근로자 및 실업자의 취업알선과 직업훈련을 통한 취업촉진 등 고용안정 및 직업능력개발을 포함하는 노동시장정책으로도 평가받고 있다.[12] 전자를 이른바 '소극적 노동시장정책'으로, 후자를 '적극적 노동시장정책'으로 분류한다.

🎖️ 제3절 고용보험의 의의

1. 사회안전망

고용보험은 소득재분배 효과를 통하여 실직자의 생활을 안정시키기 위한 사회보장제도로서 사회안전망(social safety nets)[13]의 기능을 한다. 산업구조의 전환을 위해서는 노동시장의 유연성이 전제되어야 하는데, 이는 필요에 따라서는 기업이 문을 닫고 노동자를 해고할 수 있어야 한다는 것이다. IMF 구제금융 사태와 같은 경제위기에서는 기업들의 구조조정으로 대량실업이 발생한다. 그러한 상황에서 고용보험이 실업자들에게 생계를 보장하고, 실업을 해소하며, 새로운 취업의 기회를 확대하는 등의 서비스를 제공할 수 있다면 사회적 안전망으로서의 역할을 하게 된다.[14]

이와 같이 유연성(flexibility)과 안정성(security)을 결합하여 유연안정성(flexicurity)을 성공적으로 실현한 대표적 사례로 덴마크를 들 수 있다. 이른바 노동시장의 황금삼각형(golden triangle)으로 알려진 이 모델은 자유로운 해고와 관대한 사회보장 그리고 적극적 노동시장정책을 효과적으로 연계하였다.[15] 기업에게는 구조조정을

---

12 김성은, 이진우(2010). "고용보험 재정기준선 전망과 과제: 실업급여계정을 중심으로". 국회예산정책처, p. 16.

13 일반적으로 사회안전망의 개념을 사회보장제도와 혼용하여 쓰고 있는 문제점에 대해 제1장에서 이미 언급한 바 있다.

14 유길상(2000). "고용보험의 현안과 대책". 『계간 사회복지』 통권 제146호, p. 58.

15 이준영(2012). "유연안정성(Flexicurity)관점에서 본 근로시간단축". 『사회보장연구』 제28권 제4호, pp. 25-48.

통한 노동시장의 유연성을 허용하는 한편, 실업자에게는 관대한 실업수당과 직업훈련 프로그램을 지원하여 사회적 안전망의 역할을 하도록 하였다.

2. 노동력의 효과적 배분 및 투입

고용보험으로 자원을 효율적으로 배분하는 효과가 나타날 수 있는데, 고용전산망을 통하여 제공되는 인력과 필요로 하는 인력을 조절할 수 있기 때문이다. 고용전산망은 또한 장기적으로 정보기술 등에 대한 교육 및 훈련을 제공하여 구조조정을 지원하기도 한다. 아울러 국가 전체적으로 볼 때 노동자의 기술력을 키우고 지식을 늘리게 되어 인적자본을 형성하는 데 기여하게 된다.

3. 경기조절 기능

그 밖에도 고용보험은 국민경제의 총수요 및 총공급을 조절하여 주기적으로 순환하는 경기를 안정시키는 효과도 있다. 즉, 실업이 늘어나는 불황기에는 실직자에게 지급되는 실업급여가 기존의 상황과 비슷하게 구매력을 유지시키고 총수요의 감소를 억제시켜 국민경제가 총수요와 총공급의 균형을 이루는 방향으로 움직이도록 하는 것이다. 반대로 호황기에는 실직급여를 받던 사람이 취업하여 가처분소득이 늘어남으로써 수요가 증가할 수 있는 상황이 된다. 총수요의 과도한 증가는 인플레이션의 압력을 증가시킬 것이다. 이때 증가된 소득에서 실업보험의 보험료를 납부하여야 하기 때문에 소득을 감소시켜 구매력이 지나치게 증가하는 것을 막아 총수요의 증가를 억제하는 효과가 있다. 이와 같이 사회보장제도가 자동으로 경기의 변동을 억제하는 효과를 나타낼 때 이를 자동안정화장치(built-in stabilizer)라고 한다.

🎗 제4절 고용보험제도의 내용

1. 고용보험의 가입 및 적용 대상

1998년 10월 1일부터 1인 이상의 근로자가 있는 사업주는 의무적으로 고용보험에 가입해야 한다. 1인 이상의 근로자를 고용하는 사업 및 사업장을 대상으로 한다. 사업의 규모 및 산업별 특성을 고려하여 사업장 및 피보험자 관리가 매우 어렵다고 판단되는 다음의 일부 사업에 대하여는 적용을 제외한다. 여기에는 4인 이하로 고용하는 농업, 임업, 어업 및 수렵업, 소규모 건설 공사 및 가사서비스 등이 포함된다.

고용보험은 모든 근로자에게 적용되나 65세 이후에 새로이 고용된 자(고용안정/직업능력개발사업은 적용, 실업급여는 적용제외), 월 60시간 미만 근로자(1주 15시간 미만인 자 포함)에 대해서는 적용을 제외한다. 다만, 3개월 이상 계속하여 근로를 제공하는 자와 1개월 미만 동안 고용되는 일용근로자는 적용대상인데, 공무원, 사립학교교직원연금법 적용자, 별정우체국 직원 등이 그렇다.

2. 고용보험의 급여

1) 급여의 수급조건

고용보험으로부터 제공되는 급여는 실업급여, 고용안정 및 직업능력개발 등이다. 이 중 실업급여의 대표적 급여인 실직수당(구직급여)은 매우 엄격한 조건에 따라 받을 수 있도록 되어 있는데 이는 구직급여를 남용하지 못하도록 하고 노동의욕이 상실되지 않도록 하기 위한 것이다. 고용보험의 급여수급과 관련하여 크게 세 가지 제한을 두며, 이는 기준기간, 대기기간, 수급기간과 관련된다.

(1) 기준기간

실업급여를 신청하기 전 일정 기간 근로를 하고 실업보험의 보험료를 납부하였다는 요건을 충족하여야 실업보험의 급여를 받을 수 있다. 이는 근로는 하지 않으면서 실업급여만 받는 도덕적 해이를 방지하기 위한 것이다. 따라서 구직급여를 받기 전 일정 기간(기준 기간) 이상[16] 고용보험에 가입하고 보험료를 납부하여야 한다.

하지만 청년실업자의 대부분이 직장생활을 시작해 보지 못한 경우가 많기 때문에, 이러한 기준기간을 충족하지 못하고 이로 인해 실직수당을 받을 자격이 되지 못한다는 데 제도의 맹점이 있다.

(2) 대기기간

실업상태가 되었다 하여도 곧바로 구직급여가 지급되는 것은 아니다. 일정 기간(대기기간)이 경과한 후 재취업이 되지 않을 경우 급여를 받게 된다. 이는 자발적 실업, 부정행위, 노사분쟁 또는 기타 부적격 사유로 실직한 경우에 수급자격을 제한하기 위한 것이다.

(3) 수급기간

실업보험의 구직급여를 받을 수 있는 기준기간과 대기기간을 충족한다 하더라도 급여를 받을 수 있는 기간은 〈표 9-1〉과 같이 일정하게 제한되어 있다.

표 9-1 구직급여의 소정급여 일수(2021년 현재)

연령 및 가입기간	1년 미만	1년 이상 3년 미만	5년 이상 10년 미만	10년 이상
50세 미만	120일	150일	210일	240일
50세 이상 및 장애인	120일	180일	240일	270일

---

16 고용보험의 구직급여를 받기 위해서는 실직 전 고용보험 적용 사업장에서 18개월 중 최소 6개월 이상 고용보험에 가입하여 보험료를 납부하여야 한다.

2) 급여의 내용

(1) 근로자 지원

고용보험에서 근로자(실업자)에게 지원하는 급여는 훈련비, 실업급여, 육아휴직급여, 출산전후 급여 그리고 구직등록 등이다.

1995년 고용보험제도 도입 당시 고용보험에서는 실업급여사업과 고용안정 및 직업능력개발 사업만이 수행되었으나, 2001년부터 산전후 휴가급여와 육아휴직급여를 포함하는 모성보호급여사업이 실업급여계정에 추가로 포함되어 수행되고 있다.

첫째, 구직급여는 이직 전 18개월 동안 근로하고 피보험기간이 180일 이상인 근로자가 해고, 권고사직, 계약만료 등의 비자발적인 사유로 실직했을 경우, 적극적인 재취업 노력을 전제로 생계를 지원하고 재취업을 촉진하기 위하여 지급된다. 구직급여 지급액은 이직 전 최소 3개월간의 평균임금을 일액으로 60%를 환산한 금액에 소정 급여일수를 곱하여 지급한다. 또한 피보험기간 및 연령에 따라 차등 설계된 수급일수(90~240일)만큼 지급하되, 구직급여일액의 상한과 하한을 설정하여 지급하고 있다. 구직급여의 수준이 높으면 의존성의 발생 가능성이 제기될 수 있는데, 즉 구직급여보다 낮은 임금에는 취업하지 않으려 할 것이기 때문이다. 이것은 공공부조에서 조건부수급자의 생계급여가 높으면 자활의지가 약화될 것이라는 주장과 같은 맥락이다.

둘째, 취업촉진수당은 조기재취업수당, 직업능력개발수당, 광역구직활동비, 이주비 등 4개 사업으로 구성된다. 이 중에서 지출액 규모가 가장 큰 조기재취업수당은 대기기간 경과 후 구직급여를 지급받을 수 있는 소정급여일수를 30일 이상 남기고 6개월 이상 계속 고용(자영업자는 자영업을 영위)되는 것을 전제로 잔여 급여일수의 2분의 1에 해당하는 금액을 지급한다.

셋째, 모성보호급여는 육아휴직급여와 산전후 휴가급여로 구성된다. 산전후 휴가급여는 출산으로 인한 여성근로자의 이직을 방지하고, 사업주의 여성고용 기피 요인을 해소하기 위한 모성보호의 사회분담화 차원에서 추진되는 사업이며, 산전후 휴가(유사산 휴가를 포함)를 부여받은 근로자를 대상으로 급여를 지급하는 제도다. 육아휴직급여는 남성 및 여성 근로자의 고용안정과 경제활동 참가율 제고를 도모하기 위한 사업으로, 육아휴직을 30일 이상 부여받은 근로자를 대상으로 월 50만 원씩 최대 1년간 지원하는 사업이다.

(2) 사용자 지원

고용보험에서 사용자에게 지원하는 것은 고용유지지원금, 고용창출장려금, 고용안정장려금, 직장어린이집 지원금 그리고 직업훈련지원금 등이다.

고용안정급여는 사용자가 자신의 사업장에서 고용을 유지하고 해고를 회피하는 데 소요되는 비용을 지원한다. 특히, 건설현장 등과 같이 기후가 좋지 않아 작업이 불가능하여 근로자를 해고할 수밖에 없는 경우도 일시적으로 해고를 유예하여 고용을 유지할 수 있도록 사업주에게 필요한 비용을 지원하는 것이다. 고용유지지원금은 휴업 및 휴직으로 고용을 유지하는 경우, 고용창출지원금은 신규로 근로자를 고용한 경우에 지원되며 고용안정장려금은 일자리의 질을 제공한 경우에 지원된

표 9-2 고용보험의 급여 종류

근로자 지원	재직근로자 훈련지원	수강비용 지원
	실업자 훈련지원	재취업 훈련비 지원
	실업급여	구직급여
	육아휴직급여	
	산전후 휴가급여	
	고용보험 미적용자 출산급여	소득활동을 하지만 고용보험 미적용한 경우
	배우자 출산휴가 급여	5일분 급여 지급
	구직등록	상담을 통해 일자리 추천
사용자 지원	고용유지지원금	휴업 및 휴직으로 해고를 피한 경우
	고용창출장려금	신규로 고용한 경우
	고용안정장려금	재직근로자의 일자리 질을 제고한 경우
	직장어린이집 지원금	인건비 및 운영비
	직업훈련 지원	직업훈련에 소요된 비용 지원

자료: 노동부 고용보험 홈페이지(https://www.ei.go.kr/ei/eih/cm/hm/main.do)

다. 직장어린이집 인건비와 운영비를 지원하며 사용자가 제공하는 직업훈련에 소요되는 비용도 지원한다.

　고용보험의 급여를 정리하면 〈표 9-2〉와 같다. 문제는 제3자(고용보험)가 지원하지 않아도 실직자나 사용자가 자체적으로 실시할 의도를 가지고 그에 소요될 비용을 마련하고 있을 때 정부가 그 비용을 지원하면, 그 비용이 중복되어 사용자나 근로자에게 별도 소득의 의미만 있을 뿐이며, 전체적으로 추가적인 교육·훈련을 유도하지 못할 수도 있다는 점이다.

3. 고용보험의 재정

　고용보험의 재정을 살펴보면 보험료의 부담이 다른 사회보험과 차이가 있다. 보험료를 부담하는 방식이 사업별로 다른데, 실직자의 생계를 보장하기 위한 구직급여(실업급여)는 근로자와 사용자가 공동으로 부담하고, 고용안정 및 직업능력개발과 같이 사용자에게 직접적으로 지원하는 급여는 사용자가 단독으로 부담한다.

　직업능력개발사업은 공공재적 성격이 있기 때문에 공동의 기금으로 부담하되 개별 사업주를 지원한다. 예를 들어, 한 기업에서 많은 비용을 들여 직원을 교육하거나 훈련시켰는데 다른 기업에서 약간의 비용을 들여 그 직원을 데리고 가면 전자의 기업은 손해를 보게 된다. 그러므로 근로자의 교육·훈련을 개별 기업에 맡기면 실효를 거두기가 어렵다.

　고용보험의 보험료는 사업장의 규모, 즉 직원(근로자) 수에 따라 차등적으로 부과된다. 고용보험료율은 보험수지의 동향과 경제상황 등을 고려하여 임금총액 대비 1000분의 30의 범위에서 실업급여 및 고용안정·직업능력개발 사업의 보험료율로 구분해 대통령령으로 정하도록 규정하고 있다. 2개 계정별 보험료율을 살펴보면, 실업급여계정은 2019년부터 임금총액의 1.6%(근로자 0.8%, 사용자 0.8%)가 적용되고 있다. 고용안정·직업능력개발 계정은 2006년부터 상시근로자 기준 사업장 규모에 따라 0.25~0.85%(사용자 전액부담)가 적용되고 있다.[17]

표 9-3   고용보험 부담요율

구분		노동자	사용자
실업급여		0.8%	0.8%
고용안정사업, 직업능력개발사업	150인 미만 사업장	–	0.25%
	150인 이상 사업장	–	0.45%
	150인 이상 1000인 미만 사업장	–	0.65%
	1000인 이상 사업장 및 국가, 지방자치단체 소속 사업장	–	0.85%

　　미국의 경우 고용보험에서 이른바 경험요율제도(experience rating)를 채택하였는데 사용자들이 자신의 사업장에서 해고를 억제하도록 유도하려는 목적(merit system)이 있다고 할 수 있다.[18]

4. 고용보험 관리체계

　　우리나라에서는 고용보험의 관리 책임이 타 사회보험과는 달리 고용노동부에 있다. 문제는 관리체계가 이중적 구조로 되어 있다는 점이다. 보험료의 부과·징수는 고용노동부의 산하기관인 근로복지공단에서 담당하고 있는 반면, 구직급여·구직 신청은 고용노동부의 소속기관인 지방고용노동청 고용센터에서 담당하고 있어 업무의 연계가 제대로 이루어지지 못하고 있다. 한편, 2011년부터는 적용업무를 제외한 징수업무가 기존 근로복지공단에서 국민건강보험공단으로 이관되었다. 실업자들은 사안별로 다른 곳을 방문해야 하는 번거로움이 있으며, 이들에 대한 관리도 이중으로 이루어지고 있다는 문제가 있다.

---

17 김성은, 이진우(2010). 전게서, p. 18.

18 김원식(1999). "고용보험제도하의 경험보험료율 제도 도입과 미국의 경험". 『사회보장연구』 제15권 제1호, p. 112; Redja, G. E. (1999). *Social Insurance and Economic Security*. Upper Saddle River, N. J.: Prentice Hall.

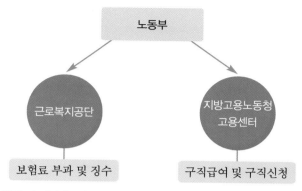

※ 2011년부터 징수업무는 국민건강보험공단으로 이관.

[그림 9-1] 고용보험 관리체계의 이중구조

🌱 제5절 우리나라 고용보험의 한계와 쟁점

1. 고용보험의 한계

고용보험에서 구직급여를 받기 위해서는 앞서 설명한 것과 같이 엄격한 수급조건을 충족하여야 하는데, 이것을 충족하지 못하는 실직자는 생계를 위협받게 된다. 고용보험의 구직급여는 수급자격요건으로 일정 기간 이상 가입을 전제하기 때문에 노동시장에 전혀 진입해 본 적이 없는 청년실업자의 경우는 구직급여를 받을 수 있는 가능성이 없다. 또한 구직급여를 받는다 해도 받을 기간이 최대 240일로 한정되어 만성적인 실업에서 장기실직자들의 생계를 보장하기 어렵다.

따라서 실업에 따른 빈곤에 대해 생계를 보장하기 위해 일부 선진국에서는 보험의 원리가 아니라 부조의 원리를 적용하는 실업부조제도를 두고 있다. 그러나 이 제도는 일반적 빈곤에 대비하는 공공부조와는 달리, 노동능력이 있는 실업자들만을 대상으로 한다.

실업부조에서는 공공부조의 경우와 같이 엄격한 자산조사를 통하여 대상자를 선정한다. 즉, 빈곤의 원인이 어디에 있는가를 따지는 원인주의(causal principle)를 극복하고, 빈곤한 상태에 대해 지원한다는 결과주의(final principle)에 기초하여 생계를 지원하는 것이라고 할 수 있다.

실업부조의 한계와 고용보험의 한계를 극복하여 청년실업자를 위한 고용보험제도의 마련이 필요한 시점이다.

2. 실업부조제도의 부재와 국민기초생활보장제도의 탄생

우리나라 고용보험의 도입시기는 1995년이었으나, 1997년 외환위기가 발생하여 대량실업과 구조조정 등으로 심각한 사회문제에 대응할 제도적 형태를 충분히 갖추지 못했다.

구직급여를 가장 오래 받을 수 있는 자격조건을 갖춘다하더라도 최장 150일을 초과할 수는 없었기 때문에 실업자 대부분은 빈곤한 상태에 놓였다. 이때 만약 실업부조제도가 있었더라면 이들은 보호받을 수 있었을 것이다.

사회구조적 문제로 빈곤한 상태에 놓인 이들이 의지할 수 있는 공공부조제도인 생활보호제도 역시 인구학적·선별적 적용으로 이들을 보호할 수는 없었다.

임시방편적이고 임기응변적인 한시생계보호 및 공공근로, 긴급지원 등의 사회안전망 역시 제한적이고 선별적으로 지원되어 새로운 제도가 필요하게 되었다. 이것이 2000년 시행된 국민기초생활보장제도의 탄생계기가 되었다.

3. 한국형 실업부조(국민취업지원제도) 도입

국민기초생활보장제도가 도입되었지만 여전히 저소득 실직자나 취업의 경험이
없는 계층의 사각지대 문제는 남아 있었다. 그에 대한 대책으로 한국형 실업부조로
서 2021년 1월에 국민취업지원제도가 도입되었다. 이 제도는 저소득 구직자에게
는 생계안정을 위해 소득을 지원하고, 취업을 못한 저소득층, 청년 그리고 영세자
영업자 등에게 취업지원서비스도 지원한다. 최근 2년 이내에 100일 이상 일을 했
다면 월 50만 원씩 6개월간 최대 300만 원까지 구직촉진수당을 받을 수 있다. 또한
최근 2년 이내에 일을 한 경험이 없어도 소득 · 재산 기준을 충족하면 개인별 상담
을 통해 취업활동계획을 수립하고 직업훈련 및 일경험 프로그램 등 다양한 취업지
원서비스를 받을 수 있다. 재원은 보험료로 마련하는 것이 아니라 정부가 직접 부
담한다.

표 9-4 국민취업지원제도

구분	지원 내용	소득 기준	재산 기준	근로조건
I 유형	• 구직촉진수당 • 취업지원서비스	중위소득 50% 이하	3억 원 이하	최근 2년간 100일 또는 800시간
II 유형	• 취업지원서비스 • 구직활동비 일부 지원	중위소득 100% 이하		

자료: 대한민국정책 브리핑(https://www.korea.kr/news/policyNewsView.do?newsId=148 883098)에서 재정리.

　노력은 하지 않고 수당만 받는 도덕적 해이를 방지하기 위해 국민취업제도에서
는 구직활동을 이행한 후 수당을 지급하고 구직의사를 지속적으로 확인하는 방식
을 채택하였다. 반복적으로 신청하는 것도 방지하기 위해 재참여기간을 3년으로
제한하였다.

⭐ 생각상자

- 실업이라는 사회적 위험이 갖는 특성은 무엇인가?
- 사회서비스와 고용보험의 연계는 어떻게 가능한가?
- 고용보험과 공공근로사업의 관계는 어떠한가?
- 실업률 감소를 위한 방안이 될 수 있는 근로시간단축 및 조기정년제도의 효과는 어떠한가?
- 주 5일 근무제가 실업에 미치는 효과에는 무엇이 있는가?
- 실업자의 연금 및 의료보험료 납부는 어떻게 이루어져야 하는가?

참고문헌

김동현(2012). "이행노동시장이론(TLM)과 고용전략". 고용유인형 사회안전망위원회 발제자료, 2012. 4. 6.

김성은, 이진우(2010). "고용보험 재정기준선 전망과 과제: 실업급여계정을 중심으로". 국회예산정책처.

김순규(2005). "실업급여수급자의 재취업에 영향을 미치는 요인". 『사회복지정책』 제22집, pp. 83-98.

김연명(2001). "비정규 근로자에 대한 사회보험확대: 쟁점과 정책". 『한국사회복지학』 통권 제45호, pp. 72-100.

김원식(1999). "고용보험제도하의 경험보험료율 제도 도입과 미국의 경험". 『사회보장연구』 제15권 제1호, pp. 107-135.

림링거 가스통, V. 한국사회복지연구회 역(1997). 『사회복지의 사상과 역사』. 한울아카데미.

문외솔(2008). "우리나라 실업률과 경기 간 관계 분석". 『금융경제연구』 제321호.

방하남(1997). "한국고용보험제도의 현황과 발전과제". 『한국사회복지정책』, 제4집 제1호, pp. 266-301.

_____(2002). "노동과 복지의 연계를 위한 정책설계 및 실천 방안". 『사회보장연구』 제18권 제2호, pp. 71-96.

신종욱(2003). "사회보험기금의 위험관리방안−고용보험기금, 임금채권보장기금을 중심으로".

『사회보장연구』제19권 제1호, pp. 85-104.

유길상(2000). "고용보험의 현안과 대책".『계간 사회복지』통권 제146호, pp. 49-66.

이광찬(1998). "고실업에 대한 대응책으로서 고용보험과 한국의 정책방향".『보건과 복지』창간호, pp. 39-77.

이인재, 류진석, 권문일, 김진구(2006).『사회보장론』. 나남출판.

이준영(2012). "유연안정성(Flexicurity) 관점에서 본 근로시간 단축".『사회보장연구』제28권 제4호, pp. 25-48.

정연택(1998). "건설근로자에 대한 사회보험적용방안 연구".『한국사회복지학』통권 제34호, pp. 161-188.

한국산업연구원(2007). "우리나라 실업률과 경기간 관계분석".『거시경제 변수가 산업구조에 미치는 파급효과』. 한국은행 금융경제연구원.

허재준, 김동헌(2002). "우리나라 고용보험의 적정요율".『한국사회보장연구』제18권 제2호, pp. 71-96.

Redja, G. E. (1999). *Social Insurance and Economic Security*. Upper Saddle River, N. J.: Prentice Hall.

Schmid, G. (2015). "Sharing Risks of Labour Market Transition: Towards a System of Employment Insurance". *British Journal of Industrial Relations,* vol. 53 issue, 1, pp. 70-93.

노동부 고용보험 홈페이지 https://www.ei.go.kr/ei/eih/cm/hm/main.do

노동부 홈페이지 http://www.molab.go.kr

고용센터 홈페이지 http://www.work.go.kr/jobcenter

제10장

장기요양보험

장기요양보험은 장기요양의 필요성이라는 사회적 위험에 대비하는 제도다. 인구의 고령화와 가족구조의 변화 등으로 인해 노인의 장기요양이 점차 심각한 사회문제로 대두하였고, 이미 독일과 일본 등 인구고령화가 상당히 진행된 국가들에서는 장기요양에 대한 보장을 사회적 책임으로 인식하고 장기요양보험을 도입하여 실시하고 있다. 우리나라에서도 2008년 7월 1일부터 노인장기요양의 보장을 위해 사회보험을 도입하였다.

여기서는 장기요양의 필요성을 바라보는 다양한 관점과 그에 따른 적절한 대응방안이 무엇인가를 중심으로 살펴본다. 또한 장기요양의 보장을 사회보험방식으로 운영하는 것에 따른 문제점은 무엇인가에 대해서도 검토한다.

제10장

장기요양보험

제1절 인구고령화와 장기요양

장기요양(long-term care)이란 나이가 들어감에 따라 신체적·인지적 기능이 약화되어 일상생활을 하는 데 어려움이 생겨서 다른 사람의 도움을 받게 되는 것을 의미한다. 이는 수술이나 약물 등의 의료적 개입을 통해 회복 가능한 질병과는 다른 것으로 볼 수 있다.

네덜란드, 독일 등의 선진국들은 높은 고령화율과 의료비용의 증가로 이미 1980년대 중반 이후 장기요양제도의 획기적인 변화를 계획하였고, 1990년대에 와서는 요양제도를 중요한 사회보장의 한 축으로 여기는 정책들을 구성하여 도입하였다.

독일의 경우, 공적 장기요양보험이 도입되기 전에는 노인들이 민간에서 제공하는 개인서비스로서 장기요양서비스를 구매하였다. 지방자치단체에서 노인빈곤층의 생계비를 지원하기 위한 사회부조(sozialhilfe)의 대부분이 장기요양에 지출되었기 때문에 노인들의 실질적 생계가 보장되기 어려웠고, 지방자치단체는 지속적으로 생계비 지원예산을 늘려야 하는 부담이 있었다. 그래서 공공부조의 재정부담을 덜어 주기 위해 국가적으로 위험을 분산하기 위한 새로운 제도로서 1995년에 장기요양보험을 도입하였다. 일본에서는 노인의료비가 빠른 속도로 증가하였는데 당시 노인들은 질병의 직접적인 치료와 상관없이 요양을 위해서만 병원에 머물러야 하는 상황이 빈번했다. 노인들을 위한 요양시설이 없어 병원에서 머물러야 하는 이른바 '사회적 입원'의 비용을 절감하여 건강보험의 재정부담을 줄이기 위한 노력의 일환으로 2000년에 개호보험을 도입하게 되었다.[1]

우리나라는 세계에서 유례가 없을 정도로 인구고령화가 빠르게 진행되고 있다. 전체 인구 중 65세 이상 고령인구가 차지하는 비율이 2000년 7.2%로 이미 고령화사회가 되었으며, 2017년에는 14%를 넘고 2025년에는 20%를 넘어 초고령사회로 접어들 전망이다. 또한 통계청의 자료에 따르면 2030년 고령인구비율을 24.3%로 예측하고 있으며, 그 시기는 빨라지고 있다.[2]

고령인구 증가는 의존수명의 증가를 의미하고, 이는 노인수발과 관련이 있다. 질병 및 장애는 연령이 증가할수록 발생 가능성이 커지므로, 인구고령화에 따른 노인인구의 증가는 보건의료 수요 증가에 직접적인 영향을 미친다. 특히 의료기술의 발달로 평균수명이 늘어나면서 후기 고령인구가 많아지고 있으며, 결과적으로 치매, 중풍(뇌졸중), 만성질환 그리고 활동장애 등으로 장기간 간병이나 수발, 요양이 필요한 노인이 증가하고 있다.[3] 또한 전통적으로 노인수발은 가족의 책임으로 여겨져 왔으나 저출산, 핵가족화, 여성의 사회진출 등 인구 및 사회구조의 변화로 노인수발을 더 이상 가족만의 책임으로 맡길 수는 없게 되었다.

따라서 여러 선진 국가에서 그동안 가족의 몫으로 여겨 오던 노인의 수발·요양문제를 국가와 사회가 함께 사회연대원리를 통해 해결해야 한다는 의견이 제기되면서 장기요양에 대한 국가적 대책이 필요하다는 사회적 공감대가 형성되었다.

고령화사회로 진입하게 된 우리나라에서도 장기요양보호 욕구가 사회적 차원에서 대응해야 할 사회적 위험으로 인식되어 노인요양제도의 중요성이 인정되었고,

---

1 Campbell, J. C., Ikegami, N., & Gibson, M. J. (2010). "Lessons from Public Long Term Care Insurence in Germany and Japan". *Health Affars,* Jan, 2010, vol. 9, No.1, pp. 87-95.

2 통계청(2010). 『한국의 사회지표─부양비 및 고령화 지수』.

3 김경혜(2007). 「노인장기요양보험제도 도입에 따른 서울시 과제 및 대응방안」. 서울시정개발연구원, p. 3.

2000년부터 그에 대한 정부차원의 본격적인 논의가 시작되었다.[4] 그리고 2007년 고령화사회를 대비한 노인보건복지종합대책을 통해 '공적노인요양보장제도'의 도입이 확정·발표되었으며 2008년부터 노인장기요양보험제도가 시행되고 있다.

제2절 장기요양보험제도의 개요

1. 사회적 위험으로서 노인장기요양

1) 장기요양보호의 개념

장기요양보호(long-term care)는 학자에 따라 다양한 의미로 사용되고 있다. 우리나라에서는 그동안 간병이나 수발, 개호 등이 혼용되어 왔으나, 'long-term care'를 그대로 번역한 '장기요양보호'를 공식적 명칭으로 채택하였다.

장기요양보호의 개념 정의와 관련하여 애츨리(Atchley, R. C.)[5]는 "만성질환이나 장애가 있는 사람들에게 다양한 제공 주체가 다양한 장소에서 연속적인 원조를 제공하는 것"으로 정의하고 있다. 또한 경제협력개발기구(OECD: Organisation for Economic Co-operation and Development) 보고서의 개념을 기초로 선우덕과 석재은[6]의 연구에서는 "건강하지 못한 허약한 노인 및 그 보호자를 대상으로 질병 등 장애, 재해로 인하여 발생한 제한적인 일상생활 능력을 장기적으로 향상·유지하는 데 필요한 각종 보건의료 및 복지서비스 체계"로 정의하고 있다.

결국, 장기요양보호란 "만성적인 신체적·정신적 장애 때문에 일상생활 유지가 어려운 노인에게 장기간의 사회적 서비스 및 의료적 원조를 제공하는 것"을 말한

---

4 선우덕(2000). "노인장기요양보호정책의 기본방향에 관한 일고찰".『보건과 복지』제3호, p. 145.
5 배창진(2003). "우리나라 공적노인요양보장제도의 과제".『노인복지연구』제22권, p. 269. 재인용.
6 선우덕, 석재은(2001). "인구고령화의 장기요양보호의 정책방향". 한국사회복지학회 춘계학술대회, p. 16.

다. 따라서 장기요양보호의 보호대상은 독립성이 높고 의존성이 낮은 노인부터 독립성이 낮고 의존성이 높은 노인까지 모두 포함하며, 보호의 내용은 일상생활 유지에 필요한 서비스부터 의료적 서비스까지 포함하여야 한다.[7]

이와 같이 장기요양의 개념에는 의료적 욕구, 간병욕구, 수발적 욕구 등이 다양하게 포함되기 때문에 여러 나라에서 재정운영방식의 차이가 나타나고 있으며, 관련 전문영역 간의 주도권 다툼이 있을 수 있다.[8]

2) 장기요양보험의 필요성

사회보장의 역사는 빈곤에 처한 자를 구제하는 구빈적 제도 중심의 시대로부터 빈곤이나 생활곤란 등 원인별로 대책을 강구하는 보편적 제도의 시대로 발전해 왔다. 이는 산업화과정에서 필연적으로 발생하는 실업이나 각종 재해에 대한 사회적 책임 증가와 구빈제도 대상자의 증가에 따른 비용을 무시할 수 없었기 때문이다.

빈곤상태에 이르기 전에 빈곤을 예방하기 위한 수단을 강구하는 것이 중요한 사회적 관심사가 되었고, 그 과정은 크게 두 가지 과정을 거치면서 발전해 왔다. 첫째는 영국이나 북유럽과 같이 조세를 기반으로 한 보편적인 제도로서 행정부가 책임지는 형태이며, 둘째는 독일이나 일본과 같이 노동자 대책으로서 사회보험을 통해 사회보장체계를 정비하는 방식이다.

최근 사회적 위험으로 대두된 노인장기요양보장제도의 경우도 사회보장의 원리에 따라 대부분의 국가에서 조세 또는 사회보험에 기반을 둔 제도로 운영되고 있다.

노인장기요양보험이 사회보장제도로서 필요한 이유는 크게 세 가지로 설명할 수 있다.

첫째, 현대 사회에서 노인요양문제는 보편적인 사회적 위험으로 인식되고 있으며, 장기요양보호제도는 이러한 위험에 대처함으로써 민간의 요양비용 부담의 위

---

7 배창진(2003). 전게서, p. 269.
8 이해영(2007). "노인장기요양보험 전문인력의 현안과 과제". 『계간 사회복지』 제175호, pp. 96-109.

험을 분산하고 가족해체를 예방할 수 있다. 즉, 국가와 사회가 노인요양문제를 보편적인 사회적 위험으로 인식함으로써, 전통적인 가족의 역할을 수행하여 가족의 기능을 유지하도록 지원하여야 할 필요성이 대두되었다.

둘째, 선별적 제도로서 시행되던 기존의 노인복지서비스는 요양이라는 사회적 위험에 놓여 있는 노인과 가족의 사회적 욕구를 충족하기에는 부족하였다. 이에 보편적 위험으로서의 노인요양문제에 제도적으로 접근하여야 했고, 사회보장제도를 대책으로 대응하여야 하였다.

셋째, 의존수명의 연장과 고령화는 건강보험재정의 악순환의 원인으로 지적되었으며, 치료보다는 간호나 수발의 욕구가 있는 노인요양대상자의 증가로 별도의 제도를 통해 건강보험재정과 의료급여재정의 효율화를 도모할 필요가 제기되었다.

2. 각국의 장기요양보호제도

1) 노인요양보호 서비스 제공방식

선진국의 요양보호서비스는 초기에는 사회보장의 대상이 아닌 가족의 서비스에 일차적으로 의존하였으며, 보충적으로 지역사회 및 지방정부의 지원이 있었다. 이후 고령화의 진전과 이에 따른 중앙정부, 지방정부, 지역사회, 가족, 개인 등의 재정적 한계 및 시대적 변화에 따른 가족의 부양기능 약화로 장기요양보호에 대한 다양한 서비스와 대안을 마련하고 있다.

현재 대부분의 국가에서는 노인요양과 관련된 서비스에 필요한 재원을 조세수입으로 충당하고 있지만 독일, 일본 등 일부 국가에서는 노령화에 따른 장기요양서비스 제공을 위해 사회보험방식을 채택하고 있다. 각국의 실정에 맞는 노인요양보험체계 정립을 위해 재원 마련, 서비스 제공 및 전달체계에서 다양한 협력관계 구축과 체계화 등을 위하여 다각적인 노력을 기울이고 있다.[9]

〈표 10-1〉은 OECD 국가들의 장기요양보호와 관련 제도 현황을 재원, 급여형태, 자격기준, 이용자 부담 등에 대한 내용으로 정리한 것이다.

| 표 10-1 | OECD 국가의 장기요양보호제도 |

국가	보호형태	제도	재원	급여형태	자격기준	이용자 부담
호주	시설보호	Residential Care	조세	현물	모든 연령	기본부담+소득비례부담
	재가보호	Community Aged Care Packages (CACP)	조세	현물	70세 이상 자산조사	부담능력에 따른 이용료 부담
		Home And Community Care (HACC)	조세	현물	모든 연령 자산조사	부담능력에 따른 이용료 부담
		Care Payment	조세	현금	모든 연령 자산조사	–
		Carer Allowance	조세	현금	모든 연령 보편적	–
캐나다	시설보호	Provincial programmes	조세	현물	모든 연령 자산조사	지역별 자산조사 다양
	재가보호	Provincial programmes	조세	현물	모든 연령 자산조사	지역별 자산조사 다양
독일	시설보호	Social Long-term Care Insurance	보험료	현물	모든 연령 보편적	식사 및 숙박은 급여범위 비포함 *개인부담비용은 자산조사를 통한 사회부조로 충당될 수 있음
	재가보호	Social Long-term Care Insurance	보험료	현물 및 현금	모든 연령 보편적	이용자 부담은 없으나, 공적보험의 급여범위를 초과하는 추가적인 고가 서비스에 대해 지불하는 비용은 월평균 130유로 수준

9 김진수(2005). "노인수발보장제도 도입의 쟁점과 과제". 『한국사회복지정책학회 춘계학술대회 자료집』, pp. 13-33.

헝가리	시설보호/ 재가보호	Social Protection and Social Care provision programme	조세	현물 및 현금	모든 연령 자산조사	이용자 부담은 지방정부별로 규정된 범위 내에서 시설별로 설정
	시설보호/ 재가보호	Health care insurance fund finances services	보험료	현물	모든 연령 보편적	기본 서비스는 무료
일본	시설보호/ 재가보호	개호보험	보험료 및 조세	현물	40~64세의 15개 노화 관련 질환에 의한 장애인 및 65세 이상 모든 장애노인 보편적	이용자 부담 비용의 10%
룩셈 부르크	시설보호/ 재가보호	Dependency Insurance	보험료	현물 및 현금	모든 연령 보편적	이용자는 실제비용과 급여 간 차이만큼을 지불
네덜 란드	시설보호	AWBZ	보험료	현물 및 현금	모든 연령 보편적	소득비례 본인부담금 지불
	재가보호	AWBZ	보험료	현물	모든 연령 보편적	소득비례 본인부담금 지불
노르 웨이	시설보호	Public Long-term Care	조세	현물	모든 연령 보편적	시설거주자는 본인 소득의 약 80%를 부담
	재가보호	Public Long-term Care	조세	현물	모든 연령 보편적	방문간호서비스는 무료
스웨덴	시설보호/ 재가보호	Public Long-term Care	조세	현물	모든 연령 보편적	
영국	시설보호/ 재가보호	NHS	조세	현물	모든 연령 보편적	무료
	시설보호/ 재가보호	Social Services	조세	현물	모든 연령 자산조사	부담능력에 따른 이용자 부담
	재가보호 (현금)	Social Security Benefits	조세	현금	모든 연령 자산조사	

| 미국 | 시설보호/
재가보호 | Medicare | 보험료 | 현물
(전문화
된 보호) | 장애인 및
65세 이상
보편적 | 재가간호서비스: 무료
전문요양보호: 20일까지
는 무료, 20~100일은 일
당 105달러,
101일 이후는 100% 본인
부담 |
| | 시설보호/
재가보호 | Medicaid | 조세 | 현물 | 모든 연령
자산조사 | 수급자의 재정상태에 따
라 본인부담 |

자료: 석재은(2005). "장기요양보호 정책의 한국적 모형에 관한 탐색적 논의: 국가, 시장, 가족의 역할분담과 정책
　　　설계". 한국사회복지학회 추계공동학술대회.

2) 보험방식

　장기요양보험제도를 사회보험 형태로 운영하고 있는 대표적 국가인 일본, 독일,
네덜란드를 중심으로 각 제도의 특성을 살펴보면 다음과 같다.

　독일과 일본은 장기요양보험제도를 별도의 독립된 사회보험으로 운영하고 있으
며, 네덜란드의 경우도 의료보험의 일부 제도로서 실시되는 형태이나 실제로는 별
도의 체제로 운영되고 있다.

　요양보호의 적용대상으로 일본은 65세 이상 노인 그리고 64세 이하의 경우 노인
성질환자를 수급대상으로 한정한 반면, 독일과 네덜란드는 전 국민을 대상으로 하
고 있다. 또한 재원의 조달방식에서 모든 국가는 사회보험을 통한 보험료를 기준으
로 보험료 외의 본인부담과 국고지원금 등으로 재원을 조달하는 차별화된 재원조
달방식을 갖고 있다.

　급여형태를 살펴보면 일본에서는 현물서비스 제공을 원칙으로 하고 예외적으로
현금을 인정하고 있으며, 독일과 네덜란드에서는 현물 및 현금 서비스 또는 혼합서
비스를 제공하고 있다.

　관리운영주체는 일본은 시정촌, 독일은 질병보험금고가 운영하는 요양보험금고
다. 네덜란드에서 관리운영주체는 기본적으로 국가이지만 질병금고(의료보험조합)
도 일부 관리운영에 참여하고 있다.

3) 전달체계

(1) 관리운영체계

장기요양보호제도의 전달체계는 재원조달방식에 따라 관리운영체계의 책임이 구분되며, 조세방식의 경우 지방자치단체가 책임을 지고 사회보험방식의 경우 중앙정부에서 관리운영의 책임을 진다.

장기요양보호의 전달체계는 보험료를 징수하고 분배하는 보험자, 서비스를 제공하는 서비스제공자, 서비스를 제공받는 수급자의 삼각 관리운영체계다. 더불어 서비스 접근 이전에 수급자격 심사를 위한 판정체계와 필요한 서비스계획을 수립하고 관리하는 서비스제공체계 및 사례관리체계 등이 필요하다는 측면에서 또 다른 관리운영기구로 수급자격 심사, 서비스계획 및 관리기구가 필요하다.

독일의 경우 제도 도입 당시에 사회보험방식을 적용하였고, 별도의 관리체계를 두지 않고 의료보험 관리기구인 질병금고가 장기요양보험의 관리체계를 맡도록 하였으며, 수급자격심사는 질병금고의 의료서비스지원단(MDK)에서 하고 서비스계획은 수급자가 맡고 있다. 반면, 일본은 같은 사회보험방식을 채택하였지만 지방자치단체가 보험자가 되는 동시에 욕구 평가·판정의 주체가 되고 있다.[10]

재정운영방식에 따라 나타나는 전달체계의 문제점을 보완하기 위해서 조세방식이나 사회보험방식에서 다양한 접근을 시도하고 있다. 사회보험방식의 경우 급여제공의 단절성을 보완하기 위해 재원조달 및 수급자격심사를 재정통제에 책임 있는 중앙집권화된 보험자가 담당하게 하였다. 서비스계획기관은 지역의 책임으로, 지방자치단체가 서비스계획 및 서비스제공의 총괄책임을 맡도록 하여 보험적용 여부에 관계없이 연속적인 제공이 가능할 수 있게 하고, 지역의 자원을 보다 적극적으로 활용하도록 한다.

특히, 서비스의 필요성에 따라 급여의 유형과 재원조달방식의 차별화가 필요하다. 간병 및 요양보호가 필요한 대상자의 경우 시설보호 판정을 통해 보험료로 재

---

10 이용갑(2000a). "독일의 장기요양보험과 일본의 개호보험". 『한국사회정책』 제7집 제1호, pp. 207-238.

원을 조달하는 사회보험방식을 적용하고, 수발이 필요한 재가보호 대상자는 조세 중심의 사회서비스방식을 적용하는 것도 각 방식의 단점을 보완할 수 있는 방법이 될 수 있다.

(2) 서비스 공급주체

장기요양보호의 공급주체는 비용부담 측면에서 국가와 개인으로 구분되며, 보호제공의 측면에서 국가, 비영리민간, 영리민간, 가족으로 구분된다.[11]

장기요양보호의 비용부담 측면에서는 비용의 부담이 사적인지 혹은 공적인지에 따라 국가와 시장 및 가족으로 분리하여 구분할 수 있다. 보호제공 측면에서는 공식적 제공주체는 국가, 지방자치단체, 영리·비영리 민간단체이며, 비공식적 제공주체는 가족, 친척, 이웃 등을 포함한다. 공식적 제공주체는 비공식적 주체를 통해 필요한 서비스를 지원받지 못하는 노인을 대상으로 서비스를 제공하고 있으며 재가 및 지역사회, 시설보호 등을 통해 서비스를 제공한다.

따라서 복지공급의 유형은 비용부담의 공적·사적 성격과 보호제공의 공식적·비공식적 성격에 따라 〈표 10-2〉와 같이 '시장의존형' '국가의존형' '가족의존형' '가

표 10-2 장기요양보호의 복지공급 유형

구분		비용부담	
		사적 부담	공적 부담
보호제공	공식보호 (국가, 시장)	시장의존형 • 낮은 공적 비용 부담 • 높은 공식적 보호 제공	국가의존형 • 높은 공적 비용 부담 • 높은 공식적 보호 제공
	비공식보호 (가족)	가족의존형 • 낮은 공적 비용 부담 • 낮은 공식적 보호 제공	가족지원·활용형 • 높은 공적 비용 부담 • 낮은 공식적 보호 제공

자료: 석재은(2005). "장기요양보호 정책의 한국적 모형에 관한 탐색적 논의: 국가, 시장, 가족의 역할분담과 정책 설계". 한국사회복지학회 추계공동학술대회.

---

11 석재은(1999). "장기요양보호공급주체 간 역할분담 유형의 질적 비교분석". 『사회보장연구』 제15권 제2호, pp. 1-42.

족지원 · 활용형' 등으로 구분하여 살펴볼 수 있다.

4) 재원조달방식

장기요양보호를 위한 사회연대적인 재원조달방식에는 크게 조세방식과 사회보험방식이 있다. 조세방식으로 조달하는 경우 장기요양보호를 독립적 제도가 아닌 전통적 사회서비스방식으로 유지하는 경우가 많으며, 사회보험방식은 장기요양보호제도를 독립적인 제도로 만든다. 장기요양보호의 재원조달방식에 영향을 미치는 요인으로는 기존의 의료보장제도 및 사회서비스의 재원조달방식과 제도형태, 복지국가의 유형 등이 있다. 특히 의료보장제도의 형태가 사회보험방식인지 혹은 국민의료서비스방식인지, 민간보험방식인지에 따라 장기요양보호의 제도형태 선택에 차이가 나타난다.

표 10-3 장기요양보호 재정운영방식 유형

구분	조세방식		사회보험 방식	강제저축 방식	민간보험 방식
	선별적 사회서비스방식	보편적 사회서비스방식			
재원	지방세 중심 (국고보조)	국세 중심 (지방세 보조)	보험료 (일부 국고보조)	개인 · 가족 저축 (국고보조)	보험료
적용	취약계층 혜택	전 국민 혜택 (일부 제한 가능)	전 국민 가입 전 국민 혜택 (일부 제한 가능)	전 국민 가입 전 국민 혜택 (일부 제한 가능)	임의 가입 임의 혜택
서비스 공급	지자체 (중앙정부) 공공투자+ 민간사업자	중앙정부 (지자체) 공공투자+ 민간사업자	민간공급자+ 공공투자	민간공급자 중심	민간공급자 중심
관리	자치단체	자치단체	보험공단 (지자체 연계)	시장자율원칙 (정부규제)	시장자율원칙 (정부규제)
국가 사례	덴마크, 핀란드, 이탈리아, 뉴질랜드, 노르웨이, 스웨덴 등		독일, 일본 등	싱가포르	미국, 프랑스 등

자료: 배창진(2003). "우리나라 공적노인요양보장제도의 과제". 『노인복지연구』 제22권, pp. 267-311에서 재구성.

　　영국과 스웨덴 등처럼 의료보장이 조세에 기반을 둔 국민의료서비스 형태이고 의료공급인력도 공적 영역에 속해 있는 경우에는 별도의 장기요양보호비용 조달을 위한 새로운 제도를 모색하기보다는 사회서비스와의 효율적인 통합관리체계를 구축하는 데 주력하는 경향이 있다. 그리고 독일, 일본, 네덜란드 등의 의료보장제도가 사회보험 혹은 사적보험에 의해 제공되는 경우는 새로운 형태의 재원조달장치를 만들려는 경향이 강하다.[12]

　　장기요양보호제도의 각각의 재정운영방식에서 나타나는 비용조달의 문제점에 대한 해결방안으로, 장기요양보호의 재정안정화와 효과적이고 효율적인 서비스 제공을 위해 기존의 사회보험방식과 조세방식을 혼합하여 시설보호가 필요한 간병 및 요양 서비스의 경우 사회보험방식으로 재정을 운영하는 것을 제시할 수 있다. 재가보호가 필요한 수발서비스는 기존의 사회서비스와 같은 조세방식으로 운영하는 보호서비스의 특성에 따라 기존의 재정운영방식 유형을 통합적으로 관리하여 운영하는 방식도 고려해 볼 수 있다.

❖ 제3절 우리나라의 노인장기요양보험제도

1. 노인장기요양보험제도의 개요

1) 노인장기요양보험제도의 필요성

　　우리나라는 급속한 고령화, 가족 구조와 역할의 변화, 노인부양인식의 변화에 따라 노인부양에 대한 사회적 부담을 해결하기 위한 정책방안이 제기되었다. 특히 건강보험재정 악화의 한 요인으로 노인의료비의 막대한 지출이 지적되었고, 이를 해

---

12 석재은(2005). 전게서, pp. 217-246.

결하기 위한 대책으로 새로운 노인의료보장정책이 필요하다는 사회적 합의에 이르렀다.

부모부양에 대한 책임의식이 희박해지고, 가족의 구조와 역할이 변화되는 고령화사회에서 노인 부양과 수발 문제는 국가와 사회의 책임이어야 한다는 사회연대원리가 노인부양문제에서 적용되면서, 이것이 공적 노인장기요양보호제도의 필요성으로 대두하였다.

2) 노인장기요양보험제도의 도입과정

정부는 공적 노인요양보험체계의 필요성을 인식하고 2000년 2월 보건복지부 내에 노인장기요양보호정책기획단을 설치하여 '장기요양보호 종합대책'을 수립하였다. 이후 2001년 대통령의 8 · 15 경축사에서 노인요양보장제도 도입을 발표, 2002년 '노인보건복지종합대책 실행계획'을 수립하였다. 2003년 3월~2004년 2월까지 '공적노인요양보장 추진기획단'을 운영하였고, 2004년 '참여복지5개년계획'에 노인요양보장제도 도입계획을 포함하여 발표하였으며, 2004년 3월~2005년 2월까지 '공적노인요양보장제도 실행위원회'를 운영함으로써 노인요양보장제도 시행을 위한 준비체계를 구축하였다.

추진기획단 및 실행위원회는 기본안을 마련하고 2005년 5월 당 · 정협의를 통해 '노인요양보장제도 기본안'을 확정하였다. 기본안은 노인장기요양보장제도를 사회보험방식으로 추진하고, 제도 시행 여건을 감안하여 시행시기를 2007년에서 2008년으로 조정하였다.[13]

---

13 김경혜(2007). 「노인장기요양보험제도 도입에 따른 서울시 과제 및 대응방안」. 서울시정개발연구원, pp. 11-13.

2. 노인장기요양보험제도의 내용

우리나라 노인장기요양보험제도를 대상자, 보험급여, 이용 절차, 등급판정체계, 재정운영 등으로 구분하여 살펴보았다.[14]

1) 가입 및 서비스대상자

노인장기요양보험은 중앙정부가 실시하는 사회보험으로 건강보험과 마찬가지로 모든 국민이 의무적으로 가입해야 하는 보험이며, 건강보험 가입 대상자 모두를 포함한다.

노인장기요양보험제도를 통해 요양서비스를 받을 수 있는 장기요양대상자는 65세 이상 노인 또는 65세 미만의 자로서 치매, 뇌혈관성 질환 등 노인성질환자로 거동이 현저히 불편하여 장기요양이 필요한 자로 규정하고 있으며, 장기요양대상자 가운데 등급판정위원회가 6개월 이상 일상생활을 혼자서 수행하기 어렵다고 인정하는 경우 장기요양수급자로 결정된다.

심신의 기능 상태에 따라 일상생활에서 도움이 얼마나 필요한가를 지표화하여 장기요양인정점수를 산정하고, 장기요양인점점수를 기준으로 5개 등급으로 등급판정을 하게 된다.

2) 보험급여

(1) 급여 종류 및 내용

노인장기요양보험급여의 종류는 시설급여(입원요양), 재가급여, 특별현금급여의 유형으로 구성되어 있으며(〈표 10-4〉 참조), 각 등급에 따라 시설급여와 재가급여

---

14 김경혜(2007). 상계서, pp. 14-18.

표 10-4 우리나라 노인장기요양보험급여의 종류

종류		내용
시설급여(입원요양)		노인의료복지시설(노인전문병원 제외, 노인공동생활가정 포함) 장기간 입소를 통해 신체활동 지원, 심신기능의 유지·향상을 위한 교육·훈련 등을 제공
재가급여	방문요양	장기요양요원이 수급자의 집을 방문해서 목욕, 배설, 화장실 이용, 옷 갈아입기, 머리 감기, 취사, 생필품 구매, 청소, 주변정돈 등을 도움
	방문목욕	장기요양요원이 목욕설비를 갖춘 차량으로 수급자의 가정을 방문하여 목욕을 제공
	방문간호	장기요양원인 간호사 등이 의사·한의사 또는 치과의사의 지시서에 따라 수급자의 가정 등을 방문하여 간호, 진료의 보조, 요양에 관한 상담 또는 구강위생 등을 제공
	주·야간 보호	수급자를 하루 중 일정 시간 동안 장기요양기관에 보호하여 신체활동 지원 및 심신기능의 유지·향상을 위한 교육·훈련 등을 제공
	단기보호	수급자를 월 9일 이내 기간으로 장기요양기관에 보호하여 신체활동 지원 및 심신기능의 유지·향상을 위한 교육·훈련 등을 제공
	복지용구	수급자의 일상생활 또는 신체활동 지원에 필요한 용구로서 보건복지부 장관이 정하여 고시하는 것을 제공하거나 대여하여 대상자의 편의를 도모하고자 지원
특별현금 급여	가족요양비	장기요양기관이 현저히 부족한 지역(도서·벽지)에 거주하는 자, 천재지변 등으로 장기요양기관이 실시하는 장기요양급여 이용이 어렵다고 인정된 자, 신체·정신·성격 등의 사유로 가족 등에 의해 장기요양을 받아야 하는 자에게 지급
	특례요양비	수급자가 장기요양기관으로 지정되지 않은 장기요양시설 등의 기관과 재가 또는 시설급여에 상당한 장기요양급여를 받은 경우 장기요양급여 비용의 일부를 지급
	요양병원 간병비	수급자가 「노인복지법」상의 노인전문병원 또는 「의료법」상의 요양병원에 입원한 때에 장기요양에 사용되는 비용의 일부를 지급. 특례요양비와 요양병원 간병비는 현재 시행을 유보하고 있음

를 받을 수 있게 된다.

첫째, 시설급여는 노인요양시설, 노인요양공동생활가정에서 받는 급여를 말한다. 둘째, 재가급여는 가정 및 지역사회 내에서의 서비스로, 방문요양, 방문목욕, 방문간호, 주·야간보호, 단기보호 등이 있다.

특별현금급여는 도서벽지 등 요양시설이 없어 불가피하게 가족 등에 의해 요양을 받는 경우에 지원하는 현금급여로서 가족요양비, 특례요양비, 요양병원 간병비 등이 있다.

장기요양급여는 원칙적으로 현물급여인 서비스를 지원하지만 예외적으로 현금을 지급하기도 하는데 가족요양비가 그렇다. 가족에 의한 요양에 대해서 가족요양비를 지급할 수 있는데 하루에 1시간 그리고 한 달에 20일까지 인정된다. 요양을 제공하는 가족은 요양보호사 자격이 있어야 하며 재가요양기관에 등록하여야 한다.

(2) 급여형태: 현물제공 또는 현금제공

현물 중심의 직접적인 서비스 제공은 오용의 가능성이 낮고 제도의 본래 목적대로 자원이 사용된다는 측면에서 선호되어 왔으나, 1990년대 이후로는 소비자 선택과 시민권에 입각하여 현금급여 및 바우처 제공이 정책의 새로운 경향으로 나타나고 있다.[15]

특히 독일에서는 장기요양보험 급여체계의 문제점인 급여의 불충분성과 부적절성을 해결하기 위해 재가서비스의 질을 높이고 이용을 활성화하도록 기존의 현물급여와 현금급여 방식 외에 개인장기요양지원예산(PGB: Personengebundene Budget)[16]이라는 제3의 급여방식을 도입하였다. PGB는 장기요양이 필요한 사람들이 장기요양비 총액을 지급받아 자신에게 필요한 서비스를 자유롭게 구매할 수 있는 급여형태로, 그동안 제한된 급여항목으로 불편을 겪어 온 장기요양수급자들에게 선택의 가능성을 열어 주었을 뿐만 아니라 요양급여를 제공하는 방법을 다양화하였다.

독일은 새로운 급여방식의 도입으로 지역사회에 존재하는 다양한 장기요양공급자가 서비스에 참여하게 됨으로써 장기요양보험 전달체계가 변화되었다. 또한 재

---

15 석재은(2006). "장기요양현금급여정책의 국가 간 비교연구". 『한국사회복지학』 제58권 제2호, pp. 274–282.
16 개인장기요양지원금은 개인별로 과거의 장기요양 등급에 따라 현물급여에 인정된 액수의 현금을 미리 지급받아 수급권자가 직접 장기요양서비스를 구매할 수 있도록 하는 방식이다.

가급여의 제공방식을 다양화하여 만족도를 높임으로써 요양원 등과 같은 시설급여의 수요를 줄여 장기요양보험의 비용을 절감하고 있다.[17]

(3) 급여 유형: 시설요양 또는 재가요양

보호시설의 유형은 서비스 제공 장소를 기준으로 구분할 수 있으며, 시설요양과 재가요양은 비용적인 측면에서 차이가 나타나 선택권의 제한이 이루어지기도 한다. 지역사회보호가 강조되면서 시설보호 중심에서 재가보호로의 이동이 활발하게 이루어지고 있다. 보호비용이 높은 시설보호는 장애 증상의 수준이 높은 후기 고령인구에게 집중적으로 제공되며, 대부분의 국가에서는 가능한 재가 및 지역사회 보호 경향을 보이고 있다.

독일의 경우를 살펴보면, 재정적 부담을 억제하기 위해 등급별로 최대한 받을 수 있는 급여액을 제한하고 있으나, 요양등급 3급의 경우 재가급여와 시설급여를 같은 수준으로 인정한 것은 재가급여를 확대하고 시설급여의 수요를 억제하기 위한 것으로 볼 수 있다.

(4) 급여수준: 이용자 부담 수준의 정도

서비스 이용료에 대한 이용자 부담 수준의 결정은 선택의 문제로, 이용자 부담은 서비스 남용 및 시설 수요 증가에 따른 비용 증가의 억제를 위하여 대부분의 국가에서 일정 수준 도입하고 있다.

일본에서는 시설서비스 이용 시 전체 금액의 10%를 본인부담금으로 부과하고 있으며, 독일은 원칙적으로 이용자 부담이 없으나 시설급여의 경우 숙박비와 식사비를 지원하지 않고 있다.

---

17 이준영(2007). "독일 장기요양보험 개혁의 함의-개인별 장기요양지원금(PGB) 시범사업의 배경과 결과". 『사회복지정책』 제31권, pp. 35-61.

3) 이용 절차

우리나라의 노인장기요양보험제도는 신청주의를 원칙으로 한다. 장기요양보험 급여를 받고자 하는 경우 본인이나 가족·친지, 사회복지전담공무원 등이 건강보험공단에 의사소견서를 첨부하여 신청하면, 공단 소속직원이 방문조사를 실시하고, 조사결과서, 의사소견서 등을 참조하여 등급판정위원회에서 등급을 판정해 장기요양 수급대상 인정 여부를 결정한다.

4) 등급판정체계

장기요양 등급인정의 절차를 살펴보면, 본인이나 그 가족이 인정신청을 하면 방문조사를 통해 장기요양인정조사표를 작성하여 장기요양인점점수를 산정하게 된다. 신청자는 의사소견서를 제출하고, 등급판정위원회의 심의판정을 통해 1~5등급 그리고 등급 외 판정을 받게 된다.

개인별 등급은 노인기능평가를 통해서 결정되는데, 노인기능평가 항목은 신체기능, 인지기능, 문제행동영역, 간호욕구, 재활욕구 등 5개 영역 52개 항목으로 구성된다. 영역별로 세부항목에 대한 기능평가 결과를 장기요양인정점수로 점수화하여 개인별 등급을 결정한다.

표 10-5 등급판정기준

등급	심신의 기능상태	장기요양인정점수
1등급	일상생활에서 전적으로 다른 사람의 도움이 필요한 상태	95점 이상
2등급	일상생활에서 상당 부분 다른 사람의 도움이 필요한 상태	75점 이상 95점 미만
3등급	일상생활에서 부분적으로 다른 사람의 도움이 필요한 상태	60점 이상 75점 미만
4등급	심신의 기능상태 장애로 일상생활에서 일정 부분 다른 사람의 도움이 필요한 상태	51점 이상 60점 미만
5등급	치매(제2조에 따른 노인성질병으로 한정)환자	45점 이상 51점 미만
인지지원등급	치매(제2조에 따른 노인성질병으로 한정)환자	45점 미만

중중 치매의 경우는 이미 1~3등급으로 장기요양의 혜택을 받고 있었다. 비교적 양호한 신체기능으로 인해 장기요양보험의 혜택을 받을 수 없었던 경중 치매노인을 위해 2014년에 5등급을 신설하였다. 그리고 2018년에는 신체기능 저하와 관계없이 경중 치매증상이 있는 경우 인지기능개선 프로그램을 이용할 수 있도록 인지지원등급을 추가로 신설하였다.

5) 재정운영

노인장기요양보험에 필요한 재원은 장기요양보험료, 국가 및 지방자치단체의 부담, 본인부담으로 구성된다. 건강보험 가입자는 의무적으로 장기요양보험에도 가입하여 보험료를 납부해야 한다. 2021년 기준으로 노인장기요양보험의 보험료는 건강보험료(소득월액×0.686)의 11.52%다.

국가는 매년 보험료 예상수입의 20%를 국고로 부담하여 보험자인 건강보험공단에 지원해야 하고, 서비스 이용자도 시설급여의 경우 20%, 재가급여의 경우 15%를 본인이 부담하도록 하고 있다. 다만, 의료급여수급자는 보험료 및 본인부담이 면제되고, 저소득층, 천재지변 등으로 생계가 곤란한 자는 본인부담의 일부를 경감받을 수 있다.

3. 노인장기요양보험제도의 의의 및 과제

1) 의의

우리나라의 노인장기요양보험제도는 증가하는 요보호 노인인구에 대한 가족의 부양부담을 가정과 사회, 국가가 함께 책임지는 사회연대원리로 접근하고 있다는 점에서 큰 의의를 찾을 수 있다. 장기요양보험을 통해 노인들은 보다 전문적이고 체계적으로 요양서비스를 받고, 가족들은 요양에 따른 부담을 덜으로써 노인복지

수준이 획기적으로 개선되는 계기가 되었다.[18]

노인장기요양보험의 의의는, 첫째, 건강보험제도와 동일한 사회보험방식으로 요양비용을 개인과 보험이 분담하는 방식으로서 가족과 노인의 요양비 부담을 크게 줄여 가족의 경제적 부담뿐 아니라 수발가족의 심리적·사회적 부담을 경감시켰다는 데 있다. 또한 국가와 사회의 공동책임으로 가족의 노인부양부담은 줄어들고, 여성의 사회참여 기회를 확대한다는 데 의의가 있다.

둘째, 노인의료비 지출은 건강보험재정의 주요 지출요인으로서 재정압박요인으로 지적되어 왔다. 노인들이 이용하는 의료서비스의 상당부분은 전문치료(cure)보다는 장기요양 및 관리(care)가 필요한 것으로, 요양서비스 비용을 의료서비스 비용과 분리하여 건강보험에서 담당하는 노인의료비 부담을 줄임으로써 건강보험재정의 안정화를 위한 다각적인 노력이라는 데에 의의가 있다.

셋째, 서비스 대상을 소득 및 자산 기준으로 제한하지 않고, 건강 및 기능 상태의 평가를 통해 서비스 요구가 있는 모든 노인을 서비스 대상으로 한다는 점에서 선별적 복지에서 보편주의적 복지정책으로 전환하는 계기가 되고 있다.

넷째, 기본적으로 노인들이 소비자가 되어 필요한 시설 및 서비스를 구매하는 시장메커니즘이기 때문에 민간부문의 서비스 공급기관 증가를 통해 요양서비스 인프라가 확충되었으며, 다양한 노인복지시설을 통해 소비자의 선택기회가 증가하는 계기가 되었다.

다섯째, 서비스와 제도에 대한 정확한 지침과 근거를 통해 전문인력이 법적으로 확보되어, 제도화되고 서비스의 전문성이 확보되는 계기가 되었다. 또한 요양서비스기관이 정부의 보조금으로 운영되는 방식에서 소비자의 선택구매 형식으로 변경됨으로써 서비스기관 간 경쟁체제가 형성되어 서비스 질의 향상을 가져왔으며, 서비스 전달체계의 효과성과 효율성이 확보될 수 있을 것으로 기대되었다.

---

18 김경혜(2007). 전게서, pp. 22-24.

2) 과제

노인장기요양보험제도의 도입 당시에 예상된 문제점과 많은 우려는 제도 시행 이후 10년 이상 경과하며 현실이 되었고, 새로운 문제점도 발견되고 있다.[19]

첫째, 이용자 선정과 관련하여, 등급판정기준이 높아서 등급인정자의 절대적인 규모는 증가하지만 1등급의 절대적인 숫자는 감소하였다. 등급판정이 제대로 이루어지지 않아서 장기요양등급인정자가 요양시설이 아닌 요양병원에 입원하는 사례가 다수 있다. 국민건강보험공단에 의하면 요양병원에 입원한 장기요양등급자의 47.2%가 치료가 아닌 요양을 목적으로 하는 것으로 확인되었다. 등급판정의 객관성과 공정성을 높여야 한다.

둘째, 서비스 이용과 관련하여, 장기요양시설의 분포가 불균형하여 도시지역은 요양원이 부족하고 농촌지역은 재가시설, 특히 단기보호와 방문간호 시설의 부족이 심각하다. 그 결과, 서비스 이용의 접근성과 형평성이 문제가 되고 있다. 치매등급은 인지활동형 주야간보호나 방문요양서비스만을 이용할 수 있고 가사서비스를 받을 수 없다. 치매노인 가족의 스트레스를 덜어 주기 위한 가사서비스 제공이 필요하다. 본인부담을 지불하기 어려운 저소득 가구의 가족요양보호사는 장기요양서비스를 이용하지 못하여 돌봄 제공과 생계를 병행하는 것으로 나타났다. 본인부담의 일부를 인하하는 등 서비스 이용의 경제적 부담을 경감하는 조치가 필요하다.

셋째, 서비스 제공시설과 관련하여, 정부는 제도 도입 이전 공급 인프라의 부족만을 크게 우려하여, 서비스 공급을 민간(영리)부문에 과도하게 의존하는 정책을 추진하였다. 요양서비스 공급주체별로 보면[20] 시설에서는 공공(2.0%), 비영리(27.1%), 영리민간(70.9%)이고, 재가에서는 공공(0.6%), 비영리(15.3%), 민간영리(93.0%)으로 구성되어 있다. 시설설치기준이 낮아서 누구나 쉽게 시설을 설치할 수 있는데 민간영리의 다수는 개인 소유이다. 장기요양 재가기관이 대폭 증가하였

---

19 김진수(2007). "노인장기요양보험의 성공적 정착을 위한 과제". 한국노년학회 춘계학술대회, pp. 3-19.
20 석재은(2017). "장기요양정책과 정부의 역할: 공공성 강화는 어떻게 가능할까?". 국회토론회 자료집.

는데 그중에서도 방문요양시설의 증가세가 두드러진다. 등급인정자의 증가에 비해 공급기관이 빠르게 증가하여 공급과잉과 과다경쟁으로 이어지고 있다. 장기요양기관들의 수급자 유인, 알선, 허위·부당 청구, 입소거부 등 불법운영 사례가 빈번하게 나타나고 있다. 특히 폐업과 설치신고의 반복은 장기요양평가를 회피하기 위한 것이 아닌지 파악이 필요하다. 요양보호사의 노동조건은 여전히 열악한데 보수는 가사도우미의 시급인 1만 원에도 못 미치고 재가요양보호사는 절반 이상이 불안정 고용상태에 있다.[21] 요양보호사에 대한 열악한 처우가 장기요양서비스 질의 저하로 이어진다고 볼 수 있다. 요양보호사의 처우조건을 강화해야 할 것이다. 또한 서비스 시장에 대한 감독을 위해 진입규제를 강화하고 공공성을 확대할 필요가 있다.

  (영리)민간영리 부문이 주도하는 노인장기요양제도에서 자격관리, 급여비 심사 및 지급, 시설평가 등 제도의 운영관리는 건강보험공단이 담당하지만 제공시설과 인력에 관한 사항은 지방자치단체의 책임으로 이원화되어 효과적인 관리가 이루어지기 어렵다. 통합적인 관리체계가 필요할 것으로 보인다.

🌟 **생각상자**

- 장기요양이라는 사회적 위험에 대비하기 위한 제도로서 사회보험이 가장 적합한가?
- 장기요양보호서비스 제공을 위한 서로 다른 영역의 전문가들 사이의 기능 분담 방향은 무엇인가?

---

21 이정석(2015). "장기요양기관 종사자 근로환경실태와 처우개선정책 방향". 한국노인복지학회 국제추계 학술대회 자료집.

참고문헌

김경혜(2007). 「노인장기요양보험제도 도입에 따른 서울시 과제 및 대응방안」. 서울시정개발연구원.

김병한(2007). "노인장기요양보험제도 도입에 다른 노인복지시설의 대응". 『계간 사회복지』 제173호, pp. 128-143.

김진수(2007). "노인장기요양보험의 성공적 정착을 위한 과제". 한국노년학회 춘계학술대회, pp. 3-19.

김순양(2007). "노인장기요양보험 전달체계의 연계성(linkage)제도 방안에 관한 연구". 『한국사회정책학회』 제14집, pp. 83-122.

김진수(2005). "노인수발보장제도 도입의 쟁점과 과제". 한국사회복지정책학회 춘계학술대회.

김찬우(2004). "장기요양제도와 지방정부의 역할". 『사회복지리뷰』 제9집.

박영란(2007). "돌봄 노동 여성의 욕구와 노인요양보장 정책". 『사회보장연구』 제23권 제1호, pp. 27-56.

배창진(2003). "우리나라 공적노인요양보장제도의 과제". 『노인복지연구』 제22권, pp. 267-311.

석재은(1999). "장기요양보호공급주체 간 역할분담 유형의 질적 비교분석". 『사회보장연구』 제15권 제2호, pp. 1-42.

_____(2005). "장기요양보호 정책의 한국적 모형에 관한 탐색적 논의: 국가, 시장, 가족의 역할분담과 정책설계". 한국사회복지학회 추계공동학술대회, pp. 217-246.

_____(2006). "장기요양현금급여정책의 국가 간 비교연구". 『한국사회복지학』 제58권 제2호, pp. 273-302.

_____(2017). "장기요양정책과 정부의 역할: 공공성 강화는 어떻게 가능할까?". 국회토론회 자료집.

선우덕(2000). "노인장기요양보호정책의 기본방향에 관한 일고찰". 『보건과 복지』 제3호, pp. 144-161.

_____(2007). "노인장기요양보험제도 실시에 따른 문제점과 사회서비스현장의 대응방안". 『2007 서울복지포럼』. 서울특별시사회복지협의회, pp. 30-43.

선우덕, 석재은(2001). "인구고령화의 장기요양보호의 정책방향". 한국사회복지학회 춘계학술대회, pp. 15-45.

엄기욱(2007). "일본개호보험 실천현장 경험과 향후전망". 『2007 서울복지포럼』. 서울특별시사회복지협의회, pp. 3-29.

유재남(2007). "노인장기요양보호에서 care management system 구축방안". 한국노년학회 춘계학술대회, pp. 345-366.

이미진(2017). "노인장기요양보장제도 10년, 진단과 개혁과제".『복지동향』, 2017. 1.

이용갑(2000a). "독일의 장기요양보험과 일본의 개호보험".『한국사회정책』제7집 제1호, pp. 207-238.

_____(2000b). "독일의 장기요양보험".『의료보험과 산재보험에 관한 학술토론회』. 한국사회정책학회, pp. 51-79.

이준영(2007). "독일 장기요양보험 개혁의 함의-개인별 장기요양지원금(PGB) 시범사업의 배경과 결과".『사회복지정책』제31권, pp. 35-61.

이정석(2015). "장기요양기관 종사자 근로환경실태와 처우개선정책 방향". 한국노인복지학회 국제추계학술대회 자료집.

이해영(2007). "노인장기요양보험 전문인력의 현안과 과제".『계간 사회복지』제175호, pp. 96-109.

정상양, 임희경(2007). "노인장기요양보험제도의 도입과 사회복지학 교과과정의 과제". 한국사회복지학회 세계학술대회, pp. 369-374.

정재훈(2006). "한국 노인수발보험의 구조, 문제점 및 개선 방향". 한국사회정책학회 국제학술대회, pp. 67-84.

차흥봉, 석재은, 양진운(2006). "노인수발보험제도의 관린운영체계 대안과 쟁점".『한국 장기비전 2030 사회복지정책분야 대해부』. 한국사회복지정책학회 추계학술대회, pp. 233-262.

최경구(2003). "복지국가의 장기요양보호와 치매정책".『사회복지정책』제17집, pp. 55-76.

통계청(2010).『한국의 사회지표-부양비 및 고령화 지수』.

홍성대, 홍필기, 김철주(2007). "공적 장기요양보호체계의 민영화 추세와 과제-영국. 독일. 미국의 사례를 중심으로".『사회복지정책』제30집, pp. 265-286.

Atchley, R. C. (1994). *Social Forces and Aging: An Introduction to Social Gerontology*. Belmont: Wadsworth Publishing Company.

Campbell, J. C., Ikegami, N., & Gibson, M. J. (2010). "Lessons from Public Long Term Care Insurance in Germany and Japan". *Health Affairs*, Jan, 2010, vol. 9 issue, 1, pp. 87-95.

제11장

사회보장과 경제

이 장에서 관심을 가져야 할 내용은 사회보장제도가 경제에 어떠한 영향을 주는가다. 이를 위해서는 우선 경제와 사회복지에서 관심을 갖는 문제들의 출발점이 무엇인지를 비교하여 이해하는 것이 필요하다. 그다음에는 경제의 영역을 자원의 배분, 경제의 성장 및 안정, 소득의 분배라는 세 분야로 나눌 때 각 영역에서 사회보장제도가 미치는 효과는 무엇인가를 검토해야 한다. 사회보장제도에 의해 지원되는 소득이 저축이나 노동시간에 어떠한 영향을 주는지, 경제성장에 긍정적인 영향을 주는지, 아니면 부정적인 영향을 주는지를 살펴본다. 또한 소득재분배 효과는 어떤 사회보장제도일 때 가장 크게 나타나는지 등에 대해 학습하는 것이 이 장의 주된 목적이다.

제**11**장

사회보장과 경제

💁 제1절 사회복지문제와 경제문제

1. 사회복지문제

인간은 살아가는 과정에서 다양한 욕구를 갖게 되는데 자신의 욕구를 스스로 충족하지 못하는 상황에 있으면 사회문제가 된다. 사회복지(사회보장)는 인간의 욕구충족에 관심을 갖는다는 점에서 경제와 유사한 목적을 갖는 제도라고 할 수 있다. 인간이 삶을 위해 필요해서 구하는 것을 사회복지에서는 욕구(needs)라고 하는데, 경제에서는 이를 욕망(wants)이라고 부른다.

사회복지와 경제의 차이는 크게 세 가지 관점에서 나타난다. 우선, 사회복지에서는 다양한 욕구의 충족에 포괄적으로 관심을 갖는데, 경제에서는 그와 반대로 주로 물질적인 욕망의 충족에 관심을 갖는다. 그리고 사회복지에서는 자신의 욕구를 스스로 충족하지 못하는 사람을 대상으로 하는 데 비해 경제에서는 주권(sovereignty)을 가진 소비자(consumer)를 주 대상으로 한다. 마지막으로, 자원의 제약을 인식하느냐에 관한 차이다. 욕구 또는 욕망의 충족을 위한 물질의 확보가 중요한데, 이것은 경제적 관점에서 보면 자원이 된다. 경제의 문제는 욕구 또는 욕망은 무한히 변화하고 증가하지만 이를 충족해 줄 자원이 제한되어 있다는 점에서 출발한다.[1] 반면, 전통적 사회사업이론에서는 자원의 제약에 대해 전혀 고려하지 않았다. 이러한 관점에서 전통적 사회사업이론은 자원의 희소성을 전제로 하는 경제이론과 결정적인 차이를 보인다고 할 수 있다.

2. 경제문제

경제활동에 참여하는 주체들의 주된 관심사는 '제한된 자원을 가지고 어떻게 나누어 각자의 욕망을 최대로 충족할 것인가?' 하는 것이다. 이를 사회 전체의 관점에서 보면, 자원의 제약을 고려하면서 사회적 효용을 극대화하는 방안을 모색하려는 것이다. 아울러 자원의 크기를 증가시키는 성장의 문제도 중요하다.

자원의 배분 또는 할당(allocation)이란 각 경제 주체의 여러 경제활동 영역에서 어떻게 하면 제한된 자원으로 최대의 효과를 거둘 수 있도록 자원을 투입할 것인가를 선택하는 것과 관련된다. 이와 관련하여 주어진 자원을 처분할 권한을 누가 갖는가 하는 주체에 관한 것과 주어진 자원을 어떤 경제활동에 투입할 것인가가 중요한 문제가 된다.

국민경제에는 세 가지 유형, 즉 가계-기업-정부라는 주체가 있다. 가계는 소비와 저축의 주체이고, 기업은 생산과 투자의 주체이며, 정부는 지출과 투자의 주체다.

---

1 경제활동은 끊임없는 선택을 요구한다. 경제학의 관점에서 개인의 행복은 소비의 양과 질에 비례한다고 보는데, 소비를 통해 자신의 욕망을 다 채울 수 있는 사람은 이 세상에 거의 없기 때문에 결국 사람들은 소득, 재산 등과 같은 자신의 능력범위 내에서 최선의 선택을 하여 만족하며 살아간다는 것이다. 이렇게 인간의 욕망을 채울 수 있는 자원이 부족한 것을 경제용어로 '희소성'이라고 표현한다. 즉, 경제문제는 이렇게 이용 가능한 자원이 희소하기 때문에 생기는 것이라 설명할 수 있다[한국은행(2005). 『한국은행의 알기 쉬운 경제이야기』. pp. 26-27].

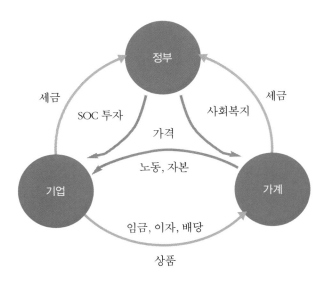

[그림 11-1] 국민경제활동 흐름도

가계는 기업에 노동을 제공하고 그 대가로 임금(소득)을 얻어 기업의 상품을 구매한다. 그리고 남은 돈은 저축하고 그것이 투자의 형태로 기업에 제공된다. 기업은 가계로부터 노동과 자본을 받아 상품을 생산하고 판매하여 수익을 얻고, 그것은 다시 임금과 이자 또는 배당으로 가계에 분배된다. 정부는 가계와 기업으로부터 세금을 거두어들이고 그 재원으로 사회복지 지출 및 SOC 투자를 한다.

자유주의적 시장경제이론에서는 자원의 배분이나 소득의 분배도 시장의 자율적인 조정기구에 맡기면 가장 효율적이고 적절한 결과에 도달할 것이라고 본다. 특히 애덤 스미스(Smith, A.)는 분업을 통한 전문화로 가장 효율적인 자원배분이 이루어질 것이라고 보았다. 그는 더 나아가 누가 어떤 일에 전문화하고 자원을 투입할 권한을 가져야 할지는 시장의 가격기구를 통해 결정되어야만 한다고 주장하였다.

예를 들어, 모든 사람이 자신의 생계비를 얻기 위해 특정한 생산활동에 전문화하여 생산한 물건을 시장에 내놓는다. 그리고 자신과 같은 분야에서 전문화한 다른 생산자들과 경쟁을 해야 하는데 남보다 많이 생산한 경우는 더 낮은 가격으로 판매할 수 있기 때문에 유리하다. 결국, 시장에서 교환되는 상대가격의 결정이 자유롭게 이루어진다면, 특정 분야에서 다른 사람보다 생산성이 떨어져 적게 생산한 사람들은 다른 분야를 찾아 시장에서 퇴출되고 가장 적절하게 특화한 생산자만이 살아남을 것이다. 따라서 사회적으로 가장 적절한 분업의 형태가 채택될 것이고, 이로써 사회 전체적으로 자원이 가장 효율적으로 쓰일 수 있다는 것이다.

💮 제2절 사회보장과 자원배분

자원배분의 효율성 문제는 사회복지(사회보장)와 밀접한 관련이 있다. 사회보장은 국가가 중심이 되어야 하는 행위이므로 개인의 자유로운 의사결정, 특히 자원 및 소득의 처분에 대한 개입을 필요로 한다는 것을 문제로 제기한다. 그러므로 시장경제이론에서는 국가가 사회보장에 필요한 예산을 늘리는 것에 대하여 일반적으로 반대하고 있다.[2] 경제학의 한 조류라고 할 수 있는 공공선택이론(public choice theory)에서는 사회보장과 관련하여 개인의 자유로운 처분과 국가개입 간의 긴장관계(trade off)에서 경제학적 모델을 이용하여 자원배분의 최적점을 찾아보려고 노력하였다.

자원의 배분과 관련하여 나타나는 또 다른 사회복지의 문제는 개인의 근로 및 저축 의욕과 기업의 투자의욕에 관한 것이다.

1. 노동공급에 미치는 영향

시장경제이론에서는 사회복지가 수혜받는 사람들의 의존성을 증가시켜 개인의 근로의욕을 저해한다고 말한다. 공공부조에서 열등처우의 원칙을 강조하는 것도

---

2 김종일(2004). "사회복지는 과연 경제성장의 걸림돌인가?-선성장후분배 이데올로기 비판". 『계간 사회복지』 제160호, pp. 49-50.

국가의 지원에 따른 저소득층의 근로의욕이 감소되지 않도록 하기 위함이다.

사회보장제도를 통해 제공되는 급여는 소득효과와 대체효과를 동시에 발생시키는데 이는 기본급여수준과 급여감소율(공제율)의 정도에 따라 달라진다. 현실적으로 공공부조제도에 대한 비판의 핵심은 공공부조의 급여가 관대하기 때문에 근로동기를 저하시키는 데 있다. 즉, 기본급여액이 높고 자활로 소득이 발생하면 급여감소율이 높기 때문에 근로동기가 저하됨을 뜻한다.

근로동기의 저하에 근거한 비판은 크게 세 가지 형태로 나타난다. 실직급여가 높으면 실업의 덫(unemployment trap)이, 공공부조의 급여수준이나 자활소득에 대한 한계세율이 높으면 빈곤의 덫(poverty trap)이 그리고 각종 사회복지적 혜택이 관대하면 의존성의 덫(dependency trap)이 우려된다는 것이다.[3]

또한 연금은 노동공급을 감소시키는 효과를 갖는다는 주장도 있다.[4] 연금수급자의 입장에서 보면 연금수급에 따른 실질소득의 증가로 여가를 더 선호하게 되고, 연금을 전액 수급하기 위해서는 퇴직을 하거나 일정 수준 이하의 소득활동만을 해야 하기 때문이다. 그러나 납세자나 연금보험 가입자의 경우 사회보장의 확대는 기여금 및 조세부담을 증가시켜 가처분 소득이 감소하기 때문에 이전의 생활수준을 유지하기 위해서는 더 많은 노동을 해야 한다.

2. 저축에 미치는 영향

사회보장을 위한 기여금 및 조세부담의 확대는 국민의 저축의욕을 감퇴시켜 경제성장을 저해한다는 비판을 받고 있다. 기여금 및 조세부담의 증가로 개인의 가처분소득이 감소하여 저축할 여력이 감소한다는 것이다.

---

3 이인재 외(2006). 『사회보장론』. 나남출판, pp. 116-117.
4 이승렬, 최강식(2007). "국민연금이 중고령자의 은퇴행위에 미치는 영향". 『사회보장연구』 제23권 제4호, pp. 85-87.

한편, 미국의 펠드스타인(Feldstein, M.)은 사회보장제도로서 연금이 도입되면 개인들이 미래에 대한 개별적인 대비의 필요성을 적게 느껴 저축을 덜하게 된다고 하였다(대체효과). 즉, 국민경제 전체로서는 민간의 저축이 감소하게 된다는 주장이다.[5]

그러나 반대의 효과가 나타날 수도 있는데, 이를 퇴직효과, 상속효과, 인식효과로 설명할 수 있다. 공적연금 도입으로 은퇴가 빨라지면 퇴직 후 소득이 없는 기간이 늘어날 것이므로 더 많이 저축하려 할 것이다(퇴직효과). 또한 자식들에게 더 많은 유산을 남기고 싶어 저축을 더 하거나(상속효과) 또는 공적연금제도의 도입으로 노후소득보장의 필요성에 대한 인식이 제고되므로 더 많은 저축을 하려 할 수도 있다(인식효과). 더욱이 민간저축이 감소한다고 하더라도 공적연금이 적립방식으로 운영된다면 강제로 저축되는 기금이 이를 상쇄할 수 있을 것이다.[6]

3. 기업투자에 미치는 영향

사회보장의 확대는 기업가의 투자에도 부정적인 영향을 줄 수 있다는 주장이 있다. 국가가 사회복지의 재원을 마련하기 위하여 법인세나 소득세 등을 부과하면 기업의 수익은 감소하고 기업가는 소득이 감소하게 되어 투자를 적게 하며, 또한 현재와 같은 세계화시대에 사회복지는 국가 간의 상품경쟁력에도 영향을 줄 수 있다는 것이다.

사회보장을 위한 세금의 부담이나 사회보험료(payroll tax) 등으로 상품생산에 대한 부대비용이 증가하면 다른 나라 상품에 비해 가격이 비싸질 것이다. 기업의 제품 판매가 줄어 이익이 감소하고 이익(이윤)에 대한 세금이 증가하면 기업의 이익

---

5 윤석명(1999). "준모수적 방법(Semi-Parametric Method)에 의한 미국 국민연금제도의 민간저축효과 분석". 『사회보장연구』제15권 제1호, pp. 31-32.
6 이인재 외(2006). 전게서, pp. 108-114.

이 감소할 것이다. 따라서 기업가들은 사회보장 비용부담이 적은 나라로 생산시설을 이전하게 된다. 이와 같이 근로자에 대한 사회보장수준을 낮게 유지함으로써 생산비를 절감해 그 나라 상품의 국제경쟁력을 높이려는 시도를 이른바 사회적 할인정책(social dumping)이라고 한다. 만약 이러한 시도가 전 세계에 걸쳐 경쟁적으로 이루어진다면 결국 각국 근로자들의 삶의 질이 전반적으로 저하되는 결과를 초래할 것이다. 이러한 시도를 억제하기 위하여 국제협약이 이루어졌다. 사회보장수준을 낮게 하여 저렴한 상품을 수출하는 경우, 이에 대한 수입을 금지하는 국제협약을 '블루라운드(Blue Round)'라고 한다. 최근 이슈가 되고 있는 공정무역도 같은 맥락으로 이해된다.

한편, 사회복지에서와 같이 정부의 개입으로 자원배분상의 문제가 있을 수 있다. 정부의 개입으로 시장에서 민간기업이 밀려 나가게 되는 이른바 구축효과(crowding-out effect)가 발생할 수 있다는 것이다. 사회복지기관의 사회복지프로그램이나 주민센터 등의 문화여가프로그램 등이 지역사회의 민간 유사업종의 위축을 가져올 수 있다. 예를 들면, 공공기관이나 사회복지관에서 운영하는 체육 관련 프로그램은 지역의 체육 관련 업종의 위축을 가져온다.

한편, 실업 시에 급여를 통해 소득을 보장하고 새로운 일자리로의 전직을 위한 직업훈련과 지원을 충분히 하는 고용보험이 있다면, 경쟁력이 없는 기업을 구조조정하고 노동시장의 유연성을 높여서 기업으로 하여금 더 생산적이고 부가가치 높은 새로운 상품과 시장을 개척하는 데 도움을 줄 수 있다. 노동시장의 유연성을 통해 경쟁력을 높이면서도 실업급여와 직업훈련지원을 통한 노동자의 안정성을 결합하는 이른바 유연안정성(flexicurity)이 가능할 수도 있다.

🕴 제3절　사회보장과 경제의 성장 및 안정

1. 경제성장과 사회보장

l) 사회복지의 소비성 논란

경제가 성장한다는 것은 그 나라의 생산능력이 높아져서 국민에게 욕망을 충족해 줄 수 있는 상품(자원)이 더 많아지는 것을 의미한다. 일반적으로 한 나라의 경제가 성장하였는가를 알아보는 지표로 GDP(Gross Domestic Product)를 제시하는데, 이는 그 나라가 생산하는 상품의 증감을 나타낸다.

경제가 성장하기 위해서는 생산에 더 많은 노동력과 자본이 투입되도록 자원의 배분이 이루어져야 하고, 동시에 노동력의 생산성도 중요한 요소가 된다.

시장경제이론에서는 사회복지제도 재원을 소비적인 사회복지에 투입하여, 국민 경제성장에 필요한 재원을 부족하게 하고 이는 국가 경제성장을 저해한다고 주장한다. 1997년 김대중 정부에서 표방한 '생산적 복지'와 관련된 논란의 배후에도 기본적으로 복지는 소비적인 것이라는 인식이 있다.[7] 생산적 복지의 핵심은 근로능력이 있는 자의 근로를 의무로 하여, 그들도 소비만이 아닌 생산의 주체가 되도록 하는 것이다. 생산적 복지는 보편적 복지가 자리 잡은 서구 복지국가의 과잉복지에 대한 대응책으로, 한국적 상황에 적합할 것인지는 신중한 검토가 필요하다.[8]

---

[7] 노인철(1999). "생산적 복지의 의의와 정책방향".『계간 사회복지』 제134호, pp. 7-18.
[8] 이호용, 손영화(2013). "한국사회의 구조적 변화와 사회보장정책".『법과 정책연구』 제13권 제4호, pp. 1469-1494.

2) 사회복지와 자본축적

시장경제이론에서는 사회보장제도가 민간의 저축을 저해하여 국민경제의 성장에 필요한 자본을 잠식한다고 주장한다. 그러나 사회보장제도가 저축에 반드시 부정적인 효과만을 주는 것은 아니라고 할 수 있다.[9] 우리나라 국민연금기금의 경우 사회보장제도를 통한 강제저축으로서 1988년 5,000억 원이 적립된 이래 2020년 말 현재 749조 원으로 증가하였는데, 이 자본이 국내 주식 등에 투자됨으로써 국민경제의 성장에 필요한 잠재적 투자자본을 형성하고 있다. 역사적으로 국민연금이 도입될 당시 국민의 노후생활보장이라는 목표 외에도 축적된 국민연금의 기금으로 중화학공업의 육성에 투자할 자본을 형성할 수 있을 것이라는 기대도 있었다.

또한 건강보험을 통한 건강증진과 고용보험을 통한 직업교육의 지원 등으로 인한 인적자본의 축적은 한 나라가 가진 부존자원의 한계를 넘어 성장할 잠재력을 키워 준다. 또한 미래 사회에서는 지식 및 정보기술이 중요한 역할을 할 것인데, 기술이 과거와 같이 기계(자본)에 체화(embodied)되는 것이 아니라 인간에게 축적된다고 할 수 있다. 건강보험제도는 국민의 건강유지와 치료, 예방에 적극적으로 대처함으로써 지식과 정보기술을 갖춘 인적자원을 유지·성장시킬 수 있다.

질병이나 산재에 따른 생산감소 효과도 막대한 것으로 알려져 있는데 이는 국민경제비용을 초래한다.[10] 사회보장제도에 대한 지출은 이러한 위험을 예방하게 함으로써 비용을 감소시키고 원활한 생산활동을 지원함으로써 생산적이고 자본축적적인 사회정책이 될 수 있다. 이것은 자본재의 경우 일반적으로 적용되는 감가상각의 개념을 인적자본에도 도입한다는 관점에서 이해할 수 있다. 감가상각은 구입한 기계의 가치가 시간이 흐름에 따라 감소하는 것만큼씩을 비용으로 계상하여 기업의 이익에서 적립하고 내구연한이 지나서 기계의 가치가 완전히 소멸하는 시점에

---

9 이상은(1995). "국민연금재정과 공공자금관리기금법". 『한국사회복지의 이해』. 한국사회과학연구소, pp. 112-126.

10 정영호, 고숙자(2004). "5대 사망원인 질병의 사회·경제적 비용추계". 『재정논집』 제18집 제2호, pp. 87-100.

다시 적립된 금액으로 다시 구매하는 방식이다.

인간을 대상으로 하는 사회복지는 이러한 중요 생산자원에 대한 투자로 이해할 수 있다. 신사회적 위험이라 할 수 있는 저출산, 고령화, 요보호인구의 증가 등은 여성의 경제활동이나 사회참여율, 출산율 등에 부정적인 영향을 미치는 요인이 된다. 보육, 가정 내 간호, 교육지원 등은 여성의 사회참여를 용이하게 하고, 출산율 제고에 도움이 될 수 있으므로, 국민경제성장에 필요한 생산활동인구의 규모를 일정 수준으로 유지할 수 있도록 한다.

이러한 관심이 서구국가들뿐만 아니라 우리나라에서도 사회투자전략으로 채택되어 사회서비스의 확대가 이루어지고 있다.

2. 경제의 안정과 사회보장

경제의 안정은 성장과 불가분의 관계다. 경제가 성장한다는 것은 그 나라의 생산력이 높아져서 시장에 더 많은 상품이 공급되어 국민이 욕구를 충족할 수 있는 자원의 양이 많아지는 것을 의미한다. 그러나 단지 상품이 생산되어 시장에 공급되었다고 해서 실질적으로 국민의 욕구가 충족되었다고 볼 수 없다. 그 상품들은 구매되고 소비되어야 비로소 욕구 충족에 투입되는 것이다. 그런데 그 상품들을 소비해 줄 충분한 수요가 없다면, 생산된 상품은 재고로 남게 되고 기업들은 재고가 있기 때문에 더 이상 생산을 하지 않거나 아예 생산시설을 폐쇄할 것이다. 이런 상황이 지속되면 노동자들은 일자리를 잃게 된다. 실직한 노동자들의 소득은 상실되고 이들의 구매력은 현저하게 떨어지며, 국민경제의 총수요가 다시 감소하는 악순환이 지속된다. 결국, 충분한 수요가 뒷받침되지 못하면 경제가 성장할 수 없다는 것을 알 수 있다.

세계 어느 나라에서나 국민경제는 대체로 순환하는 주기를 겪는데, 이는 수요와 공급 간의 시차가 있기 때문이다. 총수요(Y^d)가 증가하여 가격이 상승할 때 총공급(Y^s)이 신속하게 늘어날 수 있다면 가격은 곧바로 내려갈 것이다. 그러나 현실적으

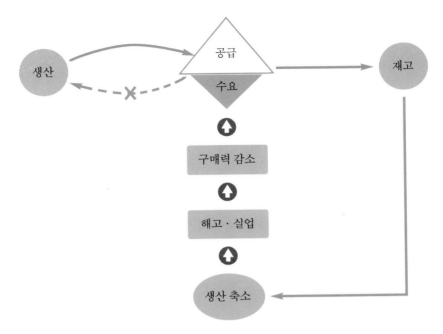

[그림 11-2] 실업의 악순환과 사회보장

로 공급과 수요 간에 시간적 차이(time lag) 때문에 경기의 순환이 나타나게 된다. 주택문제를 예로 들어 보자. 현재의 아파트 가격이 계속 오른다 할지라도 가격을 내리기 위해 당장 아파트를 지을 수 없고, 설령 짓는다 하더라도 몇 년이 걸리는 일이므로 아파트 매매가는 변화가 없을 가능성이 크다. 또한 당장 아파트를 건설한다 하더라도 완공 후의 아파트 가격을 예측할 수 없고, 수요와 공급의 불균형으로 미분양 아파트만 늘어날 가능성도 커지는 시간적 차이가 나타난다.

불황기에 저소득층에게 국가의 지원이 계속적으로 이어지면 소비가 축소되기보다는 소비수준을 그대로 유지하게 되어 국민경제의 총수요(Y^d) 증가로 나타난다. 이는 이미 케인즈(Keynes, J. M.)의 유효수요이론에서 주장되었다.

사회복지는 반드시 불황기에만 긍정적 효과를 나타내는 것이 아니다. 경기가 과열되어 물가가 오르는 인플레이션(A)이 발생할 때 근로자나 기업가의 소득을 사회보장을 위한 세금이나 보험료 등으로 흡수하게 되면, 소비나 투자로 인한 총수요

중가를 억제하는 효과가 발생하기도 한다.

특히 누진세제도는 소득의 증가율보다 더 많은 비율의 세금을 거두어들이므로 총소비가 감소되는 효과는 훨씬 커진다. 또는 실업보험의 경우 수요가 부족한 불황기(B)에는 실업급여를 지급함으로써 구매력을 높여 주고, 경기가 과열되어 인플레이션의 우려가 있는 경우 실업급여를 받던 대상들이 취업을 하게 되는데 이들의 증가한 소득에서 실업보험료를 납부하게 함으로써 구매력이 증가하는 것을 억제하는 효과가 발생한다.[11]

이와 같이 누진세제도와 실업보험제도가 경기의 순환을 자동적으로 억제하는 기능이 있다는 점에 착안하여 이들을 자동안정화장치(built-in stabilizer)라고도 한다.

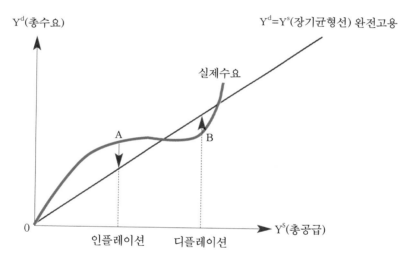

[그림 11-3] 국민경제의 총수요와 총공급

---

11 이인재 외(2006). 전게서, pp. 107-108.

♥ 제4절 사회보장과 소득재분배

1. 소득재분배의 필요성

국민경제에서 소득이란 무엇인가? 그 나라에서 생산된 물품들은 시장에 공급되어 가격을 받고 판매되고 소비된다. 소득이란 만들어진 물건들이 화폐가치로 교환되어 생산자에게 돌아간 것이다. 즉, 어느 한 나라의 국민소득이란 그 나라의 총생산(GDP)이 화폐가치로 전환된 것을 의미한다.

소득의 분배(distribution)란 교환된 화폐가치(판매수익)를 생산에 참여한 사람들에게 나누어 주는 것을 의미한다. 시장경제이론에 의하면 소득의 분배도 시장의 가격기구를 통하여 가장 형평성(equity)에 맞게 이루어질 수 있다. 시장중심의 분배이론을 최초로 정리한 사람은 고전경제학자의 한 사람인 리카르도(Ricardo, D.)다. 그는 소득의 분배를 기능적(functional) 관점에서 파악하였는데, 모든 경제활동의 주체가 생산에 기여한 정도에 따라 소득이 분배되어야 한다고 주장하였다.[12]

그렇다면 과연 생산에 기여한 정도를 어떻게 측정할 것인가? 최종생산물인 소득은 생산에 투입된 각 생산요소를 제공한 사람들 간에 분배되는데, 각자에게 분배되는 몫은 각 생산요소의 시장가격에 따라 결정된다고 보았다. 즉, 토지에 대한 소득의 몫은 임대료로, 노동자의 몫은 노동시장에서 결정되는 임금수준으로 그리고 자본가의 몫은 자본시장에서 결정되는 이자율에 따라 분배된다는 것이다. 이러한 요소에 대한 시장가격은 그 생산요소의 희소성, 즉 어떤 생산요소가 더 부족한가 또는 더 풍부한가에 따라 결정된다.

그러나 그러한 시장에 따른 1차적 분배는 생산요소의 희소성에 따른 교환가치만

---

12 Ricardo, D. (1821). *On the Principles of Political Economy and Taxation* (3rd ed.). London: John Murray.

을 반영할 뿐 인간의 생활에 필요한 기본적 욕구의 충족이라는 관점은 고려하지 못
하였다. 자본주의의 발전과정에서는 빈곤이 구조화되고 빈부격차가 심화하는 문
제가 발생하였고, 이러한 1차적인 소득분배의 왜곡에 국가가 개입하여 시정하기
위해서는 이른바 소득의 2차적인 분배, 즉 재분배(redistribution)가 필요하다.

2. 소득재분배의 유형

재분배는 수직적(vertical) 재분배, 수평적(horizontal) 재분배, 시간적(temporal) 재
분배 등으로 구분된다. 사회보장제도의 소득재분배 효과를 종합적으로 분석하기 위
해서는 사회보장제도의 혜택뿐만 아니라 비용부담 측면을 동시에 고려하여야 한다.

1) 수직적 재분배

수직적 재분배는 고소득층과 저소득층 간에 나타나는 것인데, 국가의 개입정
책으로 소득이 높은 계층에서 저소득층으로 이전될 때는 누진적(progressive)이
라 하고, 반대로 저소득층에 비해 고소득층에 유리하게 이전되는 경우는 역진적
(regressive)이라고 한다. 고소득계층과 저소득계층의 재분배효과가 없는 경우는 중
립적이라고 볼 수 있다.

표 11-1 세율구조와 수직적 재분배 효과

	누진적(progressive)		비례적(proportional)		역진적(regressive)	
	세율(%)	세금	세율(%)	세금	세율(%)	세금
10,000,000	50	5,000,000	30	3,000,000	1	100,000
5,000,000	10	500,000	30	1,500,000	2	100,000

2) 수평적 재분배

수평적 재분배는 같은 소득계층 간이라 하더라도 개인적인 상황이나 가족구조의 차이 때문에 국가정책의 혜택과 비용의 부담 측면에서 차이가 나는 경우다. 수평적 재분배는 의료보험에서 가장 쉽게 확인할 수 있다. 즉, 소득이 같은 사람은 동일한 의료보험료를 부담하지만, 질병에 자주 걸리는 사람은 의료보험의 혜택을 더 많이 받으며 건강한 사람이 그 사람의 의료비를 부담해 주는 효과가 발생한다. 또 자녀들은 보험료를 부담하지 않는 피부양자로 인정되기 때문에 소득이 같아도 자녀가 많은 사람이 더 많은 혜택을 받게 되어 유리하다.

3) 시간적 또는 세대 간 재분배

시간적 재분배는 시간에 따라 소득이 재분배되는 것인데 연금의 경우가 가장 적절한 예다. 예를 들어, 적립방식에서는 한 개인이 자신의 미래를 위하여 연금의 기여금을 납입하고 나중에 연금을 받는다. 부과방식에서는 오늘날의 세대가 미래의 세대를 부양하고 장차 그 세대에 의하여 부양을 받는 세대 간(inter-generational)의 재분배가 나타날 수 있다. 또한 아동의 양육이나 보육에 투입되는 비용도 한 세대 이후의 새로운 생산인력을 키우는 것으로, 그들의 경제활동을 통하여 노령화될 현재의 젊은 세대를 부양하게 되어 사회 전체로 보면 세대 간의 시간적 재분배가 이루어진다고 볼 수 있다.

4) 사회보장제도의 재분배 효과

사회보장제도의 재분배 효과를 요약하면 〈표 11-2〉와 같다. 공공부조는 조세를 재원으로 가난한 사람들을 선별해서 주기 때문에 재분배 효과가 가장 높다고 할 수 있다. 우리나라의 조세구조는 법인세와 소득세와 같은 누진적인 성격의 직접세 비중이 높은 편이다. 그다음으로 사회복지서비스, 사회서비스 순으로 재분배 효과가 높다고 할 수 있다. 사회보험의 재분배 효과는 가장 낮은 편인데, 재원조달에서 보험료 부과는 전체 소득에 부과하지 않고 일정한 부과상한선까지만 보험료를 부과하고, 급여는 건강보험의 경우 일용직이나 소규모 자영자의 경우 의료 이용 시 소득활동을 할 수 없어 소득상실을 감수해야 하기 때문에 의료 혜택에서 불리하다.

표 11-2 사회보장제도의 재분배 효과

	재정	급여
공공부조	누진세	선별
사회보험	비례세	보편
사회복지서비스	누진세	선별
사회서비스	누진세	보편

3. 소득재분배와 위험분산

소득재분배의 의의는 위험분산이라는 관점에서 이해할 수 있으며, 단기간으로 보면 고소득층에서 저소득층으로의 소득재분배라고 할 수 있다. 하지만 인간의 생애주기라는 관점에서 보면 아동기에서 성년기, 노년기를 거치면서 부양의 역할과 능력이 달라지며, 이러한 생애주기의 각 단계에서 다르게 나타날 수 있는 위험이 사회보장제도의 소득재분배 기능을 통해 세대 간에 분산될 수 있다.

문제는 세대 간의 재분배와 사회적 연대를 통한 위험분산이 가능할 수 있도록 현행 사회보장제도가 지속 가능할 것인가 하는 점이다. 베버리지가 처음으로 주장한 이래 사회보장제도의 핵심은 사회보험이었다. 그러나 사회보험은 여러 가지 관점에서 볼 때 소득의 재분배 기능이 제한된다. 우선, 기본적으로 구조가 비례세 형태이므로 누진적인 직접세보다 소득재분배 효과가 낮고, 보험료 부과 상한선이 존재하여 오히려 소득이 많을수록 상대적으로 보험료 부담은 줄어드는 역진성을 띤다. 더욱 심각한 문제는 취업계수의 변화를 통해 알 수 있듯이 기계화, 자동화를 통한 생산구조의 고도화로 필요 근로자 수가 대폭 감소할 것이며, 그 결과 생산성 향상에 따른 수익이 경영자와 일부 근로자에게만 분배될 것이라는 점이다.

결과적으로, 조세를 통한 소득재분배로 부과방식의 위험분산을 유지하는 것이 바람직하나, 인구고령화를 고려할 때 적립방식으로의 전환을 고려할 수도 있다. 그러나 적립방식으로 전환하면 자조적인 복지는 가능하지만 취약계층의 문제는 여전히 남게 되므로, 고소득자에게 높은 세금을 부과하여 보완하는 것이 소득재분배의 형평성을 달성할 수 있는 좀 더 효과적인 방법이 될 수 있다.

생각상자

- 사회복지에 대한 지출이 생산적일 수 있다는 점을 어떻게 입증할 수 있는가?
- 개인이 준비하려 하지 않는 장래에 대해 제3자가 개입하여 강제적으로 준비하는 것은 선택의 자유를 제한하는 것인가?

참고문헌

권오구(1996). "소득재분배와 경제성장과의 관계".『계간 사회복지』제130호, pp. 71-89.

권혁진(2007). "복지혜택 지급방식에 따른 조세·복지제도의 불평등완화효과와 재정부담에 대한 시뮬레이션 분석－근로자 가구를 중심으로".『사회보장연구』제23권 제2호, pp. 29-60.

김기원(2002). "경제성장－친화적 사회복지정책에 관한 연구".『사회복지정책』통권 제9집, pp. 25-76.

김종일(2004). "사회복지는 과연 경제성장의 걸림돌인가?－선성장후분배 이데올로기 비판".『계간 사회복지』제160호, pp. 43-52.

노인철(1999). "생산적 복지의 의의와 정책방향".『계간 사회복지』제134호, pp. 7-18.

문진영(2001). "사회보장 생산적 복지제도의 구축방안".『사회보장연구』제23집 제17권 제1호, pp. 143-174.

박순일(1997). "경제·복지 전환기에서 복지정책의 대응방안".『한국사회정책』제4집, pp. 42-75.

_____(2001). "한국 사회복지제도의 경제적 효과의 선진국 제도와의 비교 분석".『한국사회정책』제8권 제1호, pp. 23-60.

윤석명(1999). "준모수적 방법(Semi-Parametric Method)에 의한 미국 국민연금제도의 민간저축효과 분석".『사회보장연구』제15권 제1호, pp. 31-56.

이견직, 변재관(2001). "사회보장부문의 국민경제적 파급효과".『사회보장연구』제17권 제1호, pp. 123-143.

이상은(1995). "국민연금재정과 공공자금관리기금법".『한국사회복지의 이해』. 한국사회과학연구소.

이승렬, 최강식(2007). "국민연금이 중고령자의 은퇴행위에 미치는 영향".『사회보장연구』제23권 제4호, pp. 83-104.

이인재, 류진석, 권문일, 김진구(2006).『사회보장론』. 나남출판.

이호용, 손영화(2013). "한국사회의 구조적 변화와 사회보장정책".『법과 정책연구』제13권 제4호, pp. 1469-1494

이태영(1994). "경제적 불황이 복지정책 결정에 미친 영향분석".『한국사회정책』제1집, pp. 135-167.

정영호, 고숙자(2004). "5대 사망원인 질병의 사회·경제적 비용추계".『재정논집』제18집 제2호, pp. 77-104.

최병호, 남상호(2004). "한국의 국민부담율 전망과 정책적 시사점".『사회보장연구』제20권 제3호, pp. 57-82.

한국은행(2005).『한국은행의 알기 쉬운 경제이야기』. pp. 26-27.

Ricardo, D. (1821). *On the Principles of Political Economy and Taxation* (3rd ed.). London: John Murray.

제12장

사회보장과 사회

사회보장제도는 앞 장에서와 같이 경제와 영향을 주고받을 뿐 아니라 사회구조와도 긴밀한 상호작용을 하게 된다. 특히 사회구조와의 관계에서는 고령화사회와 저출산의 경향에 따라 사회보장제도의 필요성과 역할이 논의되기도 하며, 반대로 사회보장제도가 가족구조에 어떠한 영향을 주고, 계급갈등을 축소시키거나 사회통합을 가능하게 하는가 등에 대해 입장의 차이가 있을 수 있다. 이와 관련된 논의를 살펴보면서 사회보장제도가 사회와 어떠한 상호작용을 하는지 이해하는 것이 이 장의 목적이다.

제**12**장
사회보장과 사회

제1절 인구구조와 사회보장

1. 인구변화에 따른 사회보장의 필요성

　인구의 고령화가 가속화되고 있다. 우리나라의 노인인구는 1980년부터 증가하기 시작하였고 1990년대에는 전체인구 대비 5.1%, 2000년에는 7.2%에 도달하여 마침내 '고령화사회(Aging Society)'로 진입하였다. 심지어 2019년에는 노인인구 비율이 14.2%가 되어 고령사회(Aged Society)로 진입하였고, 2025년에 초고령사회(Super-Aged Society)로 진입할 것으로 전망된다.[1]

　[그림 12-1]은 우리나라의 연령계층별 인구구조를 나타낸다. 0~14세 유소년인구는 2017년 총인구 중 13.1%를 차지하고 있는데, 지속적인 출산율 감소로 2030년 9.6%, 2050년 8.9% 수준으로 하락하고, 15~64세의 생산가능인구는 2017년 기준

1　통계청(2019). 「장래인구추계」.

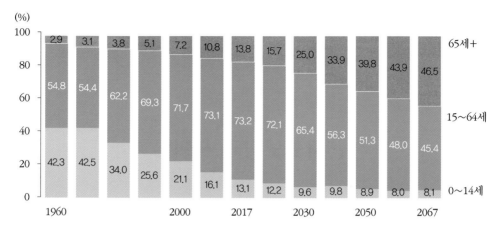

[그림 12-1] 연령계층별 인구 구성비

자료: 통계청(2019). 장래인구 특별추계: 2017~2067년.

총인구 중 73.2% 수준에서 점차 감소하여 2050년 51.3% 수준으로 계속 낮아질 것으로 전망되고 있다. 반면, 65세 이상 고령인구는 기대수명 연장 및 출산율 감소로 2017년 13.8%로 고령사회 진입을 눈앞에 두고 있으며, 2026년에는 20.8%로 본격적인 '초고령사회(Super Aged Society)'에 도달할 것으로 전망된다.

이러한 추세와 더불어 생산가능인구(15~64세)는 2016년을 정점으로 점차 감소하나, 50~64세 인구는 지속적으로 증가하여 생산가능인구가 점차 고령화될 전망이다.[2]

반면, 생산가능인구가 부양해야 할 유소년부양비와 노년부양비의 합인 총부양비는 2016년 36.3%로 가장 낮아진 후 고령인구가 크게 늘어남에 따라 2040년 77.0%로 계속 높아질 전망이다.

〈표 12-1〉은 우리나라의 부양비 및 고령화지수를 나타낸 것이다. 2020년 유소년부양비(0~14세 인구/15~64세 인구)가 18.6%였으나, 출산율 감소로 2040년 19.8%로 예측하고 있다. 반면, 노년부양비(65세 이상 인구/15~64세 인구)는 2020년

---

2 통계청(2019). 전게서.

표 12-1	부양비 및 고령화지수								(단위: %)
구분	1970	1980	1990	2000	2010	2014	2020	2030	2040
총부양비	83.8	60.7	44.3	39.5	37.3	36.9	40.7	58.6	77.0
유소년부양비	78.2	54.6	36.9	29.4	22.2	19.5	18.6	20.0	19.8
노년부양비	5.7	6.1	7.4	10.1	15.2	17.3	22.1	38.6	57.2
고령화지수	7.2	11.2	20.0	34.3	68.4	88.7	119.1	193.6	288.6

자료: 통계청(2015b). 「2014 한국의 사회지표」.

22.1%이나 기대수명 증가로 2040년 57.2%로 크게 높아질 것으로 전망하고 있다. 또한 2020년 고령화지수는 유소년인구 100명당 고령인구 119.1명 정도이나, 2040년 288.6명으로 추계되어 초고령사회가 상당히 진전될 것으로 전망하였다.

이러한 우리나라 인구구조의 변화는 선진국에 비해 고령인구 구성비가 높기도 하지만, 전망하는 속도보다 빠른 속도로 고령화가 진전될 것이라 예상된다.

주요 국가의 인구구조 및 부양비를 나타내고 있는 〈표 12-2〉를 살펴보면, 대체

표 12-2	주요 국가의 인구구조 및 부양비									(단위: 세, %)		
국가	인구구조									총부양비		
	2010년			2030년			2050년			2010	2030	2050
	0~14	15~64	65~	0~14	15~64	65~	0~14	15~64	65~			
전 세계	26.8	65.6	7.6	23.0	65.2	11.8	20.2	63.7	16.1	52	53	57
선진국	16.5	67.6	15.9	15.4	62.1	22.5	15.6	58.4	25.9	48	61	71
개도국	29.0	65.2	5.8	24.4	65.7	9.9	20.9	64.5	14.6	53	52	55
한국	16.4	72.4	11.1	11.4	64.4	24.3	8.9	53.0	38.2	38	55	89
일본	13.4	64.0	22.7	12.3	57.5	30.1	13.4	50.7	35.9	56	74	97
미국	20.1	66.9	13.1	18.1	62.6	19.2	17.3	62.1	20.6	50	60	61
이탈리아	14.1	65.6	20.4	11.9	59.0	29.1	13.1	51.3	35.5	52	69	95
프랑스	18.4	64.8	16.8	16.1	59.6	24.2	15.7	57.1	27.1	54	68	75
중국	19.5	72.4	8.2	16.9	66.8	16.3	15.7	60.7	23.6	38	50	65
인도	30.6	64.5	4.9	22.6	68.1	9.3	18.3	66.8	14.8	55	47	50

자료: UN (2011). World Population Prospects: The 2010 Revision에서 재인용.

로 선진국(UN 분류)보다 고령인구 구성비가 높다. 2010년 우리나라 0~14세 유소년인구 구성비는 16.4%로 일본, 이탈리아에 비해 높은 수준이며, 2030년에 이르면 11.4%로 일본, 프랑스 등의 선진국(UN 분류)보다 낮아질 것으로 전망하고 있다.

15~64세 생산가능인구가 유소년 및 노년층을 부양해야 하는 총부양비는 2010년 38%로 일본, 미국, 프랑스에 비해 상당히 낮은 수준이며, 2050년에는 89%로 선진국의 71%보다 높아질 것으로 전망할 수 있다.

또한 고령화사회에서 고령사회로 도달하는 데 걸리는 기간 역시 선진국에 비해 훨씬 빠름을 〈표 12-3〉에서 살펴볼 수 있다. 우리나라 고령인구 비율이 7%(고령화사회)에서 14%(고령사회)로 도달하는 데 걸리는 기간이 18년이며, 14%에서 20%(초고령사회)에 이르는 기간은 8년에 불과하여 기타 선진국에 비해 훨씬 빠른 속도로 고령사회가 될 것으로 전망한다.

고령사회는 전통사회와 다른 다양한 노인문제를 발생시킨다. 전통사회에서는 가족이 다양한 사회제도를 수행하는 기능을 담당해 왔으며, 특히 아동의 양육, 노인부양, 장애인보호 등의 요보호가족 보호기능을 수행해 왔다. 하지만 핵가족화, 요보호인구의 증가, 여성의 고학력과 사회활동 참여율 증가는 가족의 기능을 변화시키거나 보호기능을 약화시켰다. 특히, 고령사회는 의존수명의 증가를 동반하고

표 12-3 인구 고령화 속도   (단위: 연도, 연수)

구분	도달연도			증가소요연수	
	7%(고령화)	14%(고령)	20%(초고령)	7%→14%	14%→20%
일본	1970	1994	2005	24	11
프랑스	1864	1979	2018	115	39
독일	1932	1972	2009	40	50
영국	1929	1975	2028	46	53
이탈리아	1927	1988	2006	61	18
미국	1942	2014	2032	72	18
한국	2000	2018	2026	18	8

자료: 일본 국립사회보장 · 인구문제연구소(2010). 「인구통계자료집」.
지표 담당: 통계청, 인구동향과(2010).

이는 보호해야 할 노인의 증가를 의미하는데, 보호의 기능을 담당할 가족 구성원은 부족한 실정으로 요보호노인의 문제가 대두하기에 이르렀다.

　가족 안에서의 노인 지위의 약화와 핵가족화에 따른 가족제도의 변화는 노인의 생활불안으로 이어지게 되었다. 또 노인인구는 급격히 늘어나는 데 비해 자녀들의 노인부양 기피현상과 산업화에 따른 빠른 정년퇴직 등은 노인부양문제를 더욱 심각한 사회문제로 만들고 있다.[3] 현대사회에서 노인부양은 전적으로 가족이 책임을 지기보다는 사회적 책임이라는 인식의 전환이 필요하게 되었다. 따라서 보호가 필요한 노인을 국가와 사회가 책임지는 요양보험제도 등을 통한 사회적 부양체계의 확대가 필요하게 되었다.[4]

　노인을 위한 사회보장제도의 확대는 이와 같은 규범적인 측면에서뿐만 아니라 정치경제학적 측면에서도 설명 가능하다. 즉, 노인인구의 증가는 노인유권자의 수가 많아지는 것을 의미하고, 이들이 정치적으로 힘을 발휘하여 노인들을 위한 사회복지 요구가 정치적으로 지지를 받게 되어 노인을 위한 사회보장의 확대로 이어진다고 볼 수 있다.

　가족의 의미, 결혼과 출산에 대한 인식변화는 저출산으로 이어지고, 이는 고령사회로 이어지고 있다. 출산율의 감소로 향후 생산가능인구의 절대수와 비율의 감소가 발생하며, 부양인구와 피부양인구의 역전현상으로 이어질 것이다. 그리고 국가

---

3 곽효문(2005). "노인의 공적부양과 공적연금제도의 확충방안: 영국의 사례를 중심으로". 『노인복지연구』 통권 제22호, p. 86.

4 곽효문(2005)은 노인부양의 책임이 누구에게 있는가를 논의할 때 노인부양에 대한 공적책임을 강조한다고 해서 가족과 국가 가운데 어느 한 쪽이 전적으로 부담해야 한다는 말은 아님을 주의해야 한다고 주장한다. 즉, 노인부양에 대하여 가족이 전통적인 기능을 상실해 가고 있는 시점에서 가족에게만 책임을 부담시키는 것은 궁극적으로 국민 개인의 삶의 질을 훼손할 수도 있기 때문이다. 그러나 노인부양에서 가족의 기능은 여전히 필요하고 유효하다. 경제적인 측면을 떠나서 그리고 경로사상을 논의하지 않더라도 노인들에게 심리적인 안정감을 제공하고 편안한 노후를 지낼 수 있게 하는 역할은 역시 가족이 맡아야 하기 때문이다. 그리고 아무리 노인부양에서 가족의 책임이 높은 비중을 차지하고 있는 것이 현실이지만 급속한 산업화와 사회적 가치관의 변화는 가족의 범주를 벗어난 다양한 부양체계의 출현을 자극하고 있다. 가족의 역할과 기능에 관한 의식 변화는 물론 국가가 부양책임을 부담하는 각종 사회보장제도의 확립 등은 가족 중심의 노인부양으로부터 공적부양으로 전환되어야 하는 충분한 논거가 될 수 있다.

생산력과 국가 경쟁력의 저하로 이어지는 악순환이 될 것이다. 한 나라의 출산율은 국가 경쟁력을 유지하고 국가 생산력을 확보한다. 따라서 국가는 생산가능인구를 유지할 수 있도록 출산율 향상과 유지를 위한 사회복지정책을 마련해야 한다. 유급 출산휴가제 및 육아휴직제 그리고 아동수당제도 등은 출산과 아동양육에 대한 국민의 부담을 경감시키고자 하는 의도에서 도입되었는데, 아울러 교육제도를 통해 출산율을 향상시키는 정책에 대한 국가의 고민도 필요하다.

2. 사회보장에 따른 인구구조의 변화

인구구조나 경제여건의 변화로 새로운 사회보장제도를 도입하기도 하지만, 반대로 사회보장제도가 사회구조의 변화를 초래하기도 한다.

맬서스(Malthus, T.)[5]는 자신의 저서 『인구론』에서 식량은 산술급수적으로 증가하는 데 비하여 인구는 기하급수적으로 증가한다고 하였다. 그래서 그는 인구의 증가가 식량의 증가를 앞서가게 되고 과잉인구에 따른 식량의 부족은 사람들을 굶어 죽게 만들어 결국 인류의 운명은 비관적이라고 주장한다.

그의 그러한 주장의 근거는 매우 흥미로운 것이었는데, 국가의 사회보장제도가 인구의 기하급수적 증가를 가져온다는 것이었다. 사회보장제도가 잘 되어 있으면, 국가가 구제해 줄 것이라는 생각에 자녀를 계속해서 출산할 것이고, 이는 인구의 기하급수적 증가로 이어진다는 것이다. 하지만 그의 주장은 경험적으로 옳지 않다는 것이 입증되었다.

일부 OECD 국가와 아시아 국가들의 고령화와 저출산에 대한 대책 사례 분석에 관한 연구에서는 인구고령화 전개과정에서 저출산과 고령사회 대응정책을 적극적으로 강구한 국가들은 저출산대책에 소극적이거나 성과가 크지 않은 국가에 비해 뚜렷한 차이가 있음을 밝히고 있다.[6] 전자의 국가들은 공적연금의 지속성 확보를

---

5 Malthus, T. (1803). *An Essay on the Principle of population.* London: Penguin Classics.

위한 제도 개선 등 고령사회에 대비하는 적극적인 대책을 추진하고 있었던 반면, 후자의 국가들에서는 전통적으로 출산·양육을 개인과 가족의 책임으로 보는 시각과 가족·사회적으로 성분업적 가치관이 유지되는 경향이 강하였다. 이러한 차이로 결국 후자의 국가들에서는 여전히 초저출산현상이 지속되고, 그에 따라 인구고령화 속도가 아주 빨라 초고령사회에 근접 또는 진입하고 있다고 한다. 이러한 경험적 사례들을 통해 우리는 사회보장제도가 출산에 영향을 미치고 이에 따라 인구구조의 변화가 초래될 수 있다는 것을 확인할 수 있다.

또한 의료보장제도가 잘 발달되어 시행되면 유아사망률은 감소하고 평균수명은 연장되어 인구의 노령화가 더 빨리 진행된다. 의료보장제도를 통한 의료기술의 발달, 생활환경의 개선, 영양의 향상 등은 평균수명을 연장시킨다. 이러한 사실은 우리나라를 비롯하여 많은 선진국에서 입증되고 있다.[7] 그중에서도 〈표 12-4〉에서 보이는 것과 같이, 통계청(2015)이 발표한 생명표를 보면 우리나라 국민의 기대수명은 1970년의 61.9세에서 2014년에는 20년이 늘어난 81.9세다. 2050년에는 85.9세로 예측하여, 매년 1.9개월씩 기대수명이 늘어날 것으로 전망하고 있다.

이러한 경향을 OECD 국가와 비교해 보면, OECD 34개국의 남녀 기대수명 평균

표 12-4 기대수명 추이   (단위: 세)

구분	1970	1980	1990	2000	2010	2014	2050
전체	61.9	65.7	71.3	76.0	80.0	81.9	85.9
남(A)	58.7	61.8	67.3	72.3	77.2	78.5	82.9
여(B)	65.6	70.0	75.5	79.6	84.1	85.1	88.9
차이(B-A)	6.9	8.3	8.2	7.3	6.9	6.5	6.0

자료: 통계청(2015). 「2014 생명표」를 재구성.

6 이삼식 외(2006). 『고령화와 인구대책 및 복지』. 한국보건사회연구원, p. 33.
7 세계보건기구(WHO)는 2002년 「세계 질병 부담」이라는 색다른 보고서를 발간하였는데, 이를 통해 영국의 산업화 초기인 18세기에 맨체스터 같은 도시의 경우 평균수명이 26세였으나 20세기에 들어와서 갑자기 평균수명이 늘어났다고 하며 그 이유를 과학기술의 발달로 설명하고 있다. 그 가운데에서도 공중보건과 예방의학이 가장 크게 기여하였다고 한다(통계청 홈페이지, http://www.kosis.kr).

보다 남자는 1년, 여자는 2.2년 높은 수치를 보여 주고 있다. OECD 국가 중 남자의 기대수명은 18위, 여자는 4위의 수준이다. UN은 2009년 「세계 인구고령화」 보고서를 통해 앞으로는 평균수명 100세가 보편화되는 호모 헌드레드(Homo-hundred) 시대가 도래할 것을 예상하고 있다.

　노령연금제도와 같은 사회보장제도가 확대되면 출산율이 감소할 수 있다. 사회보장제도가 확충되기 전에는 자신의 자녀를 본인이 노인이 되었을 때 노후부양을 해 줄 일종의 노후보장수단으로 생각하는 것이 일반적이나, 사회보장제도가 확충되면 노후의 부양이나 질병의 위험으로부터 해방되어 부양수단으로서의 자녀의 의미는 축소되기 때문이다. 그러므로 노후의 부양을 생각하여 자녀를 출산하는 경우는 감소할 것이며, 이는 전체인구의 감소로 이어질 것이라고 주장한다.

　이러한 주장을 입증하기 위한 경험적 · 실증적 연구들이 이루어지고 있는 상태로 계속적인 연구가 필요한 부분이다. 그럼에도 여기서 우리가 확인할 수 있는 부분은 인구구조의 변화는 사회보장제도를 필요로 하고, 반대로 사회보장의 발달은 인구구조의 변화에 영향을 미쳐 결국 이 둘은 상관관계가 있다는 것이다.

표 12-5 주요 국가 기대수명 추이　　　　　　　　　　　　　　　　　　　(단위: 세)

국명	2010~2015	2020~2025	2030~2035	2040~2045	2045~2050
선진국	78.0	79.6	81.0	82.2	82.7
개도국	67.5	69.8	71.8	73.6	74.4
한국	80.7	81.8	82.9	84.0	84.5
미국	78.8	80.1	81.3	82.5	83.0
일본	83.7	84.9	85.9	86.9	87.4
이탈리아	82.0	83.1	84.1	85.2	85.7
중국	73.8	75.6	77.2	78.5	79.1
스웨덴	81.7	83.0	84.1	85.2	85.7

자료: UN (2011). World Population Prospects: The 2010 Revision에서 재구성.

♦ 제2절 가족구조와 사회보장

파스칼(Pascall, G.)은 사회복지가 사적 영역을 침입하고 감독할 뿐만 아니라 개입에 실패하여 여성이 남성에게 의존하도록 방치한다고 하면서 복지국가를 비판하였다.[8] 또한 미국의 경우에는 미혼모시설의 확충이 미혼모의 증가를 가져왔다는 비판이 있고, 영국에서는 미혼모에게 지급되는 아동수당이 오히려 이혼율을 증가시켰다는 비판이 있다.

가족해체론자들이라 불리는 일군의 학자들은 1970년대 미국에서 보편화되었던 이혼과 같은 가족해체현상이 이전 60년간의 복지정책으로 인한 의도하지 않은 결과라고 주장하였다. 이들의 주장은 복지정책이 이혼이나 혼외출산 등에 따른 경제적 부담을 쉽게 덜어 주기 때문에 가족해체를 오히려 부추긴 것으로 이해될 수 있다.[9]

그러나 이들과는 달리 그러한 변화를 가족의 해체가 아닌 새로운 가족유형으로의 전환으로 해석하는 학자들도 있다.[10] 즉, 사회복지의 확대가 가정의 해체처럼 나쁜 방향으로 가족구조를 변화시킬 수도 있다는 주장은 우연의 일치일 수 있다는 것이다. 갑자기 미혼모가 증가하였으나 오히려 그런 시설이 충격을 흡수해 주는 효과가 있었을지도 모르고 또는 통계 해석상의 착오, 특히 어떤 사건이 선행하였는지를 확인하기 어려우며, 과거에는 파악되지 않던 사회문제가 사회서비스의 제공을 통하여 공개적으로 파악되었기 때문이다.[11]

반대로 미혼모 지원을 위한 소득보장이나 양육지원서비스 등이 확대된다면 출산 후 양육을 포기하고 입양시설이나 보육원 또는 베이비 박스에 맡겨 아동과 해체되는 상황을 방지할 수 있을 것이다.

8 Pascall, G. (1986). *Social Policy: A Feminist Analysis*. London: Tavistock.
9 김희자, 이병렬(1998). "복지정책이 가족변화에 미치는 영향—미국과 스웨덴을 중심으로—". 『보건과 복지』 창간호, pp. 92-109.
10 김희자, 이병렬(1998). 상게서, p. 93.
11 김희자, 이병렬(1998). 상게서.

🌱 제3절 사회보장이 사회구조에 미치는 효과

1. 불평등의 완화

사회복지의 확대로 빈곤층의 생활상의 어려움이 한층 완화되었다고 볼 수 있으며, 노동자들이 자신의 노동력을 판매한 대가로 생계를 유지해야 하는 데 따르는 어려움이 상당 부분 줄어들었다고 할 수 있다. 사회복지의 이러한 탈상품화(decommodification) 기능으로 자본가와 노동자 사이의 극단적인 불평등은 어느 정도 줄어들었다고 할 수 있다.

빈곤의 세습화는 교육제도와 상당한 상관관계가 있다는 연구결과들이 있다. 즉, 후기산업사회로 이전할수록 자본의 양극화는 더욱 심화하고, 교육자본 또한 심한 양극화현상을 보이고 있다. 빈곤할수록 교육에 대한 동기 및 목적, 세대전이가 불리하기 쉽다. 따라서 보편적 교육제도의 확충을 통해 사회적 불평등이 심화하지 않도록 하기 위한 국가 정책이 요구된다.

2. 사회통합

사회보장제도는 사회적 위험에 노출된 많은 사람에게 기본적 생활을 보장하여 사회통합 또는 사회적 연대를 강화시켜 준다. 만약 사회적 위험에 대한 보장시스템이 제도적으로 마련되어 있지 않다면, 빈곤하거나 생활이 불안정한 국민이 국가에 대해 불만을 나타낼 것이고, 이는 사회분열을 조장하게 될 것이며, 이로써 사회질서를 유지하는 것이 어려워질 수 있다.[12]

---

[12] 모지환 외(2003). 『사회보장론』. 학지사, pp. 42-43.

사회통합의 사회제도는 종교의 기능이었다. 가난한 자와 병자 그리고 도움이 필요한 자를 돌보는 것, 부자에게 자선을 권장하고 가난한 형제에 대한 그들의 의무를 상기시키는 것, 구조(救助)를 조직하고 공동체의식을 유지시키는 것 등은 농업사회에서 종교기관이 수행하던 훌륭한 통합기능이었다.[13] 이러한 종교의 기능은 신에 대한 도덕적 의무에 따라서 자비와 베풂으로 이루어졌다. 종교는 가난한 사람들 자체에 대한 사회적 의무이기보다는 신에 대한 의무로서 가난한 사람에게 자비를 베풀었고, 종교인들은 자신들의 신앙심에서 책임을 찾았다고 한다.[14] 차츰 시간이 흐르면서 이러한 종교의 자선에 권리, 보충성, 연대라는 관념이 있었다고도 하지만, 종교적 사회관은 여전히 권리보다는 의무를 강조하는 경향이 강했다고 평가할 수 있다. 그러나 사회보장제도는 이러한 의무보다는 권리의 측면에서 기능하는 사회적 통합의 수단이다.

사회보장제도의 발전으로 자본가와 노동자 간의 계급갈등은 축소되고 있지만 계층 간의 이해갈등은 더욱 빈번해졌다는 주장이 있다. 과거에는 노-사 간의 갈등이 중심이었다면, 현대사회에서는 노-노 갈등 또는 사-사 갈등과 같이 이해관계가 동일한 집단 내의 갈등이 사회적 문제로 나타나고 있다. 사무직과 단순노동자, 정규직과 비정규직 등 신분상의 차이가 사회보험 등에서 차별적으로 반영되어, 같은 노동자계급 내에서도 다양한 수평적 차등화가 발생하고 있는 것이다. 예를 들어, 주 5일제를 둘러싼 대기업 노조와 중소기업 노조 간의 갈등이 그렇다.

동일한 문제에 대해서도 노동자들은 어떤 조직에 속하는가에 따라 다른 태도를 취한다. 민주노총과 한국노총이 의료보험 통합에 대하여 서로 다른 입장을 취한 것

13 Mishra, R. (1981). 남찬섭 역(1996). 『복지국가의 사상과 이론』. 한울아카데미, p. 95.

14 Mullad, M., & Spicker, P. (1998). 박형신, 송영민, 박보영 공역(2004). 『사회이론과 사회정책』. 일신사, p. 141. 이들에 따르면, 사회보장을 포함한 사회정책은 그 자체만으로도 사회질서의 유지와 사회통합에 중요한 역할을 한다. 마르크스주의적 관점에서 볼 때, 사회정책은 사회를 재생산하고 자본축적에 기여하는 기능인적 역할을 수행한다. 보수적 관점에서는 사회정책을 사회질서를 유지하기 위한 수단으로 보기도 한다. 이러한 요소는 유럽연합이 사회적 결속을 강조하는 것에서도 드러난다. 유럽연합에서 사회적 결속은 사회구조의 통합을 지칭하기 위해 사용되며, 사회적 배제는 각 회원국가와 유럽연합 전체의 결속을 위협하는 문제로 간주된다. 유럽연합의 결속을 위협하는 것은 빈곤이다.

이 그 예다. 즉, 제도적으로 정치력을 가진 집단들이 경제적·사회적 결정에 주도적으로 참여하여 입법행위, 법·규정의 적용 등에서 협조체계를 구성한다고 본다. 그리고 그것을 통하여 자신들에게만 혜택이 돌아가는 선별적인 사회복지제도를 관철해 나간다고 보았다. 이것을 이른바 신조합주의(neo-cooperatism)라고 한다.[15]

3. 사회통제

사회보장제도의 사회통제적 기능은 두 가지 주장에 입각한 것이다. 첫째, 사회개혁은 무절제한 자본주의를 제한하여 자본주의에 대한 비수용적 측면을 감소시켜 왔다는 것, 둘째, 사회보장제도는 자본주의체제의 지배적 이념을 선전한다는 것이다. 첫 번째 주장과 관련하여 혁명이나 적어도 심각한 정치적 불안정에 대한 두려움이 그러한 정부정책을 수립하게 한 주요 추진력의 하나였다는 것을 보여 준다. 두 번째 주장은 사회정책의 이데올로기적 기능과 관련되어 있다. 사회보장을 지지하는 가치관은 사회에서 일반적으로 수용된 가치관이라는 데 의심의 여지가 없다. 그 가치관은 기존 사회경제체제를 지지하는 지배적 이데올로기의 한 부분이다.

사회복지제도를 통하여 사회적 욕구 및 조직의 욕구(사회질서)에 순응하도록 규제한다는 주장이 있을 수 있다. 즉, 사회복지제도는 사회질서를 위협하는 사회문제를 완화 또는 예방하는 효과를 지니며, 이러한 결과가 정치적 불안을 해소하고 정치적 정당성과 안정성에 기여한다는 것이다.

1960년대 초반 우리나라의 사회복지입법이 대대적으로 진행된 이유를 사회통제적 성격으로 해석하기도 한다. 자본주의체제의 효율적 유지를 위해 국가가 사회보장은 행하지만, 자유시장체제를 철저히 보호하면서도 복지 제공을 통해 사회통제를 하고 있다고 할 수 있다. 내면적 통제는 근로연계복지, 생산적 복지 등을 통해 자본주의 의식 교육과 같은 특정 가치와 규범을 형성하도록 사회화하는 것, 외향적

---

15 안홍순(1996). "사회정책의 경제와 사회통합 효과". 『한국사회정책』 제3권, pp. 13-19.

통제는 조건부 수급자, 구직급여를 위한 구직신고 등의 강제, 벌을 통해 사회통제를 하는 것을 말한다.

사회복지가 사회안정의 위협에 직면한 지배계급의 대응이라는 견해도 있다. 예를 들어, 「구빈법」이나 비스마르크 당시 사회보험의 도입 등이 그것이다. 피븐과 클로워드(Piven, F. F. & Cloward, R.)[16]는 미국의 사회적 위기와 공공부조 간의 변화 추이를 관찰하였는데 사회적 위기가 높을 때 공공부조가 증가한 현상을 분석한 결과로 사회보장제도의 사회통제적 성격을 주장하였다.[17] 이들은 사회를 안정적인 시기와 불안정한 시기로 구분하여 안정기에 사회복지는 노동규범과 저임금을 강요하는 기능으로 작용하고, 불안정기에는 빈민과 실업자들이 초래할 수 있는 사회적 붕괴와 소요를 방지하는 사회질서유지 기능을 지닌 것으로 보고 있다.

히긴스(Higgins, J.)[18]가 언급한 사회통제의 양상과 기제는 다음과 같다. 첫째, 억압으로서 통제는 초기부터 존재한 통제의 형태인데 「빈민법」에 따른 빈민통제가 대표적이다. 둘째, 호선을 통한 통제는 선거를 통해 정책결정에 참여시킴으로써 현존하는 체제에 도전하지 못하도록 하는 효과를 노리는 것이다. 셋째, 착취를 통한 통제는 뚜렷하게 드러나지 않지만 사적 부문에 의한 공적 부문의 착취로 표현된다. 공적 부문은 사적 부문에 의해 발생한 비복지의 피해를 보상해 주기 위해 형성된 것으로서 그 기능을 수행한다. 반면, 노동자들은 저임금을 통해 자본가들로부터 착취를 당한다. 넷째, 통합을 통한 통제는 안정, 예방, 보호의 기능을 하는 사회서비스가 필요하다고 하면서 개인의 정체감, 참여의식을 고취하고 더 많은 자유를 허용할 수 있는 통합체계에 관심을 가지는 것이다. 사회통제적 관점은 정치적·경제적 위기가 도래하였을 때 안정과 효율을 도모하기 위해 사회복지정책이 발전하며, 안정이 정착되면 효율성을 강조하는 측면으로 노동의 윤리를 강조하는 방향으로 나

---

16 Piven, F. F., & Cloward, R. (1971). *Regulating the Poor: The Functions of Public Welfare*. New York: Vintage.

17 이인재 외(2006). 『사회보장론』. 나남출판, p. 273.

18 Higgins, J. (1980). "Social control theories of social policy". *Journal of Social Policy*, vol. 9 issue, 1.

아가고, 정치적 정당성 확보나 잠재적 욕구 충족을 위해서 선거 등과 같은 제도적 메커니즘을 활용한다고 설명하였다. 다섯째, 국가간섭주의로서의 통제는 개인의 선택을 제한하는 현물급여 등에서 잘 나타난다고 보았다(가치재). 여섯째, 순응으로서의 통제는 재활이나 훈련을 명목으로 클라이언트로 하여금 현존 사회질서에서 바람직하다고 여겨지는 가치와 태도를 수용하도록 요구하고 이에 순응하는 경우에 보상을 주는 것이다. 일곱째, 자기결정권으로서의 통제는 사회통제를 추구하는 사람들의 자아통제와 자기실현을 유지하는 방향에서 진행된다.

생각상자

- 새로운 사회적 위험(new social risks)은 무엇이며, 이것은 사회보장제도의 운영에 어떠한 영향을 주는가?
- 사회보장제도가 자신의 문제에 대비하려는 개인의 의식과 노력을 해이하게 할 수 있는가?

참고문헌

곽효문(2005). "노인의 공적부양과 공적연금제도의 확충방안: 영국의 사례를 중심으로". 『노인복지연구』 통권 제22호, pp. 85-117.

권문일(1989). "1960년대의 사회보험". 『한국사회복지사론』. 박영사, pp. 467-513.

김기태, 박병현, 최송식(2003). 『사회복지의 이해』. 박영사.

김인숙(2001). "사회복지실천의 탈계층화". 『상황과 복지』 제10호, pp. 119-143.

김종인(2000). "사회통합을 위한 사회정책". 『보건과 복지』 제3집, pp. 162-187.

김진수(2003). "사회보험의 미래와 과제". 『세계화와 사회보장』. 한국복지연구원 창립 20주년 기념세미나.

김찬우(2004). "공적노인요양보장제도의 쟁점과 문제점에 관한 고찰, 고령화 사회의 한국과 일본 사회정책 비교". 2004 한·일 사회정책학회 공동학술 심포지엄. 한국보건사회연구원.

김회자, 이병렬(1998). "복지정책이 가족변화에 미치는 영향-미국과 스웨덴을 중심으로-".『보건과 복지』창간호, pp. 92-109.

남찬섭 역(1996).『복지국가의 사상과 이론』. 한울아카데미.

모지환, 박상하, 안진, 엄기욱, 오근식, 이용교, 이형하, 장현, 조원탁(2003).『사회보장론』. 학지사.

박형신, 송영민, 박보영 공역(2004).『사회이론과 사회정책』. 일신사.

변용찬(2001). "인구변동과 사회정책적 함의".『계간 사회복지』제151호, pp. 24-28.

안홍순(1996). "사회정책의 경제와 사회통합 효과".『한국사회정책』제3권, pp. 11-39.

이삼식, 선우덕, 윤주현, 윤홍식(2006).『고령화와 인구대책 및 복지』. 한국보건사회연구원.

이인재, 류진석, 권문일, 김진구(2006).『사회보장론』. 나남출판.

일본 국립사회보장, 인구문제연구소(2010).「인구통계자료집」.

통계청(2006).「장래인구추계」.

_____(2011).「장래인구추계」.

_____(2019).「장래인구추계」.

_____(2015a).「2014 생명표」.

_____(2015b).「2014 한국의 사회지표」.

_____(2019).「장래인구 특별추계: 2017~2067년」.

홍경준(2002). "공적 이전과 사적 이전의 빈곤 감소 효과 분석".『한국사회복지학』통권 제50호, pp. 61-86.

Higgins, J. (1980). "Social Control Theories of Social Policy". *Journal of Social Policy*, vol. 9 issue, 1.

Malthus, T. (1803). *An Essay on the Principle of Population*. London: Penguin Classics.

Mishra, R. (1981). *Society and Social Policy: Theories and Practice of Welfare*. London: Macmillan.

Mullard, M., & Spicker, P. (1998). Social Policy in a Changing Society. London: Routledge.

Pascall, G. (1986). *Social Policy: A Feminist Analysis*. London: Tavistock.

Piven, F. F., & Cloward, R. (1971). *Regulating the Poor: The Functions of Public Welfare*. New York: Vintage.

UN (2011). World Population Prospects: The 2010 Revision.

제13장

사회보장의 동향과 과제

오늘날의 사회보장은 그 제도들이 탄생한 시대적 상황과는 다른 사회적 · 경제적 여건에 놓여 있다. 또한 이른바 새로운 사회적 위험(new social risk)도 다양하게 나타나고 있다. 이와 같은 상황의 변화는 사회보장제도들의 변화를 요구하고 있다. 여기서는 오늘날 나타나고 있는 사회적 · 경제적 변화가 무엇인지를 파악하고 그에 따른 사회보장제도들의 변화와 발전방향을 전망해 본다.

제**13**장
사회보장의 동향과 과제

제1절 사회보장의 환경변화와 과제

사회보장의 환경을 살펴보면 저출산·고령화, 세계화 및 노동시장의 불안정성 등의 문제들이 여전히 존재하고 있으며 거기에 더하여 최근에는 몇몇 새로운 변화들이 추가되고 있다. 예를 들면, 비대면(untact) 방식이 4차 산업혁명에 의해 촉발되고 COVID-19로 인해 더욱 가속화되어 경제활동과 일상생활에서 중요한 자리를 차지하게 되었으며 향후에도 지속될 것으로 예상된다. 노동의 형태도 비정형화되고 불안정성이 증가하여 현행 사회보장제도의 지속가능성을 우려하게 한다. 또한 우리나라는 수년간 전 세계에서 출산율이 가장 낮은 수준에 머물고 있다. 저출산과 인구의 감소는 부양부담의 집중이라는 사회적 문제와 경제의 활력저하라는 문제를 야기할 것이다. 이러한 상황에서 인구 감소와 노동력 부족을 해결하기 위한 대안의 하나로 증가하는 외국인 근로자와 다문화가정에 대한 관심을 가져야 할 것이다.

1. 4차 산업혁명과 일자리

4차 산업혁명의 진전에 따른 일자리의 미래에 관해서는 상반된 견해들이 존재한다. 즉, 일자리가 크게 감소할 것이라는 입장이 있고, 그와는 반대로 단순 반복적 일자리는 소멸하더라도 새로운 기술들을 적용하는 일자리들이 유사한 규모로 증가할 것이라는 입장이 있다. 일자리가 사라질 것으로 예상하면 소득분배의 불균등을 해소하기 위해 기본소득의 도입을 고려할 수 있다. 그러나 기본소득을 실제로 도입하기 전에 해결해야 하는 여러 가지 문제가 있다. 가장 심각한 문제는 노동하지 않고 소득을 보장받는다면 노동의욕을 유지할 수 있을 것인가에 대한 것이다. 또한 막대한 재원 마련을 위해 더 많은 조세를 부담해야 하는 계층의 동의를 구할수 있을 것인가도 문제다. 그에 대한 대안으로 노동시간 단축과 일자리 나누기를 검토해 볼 수 있다. 일과 가정의 양립을 위해서도 노동시간 단축은 필요하고 그것을 통해 더 많은 사람에게 경제활동에 참여하는 기회를 제공할 수 있다.

4차 산업혁명으로 일자리의 소멸이 아니라 대체를 예상한다면, 기업들이 낙후되고 이윤이 적은 생산을 포기하고 빅데이터, 인공지능 등의 기술을 적용한 고부가가치의 산업으로 바꾸는 것을 쉽게 해야 할 것이다. 이를 위해 구조조정과 노동시장의 유연성이 불가피하지만 노동자들의 고용과 생계는 불안정해질 수 있다. 실직에 따른 생계의 불안정을 해소하기 위해 고용보험의 급여를 개선하고, 4차 산업혁명으로 생겨나는 새로운 직업으로의 전환을 위해 필요한 기술을 습득할 수 있도록 직업교육과 훈련 프로그램을 혁신적으로 확대해야 할 것이다.

2. 새로운 노동방식과 사회보험

4차 산업혁명의 진전으로 플랫폼 노동자 또는 긱(Gig) 노동자 등의 새로운 형태의 근로방식도 확대되고 있다. 이로 인해 기존의 특수고용직에서 나타난 근로자성

에 관한 논란이 더욱 심화될 것이며 고용관계에 기초한 사회보험제도의 지속가능
성을 위협하게 될 것이다. 따라서 근로자성이 불확실한 노동자들에 대한 사회보험
의 적용을 위한 혁신적 아이디어가 필요할 것으로 보인다. 특수고용직이나 플랫폼
노동자 등 새로운 형태의 노동 유형에 대한 고용보험이나 산재보험의 적용을 위해
서는 우선적으로 근로자성에 관한 사회적 합의를 통해 명확한 법제도적 정비가 필
요할 것이다. 만약 불안정하거나 불규칙적인 노동으로 고용주를 명확하게 확인하
기 어려운 경우가 있다면 국가가 고용주를 대신하거나, 근로자가 독자적으로 사회
보험을 가입하는 방안을 모색해야 할 수도 있다. 물론 이것은 노사가 절반씩 보험
료를 부담하는 사회보험의 전통적 방식에서 벗어나는 것이기 때문에 신중한 검토
가 필요하다. 그럼에도 불구하고 그것을 통해 위험분산이라는 사회보험의 기본적
기능만이라도 유지해야 할 것인지도 생각해 보아야 한다.

3. 저출산과 인구 감소

우리나라는 세계에서 출산율이 가장 낮은 국가라고 할 수 있다. 인구의 감소로
먼 미래에 국가의 존립 자체가 위협을 받을 우려가 있지만 단기적으로 보더라도 인
구 감소로 생산과 소비가 점차 줄어들고 그에 따라 경제의 규모도 축소될 것이다.
결국 국민 모두의 삶의 수준이 낮아지는 결과가 초래될 것이다. 특히 각종 사회보
장제도의 부담을 안게 될 세대의 규모가 수혜를 받을 세대에 비해 줄어들어 지속가
능성이 문제가 될 것이다. 따라서 출산율을 일정 수준으로 유지하는 것이 국가의
장래에 매우 중요한 과제가 아닐 수 없다. 막대한 예산과 각종 지원책들에도 불구
하고 출산율은 아직까지는 쉽게 올라가지 않고 있다. 기존의 출산대책들이 출산을
위해 필요로 하는 것을 충분히 지원하고 있는지를 전면적으로 재검토해야 할 것이
다. 출산과 양육에 대한 경제적 지원뿐만 아니라 일-가족의 양립, 양성평등, 가사
분담의 재조정, 돌봄을 위한 시설 및 프로그램의 대폭 확대 등의 다양한 대책이 필
요할 것이다. 그것들을 통해 잠재적으로 출산하려는 젊은 세대들이 현재의 삶에 만

족하고 미래에 대한 희망을 갖게 되고 그것이 출산으로 이어질 수 있도록 해야 할 것이다.

4. 외국인 노동자와 다문화가정

최근 외국인 근로자나 결혼이민자의 수가 증가하고 다문화가정의 자녀들도 증가하고 있다. 우리나라의 출산율이 세계에서 가장 낮아 인구 감소가 머지않아 시작되고 장차 생산현장에서 노동력 부족이 심화될 것으로 예상되는 상황에서 외국인 근로자에 의존하는 정도가 높아질 것이다. 건설업, 농업 및 어업 등에서 점차 증가하고 있는 외국인 근로자들에 대한 열악한 처우가 사회적 이슈가 되고 있다. 인도적 관점에서 뿐만 아니라 우리 사회의 가장 기초적인 부분에서 그들의 역할을 무시할 수 없는 상황에서 이들에 대한 처우를 개선하는 것이 우리 사회의 삶의 질도 높이는 방법이다. 또한 다문화가정의 자녀들이 우리 사회에 잘 적응하도록 하는 것이 매우 중요하다. 이들은 한국 국적을 갖게 될 수 있고 학교도 다니고 병역과 납세의 의무도 이행할 수 있다. 이들이 적응하지 못하게 된다면 그들만의 집단에 폐쇄적으로 모이게 되고 그들의 에너지가 우리 사회에서 긍정적으로 활용되는 것을 기대하기 어려울 것이다.

🕎 제2절 사회보장제도의 쟁점 및 개혁

1. 공공부조의 주요 쟁점 및 개혁

우리의 국민기초생활보장제도의 문제점을 정리하면 다음과 같다.[1]

---

[1] 문진영(2019). "국민기초생활보장법 제정 20주년, 성과와 개선방안". 『복지타임즈』, 2019. 9.

첫째, 다양한 사유로 증가하는 빈곤층에 비해 수급자 수는 전 국민의 3% 수준으로 고정되어 있다. 개별급여체계로 전환하였지만 엄격한 부양의무자 기준과 가혹한 재산의 소득환산제도로 인해 사각지대가 광범위하게 존재하고 있다. 특히 부양의무자 기준이 다른 개별급여들에서는 폐지되었으나 의료급여에서는 여전히 존재하여 수급자들의 의료 이용에 제약이 되고 있다.

둘째, 빈곤을 판정하는 기준이 매우 낮아 인간다운 생활을 할 수 있는 수준인가가 의문이다. 생계급여를 받기 위해서는 기준 중위소득 30% 이하여야 한다. 2021년의 4인 가구 기준 중위소득의 30%인 월 1,462천 원으로 4인 가구가 한 달을 '인간다운 생활'을 보장받기엔 턱없이 부족하다. 4차 산업사회에 적절한 수준으로 지원해야 할 것이다.

셋째, 근로능력자들이 노동시장에 진입할 수 있도록 유도하는 시스템이 갖추어져 있지 못하다. 특히 자활급여는 노동시장에서 생존할 수 있는 역량을 강화하는 프로그램보다는 단순히 자활조건부 수급을 받기 위한 조건이행의 측면이 더 크게 작용하고 있다. 국민기초생활보장제도가 단순히 금전적 지원만이 아니라 대인상담서비스와 지역사회의 정보와 자원을 연결하는 역할이 필요하다.

2. 사회서비스의 주요 쟁점 및 개혁

현재 사회서비스 정책 영역에서 가장 쟁점이 되는 사안은 사회서비스원의 설립이다. 문재인 정부 국정과제의 사회서비스 영역에서는 사회서비스원 설립, 사회서비스 일자리 확충, 커뮤니티케어(지역사회통합돌봄) 추진 등이 중점적으로 논의되었다. 2018년 5월에는 사회서비스원 설립 및 운영의 법적 근거가 되는 '사회 서비스 관리 및 지원에 관한 법률안'이 발의되었다. 그리고 2019년부터 4개 시·도(서울, 경기, 경남, 대구)를 중심으로 한 시범사업이 운영 중에 있다.

그러나 사회서비스원의 설립으로 인한 공급체계 변화로 인해 국공립시설과 민간시설의 격차가 더욱 확대되고 민간주체들의 서비스 공급기반이 과도하게 위축되거나 잠식될 우려가 있어 이에 대비한 정책 마련이 요구된다.

커뮤니티케어는 국정과제에 포함되어 있지 않았으나 2018년 1월 보건복지부 연두 업무보고를 통해 발표되었다. 커뮤니티케어는 주민들이 살던 곳에서 개개인의 욕구에 맞는 서비스를 누리며 살아갈 수 있도록 주거, 보건의료, 요양, 돌봄, 독립생활 지원이 통합적으로 확보되는 지역주도형 사회서비스 정책이다. 2018년 정부는 '지역사회통합돌봄 기본계획(안)−1단계: 노인 커뮤니티케어 중심'을 발표하였다.

사회서비스원과 함께 커뮤니티케어가 추진되면서 사회서비스 운영의 지역중심성 확보가 중대한 과제가 되었다. 지자체의 사회서비스 기획 및 관리ㆍ운영 역량과 책임성은 성공적 정책 추진을 위해 필요한 요소다. 그러나 지역의 복지여건 및 재정수준, 사회서비스 사업의 운영 및 관리역량 차이에 따른 서비스 이용의 격차가 심화되고 있어, 지자체들에 부여된 역할을 충분히 수행하도록 중앙정부의 지원과 모니터링 강화가 요구된다.[2]

2018년 국회에 발의된 「사회서비스 기본법안」은 사회서비스 보장을 규율하는 별도의 법적 근거가 될 수 있다는 점에서 의의가 있다. 이 법안은 사회서비스 종합계획 및 추진체계, 지역사회서비스 보장체계 구축, 이용자 권익보장, 종사자 권익보호 및 처우개선, 사회서비스 품질관리 등의 포괄적 내용을 포함하여 여러 사회서비스 사업들의 체계적 운영을 통한 국민의 삶 향상을 도모하고 있다.

사회서비스 전달체계도 변화하여 읍ㆍ면ㆍ동 중심의 '주민자치형 공공서비스 구축사업'이 추진되고 있다. 거기서는 읍ㆍ면ㆍ동의 '찾아가는 보건복지서비스 기능 강화'가 핵심과제로 설정되었다. 읍ㆍ면ㆍ동 지역사회복지협의체는 실질적 주민참여방안을 마련하고 주민이 주체적으로 참여하는 '마을복지계획'을 수립한다. 그리고 읍ㆍ면ㆍ동에 대한 복지인력도 단계적으로 대폭 충원될 예정으로 2017~2022년에 사회복지직 1만 2000명, 간호직 300명이 증원될 것이다. 그리고 '차세대 사회보장정보 시스템 구축 사업'을 통해 처리능력이 제한된 현 시스템의 인프라 교체와 소프트웨어(SW) 재구성을 통해 안정적이고 지속가능한 정보시스템 운영체계를 구축할

---

2 강혜규, 김희성, 안수환(2018). "사회서비스 정책 전망과 과제". 『보건복지포럼』 267호, p. 11.

것이다.[3]

생애주기별·영역별 사회서비스 보장성 강화가 또 다른 쟁점이다. 사회서비스는 개별 제도의 대상 기준에 적합한 수급자를 찾는 접근과 달리 단일 서비스 제공을 넘어 생애주기에 걸친 욕구, 가족 내 복합적 문제에 대한 고려와 대응이 필요하다.[4]

3. 사회보험의 주요 쟁점 및 개혁

1) 국민연금의 주요 쟁점 및 개혁

국민연금에서 가장 심각하게 논의되는 문제는 연금기금의 고갈이다. 그러나 국민연금은 제도의 설계상 부과방식으로 운영되도록 하였기 때문에 원칙적으로 기금이 없어도 문제가 되는 것은 아니다. 그동안 축적된 기금이 2020년에는 785조 원에 이르고 2039년에는 1,430조 원으로 최고액에 도달할 것이다. 이렇게 엄청난 규모의 기금이 적립된 것은 제도가 도입된 후 최소 10년이 경과하기 전까지는 연금수령자가 없기 때문에 보험료 수입이 모두 적립되어 기금이 증가한 것이었으나 연금수령자가 증가하여 연금지출이 보험료 수입을 초과하는 시점부터 기금이 감소되어 2053년쯤 완전히 소진될 것으로 예상하고 있다.[5]

기금 고갈 이후 연금수령이 불가능하게 될 것인지에 대한 우려가 괴담수준에 이를 정도였다. 그러나 부과방식의 연금제도에서는 기금으로 연금을 지급하는 것이 아니고 근로자와 사용자가 납부하는 보험료가 재원이 된다. 따라서 기금이 고갈되더라도 연금을 수령하는 것은 원칙적으로 문제가 되지 않는다. 다만, 축적된 기금 및 수익으로 현직 근로자들이 납부하는 보험료를 낮은 수준으로 유지할 수 있었지만, 기금 고갈 이후에는 보험료를 납부해야 할 사람들의 부담이 증가하는 문제가

---

3 강혜규 외(2018). 상게서, p. 10.
4 강혜규 외(2018). 상게서. p. 15.
5 국회예산정책처(2019). 「2019~2060년 국민연금재정전망」. 2019-08.

있다. 거기에 저출산·고령화로 연금수령자가 증가하고 보험료를 납부하는 사람의 수는 감소하게 되면 부담이 더욱 크게 증가할 것이다. 따라서 기금 고갈 시점을 늦추기 위해 기금의 운용수익을 높이기 위한 지속적인 노력을 해야 할 것이며, 수령자와 부담자 비율의 균형을 맞추기 위해서 출산율을 높여야 할 것이다. 다른 나라들에서도 연금의 수급개시연령을 높이거나 연금의 소득대체율을 낮추고 보험료를 높이는 방안들이 모색되고 있다.

국민연금 기금으로 기업의 주식이나 채권을 매입하고 있는데 국민연금이 투자한 기업들의 주주로서 권한을 행사해야 할 것인지(Stewardship Code) 그리고 그 과정에서 공공성에 유의해야 할 것인지에 대한 논의가 있다. 특히 삼성물산과 제일모직의 합병으로 인한 손실과 가습기 살균제로 인한 피해와 관련하여 해당 회사의 주주로서 권한을 행사하여 국민연금이 윤리적·사회적 책임을 져야 한다는 주장이 제기되었다.[6] 최근에 ESG(환경, 사회, 지배구조)가 기업에 적용되어야 할 중요한 가치로서 인식되기 시작하는 것을 고려할 때 국민연금의 사회적 책임도 강화해야 할 것이다.

한편, 경제활동에 참여하지 못하여 소득이 없거나 참여하더라도 소득이 충분하지 않아서 가입대상에서 제외되어 국민연금의 수급자가 되지 못하는 사각지대가 발생한다. 임시직의 가입률은 상용직 근로자의 절반 수준이다. 국민연금에 가입되었다 하더라도 실직, 사업중단, 재학, 휴직 그리고 생계곤란 등의 사유로 납부예외자가 된다. 이 기간이 길어질수록 연금수급에 부정적 영향을 주게 된다. '두루누리 사회보험료 지원사업' 등을 통해 보험가입을 늘리는 방안을 확대할 필요가 있다.

우리나라 국민연금의 소득대체율은 1988년에는 70%로 시작해서 점차 낮아지고 있는데, 2009년에서 2028년 사이에는 매년 0.5%씩 하향 조정하여 2028년부터는 40%를 유지하는 것을 목표로 하고 있다. 이것은 가입기간을 40년으로 상정한 것인데 실제로 대부분의 근로자가 평생 동안 약 25년 정도 근로를 하는 것으로 보고되었다. 그렇다면 실질적으로 소득대체율이 20% 정도가 되는 것이고 그것으로는 노

---

6 국회예산정책처(2019). 상게서.

후소득을 충분히 보장하기 어렵다. 따라서 젊은 시절에 더 많은 보험료를 부담하고 노후에 받는 연금의 소득대체율을 높여야 할 것이다.

2) 건강보험의 주요 쟁점 및 개혁

국민건강보험의 출범 이후 직장가입자와 지역가입자 간의 상이한 보험료 부과체계가 지속적으로 정책적 이슈가 되어 왔다. 직장가입자는 자신들이 벌어들이는 소득에 대해 투명하게 보험료를 부담하고 있는 데 비해, 자영업자가 속한 지역가입자의 경우는 정확한 소득파악이 어려워 능력보다 적게 부담한다고 비판하였다. 그와는 반대로 지역가입자는 자신들은 모든 가족에 대해 보험료를 부담하고 자동차 등의 재산에 대해서도 보험료를 납부해야 하지만, 직장가입자의 경우는 가족을 피부양자로 인정받아 무료로 보험 혜택을 받고 있으며 기타소득이나 재산이 있어도 그것에 대한 보험료를 부담하지 않기 때문에 형평하지 않다고 비판하였다. 양측이 모두 보험료 부과체계에 대한 불만이 있었다.

이에 정부는 2017년 건강보험 보험료 부과체계를 개편하여 지역가입자의 재산보험료 비중을 낮추고, 자동차보험 경감 및 부과 제외 그리고 저소득층에 대한 평가소득제도 폐지 등을 실시하였다. 그리고 소득이 높고 재산이 많은 직장가입자의 피부양자는 건강보험의 가입자로 전환하도록 하였다. 연간 종합과세소득 연 3,400만 원을 초과하거나 시가 9억 원 이상의 재산이 있고 연 1,000만 원을 초과하는 소득이 있는 사람이 해당된다. 취약계층을 제외하고 형제 및 자매를 우선적으로 피부양자에서 제외하였다. 향후에 재산에 부과되는 보험료의 비중을 어느 정도로 할 것인지와 피부양자에서 제외되는 가족의 범위를 어디까지로 할 것인지에 대한 검토가 필요할 것이다.

건강보험에 대한 국고지원의 범위가 법에 의해 보험료 수입의 20%로 정해졌지만, 이것이 제대로 지켜지지 않고 있다. 사회보장부담의 증가, 고령화와 의료비 상승, 고용불안정으로 인한 근로소득 기반의 보험료 재원 조달의 한계 등으로 건강보험에 대한 국고지원을 확대해야 한다는 주장이 지속적으로 제기되어 왔다. 특히,

최근 문재인케어의 실시, COVID-19 사태로 인한 의료 이용 증가 등으로 지출이 증가하고 있으나 경제상황의 악화 등으로 보험료 수입의 감소에 따른 재정문제를 해결하기 위해 국고의 지원이 필요할 것이다.

3) 산재보험의 주요 쟁점 및 개혁

한 연구보고서에 의하면 영세작업장의 경우 노동자 사고 위험이 높고 산재수급이 어려운 것으로 나타났다.[7] 재해발생 직후부터 산재보상금 수령 사이 기간 동안 생계비가 부족하고, 산재보험 청구가 노동자의 역량을 고려하지 않아 복잡하며, 산재 청구에 따른 보복성 해고 및 동료관계 악화가능성이 있고, 불충분한 의료서비스로 재활에 어려움이 있으며, 불충분한 요양급여 및 휴업급여 등이 지적되었다. 또한 중소기업, 비정규직 하청업체 중심의 2차 노동시장 노동자는 공사기간 단축 요구와 같은 시간적 압박, 안전장비 구입을 위한 공사대금의 부족 등의 이유로 안전조치를 마련하기 어려워 위험에 더 노출되어 있다는 것이다. 그리고 사업주가 원청과의 계약에서 걸림돌로 작용할 것을 우려하여 노동자에게 산재 은폐를 강요하는 사례가 많았다.

이에 대해 산재 청구과정에서 비협조적이거나 은폐를 시도하는 사업주와 이에 공모하는 의료기관에 대한 처벌을 강화해야 할 필요가 있다고 보았다. 그리고 노동자 친화적인 산재 신청절차 정비 및 산재 청구 대리인 지원과 중증질환자 간병비 부담 완화 및 산재발생 직후 단계 응급지원 그리고 재활서비스 확대 등이 해결책으로 제시되었다.

또 다른 연구보고서[8]에서는 산재보험의 사각지대를 다루었는데, 특수형태근로종사자(특고)에 대한 산재보험 당연가입제도가 시행되었으나 실제로 가입한 특고노동자는 전체 특고노동자의 3%밖에 되지 않는다는 것이다. 그중에서도 배달노동자

---

7 노동건강연대(2019). 「산재보험 사각지대 해소 및 형평성 강화를 위한 연구보고서」. 아름다운 재단.
8 노동건강연대(2020). 「산재보험의 문 밖에 있는 사람들」. 아름다운 재단.

의 산재가입은 1%로 가장 낮았는데 그 이유는 한 업체에 고정적으로 소속되어 일해야 한다는 전속성을 인정받기 어렵기 때문이다. 퀵서비스나 택배 및 배달 노동자는 대부분 여러 곳에서 콜을 받아 일하고, 예외적으로 전속성을 인정받는다 해도 보험료 부담을 꺼리는 사업주들이 적용제외 신청서 작성을 강요하는 사례들이 있다는 것이다.

이 보고서에 의하면 농업 역시 사고가 많은 위험한 산업인데, 그럼에도 불구하고 농림 및 어업의 산재보험 가입율은 2017년 기준으로 9% 정도에 불과한 것으로 나타났다. 산재보험이 '고용된 근로자'를 기준으로 하기 때문에 자영업에 해당하는 이들의 경우 가입 자체가 어렵다는 것이다. 자영업자가 아니라도 농어업은 5인 이하의 사업장인 경우 가입대상에서 제외되어 임의가입조차 어렵다는 것이다. 농어촌에서 일하는 이주노동자가 늘고 있는데 대부분이 산재보험에 가입되지 않았다. 간병노동자를 포함한 돌봄 노동자 역시 소속이 없거나 불분명해서 산재보험 가입대상이 아닌 경우가 대부분이다. 이에 대해 산재보험 가입의 근거를 '근로자성'이 아닌 일하는 사람으로 확대하는 것이 필요하다는 주장이 있다.[9]

4) 고용보험의 주요 쟁점 및 개혁

2020년 7월 정부가 발표한 한국판 뉴딜정책에 고용안전망 강화와 관련된 세 가지 주요 정책이 포함되었다. 첫째, 전 국민 대상 고용보험 확대, 둘째, 한국형 실업부조 도입, 셋째, 특수고용노동자에 대한 고용보험 적용 확대.[10] 전 국민 고용보험은 단계적으로 추진하는데, 우선 당연가입대상인 미가입 노동자들을 가입시키고, 다음으로 특수고용노동자와 플랫폼 노동자, 예술인 등 고용보험의 사각지대에 놓여 있는 이들의 가입을 추진하고, 마지막으로 자영업자, 특히 영세자영업자와 프리랜서에 대하여 고용보험 적용을 점진적으로 확대하는 방안이다.

---

9 노동건강연대(2020). 상게서.
10 한국판 뉴딜 종합계획(2020. 7. 14.).

정부는 전 국민 대상 고용보험 확대와 한국형 실업부조 도입을 위하여 2020년 「고용보험법」을 개정하고, 「구직자 취업촉진 및 생활안정지원에 관한 법률」 제정을 추진하였다. 그러나 이 법은 2009년부터 실시된 취업성공패키지사업의 법제화에 불과하다는 지적이 있다.[11]

개정된 「고용보험법」은 몇 가지 한계가 있다.[12] 특수고용노동자에 대한 고용보험 확대와 관련하여 노무제공자의 개념 정의를 하지 않고 시행령에 따르도록 하였다. 따라서 「산업재해보상보험법」에 따른 14개 업종으로 확대해야 할 것이고 특수고용노동자와 플랫폼 노동자를 노무제공자의 범위에 포함시켜야 한다. 그리고 영세자영업자와 프리랜서와 같은 독립자영업자 등도 당연가입대상으로 하여 필요한 지원을 해야 한다. 한편, 특수고용근로자의 노동자성에 대한 논란과 관련하여 모든 취업자에게 고용보험을 적용하고 근로소득과 사업소득에 보험료를 부과하고 국세청이 징수하는 이른바 소득기반 고용보험방식도 제안되었다.[13]

5) 노인장기요양보험의 주요 쟁점 및 개혁

노인장기요양보험의 쟁점과 개혁의 내용을 요약하면 다음과 같다. 첫째, 등급판정의 공정성을 높여야 하고, 둘째, 요양시설의 지역 간 불균등한 분포를 극복하여 장기요양서비스 이용의 접근성을 제고하고 저소득층의 본인부담을 줄여서 형평성을 높여야 한다. 셋째, 민간주도로 구성된 서비스 공급체계에서 국가의 규제와 감독을 통해 공공성을 강화해야 하며, 마지막으로 이용자격과 급여를 관할하는 건강보험공단과 요양서비스시설을 지도·감독하는 지자체로 이원화된 관리체계를 일원화해야 한다.

---

11 황수옥(2020), "고용보험법 주요 개정내용과 개선사항". 「KLSI Issue Paper」, 한국노동사회연구소, 2020-16(135).
12 황수옥(2020). 상게서.
13 남재욱(2020). 소득기반 전국민 고용보험 방안. 「이슈페이퍼」, 내가만드는복지국가, 2020-01.

참고문헌

강혜규, 김희성, 안수란(2018). "사회서비스 정책 전망과 과제".『보건복지포럼』267권, pp. 7-18.

국회예산정책처(2019).『2019~2060년 국민연금 재정전망』. 2019-08.

남재욱(2020). "소득기반 전 국민 고용보험 방안".『이슈페이퍼』, 내가만드는복지국가, 2020-01.

노동건강연대(2019).『산재보험 사각지대 해소 및 형평성 강화를 위한 연구보고서』. 아름다운 재단.

＿＿＿＿＿＿＿(2020).『산재보험의 문밖에 있는 사람들』. 아름다운 재단.

문진영(2019). "국민기초생활보장법 제정 20주년, 성과와 개선방안".『복지타임즈』, 2019. 9.

한국판 뉴딜 종합계획(2020. 7. 14.).

황수옥(2020). "고용보험법 주요 개정내용과 개선사항".『KSLI Issue Paper』, 한국노동사회연구소, 2020-16(135).

🔖 찾아보기

인명

A

Adams, J. 87
Antonnen, A. 158
Atchley, R. C. 317

B

Bahle, T. 158
Barker, R. L. 21, 22
Barnett, C. S. A. 86
Beveridge, W. 20, 22, 33
Bismarck, O. von 89
Boehm-Bawerk, E. von 189
Booth, C. 97, 107
Bosanquet, H. 85

C

Chadwick, E. 63, 82, 112
Churchill, W. 94
Cloward, R. 373

D

Denison, E. 86

Dürkheim, E. 55

E

Epstein, A. 20, 33
Esping-Anderson, G. 158, 174

F

Feldstein, M. 346
Frankel, E. 20
Fuchs, V. F. 109

G

George, L. 94
Gilbert, N. 29, 112

H

Hamilton, L. G. 87
Higgins, J. 373
Hill, O. 85

K

Keynes, J. M. 292, 351

L

Laroque, P. 35

M

Maarse, H. 53

Malthus, T. 82, 112, 366

Marshall, T. S. 99

Marx, K. 293

Myers, R. J. 23

Myrdal, A. 172

M

Neugeboren, B. 164

O

Orshansky, M. 108

P

Pascall, G. 369

Pasons, T. 24

Paulus, A. 53

Piven, F. F. 373

R

Rainwater, L. 109

Ricardo, D. 112, 353

Richmond, M. 86

Roosevelt, F. 20, 33

Rowntree, B. S. 97, 107, 112

S

Schaeffle, A. 91

Schmoller, G. 91

Sipila, T. 158

Smith, A. 343

Specht, J. 29

Star, E. G. 87

Stouffer, S. 109

T

Talyor-Gooby, P. 148

Townsend, P. 109

W

Wagner, A. 91

Wilson, T. 95

내용

1차적 빈곤 107

1층 공적연금제도 186

2차적 빈곤 107

2층 연금제도 187

3원 79

3층 보장구조 186

3층 연금제도 187

4대 사회보험 41

4차 산업혁명 379, 380

5대 사회악 22

5층 보장구조 186

COVID-19 379
DRG 포괄수가제 250
EU 109
OECD 109
VDT 증후군 280

ㄱ

가구 규모 균등화 133
가급연금 197
가급연금제도 191
가부장적 복지국가모형 93
가부장적인 보호 186
가사보험 263
가사분담의 재조정 381
가족수당 34
가족요양비 330
가족의존형 324
가족주의 모델 158
가족지원·활용형 324
가족해체 319
가처분소득 301
가치재 190
간병급여 280
간병욕구 318
간호욕구 332
감액연금 195
강단사회주의자 91
강제가입 56
강제가입방식 187
강제가입식 개인연금 189
강제저축방식 325
강제적 사회보험제도 88
강제적 실업보험 297

개별급여체계 383
개별사회사업 85, 167
개별실적요율 279
개별화 154
개인연금 187
개인장기요양지원예산 330
개인저축 51
개인저축계정 223
개인적 형평성 198
개호보험 251, 316
갹출료방식 59, 205, 206
거주지제한법 80
건강보험 41, 245
건강보험료율 240
건강보험재정의 악순환 319
건강보험재정의 안정화 334
걸인처벌법 78
결과주의 309
결혼이민자 382
경기부양정책 96
경기적 실업 293
경제협력개발기구 317
경중 치매 333
경험요율제도 278, 307
계절적 실업 293
고령화사회 317
고령화지수 362, 363
고용 없는 성장 294, 295
고용노동부 275
고용보험 40, 41, 292
고용보험 및 산업재해보상보험의 보험료징수
  등에 관한 법률 273
고용보험법 299, 390

고용안전망 389

고용안정·직업능력개발 계정 306

고용안정·직업능력개발 사업 299

고용안정사업 299

고용안정장려금 305

고용유지지원금 305

고용전산망 301

고용지원수당 121

고용창출장려금 305

고용촉진법 299

고전경제학파 112

공공근로사업 124

공공부조 42, 60, 111

공공부조위원회 87

공공부조제도 60

공공사회서비스 42

공공서비스 모델 158

공공선택이론 344

공공의료비용 242

공공자금관리기금 206

공공재 285

공공재적 225

공공재적 성격 154

공급과잉 336

공무원교직원의료보험조합 246

공무원기여율 213

공무원연금 186, 192

공무원연금 개혁 213

공무원연금공단 193

공식적 제공주체 324

공적노인요양보장제도 317

공적실업보험 297

공적연금 186

공적연금보험 186

공적연금제도 185

공제조합 88

공평책임이론 265

과다경쟁 336

과실책임원리 263

과잉복지 348

관리운영체계 323

교육급여 138

교육서비스 156

교정복지서비스 163

교정원 80

구매계약방식 176

구매력 감소 293

구빈제도 78

구빈행정 79

구조적 실업 293

구조조정 300, 309, 380

구직급여 292, 302, 304

구직급여일액 304

구직등록 304

구직자 취업촉진 및 생활안정지원에 관한 법률 390

구직자수당 121, 122

구축효과 347

국가 기여금제 92

국가간섭주의 374

국가강제산재보험 268

국가건강보험 223

국가부조 34, 121

국가사회보험방식 188

국가유공자 등 예우 및 지원에 관한 법률 115

국가의료서비스 98

국가의존형 324
국가최저원칙 42
국고보조사업 178
국고지원금 322
국민가구소득 133
국민건강보험공단 234, 246
국민건강보험법 224
국민건강증진기금 239, 242
국민건강증진법 242
국민기초생활 수급권자 105
국민기초생활보장 40
국민기초생활보장제도 105, 123
국민보건서비스 34
국민보험 34
국민보험 기여금 123
국민보험법 94
국민부조 42
국민연금 40, 192
국민연금관리공단 193
국민연금기금운용위원회 194
국민연금법 199
국민연금심의위원회 194
국민연금재심사위원회 194
국민의료보험법 224
국민의료비 248
국민최저 97
국제노동기구 22, 35, 198
국제식량기구 31
국제연합아동기금 30
국제통화기금 26
국제표준산업분류 151
군인연금 192
권리 22

권리구제기구 275
규모의 경제 172
균등 부분 213
근로가족소득지원 122
근로기준법 264, 272
근로복지공단 275
근로복지공단법 274
근로세액공제 121
근로연계복지 372
근로장려세제 127
근로장애인소득지원 122
급여 58
급여 변경 131
급여 중지 131
급여감소율 119, 345
급여산식 213
급여연동방식 213
급여의 적절성 68
급여지출비용 206
기계화 294
기대수명 363
기대치 51
기본(완전)연금 195
기본급여수준 345
기본급여액 345
기본소득 117, 380
기본연금제도 188
기술적 실업 294
기업의 복리후생 239
기여 58
기여금 114, 188
기여기반 수당 123
기여도 188

기여부주의의 원칙 263
기준 중위소득 133
기준기간 303
기준소득월액 202
기초연금 197, 215
기초연금법 197
기초연금제도 202
기초자치단체 178
긱 노동자 286, 380
긴급 생계급여 136
긴급구호제도 120
긴급복지지원법 130
긴장관계 344
길드 76
길드해체 90
길버트법 80

ㄴ
나쁜 위험 226
낙인 78
낙인효과 112
난방수당 122
남성 생계부양자 모델 149
내면적 통제 372
노년부양비 207, 362
노동공급 344
노동능력자 78
노동력의 상품화 298
노동무능력자 78
노동부지방사무소 274
노동시장의 유연성 380
노동시장의 유연화 148, 295
노동시장정책 296

노동연계복지 78
노동의욕 380
노동자 사고 위험 388
노동자 재해보상법 95
노동자 재해보험법안 92
노동자 칙령 78
노동자보상법 266
노동조합 186, 299
노동집약적 산업 294
노동청 274
노령과 폐질보험법 92
노령부양률 211
노령수당 115
노령연금 194
노령연금보험 96
노령유족장애보험 185
노역원 79
노인·장애인을 위한 성인서비스 156
노인기능평가 332
노인복지서비스 40
노인부양 기피현상 365
노인부양문제 365
노인요양공동생활가정 329
노인요양문제 318
노인요양시설 329
노인의료보장정책 327
노인의료비 326
노인장기요양보험 40, 252
노인장기요양보험의 보험료 333
노인장기요양보험제도 317, 326
농노해방 90
누진세제도 352
누진적 354

뉴딜정책 20, 95
능력주의 188
능력주의원칙 198

ㄷ
다문화가정 379, 382
다수파보고서 87
다원주의 96
다층노후소득보장체계 186
다층연금체계 192, 207
다층적 장치 22
단결권 262
단기보호 329
단일부과체계 247
단일창구 193
단일한 연금체계 192
단체교섭권 262
단체상해보험 263
담배부담금 239, 242
담배조세 243
당근과 채찍 91
당연가입제도 388
당연적용대상범위 273
당연적용사업장 277
대공황 292, 293
대기기간 303
대량생산체제 148
대량실업 95, 296, 300, 309
대상 분류 68
대수의 법칙 31, 50
대인사회서비스 42, 146
대인서비스 156
대체효과 346

대학확장운동 87
도덕적 해이 48, 171, 283
도제수업 79
독자연금제도 191
돌봄 146
돌봄을 위한 시설 및 프로그램 381
동료 노동자 책임의 원칙 263
동심원 모형 30
동업자조합(길드) 223
동업조합 296
동절기수당 122
동태적인 사고방식 295
등급 외 판정 332
등급판정 332
등급판정위원회 332
등급판정의 공정성 390

ㄹ
라로크 계획 20
러시아혁명 95
로렌츠곡선 109

ㅁ
마을복지계획 384
만성적인 실업 299, 308
맞춤형급여 131
메디갭 232
메디케어 239
메디케이드 120, 239
명목확정기여 204
명예혁명 80
모성보호급여사업 304
무갹출급부 42

무과실책임원칙 264
무과실책임주의 265
무료의료 236
무료의료서비스 224
무상교육 171
무임승차자 226
문재인케어 244
문제행동영역 332
문화예술서비스 156
물가상승 204
물가연동제 206
미국노인보장협회 20
미국사회사업가협회 21
미래재 189, 225
미래재의 저평가 189
미혼모시설 369
민간강제산재보험 268
민간보험 52, 57
민간보험 방식 59, 325
민간손해보험 268
민간자선사업단체 85
민관협력기구 178
민생위원회 79
민영화 148, 176, 215, 232, 285
민주성 69

ㅂ
바우처 150, 173
반물량 방식 108
반환일시금 195
방랑금지조항 78
방문간호 329
방문목욕 329

방문요양 329
방문요양시설 336
배달노동자 388
범위 관련 연대 53
법정급여 230
법정제소 267
베버리지 보고서 68, 97
보건의료기본법 151
보건의료비 224
보건의료서비스 156, 224
보상의 원리 115
보상책임원칙 265
보상책임이론 265
보장성 231
보장성 강화 252
보충급여 34, 121, 123
보충성의 원칙 61, 62, 113, 118
보충연금 188
보충적 보장소득 111, 120
보충주의 모델 158
보편성 69
보편적 사회서비스방식 325
보편주의 97, 169, 230
보험 51
보험관리자 204
보험료 징수업무 193, 247
보험료율 202
보험방식 50
보험수리적 형평성 52, 198
보험에 의한 의료 224
보험적립기금 96
보호 22, 164
보훈제도 115

복지군주제 90
복지사각지대 130
복지혼합 154
본인부담 231, 331
본인부담금 239, 243
본인부담률 252
본인부담비용 252
본인부담액 상환제 243
부가금 123
부가급여 200
부과방식 59, 187, 203, 206
부랑자 단속법 80
부분적립 204
부양가족연금액 200
부양기능 약화 319
부양능력 판정소득액 134
부양부담 379
부양비 362
부양의무자 113, 131, 134
부양의무자 기준 383
부양인구 365
부의 소득세 127
부조의 원리 60, 61
부존자원 349
북유럽 복지체제 158
분산관리방식 245
분할연금 195
불평등 정도 109
불확실한 위험 222
블루라운드 347
비공식적 제공주체 324
비공식적인 개입 30
비금전적 사회서비스 31, 38

비금전적 지원 165
비급여 231
비급여 항목 253
비대면 방식 379
비시장메커니즘 156
비영리조직 153
비용대출 122
비자발적인 실업 292
빅데이터 380
빈곤선 97, 106
빈곤실태 107
빈곤의 덫 61, 119, 345
빈곤의 세습화 370
빈민감독관 79
빈민법 78
빈민법의 개정 82
빈민원 80
빈민제도 76

ㅅ
사각지대 48, 386
사례관리체계 323
사립학교교직원연금 193
사망일시금 195
사용자 261, 271, 299
사용자보상원칙 264
사용자연금 186
사적부조 42
사적신탁 205
사적복지 148
사적연금 187
사회 서비스 관리 및 지원에 관한 법률안 383
사회간접자본 206

사회개혁론자 112
사회기금 122
사회법 264
사회보장 19
사회보장급여의 이용ㆍ제공 및 수급권자
　발굴에 관한 법률 130
사회보장기본법 27, 38
사회보장법 20, 33
사회보장세 267
사회보장안내 36
사회보장에 관한 권고 36
사회보장에 관한 법률 38
사회보장에의 길 20, 35
사회보장연금 186
사회보장의 최저기준에 관한 조약 36, 69, 198
사회보장제도 총합조정에 관한 권고 37
사회보장제도의 지속가능성 379
사회보장최저기준에 관한 조약 20
사회보장협회 20
사회보험 41, 49, 52
사회보험공단 247
사회보험과 관련 서비스 20, 33
사회보험료 346
사회보험방식 59, 187, 323, 325
사회보험법 93
사회보험적 요소 187
사회보험체계 98
사회복지 19
사회복지사 166
사회복지사업 168
사회복지사업법 151
사회복지서비스 146, 155, 161, 168
사회복지전문가 166

사회복지전문요원 125
사회복지정책 24
사회부조 42, 111
사회부조 보고서 121
사회부조방식 188
사회부조적 요소 187
사회비용최소화이론 267
사회사업 85, 167
사회사업 사전 21
사회서비스 64, 145, 151, 156
사회서비스 기본법안 384
사회서비스 이용 및 이용권 관리에 관한 법률
　151
사회서비스 일자리 383
사회서비스 확충전략 보고서 151
사회서비스원 176, 383
사회수당 115
사회수당 요소 187
사회수당방식 188
사회안전망 26, 124
사회연대원리 316, 327
사회의료보험 223
사회자본서비스 156
사회장치 22
사회적 보호 146, 164
사회적 비용 242
사회적 안전망 300
사회적 연대 53, 198
사회적 연대성 29
사회적 연대의 원칙 62, 191
사회적 연대의식 97
사회적 위험 21, 88, 252
사회적 위험 관련 연대 53

사회적 임금 188
사회적 입원 252, 316
사회적 재활 164
사회적 적절성 198
사회적 책임 365
사회적 최저생활 106
사회적 타협이론 267
사회적 통제 164
사회적 통합 170
사회적 할인 347
사회적 합의 53
사회적기업 육성법 151
사회정책 25
사회주의방식 187
사회주의자탄압법 91
사회진단 86
사회질서유지 기능 373
사회최저원칙 42
사회취약계층 130
사회통제이론 29
사회통합 370
사회투자국가 149
사후 구제적 성격 299
산업복지서비스 163
산업안전교육 282
산업안전보건법 276
산업안전의식 282
산업예비군 293
산업위험이론 266
산업자본가 81
산업재해 261
산업재해발생률 267, 268
산업재해보상보험 41, 261

산업재해보상보험법 274, 390
산업재해보상사무소 274
산업재해보험 34
산업재해율 262
산재보상금 388
산재보험 40, 261
산재보험료율 278
산재보험재심사위원회 275
산재보험적용제외사업 277
산재심사위원회 275
산재인정 268
산재판정 284
산전후 휴가급여 304
삼각 관리운영체계 323
상급병실료 253
상대적 박탈감 109
상대적 빈곤 109
상병보상 280
상병수당제도 228
상속효과 346
상시적 구조조정 299
상업화 232
상충관계 198
상호부조적 기능 29
상호부조제도 90
상환 59
상환방식 의료보험 236
생계급여 136
생계급여액 136
생계보호 299
생계비 106
생명표 367
생산가능인구 362

생산서비스 156

생산적 복지 372, 348

생산적 활동 295

생애주기 23, 54, 192

생존권보장의 원칙 112

생존수준의 정액급여 68

생활보장서비스 156

생활보호법 123

생활임금 81

서비스 제공방식 319

서비스 집약적 복지국가 158

서비스원칙 66

서비스이용권 173

서비스재 227

서비스제공체계 323

선별적 사회서비스방식 325

선별적 제도 319

선별주의 163, 169, 171, 229

선지불보상제도 237

선택진료비 253

성장중진기능 166

세계 인구고령화 368

세계보건기구 31

세계은행 26, 109, 186

세대 간 사회적 연대 191

세대 간의 재분배 355

세대소득보충 34

세틀러 86

소극적 노동시장정책 300

소득 관련 연대 53

소득기반 고용보험방식 390

소득기반 수당 123

소득대체 급여 123

소득대체율 198, 386

소득보장 31

소득부가 122

소득비례 기여금 198

소득비례 부분 213

소득비례방식 188

소득비례연금 215

소득비례연금제도 202

소득비례적 188

소득의 분배 353

소득인정액 132

소득재분배 353

소득재분배 효과 187, 300

소득재분배의 원칙 53

소득지원 122

소득지원제도 121

소득파악률 247

소득평가액 132

소득환산액 132

소득효과 345

소비자 341

소비자주권론 173

소정급여 일수 303

손해배상원칙 263

손해배상제도 263

수급(권)자 124

수급개시연령 386

수급기간 303

수급자격 심사 323

수급자격요건 308

수도원 76

수발적 욕구 318

수수료 243

수익비 211
수정적립방식 207
수지상응(균형)의 원리 52, 191
수직적 소득재분배 192
수직적 소득재분배 효과 117
수직적 재분배 53, 354
수평적 재분배 354, 355
순수노령연금 213
스핀햄랜드제도 80, 81
슬럼개량운동 87
시간적 또는 세대 간 재분배 355
시간적 재분배 354
시민권 169
시봄위원회보고서 88
시설(수용)보호의 원칙 80
시설급여 328
시설요양 331
시장경제이론 344
시장실패 154
시장의존형 324
시정촌 322
신빈민법 83
신사회위험 148
신조합주의 372
신청주의 131, 332
신체기능 332
신체적 재활 280
실망실업자 292
실손보험 232
실손형 236
실업 291
실업급여 302, 304
실업급여계정 304

실업기금 297
실업노동자동맹연합 95
실업보험 292
실업부조제도 124
실업의 덫 61, 119, 345
실적요율 278
실직수당 302
실질가치 207
심리사회적 서비스 165
심리사회적 재활 281
심리적·사회적 낙인 171
십자군전쟁 76

ㅇ
아동·청소년서비스 156
아동복지서비스 40
아동세액공제 121
아동수당 34, 98, 115
아동수당제도 366
안전보건전문요원 282
약국 243
양극화 370
양성평등 381
양소득자 모델 149
양심이론 29
양육수당 115
업무기인성 275, 279
업무상 사망만인율 262
업무상질병판정위원회 275
업무수행성 279
엘리자베스 빈민법 79
엥겔계수 108
여성·가족서비스 156

역량강화 162
역선택 56, 284
역선택 현상 226
역진적 354
연계기능 166
연계성 69
연금방식 194
연금개혁 207
연금기금의 고갈 385
연금보험 41
연금보험료 202
연금보험재정 210
연금수급 개시연령 213
연금종별 지급률 200
연령계층별 인구구조 361
연합교구제 83
열등처우의 원칙 63, 83
영국노동조합연맹 97
예방급여 249
예방요율제 272
와그너-루이스법 95
완전고용 34
완전적립 204
왕립빈민법위원회 87
왕립위원회의 보고서 20
외국인 근로자 379
외래 243
외부 비경제 242
외부효과 154, 225
요양급여 275, 280
요양급여심의위원회 275
요양병원 335
요양병원 간병비 330

요양보험 251
요양보험금고 322
요양보호사 330, 336
요양시설 335
욕구 341
욕구조사의 원칙 63
욕망 341
우애방문 85
원내구제 80
원리 47
원외구제 81
원인주의 309
원인책임이론 265
원조의 원리 64, 162
원칙 47
위기대출 122
위장실업 293
위험분산 효과 187
위험분산의 원리 49
위험분산조직 223
위험전제의 원칙 263
위험책임이론 265
유기적 연대 55
유료서비스 174
유산계급(부르주아지) 89
유소년부양비 362
유아사망률 367
유연안정성 300
유족급여 280
유족보상 일시금 275
유족보상연금 275
유족연금 194, 275
유통서비스 156

유효수요이론 351
유휴노동력 294
육아수당 122
육아휴직급여 304
육아휴직제 366
의료관리조직 239
의료급여 40, 137, 224
의료급여재정의 효율화 319
의료보장 223
의료보장제도 223
의료보험 40
의료보험공단 234
의료보험법 92, 224
의료보험제도 223
의료보험조합연합회 234
의료서비스 233
의료서비스지원단 323
의료저축계정 232
의료적 욕구 318
의무가입 274
의사소견서 332
의존성의 덫 61, 119, 345
의존수명의 연장 319
이요건주의 279
이용자 부담 331
이용자 부담 수준 331
이익집단 298
이전지출금 42
이행기 보전액 131, 137
이행노동시장 295
이혼율 369
인간존엄성 170
인공지능 380

인구고령화 316
인구구조적인 원인 211
인구론 82, 366
인두제 236, 250
인보관운동 86
인식효과 346
인적자본 225
인지기능 332
인지지원등급 333
인플레이션 301, 351
일−가족의 양립 158, 381
일괄보조금 179
일당제 243
일반사회보험 269
일반 생계급여 136
일반재산 132
일반정의방식 280
일시금방식 194
일자리서비스 156
임금대체율 198
임금보조제도 81
임금피크제 214
임시급여 제도 122
임의/임의계속가입자 203
임의가입 원칙 296
임의급여 228, 231
임의보험 34
임의적용사업장 277
입원진료비 243

ㅈ
자기결정권 173, 374
자기실현 374

자녀장려세제 128
자동안정화장치 115, 301, 352
자력 우선의 원칙 62
자립 146
자문의제도 275
자발적 실업 291
자본집약적 산업 294
자본축적 349
자산조사 61, 114
자산조사 프로그램 171
자산조사-시장의존 모델 158
자산조사의 원칙 63
자선금 79
자선금지조항 78
자선조직협회 85
자원배분의 효율성 344
자원의 배분 342
자유방임주의 95
자유주의자 232
자조적 복지제도 296
자조적인 우애조합 186
자활(근로)소득 127
자활급여 138, 383
자활프로그램 61
작업장 수용의 원칙 83
작업장 조사의 원칙 83
작은 정부 275
잠재실업 293
잠재실업자 292
잠재적 투자자본 349
장기급여 92
장기실직자 308
장기요양 315

장기요양 재가기관 335
장기요양기관 336
장기요양보험료 333
장기요양보호 317
장기요양수급자 328
장기요양인정점수 328
장기요양인정조사표 332
장미전쟁 77
장애수당 115
장애연금 194
장애인복지서비스 40
장원 76
장의비 275, 280
장제급여 138
장제비 233
장제수당 122
장해급여 280
장해보상연금 275
재가급여 328
재가요양 331
재가요양기관 330
재산의 소득환산제도 383
재원조달방식 322
재정분권화 178
재정운용방식 59
재정투융자특별회계 206
재직자연금 195
재해인정 275
재활 163, 164
재활급여 280
재활욕구 332
저부담고급여의 방식 211
저소득아동가정지원 120

적극적 노동시장정 300
적립기금방식 187, 188, 202
적립방식 59, 187, 203, 205
적용가입대상 277
적절성 66
전 국민 대상 고용보험 확대 389
전국적 균일처우의 원칙 83
전달체계 323
전달체계원칙 66
전문가주의 65
전문성 66, 69
전물량 방식 108
전쟁연금 34
전통적 부과방식 204
전통적 부양체계 76
절대왕정국가 76
절대적 빈곤 106
접근성 66
정률제 243
정보 비대칭 154, 227
정신보건서비스 156
정액기여 68
정액제 188, 243
정액형 236
정태적인 모형 295
제1차 세계대전 95
제1차 엔클로저 운동 77
제2차 엔클로저 운동 77
제3의 급여방식 330
제3자 지불방식 236
제국보험공단 92
조건부 수급자 126
조기연금 195

조선구호령 99
조세방식 323, 325
조세저항 155
조세특례제한법 127
조합주의 93
종교개혁 77
좋은 위험 56
죄수의 딜레마 251
주·야간보호 329
주거급여 122, 137
주권 341
주민자치형 공공서비스 구축사업 384
주택수당 115
중앙구빈행정국 83
중앙생활보장위원회 131
중위소득 109
중증 치매 333
지급개시연령 199
지니계수 109
지방분권주의 94
지방세 79
지방세급여 122
지방자치단체 69, 178
지방정부 사회서비스법 88
지방주의 원칙 79
지속성 66
지역가입자 203, 247
지역사회보호 331
지역사회보호 보조금 122
지역사회복지 81
지역사회복지체계 178
지역사회복지협의체 178
지역사회조직 167

지역사회조직화운동 87

지역사회통합돌봄 기본계획 384

지역의료보험 241

지역의료보험조합 246

지역조합 234

지원 22

지정열거방식 280

직권주의 131

직능공제조합 296

직업교육 380

직업능력개발사업 299, 306

직업병 280

직업재활급여 280

직업적 재활 281

직업주의 229

직업훈련지원금 305

직영방식 238

직장가입자 247

직장어린이집 지원금 305

직장의료보험 229

직장의료보험조합 246

직장조합 234

진료비 상환제도 235

진료비 직접지불 235

진폐의 예방과 진폐근로자의 보호 등에 관한
법률 276

질병 221

질병금고 245, 322

질병보험 41, 223

질병보험금고 322

질병수당 228, 233

질병으로 인한 사회적 비용 221

질서정책 26

집단사회사업 167

집단적 대응방식 225

집단적 위험분산방식 226

ㅊ

찾아가는 보건복지서비스 기능강화 384

책임보험 263

책임보험방식 265

책임성 167

책임성의 원칙 65

초고령사회 362, 363

초저출산현상 367

총공급 293

총부양비 362

총수요 293

총액예산제 237, 251

최소가입기간 213

최저생계비 106, 132

최저생계비원칙 97

최저생활 106

최저생활보장의 원칙 113

최저임금 107

최후의 거소 119

최후의 보장수단 119

추밀원 79

출산대책 381

출산수당 233

출산율 381

출산전후 급여 304

출산휴가제 366

취업계수 294

취업촉진수당 304

치료 및 통제기능 166

치안판사 79
친족 부양의 원칙 62

ㅋ
커뮤니티케어 383, 384
케임브리지법 78
크림 스키밍 284

ㅌ
타법 우선의 원칙 62
타운센드운동 95
탈상품화 174, 370
탈시설화 81
통제 164
통합관리방식 245
통합성 66
퇴직금 214
퇴직수당 214
퇴직연금제도 187
퇴직준비금방식 189
퇴직준비금적 요소 187
퇴직효과 346
특례요양비 330
특별급여 280
특별현금급여 328, 330
특수취약계층서비스 156
특수고용노동자에 대한 고용보험 389
특수고용직 274, 381
특수공법인 270
특수법인 114
특수직역연금 186, 192
특수직역의료보험 234
특수형태근로종사자(특고) 388

ㅍ
파울러 리뷰 121
판정체계 323
페이비언협회 86
평균근로소득 198
평균소득 109
평균수명 367
평등보장의 원칙 112
평등성 66
평등주의 198
평생사회안전망 27, 38
평생직장 295
포괄보조금 241
포괄성 66, 68
포괄성의 원칙 170
포괄수가제 236, 249
표준산업분류체계 157
푸드스탬프 120
플랫폼 노동자 286, 380, 381
피부양인구 365
필라델피아선언 69

ㅎ
학교사회복지서비스 163
한국판 뉴딜 종합계획 228
한국판 뉴딜정책 389
한국형 실업부조 310
한국형 실업부조 도입 389
한시생활보호 124
한시적 빈곤가족지원프로그램 111, 120
할당 342
해산급여 138
해상보험 268

핵가족화 365
행위별 수가제 236, 249
행정서비스 156
행정책임의 단일화 68
현금급여 172
현금급여방식 59
현금제공 330
현물급여 172
현물급여원칙 228
현물제공 330
형평성 69
호모 헌드레드 시대 368
혼합방식 188
혼합형 연금제도 202

화재보험 268
화폐가치 353
확정급여방식 187, 203, 204
확정기여방식 187, 203, 205
확정보험료 279
황금삼각형 300
황제칙령 92
효과성 66
효율성 66
후지불보상제도 237
훈련비 304
휴먼서비스 42, 146
휴업급여 275, 280
흑사병 77

저자 소개

⊙ **이준영**(Lee, Junyoung)

고려대학교 경제학과 학사

독일 쾰른대학교 사회정책학과 석사 · 박사

한국사회복지정책학회 총무, 한국사회보장학회 학술이사

국민건강보험공단 자문위원, 국민연금공단 자문위원

한국사회복지행정학회 회장, 한국사회복지학회 부회장

사회복지공동모금회 배분위원, 사회보장정보원 비상임이사

현 서울시립대학교 사회복지학과 교수

〈저서 및 논문〉

『21세기 사회복지정책』(3판, 15인 공저, 청목, 2010)

『사회복지행정론』(제2판, 단독, 학지사, 2019)

「통합의료보험의 발전을 위한 과제」(한국사회정책, 4(2), 1997)

「한국 의료보험제도 운영방식의 전환」(의료복지와 의료정책, 2000)

「의료급여제도의 문제점과 개선방안」(사회복지정책, 14, 2002)

「의료보험 민영화에 대한 비판적 고찰」(사회보장연구, 19(2), 2003)

「의료보험 재정에서의 국가 책임」(한국사회복지학, 57(4), 2005)

「사회복지 네트워크의 이론과 과제」(한국사회복지행정학회 2007년 춘계학술대회)

「독일 장기요양보험 개혁의 함의: 개인별 장기요양지원금(PGB) 시범사업의 배경과 결과」
　　(사회복지정책, 31, 2007)

「사회복지전달체계 평가기준의 체계화 가능성: 책임성에 대한 재해석을 중심으로」(사회
　　과학연구, 26(1), 2010)

「사회서비스 제공과 사회적기업」(사회보장연구, 26(3), 2010)

「유연안정성(Flexibility) 관점에서 본 근로시간 단축」(사회보장연구, 28(4), 2012)

「복지전달체계 관점에서 본 독일의 지방복지행정」(한국사회복지행정학, 16(4), 2014)

「유럽국가들과 비교한 한국사회서비스 사회경제적 효과」(질서경제저널, 19(4), 2016)

「한국기초연금의 개혁 방안 모색」(한국사회복지학, 71(1), 2019)

⊙ **김제선**(Kim, Jesun)

한신대학교 사회복지학과 학사

충북대학교 대학원 경제학과 석사

서울시립대학교 대학원 사회복지학과 석사 · 박사

서울시립대학교 사회복지학과 강사

한국사회복지사협회 연구소 선임연구원

현 백석예술대학교 사회복지학부 교수

〈논문〉

「반부패 대안으로서의 NGO-한국의 사례를 중심으로」(사회연구, 5(1), 2004)

「사회복지의 책임성 변화에 대한 비판적 고찰」(한국사회복지행정학, 12(2), 2010)

「노인의 의료보장 사각지대 진입 및 탈출 요인」(사회보장연구, 27(4), 2011)

「노인복지시설의 웹 접근성 실증분석」(노인복지연구, 55, 2012)

⊙ **박양숙**(Park, Yangsuk)

부산대학교 사회복지학과 학사

서울시립대학교 도시과학대학원 석사

서울시립대학교 대학원 사회복지학과 박사

성결대학교 사회복지학과 강사

안양시노인종합복지관 관장

경기복지재단 지역복지실장

현 안양시 자원봉사센터 소장

〈논문〉

「남성노인의 자살思考 인지경로에 관한 연구」(한국비교정부학보, 17(3), 2013)

「우리나라 노인일자리사업의 현황과 발전방안: 포커스그룹 인터뷰를 중심으로」(한국케어
  복지연구, 8(1), 2013)

「사회복지사의 후원 성과 인지 경로에 관한 연구」(한국비교정부학보, 19(4), 2015)

「노인일자리 사업의 참여정도가 참여지속의사에 미치는 영향 및 참여만족도의 매개효과 검증」
  (한국사회복지정책, 42(3), 2015)

◉ **오지선**(Oh, Jisun)

　서울시립대학교 사회복지학과 학사

　서울시립대학교 사회복지학과 석 · 박사

　서울시립대학교 사회복지학과 강사

　성결대학교 사회복지학과 강사

　한국보건사회연구원 연구원

　원광대학교 마음인문학연구소 연구원

　현 서울시립대학교 사회과학연구소 복지사회연구센터 연구원

〈저서 및 논문〉

『고령화 심화 농촌지역 노인의 생활기능자립을 위한 보건복지지원체계 구축』(2인 공저, 한국보건사회연구원, 2008)

『노인장기요양보장체계의 현황과 개선방안』(8인 공저, 한국보건사회연구원, 2008)

『노인장기요양보험 등급외자를 위한 보건복지서비스 연계방안』(4인 공저, 한국보건사회 연구원, 2009)

『노인건강정책의 현황과 향후 추진방향』(5인 공저, 한국보건사회연구원, 2009)

『마음공부 기반 유아 인성교육 II 오픈마인드-코리아 프로그램』(6인 공저, 공동체, 2020)

「사회서비스 제공과 사회적기업」(사회보장연구, 26(3), 2010)

「Feasibility and Acceptability of the Mindfulness-Based OpenMind-Korea (OM-K) Preschool Program」(Child and Family Studies, 28, 2019)

「Parental Social Validity of the Mindfulness-Based OpenMind-Korea (OM-K) Preschool Program」(Child and Family Studies, 28, 2019)

「Effectiveness of the Mindfulness-based OpenMind-Korea(OM-K)」(mindfulness, 11(4), 2020)

「요양보호사의 마음챙김이 직무스트레스에 미치는 영향」(인문사회 21, 12(3), 2021)

「이해관계자 분석 방법론을 적용한 신입사원 교육의 과정개발 사례 연구」(역량개발학습 연구, 16(2), 2021)

4판
사회보장론
원리와 실제
Social Security -Principle and Practice-, 4th ed.

2008년 8월 27일 1판 1쇄 발행
2010년 11월 10일 1판 2쇄 발행

2012년 8월 20일 2판 1쇄 발행
2014년 3월 25일 2판 3쇄 발행

2015년 8월 31일 3판 1쇄 발행
2019년 7월 10일 3판 4쇄 발행

2021년 9월 5일 4판 1쇄 발행
2024년 9월 25일 4판 3쇄 발행

지은이 • 이준영 · 김제선 · 박양숙 · 오지선
펴낸이 • 김 진 환
펴낸곳 • **㈜ 학지사**
　　　　　04031 서울특별시 마포구 양화로 15길 20 마인드월드빌딩 5층
대표전화 • 02) 330-5114　　　팩스 • 02) 324-2345
등록번호 • 제313-2006-000265호

홈페이지 • http://www.hakjisa.co.kr
인스타그램 • https://www.instagram.com/hakjisabook

ISBN 978-89-997-2490-9 93330

정가 20,000원

저자와의 협약으로 인지는 생략합니다.
파본은 구입처에서 교환하여 드립니다.

출판미디어기업 학지사

간호보건의학출판 **학지사메디컬** www.hakjisamd.co.kr
심리검사연구소 **인싸이트** www.inpsyt.co.kr
학술논문서비스 **뉴논문** www.newnonmun.com
원격교육연수원 **카운피아** www.counpia.com
대학교재전자책플랫폼 **캠퍼스북** www.campusbook.co.kr